Preconceito Racial em Portugal e Brasil Colônia

Coleção Estudos
Dirigida por J. Guinsburg

Equipe de realização – Revisão: Eloísa Graziela Franco de Oliveira e Iracema Oliveira;
Diagramação: Sérgio Kon; Produção: Ricardo W. Neves e Lia N. Marques.

Maria Luiza Tucci Carneiro

PRECONCEITO RACIAL EM PORTUGAL E BRASIL COLÔNIA

OS CRISTÃOS-NOVOS E O MITO DA PUREZA DE SANGUE

 PERSPECTIVA

Dados Internacionais de Catalogação na Publicação (CIP)
(Câmara Brasileira do Livro, SP, Brasil)

Carneiro, Maria Luiza Tucci
 Preconceito Racial em Portugal e Brasil Colônia :
os cristãos-novos e o mito da pureza de sangue /
Maria Luiza Tucci Carneiro. — São Paulo :
Perspectiva, 2005. — (Estudos ; 197)

 Bibliografia.
 ISBN 978-85-273-0713-0

 1. Cristãos-novos 2. Discriminação racial
3. Preconceitos 4. Racismo 5. Relações raciais I. Título.
II. Título: Preconceito racial em Portugal e Brasil Colônia.
III. Série.

05-0053   CDD-305.8924

 Índices para catálogo sistemático:
 1. Cristãos-novos : Preconceito racial :
  Sociologia : História 305.8924
 2. Preconceito racial : Cristãos-novos :
  Sociologia : História 305.8924

3ª edição revista e ampliada
[PPD]

Direitos reservados à
EDITORA PERSPECTIVA LTDA.
Av. Brigadeiro Luís Antônio, 3025
01401-000 – São Paulo – SP – Brasil
Telefax: (0--11) 3885-8388
www.editoraperspectiva.com.br
2019

Ao Boris,
meu Norte, meu Tempo

Sumário

Lista de Ilustrações e Documentos XI

Nota à Terceira Edição XIII

Agradecimentos XV

Prefácio – *Anita Novinsky* XIX

Siglas e Abreviaturas 1

Introdução 3

1. Historiografia e Racismo 9

   O Racismo e o Mito da Democracia Racial 9
   O Racismo Contra os Cristãos-Novos: Historiografia
   Estrangeira e Nacional 17

2. O Preconceito Racial contra os Cristãos-Novos em Portugal 29

   Retrospectiva Histórica: O Século XIV e a Gênese do Mito
   da Pureza de Sangue 29
   O Racismo Institucionalizado 47

3. Pombal e a Eliminação Legal do Preconceito de Sangue 179

A Sociedade Portuguesa no Século XVIII e a Política
Ilustrada do Marquês de Pombal 179
Pombal e a Eliminação Legal do Puritanismo 182
A Eliminação da Distinção Entre Cristão-Novo
e Cristão-Velho 188

4. A Transferência do Preconceito Racial Contra
os Cristãos-Novos para o Brasil-Colônia 207

Manifestações do Preconceito Religioso e Racial 207
A Formalização da Ideia de Pureza de Sangue nos Estatutos
das Ordens Religiosas 225
A Discriminação Contra os Cristãos-Novos Através
dos Processos de Habilitação de Genere 233
Elementos do Vocabulário Racista: O Léxico e a Ideologia
Dominante 260

Considerações Finais 279

Fontes 283

Bibliografia 297

Índice Analítico 311

Índice de Nomes 321

Lista de Ilustrações
e Documentos

1. *Expulsão dos Judeus da Espanha* em 1391..............................33
2. *Fonte da Graça e o Triunfo da Igreja sobre a Sinagoga,*
Irmãos Van Eyck, 1511..34
3. *Instituição do Tribunal do Santo Ofício na Espanha*..............40
4. *Casamento de D. Manuel, Rei de Portugal e*
D. Leonor de Castela..73
5. *Pátio da Antiga Bolsa de Valores de Amsterdam,* Séc.XVII...80
6. *Estatutos da Universidade de Coimbra,* 1591.........................94
7. *Regras e Estatutos da Ordem de Santiago da Espada*..........107
8. *Informacion de la Nobreza, e Limpieza de Sangre,* 1765......146
9. *Memorial de los Libros Rreprobados y Cõdenados*
por la Sancta Inquisicion, 1551...151
10. *Biblia em Lengua Española,* 1661...152
11. *Consolaçam Christaã e Luz para o Povo Hebreo...,* por João
Baptista d´Este, 1616...156
12. *Sermon para la Traición de Judas,* 1620..............................160
13. *Sermão que Pregou Sebastião Couto no Auto de Fé*
em Lisboa, 1627..161
14. *Sermão que Pregou Fr. Christovam de Santa Maria*
no Auto de Fé em Coimbra, 1706...162
15. *Synagoga Dezenganada,* de João Pedro Pinamonti, 1720......163
16. *Marquês de Pombal,* por Louis Michael Van Loo, 1766.......185
17. *Fragmento do Processo de Habilitação de Genere*
de Antonio Pinheiro Machado, 1705..196

18. *Modelo de Integrrogatório para Investigação de Habilitação de Genere*, 1749 197

19. *Fragmento do Processo de Habilitação de Genere de Cláudio Manoel da Costa*, 1757 200

20. *Requerimento para que se Processem as Diligências de* Puritate Sanguinis, 1776..................................201

21. *Arrolamento de Despesas Efetuadas Durante as Investigações de Genere*,1762/63.............................202

22. *Fragmento do Processo de Habilitação de Genere de Francisco Diniz Bicudo*, 1716..............................203

23. *O Inferno*, de anônimo da Escola Portuguesa, Século XVI....209

24. *Processo de Habilitação de Genere de Antonio Jozê de Brito*, 1765 241

25. *Deligências de Genere Realizadas no Patriarcado de Lisboa, 1761* 242

26. *Estatutos da Província de S. Antonio do Brasil. Recife*, 1709 248

27. *Deligências de Genere a Favor de Luis Delgado Ferreyra.* Patriacado de Lisboa, 1755 262

28. *Diccionario da Língua Portugueza...*, por Bernardo de Lima e Melo Bacelar, 1783 266

Nota à Terceira Edição

Tarefa difícil para um autor é a de preparar a reedição de seu livro após ter trinta anos de vida dedicada à docência e à pesquisa histórica. No caso do *Preconceito Racial em Portugal e Brasil Colônia*, um longo tempo transcorreu entre a 1ª edição (1983) e a 3ª edição (2005). Hoje, ao avaliar os textos desta obra que foi a minha dissertação de Mestrado, tenho a sensação de que estou ficando velha. Mas, ao reler a primeira edição, percebo que seu conteúdo é ainda muito atual. Portanto, não se trata aqui de ter mais ou menos cabelos brancos ou de se reeditar mais um dos meus livros, em meio a tantos outros que já produzi desde 1983. Trata-se, isso sim, de somar conhecimentos e estratégias de luta para investirmos contra esse fenômeno que, como a fênix, renasce das próprias cinzas. Fere a alma, alimenta traumas, exclui nossos irmãos e prolifera como se fosse um vírus. Enfim, o mundo continua doente como nos tempos da Inquisição e na era de Hitler.

Consciente do papel da educação e da história, procurei ao longo destes anos aprimorar minhas leituras sobre o racismo e o antissemitismo, com o firme propósito de (re)avaliar a persistência de um pensamento intolerante no Brasil. Fiquei mais sensível para perceber nuances e cruzar informações. Somei conhecimentos, multipliquei conceitos e diversifiquei minhas leituras. Sem perder "o fio da meada" – os estudos sobre a intolerância –, abri novas frentes de trabalho ao investigar o antissemitismo junto à elite intelectual brasileira e o antissemitismo oficial dos bastidores do governo Vargas. Numa espécie de exercício comparativo, debrucei-me sobre novos e diferentes arquivos em busca da gênese do pensamento racista.

Constatei que nesta sua longa trajetória, o antissemitismo apenas trocou de máscara e de argumentos; o odor e o veneno continuam os mesmos. De efeito multiplicador, conseguiu adeptos entre grupos da direita e da esquerda. Transformou-se em praga que consegue agonizar, mas que não morre. Seu tempo de vida, infelizmente, não tem hora marcada. Vejo que o mundo continua racista e que o antissemitismo recrudesceu, apesar de Auschwitz. Nossos jovens continuam desconhecendo as raízes de nosso pensamento intolerante e raros são aqueles que aprenderam que os cristãos-novos foram perseguidos pelo Tribunal do Santo Ofício. São ainda raras as escolas que incluíram o tema "racismo" em seus programas de ensino. Diante destes silêncios, constato que os revisionistas e o neonazistas ganham terreno, dia-a-dia, incitando o ódio aos judeus, aos negros, aos ciganos e aos homossexuais.

É nesta direção – de atualização das estratégias de luta contra a intolerância – que reformulei o texto deste livro. Optei por manter no subtítulo a proposta que orientou minha dissertação de mestrado: o estudo da persistência do mito da pureza de sangue e a repressão aos cristãos-novos, com o intuito de expressar a longevidade da mentira e o perigo da institucionalização do racismo.

Agradecimentos

É difícil agradecer a todos sem esquecer alguém. Muitos são os nomes dos que me acompanharam na elaboração da minha dissertação de mestrado e me incentivaram dando um pouco de si para que este trabalho ganhasse forma e conteúdo. Hoje, revendo o texto para esta terceira edição, percebo que a lista de pessoas a agradecer aumentou, pois o trabalho de pesquisa histórica é constante e um livro está sempre aberto para novas contribuições, acréscimos, revisões.

Reafirmo aqui meus agradecimentos à Prof.ª Anita Novinsky que, desde 1973 – data em que iniciei meus estudos no Programa de Pós-Graduação do Departamento de História, na área de História Social – compartilha comigo suas ideias e seus projetos acadêmicos. Durante a elaboração deste texto, então minha dissertação de Mestrado e meu primeiro estudo sobre racismo no Brasil, Anita dedicou-me horas e horas do seu precioso tempo. Lendo, corrigindo e propondo novas alternativas de análise. Anita soube criticar cada linha, sugerindo e exigindo respostas às minhas dúvidas. Sua preocupação em me fornecer uma bibliografia atualizada e especializada se fez constante. Estar sob sua orientação foi, e sempre será, uma experiência rica e dignificante.

À Prof.ª Dr.ª Maria Regina da Cunha Simões de Paula e ao Prof. Dr. Fernando Novais, pelo constante apoio e ricas sugestões. Ao Prof. José Sebastião Witter que, em 1973, deu-me forças para iniciar meus estudos pós-graduados sob a orientação de Anita Novinsky. Aos professores doutores Carlos Guilherme Serrôa da Motta e José Ribeiro Júnior, pelas ricas sugestões e cuidadosas observações que fizeram por ocasião da arguição desta minha dissertação no ano de 1981.

A D. Alberto Ramos, Arcebispo de Belém do Pará, ao Frei Antônio Nader e Frei Olavo, do Convento de São Francisco (São Paulo), ao Frei Agostinho Tepe, O. F. M., do Convento de Santo Antônio (Recife), a D. Oscar de Oliveira, Arcebispo de Mariana, e aos funcionários do Arquivo da Cúria Metropolitana de São Paulo, pela atenção com que nos atenderam e cederam parte da documentação e informações sobre os Estatutos e exames de Genere.

Aos funcionários da Biblioteca Nacional de Lisboa e do Arquivo Nacional da Torre do Tombo, meus agradecimentos pela atenção e profissionalismo com que me atenderam. Sou grata a Pró-Reitoria de Pós-Graduação da Universidade de São Paulo que, prontamente, financiou esta minha viagem à Portugal possibilitando-me complementar esta pesquisa e firmar novos contatos com instituições acadêmicas, arquivos e museus portugueses. Ao Dr. Robbie Backman que, de coração, me abriu sua biblioteca de obras raras.

Agradeço também à Benair Ribeiro que, com profissionalismo, auxiliou-me na identificação das imagens e ao Hélio Valeiro e Erick Glodiaukas Zen que, com paciência e dedicação, escanearam os documentos trazidos de Portugal que integram esta terceira edição.

Ao Prof. Dr. Jacó Guinsburg, pela oportunidade desta reedição, revista e ampliada. É um privilégio constar da lista de autores da editora Perspectiva. Meus agradecimentos à equipe de realização que cuidou da revisão e produção desta edição, em especial, ao Ricardo W. Neves.

In memoriam: ao meu pai, Manoel Alves Carneiro, que sempre se mostrou orgulhoso da minha carreira. Sua retidão e dedicação ao trabalho são para mim modelo de comportamento. Felizmente ele teve a oportunidade de ter em suas mãos as edições anteriores deste livro. Uma homenagem ao historiador e amigo Frei Venâncio Willeke, O. F. M. que, pessoalmente ou por cartas, sugeriu fontes, historiografia e propôs formas de análise e interpretação. Ao Sr. Ovídio de Freitas, minha gratidão pela atenção com que datilografou e diagramou adequadamente cada uma das páginas desta dissertação quando ainda não dispunha de um computador para digitar, deletar e colar textos. À minha amiga e historiadora Helena Kohn Cordeiro pela paciência e sensibilidade com que corrigiu estas tantas páginas, enriquecendo nosso trabalho. Ao Caio Graco Prado que, enquanto editor da Brasiliense, acompanhou com entusiasmo minha carreira e minhas descobertas junto aos arquivos brasileiros.

É com carinho que agradeço à minha mãe, Annunciata Tucci Carneiro, e aos meus filhos Marcos e Milena Carneiro Issler, aliados de minhas pesquisas intermináveis. Lembro-me que comecei a escrever esta minha dissertação ainda com a Milena na minha barriga e terminei quando o Marcos já havia nascido. Hoje, felizmente, os tenho ao meu lado: minha mãe com 86 anos, Milena com 26 e Marcos com 24 anos. Neste tempo, plantei muitas árvores e escrevi tantos outros livros.

Ao longo desta trajetória, encontrei Boris Kossoy, meu companheiro de todas as horas que, com carinho, vibrou com esta terceira edição, expressão de um novo momento em minha vida pessoal e profissional.

Prefácio

Em momento oportuno é lançada a 3ª edição do livro de Maria Luiza Tucci Carneiro, *Preconceito Racial em Portugal e Brasil Colônia: Os Cristãos-Novos e o Mito da Pureza de Sangue*. Vinte anos após sua primeira publicação, nada perdeu de sua atualidade. A discriminação, o racismo, o antissemitismo, continuam, em escala mundial, a desagregar as relações humanas, o que mostra que os homens ainda não se compenetraram das monstruosidades cometidas no passado em nome da raça e da religião.

Através da História, nem reis, nem poderes da Igreja, nem humanistas, nem as artes contribuíram para a defesa dos direitos humanos. Setenta milhões de pessoas foram exterminadas no século XX em massacres deliberados – uma prova radical, como diz George Steiner, da derrota da humanidade.

Cinquenta anos após a liberação de Auschwitz, uma pesquisa realizada na França e na Alemanha mostrou que 65% dos alemães e 76% dos franceses são incapazes de dar uma resposta quando perguntados sobre o Holocausto. Revisionistas e negacionistas procuram burlar a realidade e alimentar o antissemitismo, falsificando a história. E as esquerdas, que foram a grande esperança de minha geração, hoje se encontram frente a frente com as extremas direitas, dando cobertura intelectual, como disse Pilar Rahola em recente conferência na Unesco, a um novo antissemitismo. Os crimes cometidos pela Igreja ibérica na época moderna e pelo nazismo no século XX são encobertos pela tradicional judeofobia, que penetra cada vez mais fundo no inconsciente coletivo.

Pesquisas recentes, realizadas na Universidade de São Paulo, trouxeram surpreendentes revelações sobre a presença dos judeus na história do Brasil durante o período colonial e modificaram fundamentalmente opiniões e conceitos formulados pela historiografia tradicional, tanto brasileira como estrangeira. O complexo universo marrano e a extensão das atividades do Santo Ofício da Inquisição começaram a ser conhecidos, descortinando a existência de uma sociedade clandestina, que perdurou durante três séculos na América, não obstante todas as perseguições.

Maria Luiza Tucci Carneiro realizou um trabalho pioneiro, que demoliu vários dos mitos construídos sobre o racismo no Brasil e abriu caminho para a renovação dos estudos coloniais. Seu livro abarca um longo período da história de Portugal, quando o Estado e a Igreja compactaram no extermínio físico e cultural das minorias étnicas, que durante séculos conviveram em relativa harmonia. A Corte da Justiça – a Inquisição, que foi criada oficialmente em 1536, tinha como objetivo principal os judeus convertidos ao catolicismo. O antissemitismo expressou-se de maneira mais feroz depois dessa conversão. A discriminação e as perseguições, como pensava Spinoza, não permitiram a sua assimilação, e os estatutos de limpeza de sangue serviram para buscar a origem dos portugueses durante várias gerações. Em fins do século XIX e princípios do XX, ainda se buscava em Portugal as provas de "limpeza de sangue" para permitir os portugueses de participar dos quadros da Igreja.

Formulários impressos em 1894 e em 1904, dirigidos aos párocos de diversas freguesias, pedem que, secretamente, se colham informações, "junto às pessoas mais antigas, fidedignas e cristãs-velhas" sobre a naturalidade, nascimento e limpeza da geração" dos paroquianos.

O século das luzes foi de trevas em Portugal. Os autos de fé, as torturas e as prisões se multiplicaram.

Tem-se repetido continuadamente que o reinado de D. José marcou o fim da discriminação dos cristãos-novos. É preciso compreender que o decreto de 25 de maio de 1773, sob os auspícios do Marquês de Pombal, anulando os estatutos de limpeza de sangue, assim como o Regimento de 1774, abolindo os autos de fé, não puseram fim às perseguições e ao antissemitismo. Durante o governo do Marquês de Pombal, realizaram-se em Portugal, 61 autos de fé e receberam pena de morte na fogueira 139 pessoas.

Em 1821, a Inquisição foi abolida. E foi um brasileiro da Bahia, deputado às constituintes de Lisboa, Alexandre Gomes Ferrão Castelo Branco (1781-1826), que propôs à discussão um projeto de decreto que pedia desculpa aos judeus pelos vexames e perguições sofridos, ao mesmo tempo que lhes garantia, se regressassem, direitos e regalias. E, em 31 de março de 1821, apresentou ainda uma proposta de anulação da antiga expulsão dos judeus de 1497.

O fim da Inquisição não marcou, entretanto, o fim do longo antissemitismo português e um panfleto intitulado "O Maçonarismo Desmascarado" (1823, 4ª edição em Lisboa), de autoria de José Luis Coelho Monteiro, acusa os judeus de cumplicidade com os pedreiros livres. Apesar de vozes antijudaicas se ouvirem ainda em Portugal até o século XX, uma nova inteligência filossemita procurou combater a judeofobia portuguesa. Vozes como de Alexandre Herculano, Antero de Quental, Guerra Junqueiro, Joaquim de Carvalho, Antônio Sergio e outros dão nascimento a uma nova mentalidade que abriu as portas de Portugal aos judeus.

E hoje, onde estamos?

Os sonhos messiânicos dos marranos e do Padre Antônio Vieira não se realizaram. As grandes utopias do século XX falharam. Os judeus tentaram várias vezes negociar um perdão junto aos reis e ao Vaticano. O Padre Antônio Vieira denunciou ao Papa que a Igreja matava judeus inocentes em Portugal. Um vigário alemão tentou alertar Pio XII de que mães judias morriam asfixiadas com seus filhos nas câmaras de gás. Nada valeu. Silenciou a Igreja, como silenciaram os governos, como silenciou a sociedade. Ecoaram num vácuo as palavras proferidas pelo Rei de Portugal D. Pedro V, sobrinho do imperador do Brasil D. Pedro II, quando visitou a sinagoga portuguesa de Amsterdã, palavras que simbolizam a conscientização de uma nação em reflexão sobre seu lastimável passado: "temos de reparar um grande ato de injustiça na nossa História".

Hoje, o racismo e o antissemitismo recrudescem sob novas máscaras. Como escreveu Arthur Miller, " antes da Idade da Razão houve uma Idade da Fé, e agora vivemos a era do fanatismo". A noção da moralidade perdeu seu sentido.

Para se construir uma sociedade pluralista, onde todos os povos e raças possam conviver de maneira fraternal, é necessário repensar o mundo. O conhecimento da história e da cultura é fundamental. Nesse sentido, a contribuição da obra de Maria Luiza Tucci Carneiro é inestimável. Terminado seu estudo sobre o racismo no Brasil colônia, Tucci manteve-se fiel aos ideais que desde muito jovem delinearam seu pensamento. Suas pesquisas sobre racismo e antissemitismo durante o Estado Novo, assim como sobre as perseguições movidas pelo aparato policial do Estado republicano – o DEOPS – a situam como uma das maiores historiadoras brasileiras e infatigável batalhadora pela conquista de um mundo melhor.

Espero que este livro ajude as novas gerações a entender como os interesses das facções dominantes se muniram da religião e da política para exterminar judeus, árabes e dissidentes, e que possam tirar uma lição dos desastres passados. Como escreveu Walter Benjamin, o passado acena para nós, de longe, mas só podemos aproveitar a riqueza das energias humanas, se formos capazes de agir no presente com genuína paixão libertadora.

É esta a mensagem da obra de Maria Luiza Tucci Carneiro.

Anita Novinsky

O tempo, como o mundo, tem dois hemisférios: um superior e visível, que é o passado, outro inferior e invisível, que é o futuro. No meio de um e outro hemisfério ficam os horizontes do tempo, que são estes instantes do presente que imos vivendo, onde o passado se termina e o futuro começa. Desde este ponto toma seu princípio a nossa História, a qual nos irá descobrindo as novas regiões e os novos habitadores deste segundo hemisfério do tempo, que são os antípodas do passado. Oh que coisas grandes e raras haverá que ver neste novo descobrimento!

Pe. Antônio Vieira, *História do Futuro* [inacabada], 1.ª ed., 1718.

Siglas e Abreviaturas

A.C.M.S.P.	=	Arquivo da Cúria Metropolitana de São Paulo
A.E.S.P.	=	Arquivo do Estado de São Paulo
A.N.T.T.	=	Arquivo Nacional da Torre do Tombo
B.E.P.J.	=	Biblioteca Española-Portuguesa-Judaica
B.F.D.S.F./ USP	=	Biblioteca da Faculdade de Direito São Francisco/ Universidade de São Paulo
B.N.L.	=	Biblioteca Nacional de Lisboa
CR	=	Carta Régia
C.L.P.	=	Coleção da Legislação Portuguesa
C.C.L.E.	=	Coleção Cronológica das Leis Extravagantes
C.L.A.M.R.P.	=	Coleção da Legislação Antiga e Moderna do Reino de Portugal
C.C.L.P.	=	Coleção Cronológica da Legislação Portuguesa
Est.	=	Estante
Gav.	=	Gaveta
P.H.G.M.	=	Processo de Habilitação de Genere et Moribus

Introdução

Racismo é ainda hoje um tema tabu para a sociedade brasileira, que não aprendeu a lidar com as suas diferenças. Discutido nos mais diferentes círculos intelectuais, em congressos e simpósios, e estudado por especialistas de diversas disciplinas do campo das Ciências Humanas, o racismo persiste enquanto fenômeno social. Desde a primeira edição deste livro em 1983, dezenas de estudos foram produzidos contribuindo para o aprimoramento do debate e a institucionalização da luta em prol dos direitos humanos. No entanto, em pleno século XXI, continuamos a conviver com o mito da democracia racial, que ofusca o lento processo de metamorfose do negro passivo para o negro ativo. Décadas ainda serão necessárias para que este deixe de ser um mero coadjuvante para se tornar personagem da cena política nacional. A maioria da população negra e mestiça brasileira continua segregada num mundo pobre de cultura e de oportunidades.

Com relação aos judeus radicados ou nascidos no Brasil, uma nova forma de antissemitismo moldado pelos conflitos no Oriente Médio os atinge. Autoridades brasileiras do Direito ainda se mostram indecisas para julgar se antissemitismo é ou não crime de racismo. Portanto, continua árduo o nosso exercício de cidadania e democracia. A sociedade brasileira, na fase de desenvolvimento em que se encontra, requer, mais do que nunca, estudos e pesquisas científicas nesse sentido. Problemas do passado são hoje esquecidos e relegados a um segundo plano, quando não abafados sob a alegação de que vivemos uma democracia racial. No entanto, se revirarmos os nossos arquivos da memória, constataremos que tanto o racismo contra os negros e ciganos como o antissemitismo têm raízes seculares.

O preconceito racial se manifestou no Brasil desde o momento em que os primeiros portugueses aqui se instalaram como colonizadores, temática que abordaremos neste estudo dedicado a investigar a gênese do pensamento intolerante no Brasil. Nos propomos, em primeira análise, a pesquisar as origens do mito da pureza de sangue que, enquanto expressão de um racismo institucionalizado, se fez presente durante os três primeiros séculos da colonização portuguesa. Considerando-se a amplitude de tal abordagem, sugerimos que pesquisas multidisciplinares sejam realizadas com o objetivo de investigar a persistência de elementos do racismo tradicional ao longo dos séculos XIX e XX, assim como a sua metamorfose sob o viés das teorias racialistas que contribuíram para a manifestação do racismo de fundamento científico.

A necessidade de se buscar a gênese de determinados fenômenos, assim como a ausência de estudos específicos sobre o racismo na Península Ibérica, levou-nos a concentrar grande parte de nossa investigação sobre a História da Intolerância na Península Ibérica, estabelecendo a constante relação metrópole/colônia. Concentramos nossa atenção na trajetória do mito da pureza de sangue que, no decorrer dos séculos XVI, XVII e XVIII, ganhou adeptos dissimulado na ideia de "verdadeira" fé católica. Como parte de um sistema preconcebido, esta crença evocou o triunfo da vaidade, alimentou imagens do mal e colocou em risco a sobrevivência de um grupo social definido como cristãos-novos. Uma linguagem estereotipada foi endossada por aqueles que se acreditavam "seletos", livres de impurezas, próximos da perfeição.

Tendo em vista que o culto à pureza de sangue se apoiou na afirmação da autoridade gerenciada pelo Estado absolutista pelo Tribunal do Santo Ofício e pela nobreza, procuramos identificar: a) o elemento humano discriminado e perseguido por sua raça, cultura e religião; b) a tipologia das fontes adequadas para comprovar a gênese e a persistência do racismo em Portugal e Brasil colônia; c) as mudanças sociais operadas em cada período histórico.

Focalizamos principalmente um grupo étnico cujo problema social se destacou na história da Península Ibérica durante esses três séculos: *os cristãos-novos*[1]. Através da legislação portuguesa, detectamos, apesar das posições contrárias de muitos historiadores, a discriminação contra negros, mulatos, judeus, mouros, cristãos-novos,

---

1. Entendemos por cristãos-novos os judeus que, por meio da violência, se tornaram cristãos, e os que deles descendem por linha de pai e mãe. O termo cristão-novo passou a ser frequentemente empregado em Portugal, em oposição a cristão-velho, após a conversão forçada de todos os judeus imposta por D. Manuel, em 1497.

indígenas e ciganos que, pelas características específicas e aspectos que assumiu no contexto da sociedade colonial, denominamos racismo. A amplitude do tema impediu-nos de trabalhar com todos esses grupos étnicos. Além disso, a escassez de estudos sobre a discriminação contra o cristão-novo e a tipologia das fontes disponíveis nos arquivos portugueses e brasileiros levou-nos a concentrar esta pesquisa na trajetória de vida dos portugueses e brasileiros de ascendência judaica.

As mudanças sociais que eventualmente ocorreram nesse período receberam um tratamento específico, considerando-se que nossa preocupação está diretamente voltada para a área de História Social, atenta particularmente às mudanças que agravam ou enfraquecem os mecanismos sociais. Prestando atenção aos conflitos religiosos entre diferentes grupos sociais, recorremos à análise quantitativa e qualitativa das estruturas narrativas e procuramos desenvolver um estudo do significado das palavras, com o objetivo de perceber os mecanismos que regulam as mudanças do sentido que dão forma ao discurso racista. Recorremos, em vários momentos, à linguística, procurando classificar e interpretar o vocabulário empregado nos documentos expressivos do pensamento intolerante. Avaliamos a composição das frases e o número de vezes em que certas palavras apareciam numa determinada composição narrativa, com o objetivo de avaliar como se processou a construção de um discurso racista contra certos grupos étnicos e religiosos. Priorizando o grupo dos cristãos-novos, tivemos a oportunidade analisar o rigor com que se processou, por mais de mais de três séculos, a produção e a interpretação da ideia de pureza de sangue. Através dos enunciados, procuramos perceber como certos vocábulos se encadeiam favorecendo a discriminação que, institucionalizada pela elite política, favoreceu a perseguição aos cristãos-novos identificados como membros de uma raça infecta, maculada pelo sangue.

Para comprovar as manifestações discriminatórias características do preconceito racial nas sociedades portuguesa e brasileira durante a época moderna, recorremos a uma série de documentos primários, manuscritos e impressos, alusivos ao período em estudo. Dentre eles, merecem um destaque especial os Processos ou Autos de Habilitação de Genere e Moribus sob a guarda do Arquivo Nacional da Torre do Tombo em Portugal, do Arquivo da Cúria Metropolitana de São Paulo e do Arcebispado de Belém (PA). Da mesma forma, recorremos aos Estatutos das Ordens Militares e Religiosas, do Estatuto da Universidade de Coimbra e das Irmandades de Misericórdia de Lisboa, da Bahia e de São Paulo. Somamos a este *corpus* documental, os sermões de autos-de-fé e as obras antijudaicas publicados em Portugal sob o olhar censor do Tribunal do Santo Ofício. A análise de Cartas Régias, Leis e Alvarás nos permitiu avaliar os prenúncios da justiça ditada pela razão do Estado absolutista em nome da segurança da nação e da fé católica.

Os Processos ou Autos de Habilitação de Genere e Moribus foram avaliados como prova concreta da maneira de agir e pensar dos grupos religioso e civil, responsáveis pelo "discurso verdadeiro", recorrendo aqui ao conceito proposto por Michel Foucault[2]. Tais documentos, elaborados sob a forma de inquéritos, eram abertos a partir do momento em que determinado indivíduo formalizasse seu pedido de admissão em uma determinada Ordem Religiosa ou Instituição assistencial. Exigido também por entidades laicas, deveria ficar provado, através de minuciosas investigações sobre a vida da pessoa e seus ascendentes, que ela não possuía vestígios de mulato, negro, mouro, judeu ou cristão-novo. Só após essa comprovação é que o indivíduo estaria apto para ocupar cargos públicos, frequentar universidades ou colégios religiosos, ingressar nas Ordens Sacras e Menores, participar como irmão das Casas de Misericórdias ou desfrutar de situações honoríficas.

Organizados sob a forma de processos individuais manuscritos, esses documentos podem ser considerados como indispensáveis a todos aqueles que estudam as formas de preconceito manifestas em Portugal e no Brasil. Apesar de bem arquivados, ordenados e adequadamente restaurados por pessoas responsáveis e capacitadas, o fato de estarmos manuseando documentos dos séculos XVII e XVIII colocou-nos diante de um problema comum a todos aqueles cujo instrumento de trabalho é constituído por documentos antigos corroídos pelo tempo. Nem todo papel e nem toda tinta resistem à passagem dos anos, ou às traças, que devoram insaciavelmente letra por letra, sem selecionar conteúdo.

Exemplares desses processos – expressivos da persistência do mito da pureza de sangue no Brasil colônia – podem ser consultados no Arquivo Nacional da Torre do Tombo em Portugal, na sessão de Reservados. Estes dizem respeito aos brasileiros e portugueses que, radicados nas províncias brasileiras, requeriam investigações junto ao Patriarcado de Lisboa, por exemplo, onde poderia ser "rastreada" a tradição de suas origens católicas. No Brasil, tivemos a oportunidade de consultar os processos arquivados junto a Cúria Metropolitana de São Paulo, cuja relação se encontra registrada em dois livros: um organizado cronologicamente e através do qual pudemos constatar que o primeiro processo data de 1644, estendendo-se até 1938[3]. O número de processos arquivados por ano é bastante variável. Como pudemos constatar, em 1703 existem apenas dois processos: o de An-

---

2. Michel Foucault, *A Ordem do Discurso*, trad. de Laura Fraga de Almeida Sampaio, 4.ª ed., São Paulo, Loyola, 1998, p. 15.

3. Será abordada a diferença existente entre os processos dos séculos XVII ao XX, comparando-os entre si, quanto à forma e conteúdo em "A Eliminação da Distinção entre Cristão-novo e Cristão-velho", ver infra, p. 188.

tônio de Godoy Moreira e o de Antônio de Oliveira Costa (Paranaguá a Santos). Em 1747, totalizamos 41 processos e, em 1797, cerca de 55 autos. Há períodos em que nenhum processo foi formalizado, como por exemplo nos anos de 1711, 1723-24, 1740 e 1743. Na relação desses processos, encontramos nomes de personalidades ilustres de nossa história, como o de Alexandre de Gusmão (1722), Cláudio Manoel da Costa (1757), Carlos Correa de Toledo (1760) e os irmãos Andrada e Silva: José Bonifácio, Antônio Carlos e Martim Francisco (1779).

O segundo livro de relação dos Processos de Habilitação traz os nomes dos candidatos, dispostos em ordem alfabética e contendo as mesmas informações do livro anteriormente citado: nome do habilitando, data de abertura do processo, local de residência, número de estante e gaveta em que se encontram arquivados os documentos, seguidos do número do processo.

Tivemos também oportunidade de examinar o Arquivo do Arcebispado Metropolitano de Belém do Pará, onde as condições de pesquisa não foram as mesmas, se comparadas com São Paulo. O precário estado de conservação dos documentos, sua deterioração pelo tempo e a falta de uma política governamental de preservação dos arquivos locais dificultam o trabalho do historiador preocupado com a preservação da memória histórica. Nesse arquivo encontramos manuscritos valiosíssimos para a compreensão da história do passado brasileiro. Perante nossos olhos, surgiram processos e mais processos cujos títulos variavam, desde as comprovações de batismo, venda de escravos, testamentos, exorcismo e Autos de Habilitação de Genere, Vita et Moribus. Entremeavam-se selos reais, pedaços de documentos sem qualquer possibilidade de identificação no tempo e espaço. Selecionamos, ao acaso, alguns desses autos priorizando aqueles que se referiam especificamente ao século XIX. Se existem outros, referentes aos séculos anteriores, só após exaustivas pesquisas e a sistematização do acervo é que teremos condições de avaliar[4].

Tanto em Portugal, junto à Biblioteca Nacional de Lisboa, como no Brasil, examinamos os Estatutos das Ordens Religiosas, manuscritos e impressos, com o objetivo de conhecer e documentar as atitudes discriminatórias das entidades que endossaram o conceito de limpeza de sangue, com base nas exigências da comprovação de Genere. Dentre os documentos impressos consultados, merece destaque especial a Legislação Portuguesa disponível junto à Biblioteca da Faculdade de

---

4. Desses documentos, apenas uma pequena amostra foi analisada, pois não era nosso objetivo específico fazer pesquisa nessa região. Entretanto, o material selecionado foi importante, no sentido de possibilitar análise comparativa com os processos selecionados junto aos arquivos: da Torre do Tombo em Portugal, da Cúria Metropolitana de São Paulo e do Arcebispado Metropolitano de Belém do Pará.

Direito São Francisco da Universidade de São Paulo. Se esta pode ser considerada como o espelho dos valores vigentes, tentaremos comprovar, através de análise pormenorizada dos textos legais, a existência, de direito e de fato, de manifestações evidentes de racismo biológico e social contra os descendentes de judeus. Preconceito este que acabou por congregar a sociedade portuguesa em dois grupos distintos: *o discriminador* – formado por uma minoria branca, cristã, legalmente localizada na sociedade – e os *discriminados:* composto por negros, mulatos, mouros, judeus, ciganos, indígenas e cristãos-novos.

Concentrando nosso estudo nesse último grupo, identificamos na Legislação Portuguesa a persistência e o recuo de certas leis a favor ou contra esse grupo étnico. Traçando um paralelo com os interesses econômicos, políticos e sociais, ou cruzando nossa análise com a ideologia pregada pela Igreja Católica e a política Estatal, identificamos os padrões e as formas de comportamento impostas pelo grupo manipulador das forças de poder. Não podemos nos esquecer que uma série de situações concretas, econômicas e políticas, e mesmo as de convivência étnica, enfraqueceu os sentimentos e as opiniões coletivas, características do preconceito racial. Contudo, não devemos cair no erro de afirmar que o preconceito não existiu como política oficial do sistema de Poder.

As obras literárias publicadas durante a época moderna nos permitiram identificar o discurso intolerante que, eficaz pelo seu próprio enunciado e sustentado pelos cristãos-velhos, garantiu um conjunto de práticas discriminatórias. Portando títulos estereotipados, referentes aos descendentes dos judeus, esses impressos, ao lado dos dicionários da época, representam um dos mais evidentes exemplos de manifestação racista[5]. De forma geral, uma das principais propostas deste nosso trabalho é reunir informações dispersas em outros autores, condensando-as em uma só obra alusiva à questão da pureza de sangue.

---

5. Cumpre lembrar que, após a década de 1930, vários intelectuais brasileiros tentaram comprovar a inexistência de preconceito racial no Brasil, gerando, dessa forma, a crença numa democracia racial, que se estendeu por muitas décadas. Dentre eles, cumpre citar Gilberto Freyre e Vianna Moog. Estudos sociológicos e antropológicos, realizados com rigor científico, têm comprovado o contrário, entre os quais, afora os de Charles Ralph Boxer, historiador e professor da Universidade de Londres, merecem citação: *Relações Raciais no Império Colonial Português*, Rio de Janeiro, Editora Tempo Brasileiro, 1967; e *Império Colonial Português: Textos de Cultura Portuguesa*, Lisboa, Edições 70, 1969.

1. Historiografia e Racismo

O RACISMO E O MITO DA DEMOCRACIA RACIAL

Desde a década de 1980, as pesquisas sobre o racismo no Brasil vêm aumentando consideravelmente nas mais variadas disciplinas das Ciências Humanas. Assumindo um caráter científico, esses estudos têm se preocupado em avaliar os conflitos raciais com o objetivo de refutar as ideologias racistas divulgadas, principalmente, a partir das últimas décadas do século XIX e a primeira metade do século XX. As teses defendidas por Arthur de Gobineau, George Vacher Lapouge, Houston Chamberlain e outros teóricos racistas foram refutadas à luz de novas abordagens sustentadas por historiadores, antropólogos, sociólogos, psicólogos e cientistas políticos. Mas nem por isso os conflitos raciais desapareceram e as atrocidades cometidas contra certos grupos étnicos perderam a sua carga emocional.

A origem do racismo não é científica, e o homem não nasce com preconceito. É política, social ou econômica, prestando-se para justificar seus interesses, exploração econômica, ou como argumento para a dominação política. Tanto na Antiguidade como na Idade Média, os homens, em vários momentos, se utilizaram da existência de diferenças físicas e de desacordos de caráter religioso como motivo para justificar suas lutas pelo poder e sua ganância econômica. Ao concebermos o racismo como um fenômeno psicológico-cultural, devemos avaliá-lo sob dois prismas distintos: o *teórico* e a *práxis,* ou seja: primeiro, tendo em vista a sua construção doutrinária; e, segundo, os comportamentos[1]. Enfatizamos que a característica fundamental das teorias racistas é pressupor a existência de uma raça superior e outra inferior, baseada em falsos argumentos. Dependendo da fundamentação utilizada pelo grupo discriminador, podemos nos referir a distintas categorias de racismo: o *tradicional*, o *moderno* e o *neoracismo*. Conforme lembra Lévi-Strauss: "nada, no atual estado da Ciência, permite afirmar a superioridade ou a inferioridade intelectual de uma raça em relação à outra, mesmo que fosse apenas para restituir sub-repticiamente sua consistência à noção de raça"[2].

Para melhor compreendermos as manifestações racistas nos dias atuais – no caso o *neoracismo* – devemos buscar a gênese do pensamento intolerante que se faz secular e diretamente relacionado com a presença dos judeus na Península Ibérica. Portanto, analisando a persistência do mito da pureza de sangue, teremos elementos para avaliar o processo de construção do racismo dito tradicional e que transformou os cristãos-novos em verdadeiros párias, distintos como portadores de sangue "infecto". Tal constatação nos leva a interpretar essa categoria de racismo contra os judeus, no caso o antissemitismo, como uma doutrina e como forma de antagonismo coletivo: um fenômeno dos tempos modernos. Esta doutrina, criada na Espanha durante o século XV, pregava que a "ortodoxia ou a infidelidade dos antepassados judeus havia maculado o sangue de seus descendentes, assim hereditariamente viciado"[3]. Relegados a um plano racial e social inferior, os judeus convertidos ao catolicismo e seus descendentes passariam a ser considerados como portadores de sangue impuro e representantes de uma raça infame. Da mesma forma, como não podemos desvincular esse racismo antijudeu de uma ideologia católica-cristã sustentada em comum acordo com as facções dirigentes, não podemos compreender o aparecimento de um racismo contra o homem de cor sem analisar o problema da expansão colonial, a partir do século XVI, e a consequente necessidade de mão-de-obra escrava[4].

Do ponto de vista comportamental, o racismo é identificado através do preconceito e das medidas discriminatórias. Endossando o conceito dado por Arnold Rose, entendemos preconceito como sendo "um conjunto de atitudes que provocam, favorecem ou justificam medidas

---

1. François de Fontette, *O Racismo*, trad. de Santos do Vale, Lisboa, Livraria Bertrand, 1976, p. 11. (Original em francês: *Le Racisme*, Coleção Que sais-je? n.º 1603, Press Univ. France, 1975.)

2. Lévi-Strauss, *Raça e História*, Lisboa, Presença, 1952, p. 7.

3. Patrice de Comarmond & Claude Duchet (orgs.), "Introdução", em *Racisme et Société*, Paris, François Maspero, 1969, p. 10.

4. Juan Comas, "Os Mitos Raciais", em *Raça e Ciência I*, São Paulo, Perspectiva, 1970.

de discriminação"[5]. A manifestação comportamental do preconceito contribuiu para manter as características de um determinado grupo, bem como sua posição privilegiada, à custa dos participantes do grupo de comparação. Mediante o preconceito, as pessoas são julgadas não pelo mérito próprio, mas por qualidades que lhes são atribuídas com base em falsos argumentos.

Antes do século XV, o preconceito não estava relacionado, especificamente, ao antagonismo de raças. A aversão entre os grupos se fazia atrelada às divergências religiosas existentes entre cristãos e infiéis. Somente a partir de 1449 – data da promulgação do *Estatuto-Sentencia* de Toledo – é que identificamos a manifestação de um racismo [dito tradicional] cujos fundamentos teológicos dividiram as sociedades ibérica e colonial em dois grupos distintos pela pureza de sangue: os *limpos* e os *infectos de sangue*. Os critérios de avaliação pautavam-se na tradição ou, como ressalta Todorov, no "império dos costumes"[6], que, em grande parte, se fazia pautado em valores impostos pela Igreja Católica. Segundo Léon Poliakov, aqui pode ser detectada a gênese do mito ariano, que ressurgirá no século XIX, aprimorado pelo conhecimento científico e pela divulgação de novos conhecimentos, sobretudo na área da biologia, da sociologia e da antropologia [racismo moderno][7].

Acompanhando a trajetória do pensamento intolerante, consideramos que este se manifestou por meio de múltiplos discursos que alimentaram, desde o século XV aos dias atuais, um conjunto de mitos políticos. O *mito da pureza de sangue* metamorfoseou-se, no século XIX, no *mito ariano* ao qual se somou o *mito do complô*, temas amplamente difundidos nas obras de Léon Poliakov, Raoul Girardet, Norman Cohn e Pierre-André Taglieff [8]. Distintos discursos foram produzidos por uma elite ilustrada com o objetivo de controlar e subjugar aqueles que eram, segundo suas "doutrinas", perigosos à fé católica, ao progresso da civilização ou à segurança nacional. Com base nos princípios

---

5. Arnold M. Rose, "A Origem do Preconceito", em *Raça e Ciência II,* São Paulo, Perspectiva, 1972, p. 162.

6. Tzvetan Todorov, *Nós e os Outros. A Reflexão Francesa sobre a Diversidade Humana I,* trad. Sergio Goes de Paula, Rio de Janeiro, Jorge Zahar Editores, 1993, p. 23.

7. Léon Poliakov, *O Mito Ariano,* trad. Luiz João Gaio, São Paulo, Perspectiva, 1974, p. 112.

8. Léon Poliakov, *op. cit.*; Raoul Giradet, *Mitos e Mitologias Políticas,* trad. Maria Lucia Machado, São Paulo, Companhia das Letras, 1987; Norman Cohn, *Histoire d'um mythe: La "Conspiration" juive et Les protocoles des sages de Sion,* trad. Léon Poliakov, Paris, Gallimard, 1967; Pierre-André Taglieff, *Les protocoles des sages de Sion: introduction à l'étude des Protocoles, un faux et ses usages dans le siècle,* Paris, Berg International Editeurs, 1992. Foi com base na proposta teórica destas obras que procurei avaliar a persistência de certos mitos políticos no Brasil a partir do século XIX. Ver o meu livro *O Veneno da Serpente. Reflexões sobre o Anti-semitismo no Brasil,* São Paulo, Perspectiva, 2003.

da exclusão, os adeptos desses discursos, identificam seus inimigos e projetam contra eles seus ódios e fobias. Um sistema de regras, definições e estatutos são colocados à disposição daqueles que apoiam esses discursos cujos enunciados incitam ao fanatismo e terrorismo, tendo em vista, por exemplo, os atos que caracterizaram o Holocausto ou que definem, na atualidade, a crise política no Oriente Médio. Acompanhando a trajetória dos mitos, temos condições de perceber como essas regras foram, e ainda são, permanentemente (re)atualizadas fixando limites, impondo rituais e regimes de exclusividade[9].

Entre 1449 e 1774, período creditado às manifestações do racismo tradicional, aqueles que possuíam o sangue "infectado" por suas origens judaicas, negras, indígenas ou mouras, usavam o atestado de pureza de sangue como uma espécie de escudo contra as perseguições inquisitoriais. Analisando o problema nesse sentido, consideramos que mesmo quando os preconceitos eram relativamente pouco desenvolvidos na Metrópole portuguesa, os administradores coloniais, os comerciantes e os colonos que viviam em territórios insuficientemente desenvolvidos, acabavam por manifestar – nas suas relações com as populações indígenas, negras e cristãs-novas – a insensibilidade e a atitude de superioridade racial que os ajudavam nas suas empresas[10].

Este fenômeno, ibérico na sua essência, deve ser avaliado de forma distinta do racismo moderno emergente em meados do século XVIII, quando se formulou o debate sobre a unidade e a diversidade humana. A partir deste momento, diferentes correntes de pensamentos questionavam se formávamos uma única espécie (*monogênese*) ou várias espécies (*poligênese*). A corrente *poligenista* – segmento contestador do dogma *monogenista* da Igreja – propunha a existência de vários centros de criação do homem com base nas diferenças raciais apontadas pelas ciências biológicas[11]. Para melhor compreendermos essa visão poligenista enquanto uma ruptura de pensamento a respeito da diversidade da espécie humana, devemos considerar que foi, a partir do século XVIII, que se estruturou o *racialismo* enquanto um movimento de ideias nascido na Europa ocidental. Este foi, certamente, um momento histórico especial, caracterizado por grandes transformações que marcariam o mundo da técnica, da cultura e das ciências biológicas e naturais. Segundo Tzvetan Todorov podemos considerar o cientificismo "como o *iceberg* e o racialismo como a sua ponta aparente". Na sua opinião, não podemos ignorar as origens ideológicas do fascismo no anti-humanismo do século XIX" e que, no caso da França, tem suas

---

9. Retomo aqui as propostas de Michel Foucault, *A Ordem do Discurso*, ed. cit.
10. Arnold M. Rose, *op. cit.*, p. 163.
11. Sobre este tema ver Tzvetan Todorov, *op. cit.*, pp.19-32.

raízes no racismo de Joseph Arthur de Gobineau (1816-1882) e Ernest Renan (1823-1892), dentre outros[12].

Esta nova fase do racismo – entendido aqui como o comportamento, portanto distinto do *racialismo*, termo reservado à doutrina – coincide também com um momento de impulso do liberalismo na Europa que, no século XIX, culminou com o rompimento do velho sistema colonial, levando as colônias americanas a se libertarem de suas metrópoles. Foram as ideias liberais que fomentaram o debate sobre a escravidão e o direito que todos os indivíduos têm de serem reconhecidos e tratados como iguais perante a lei e a justiça. Essa universalização dos direitos de cidadania possibilitou a diversos grupos minoritários, como os judeus, por exemplo, integrarem-se à sociedade ocidental.

Como conjunto de crenças populares ou como forma de antagonismo coletivo, as ideias que caracterizam o racismo moderno baseiam-se na constatação dos seguintes elementos:

* nas diferenças imutáveis de ordem física e intelectual explicadas pela biologia e pela hereditariedade;
* na predisposição do indivíduo a adquirir hábitos, atitudes, comportamentos, e a obter reações antes do nascimento;
* nas diferenças entre a maioria e a minoria, sempre consideradas como indícios de inferioridade;
* na degeneração biológica da raça através da miscigenação.

Tanto o *racismo tradicional* como o *moderno* serviram aos interesses econômicos e políticos das grandes potências colonizadoras interessadas em subjugar certos segmentos populacionais da América, Ásia e África[13]. Podemos considerar que os argumentos que sustentavam o racismo tradicional garantiam aos cristãos-velhos, por tradição (e muitas vezes "inventada"), títulos de honra e nobreza, posse de terras e cargos; além de justificar a política intolerante endossada pelo Tribunal do Santo Ofício e pelo Estado absolutista português interessados no confisco dos bens dos cristãos-novos. O racismo moderno, por sua vez, serviu ao imperialismo e ao totalitarismo praticados pelos europeus, vindo a produzir no século XX resultados catastróficos[14]. Tomamos como exemplo o

---

12. Tzvetan Todorov, *Nós e os Outros*, ed. cit., pp.107-141.

13. James M. Jones, *Racismo e Preconceito*, trad. Dante Moreira Leite, São Paulo, Blucher, 1973, p. 3.

14. Hannah Arendt, em seu trabalho sobre anti-semitismo, concentra sua análise em torno de três problemas que considera interligados: preconceito, imperialismo e totalitarismo. Focalizando o papel dos judeus no Estado moderno e na sociedade civil da Europa do século XIX, a autora considera o anti-semitismo como "uma antecipação paradigmática do totalitarismo". Hannah Arendt, *Origens do Totalitaris-*

Holocausto que nos permite refletir sobre a responsabilidade do Estado pela preservação da vida dos cidadãos[15].

Ambas as categorias endossam a ideia de uma sociedade dividida em "raças" puras (superiores) e impuras (inferiores), cujo sistema de valores funciona como se fosse um "filtro genético". Ao longo dos séculos, doutrinas foram "construídas" de forma a justificar as qualidades positivas ou negativas dos grupos tendo como critério *o sangue que lhes corre nas veias*[16]. A diferença está no conceito de "raça", que no racismo tradicional se faz com base em fundamentos teológicos e na corrente monogenista da Igreja, enquanto para o racismo moderno, a base é o cientificismo, cujas teorias alimentam a corrente poligenista[17]. Baseando-se em falsificações e contradições, os racistas tradicionais argumentam em nome da "transmissão da verdadeira fé católica", enquanto os racialistas modernos lançam mão das leis de hereditariedade e da fisiologia do sangue, abusando das conclusões da ciência biológica. Segundo Poliakov, a doutrina do arianismo só pôde se constituir no século XIX com base das grandes divisões entre raças, estabelecidas pelo pensamento das Luzes[18].

Em geral, tanto no racismo tradicional como no racismo moderno, o grupo discriminador atribui ao grupo minoritário opiniões inexatas, ridicularizando-o por seu aspecto físico ou cultural. Aplicando a todos certas características individuais, os estereótipos contribuem para a prática da segregação social. Por exemplo: os negros são apresentados como brutais e estúpidos, sujos e imorais. Os judeus são vistos como exploradores, sujos ou desonestos; enquanto os ciganos são vagabundos, trapaceiros, imundos, vadios e ladrões. A manipulação da imagem destes grupos passa, muitas vezes, por um processo de *animalização* e *diabolização*, temática explorada por autores reconhecidos da historiografia como Léon Poliakov e Nelson Omegna[19].

---

mo: *O Anti-semitismo, Instrumento de Poder, uma Análise Dialética,* trad. Roberto Raposo; introdução de Celso Lafer, Rio de Janeiro, Documentário, 1975, p. 4.

15. Esta questão foi analisada em meu livro *Holocausto, Crime contra a Humanidade,* São Paulo, Ática, 2002. Estruturado de forma a levar este debate para as escolas passando necessariamente pela compreensão dos Direitos Humanos.

16. Recorro aqui ao título do trabalho que sustenta a tese de Lina Gorenstein que, baseando-se em processos inquisitoriais, analisou o racismo tradicional manifesto contra as mulheres cristãs-novas no Rio de Janeiro durante o século XVIII. Ver de Lina Gorenstein, *Sangue que lhes Corre nas Veias: Mulheres Cristãs-Novas no Rio de Janeiro, Século XVIII.* São Paulo, tese de Doutorado em História Social, FFLCH/USP, 1999.

17. Tzvetan Todorov, *Nós e os Outros,* ed. cit., p. 111.

18. Juan Comas, *op. cit.*, p. 53; Léon Poliakov, *O Mito Ariano,* ed. cit., p. 106.

19. Sobre estas questões, ver Léon Poliakov, *A Causalidade Diabólica I.* Trad. Alice Kyoko Miyashiro, São Paulo, Perspectiva; Associação Universitária de Cultura Judaica, 1991; Raoul Girardet, *op. cit.*; Norman Cohn, *op. cit.*, p. 8.

Falsos argumentos étnicos ou religiosos são adotados como signos, permitindo distinguir os indivíduos ou os grupos entre si. Dessa forma, passam a existir, de um, lado, os *limpos de sangue*, pertencentes a uma raça pura, superior e inteligente, e, de outro, os infectos, tratados como párias, membros de uma raça inferior. Esses signos compõem a ordem simbólica estipulada pelo grupo dominante que, para manter sua posição privilegiada, organiza toda estrutura legal e social, manipulando leis e convenções, além de controlar os meios de propaganda e comunicação[20].

Na opinião de Max Weber, o grupo que mantém posição privilegiada é caracterizado por um estilo específico de vida – ao qual denomina *honra de status* –, que deve ser seguido por todos aqueles que desejam pertencer ao círculo. As restrições sociais impostas por esses elementos são levadas a tal extremo, que o grupo acaba por se tornar uma casta fechada, chegando mesmo a limitar os matrimônios normais entre seus membros[21]. Os indivíduos excluídos do círculo sob falsa alegação passam a sofrer restrições sociais, sendo impedidos de receber títulos honoríficos, ocupar cargos públicos ou religiosos. A constância da aplicação dos signos a esses elementos estigmatizados acaba por transformá-los em verdadeiros párias, obrigando-os muitas vezes a falsificar documentos, a oferecer subornos e até mesmo a mudar seus hábitos e atitudes para conseguir ocupar um cargo público ou seguir uma profissão. A ordem simbólica imposta chega a uma de suas consequências, assumindo as características de mito político.

Assim, uma das possibilidades de análise do racismo é de avaliá-lo enquanto discurso acusador cuja linguagem encerra uma situação de antagonismo entre dois grupos distintos por seus valores: quando aquele que discrimina assume uma posição nuclear mascarando verdadeiros intentos através da mitificação do sangue puro; e, do lado oposto, quando o "outro" e seus descendentes são avaliados como escórias e definidos como portadores de atributos negativos (marcas físicas, morais, ideológicas etc). No caso dos judeus, mais especificamente, tais estigmas foram sendo reforçados ao longo dos séculos por uma série de mitos cuja dinâmica merece ser considerada: o mito do herege, do judeu errante, do povo deicida, da superioridade da raça ariana, dentre outros.

Analisando os mitos particulares de diferentes povos europeus, Léon Poliakov conclui que estes geralmente confluem para a ideologia

---

20. Pierre Bourdieu, "Condição de Classe e Posição de Classe", em *Economia das Trocas Simbólicas*, São Paulo, Perspectiva, 1976, pp. 3-25.

21. Max Weber, "Classe, Status, Partido", em *Ensayos de Sociologia Contemporânea,* seleção e introdução de H. Gerth e C. Wright Mills, Barcelona, Editora Martinez Roca, 1972, pp. 230 e 232; ou "Estamentos, Clases y Religión", em *Sociologia de la Religión,* Madrid, Istmo, 1997, pp. 138-190.

ariana. Dentre os mitos modernos, considera, em primeira análise, o mito gótico surgido na Espanha depois das invasões germânicas. À raça dos conquistadores foram concedidas qualidades superiores, divulgadas nos escritos do Arcebispo Isidoro de Sevilha: segundo o ditado, "ser descendente de godo era ser nobre". Este, posteriormente, foi substituído por um racismo "pensado e expresso em termos teológicos". No seu lugar, surge o mito da pureza de sangue, que pressupunha a existência de uma casta pura, de linhagem jafética, e outra considerada impura: a semita, na qual estão incluídos, na época moderna, os judeus convertidos ao cristianismo – os cristãos-novos ou conversos[22].

Os mitos expressos sob a forma de preconceito racial envolvem sempre a condição de desigualdade, absoluta e incondicional, entre as raças, independente das condições físicas do seu *habitat* e de fatores sociais. Identificado o grupo potencialmente suspeito, o grupo discriminador passa a agir por meio do terror e da coerção, obtendo dessa forma conformismos de comportamentos. Controlando os meios de propaganda e comunicação, asseguram a versão oficial dos fatos adequados à ideologia dominante. O inimigo a ser atingido pode ser o negro, o mulato, o judeu, o cristão-novo, o cigano, o mouro, o indígena ou um grupo estrangeiro, em particular. Esses grupos étnicos passam a ser reconhecidos pelo seu físico, cor de cabelos, roupas, ou como afirma Sartre: "o judeu pode ser reconhecido até mesmo pelo caráter"[23].

Aquele que manifesta atitudes de preconceito e pratica medidas de discriminação tem necessidade do inimigo que deseja destruir, pois para reivindicar qualidades positivas para o seu grupo necessita do pólo contrário. Sartre considera que tratando o judeu como um ser inferior e pernicioso, o antissemita reafirma seu pertencimento a uma elite. Caracterizando o comportamento do anti-semita, Sartre apresenta algumas concepções que podem, aqui, ser generalizadas a todos aqueles que manifestam atitudes racistas:

- *caráter hereditário*: quando se considera os filhos segundo o que foram os pais, acreditando que os mais novos são capazes de praticar o que os mais velhos praticaram;
- *manifestação de uma forte prevenção sentimental*: caracterizada pelo ódio ou pela cólera e ausência de raciocínio;
- *presença de um poder maléfico*: identificação do inimigo com o mal, passando a ser considerado como o causador dos problemas sociais, das doenças e dos vícios;

---

22. Léon Poliakov, *O Mito Ariano*, ed. cit., p. 112.

23. Jean-Paul Sartre, *Reflexões sobre o Racismo*, trad. J. Guinsburg, São Paulo, Difel, 1968, pp. 6 e 16.

- *prática de homicídios simbólicos:* aplicação de medidas que propõem sua humilhação, sua expulsão e seu rebaixamento social24.

O RACISMO CONTRA OS CRISTÃOS-NOVOS: HISTORIOGRAFIA ESTRANGEIRA E NACIONAL

Ao examinarmos as obras estrangeiras e brasileiras publicados até o ano de 2003 e que tratam de problemas relacionados com o racismo, percebemos que o preconceito contra o cristão-novo está ainda por estudar. Dentre os *autores estrangeiros* que realizaram pesquisas inéditas relativas a judeus, cristãos-novos ou limpeza de sangue, e que de forma geral forneceram as diretrizes básicas para o desenvolvimento desta nossa investigação, citamos: Domingues Ortiz, Léon Poliakov, Albert Sicroff, Maurice Kriegel e Yosef Kaplan[25] Para melhor compreensão do problema, utilizamo-nos de outros autores, como João Lúcio de Azevedo, Julio Caro Baroja, Cecil Roth, Meyer Kayserling, Mendes dos Remédios, J.A.Turberville, Antônio José Saraiva e Charles Ralph Boxer. Temos ainda a obra específica sobre a história dos judeus no Brasil colonial publicada por Arnold Wiznitzer[26]. Nossa preocupação nesse momento não é traçar uma análise das tendências ou ideologias endossadas por estes autores, mas consideramos interessante identificar as abordagens por eles desenvolvidas a respeito da discriminação racial contra os cristãos-novos, baseada no preconceito de sangue.

---

24. *Idem,* pp. 5-34.

25. Domingues Ortiz, *Los Judeos Conversos en España y America,* Madrid, Istmo, Colleccion Fundamentos II, 1971; Léon Poliakov, *O Mito Ariano,* ed. cit.; Albert Sicroff, *Les controverses des statuts de pureté de sang en Espagne du XVe au XVIIe siécle,* publié avec le concours du Centre National de Recherche Scientifique et de l'Université de Princeton, Paris, Librairie Marcel Didier, 1960; Yosef Kaplan, *Les noveaus-juifs D'Amsterdam. Essais sur L'histoire sociale et intelectuelle du judaisme séfarade au XVIIe Siècle,* Paris, Chandeigne, 1999; Maurice Kriegel, "Questão dos Cristãos-Novos e Expulsão dos Judeus: a Dupla Modernidade dos Processos de Exclusão na Espanha do Século XV", em Anita Novinsky e Diane Kuperman (orgs.), *Ibéria-Judaica: Roteiros da Memória,* São Paulo/Rio de Janeiro, Edusp/Expressão e Cultura, 1996, pp. 33-58.

26. Dentre as principais obras desses autores, podemos citar: João Lúcio de Azevedo, *História dos Cristãos-Novos Portugueses,* Lisboa, Livraria Clássica, 2.ª ed., 1975 (1.ª ed., 1921); Júlio Caro Baroja, *Los Judios en la España Moderna y Contemporânea,* Madrid, 1961; Cecil Roth, *História de los Marranos,* Buenos Aires, Editorial Israel, s/d.; Meyer Kayserling, *História dos Judeus em Portugal,* São Paulo, Pioneira, 1971; Antônio José Saraiva, *Inquisição e Cristãos-Novos,* Porto, Inova, 1973 (1969); Charles Ralph Boxer, *O Império Colonial Português...,* ed. cit; 1969; Arnold Wiznitzer, *Os Judeus no Brasil Colonial,* São Paulo, Pioneira/Edusp, 1966.

Domingos Ortiz, em sua obra sobre os judeus conversos na Espanha e América, dedica atenção especial ao problema da limpeza de sangue, procurando em vários momentos delimitar as origens desse fenômeno. O ponto importante de sua análise está no fato de considerar a situação dos cristãos-novos na Espanha como um problema de segregação racial. Na sua opinião, essa segregação foi imposta pelos cristãos-velhos, a partir do século XV, quando uma série de distúrbios surgidos na cidade espanhola de Toledo deu origem ao Estatuto de Exclusão em 1449.

Essa segregação, ainda que de base religiosa e fundada na suspeita de que nem todos os conversos eram sinceros não buscava a defesa da fé cristã. Assume características racistas, ou, como afirma o autor, "tintas raciais", e passa a ser aplicada à pessoa sobre cuja ortodoxia não cabia dúvida. A investigação de alguma gota de sangue judeu ou mouro é desenvolvida como meio de justificar uma medida de segregação social. É quando a crença na limpeza de sangue se manifesta de forma obsessiva[27].

Ortiz tenta demonstrar que os estatutos de exclusão eram comuns naquela sociedade medieval estratificada, onde se formavam confrarias profissionais, confrarias de nobres e plebeus. Inclusive os estatutos de exclusão, anteriores a 1449, deviam ser um meio para uma minoria nobre e guerreira conservar a sua individualidade e não cair na massa submetida. A diferença está em que, posteriormente, se atribui um caráter pejorativo a essas exclusões, ao desqualificarem-se socialmente os cristãos-novos. O Estatuto de Toledo, por exemplo, converteu em preconceito racista o que pretendia ser apenas uma medida de defesa da ortodoxia religiosa[28].

Léon Poliakov, preocupado em analisar os mitos de origem cultivados pelos europeus, procura demonstrar, em uma parte de seu trabalho, que os teólogos espanhóis que elaboraram a doutrina de limpeza de sangue colocaram em ridículo o "dogma da virtude regeneradora do batismo", ao endossar um racismo institucionalizado. Para o autor, um racismo pensado e expresso em termos teológicos sucedeu ao mito gótico espanhol. Em suas conclusões finais, Poliakov compara a segregação resultante dos estatutos de pureza de sangue da Espanha do Renascimento à segregação das leis raciais nazistas ou fascistas do século XX. O antagonismo religioso resultou, sob o pretexto de uma teologia pervertida, em discriminação com relação aos cristãos tidos como pertencentes a uma cepa biológica de menor valor[29].

Albert Sicroff merece atenção especial, pelo fato de ser o seu trabalho sobre os Estatutos de pureza de sangue na Espanha não apenas

---

27. Domingues Ortiz, *op. cit.*, p. 79.
28. *Idem*, pp. 79-81.
29. Léon Poliakov, *O Mito Ariano*, ed. cit., pp. 5, 8 e 326.

o pioneiro sobre o assunto, como também rico em fontes primárias de grande valor histórico. Uma documentação portuguesa a respeito desse assunto, em Portugal, é praticamente desconhecida. Preocupado em detalhar todas as incidências da limpeza de sangue e seus estatutos, Sicroff considera que a rejeição do judeu-cristão pela sociedade cristã-velha da Espanha trouxe inevitáveis consequências para o país. Para ele, os judeus, antes da promulgação do Estatuto de Toledo de 1449, "não eram objeto de um sentimento racista", pois naquela época não era a raça, mas a sua religião, que os distinguia. O regime de pureza de sangue exerceu na Espanha influência mortal, transformando-se em um artigo da política oficial do país[30].

O tema da pureza de sangue recebe atenção especial nos estudos de Charles Ralph Boxer que, em sua obra *Império Colonial Português*, dedicou-lhe todo um capítulo. Boxer pode ser considerado como o primeiro autor a afirmar que Portugal foi, realmente, um país racista, apoiado no mito de pureza de sangue. Desenvolvendo aprofundada análise, Boxer mostra não apenas a existência de racismo evidente contra os cristãos--novos, como também contra negros, mulatos e índios. Para ele, a tônica dada pelos portugueses ao conceito de limpeza de sangue, do ponto de vista classista e racial, destrói qualquer pretensão acerca da ausência de preconceito de raça ou de cor[31]. Apesar de não indicar fontes para muitas de suas afirmações, Boxer conseguiu demonstrar, de maneira sugestiva, a força da discriminação racial no império português.

As desqualificações raciais dirigidas aos mouros, judeus e hereges significaram tanto um preconceito religioso como racial. Para Boxer, o número de pessoas sentenciadas em morte pelos inquisidores "é muito modesto quando comparado com os milhões de indivíduos que pereceram no Holocausto da solução final de Hitler". Mas alerta que o mal feito pela Inquisição e seus processos judiciais vai além de números estatísticos. O terror judaico é considerado em grande parte como uma ação repressiva da Inquisição e das leis discriminatórias contra os cristãos-novos[32].

---

30. Albert Sicroff, *op. cit.*, pp. 11 e 28. Revah, num trabalho póstumo, faz uma série de críticas a Albert Sicroff, procurando mostrar que muitas de suas conclusões estavam erradas. Considera que este autor não interpretou bem a data em que se organizou o Estatuto de Pureza de Sangue, além de não ter se utilizado dos documentos usados por Domingos Ortiz. "Gil Gonzales de Ávila et les status de Pureté de Sang", I.S. Revah, "Studia Hispanica in Honoré", R. Lapesa, vol. II, Madrid, 1974, 493-518, em *The American Sephardin*, Journal of the Sephardic Studies Program of Yeshiva University, 1978, IX, p. 199.

31. Charles Ralph Boxer, *Relações Raciais...*, ed. cit.; *O Império Colonial Português...*, ed. cit., p. 279.

32. *Idem, ibidem*, p. 299.

O problema da limpeza de sangue é analisado por A.S. Turberville como um dos males da história da Espanha e para o qual a Inquisição muito contribuiu. O culto da limpeza de sangue estabeleceu, a seu ver, o mais "pernicioso sistema de casta, no qual o sangue contaminado valia mais que a capacidade humana"[33].

Segundo Antônio José Saraiva, as leis e os costumes discriminatórios foram introduzidos em Portugal com o estabelecimento da Inquisição. Como vários outros autores, explica suas origens através da instituição do Estatuto de Toledo, em 1449, que vedava aos conversos espanhóis numerosos ofícios e honras. Para o autor, o ponto máximo dessa discriminação em Portugal foi inspirado numa campanha furiosa dos inquisidores que, dessa forma, pretendiam restaurar o seu poder ameaçado, em pleno século XVII. Esse preconceito contra os cristãos-novos, na opinião do autor, somente desapareceu quando subiu ao poder a burguesia mercantil e uma elite esclarecida, que via no comércio a base da prosperidade das nações. O mito de pureza de sangue teve uma presença efetiva e um valor instrumental, ao qual se agarrara a nobreza tradicional na sua desesperada luta contra a burguesia mercantil[34].

Para Baroja, o fato de o Estatuto de pureza de sangue ter sido aplicado à vida laica e para efeitos puramente civis pode ser considerado como "uma antecipação das leis racistas". Ao seu ver, as provas de pureza produziram grandes conflitos raciais, e as disposições e testemunhas se prestaram a vinganças, subornos e declarações falsas de todos os tipos. Os Estatutos de pureza de sangue constituem uma modalidade típica do Direito espanhol, pelo fato de não ser admitida como um princípio por todos os católicos do mundo. Aplicada em Portugal, a questão da infâmia serviu de poderoso instrumento para abafar todo o início de oposição na época de Felipe II. Baroja considera ainda que, em pleno século XVIII e começo do XIX, a preocupação com a limpeza de sangue era ainda muito forte na sociedade portuguesa. Relacionando religião e orgulho, esse autor procura mostrar que a ideia de pureza de sangue era mais de origem espiritual que biológica. Seus resultados eram antes de mais nada uma ideia, ou uma instituição social, que serviu para reaguçar as carreiras honrosas – o "cursus honorum" – em uma sociedade inteira[35].

Esta abordagem encontra segmento na análise desenvolvida por Yosef Kaplan sobre a comunidade dos cristãos-novos radicados em Amsterdã. Em capítulo específico sobre "exclusão e autoidentidade", o autor considera

---

33. A.S. Turberville, *La Inquisicion Espanhola*, México, Fondo de Cultura, 1971, p. 137.

34. Antonio José Saraiva, *op. cit.*, pp. 170 e 319.

35. Júlio Caro Baroja, *op. cit.*, pp. 267, 292-293, 306-309.

que a obsessão pela pureza de sangue e de nobreza deve ser interpretada como um fenômeno sociocultural carregado de significado (bem precisos) herdados da sociedade cristã ocidental, ao constatar que os cristãos-novos refugiados em Amsterdã não faziam referência aos conceitos cujo discurso foi herdado dos estatutos de pureza de sangue. Posiciona-se – assim como Benzion Netanyahu – contra a tese de C. Sánchez Albornoz e Américo Castro de que o conceito de pureza de sangue na Espanha teria "origens judaicas"[36]. Os Estatutos, ao seu ver, surgiram na Espanha e em Portugal como uma reação à assimilação em massa dos conversos, com características étnicas e sociais bem definidas. Ou seja, ao alcançarem a igualdade através do batismo, um mundo de privilégios se abriu colocando em risco a sobrevivência dos judeus sefarditas na Península Ibérica. Tal contradição – entre *igualdade* e *privilégio* – é também avaliada por Hannah Arendt para explicar a radicalização do antissemitismo moderno na Europa[37].

Maurice Kriegel, da Universidade de Tel-Aviv, inova em 1992 ao colocar em evidência a dupla modernidade dos processos de exclusão da Espanha no século XV, que além de fenômeno singular, se prendem a "um alinhamento ibérico com as iniciativas e prática do resto da Europa". A obsessão pela pureza de sangue é avaliada como um "novo tipo" de antissemitismo que, mais dirigido contra os cristãos-novos do que contra os judeus, encontrou na máquina inquisitorial a razão do seu sucesso. Considera que tanto o discurso forçado como a ação dos inquisidores se ajustavam às exigências de uma *lógica religiosa* que passa de integração à lógica da erradicação, implicando em exclusão e eliminação. Na sua opinião, a Inquisição caiu na armadilha irredutível destas duas lógicas "igualmente constrangedoras e que não se podem superpor"[38].

36. Yosef Kaplan, *op. cit.*, pp. 72, 208; Américo Castro, *La Realidad Histórica de Espana*, México, 1982, p. 34 e segs.; C. Sánchez Albornoz, *Espana: um Enigma Histórico*, vol. II, Buenos Aires, 1962, p. 284 e segs.; Benzion Netanyahu, "Américo Castro and his View of the Origins of the Pureza de Sangre", em *American Academy for Jewish Research, Jubilee Volume*, vol. II, Jérusalem, 1980, pp. 397-457.

37. Para a autora, foi no auge do seu desenvolvimento que o Estado-nação concedeu aos habitantes judeus a igualdade de direitos. Esta conquista facilitou-lhes a emancipação que significava, ao mesmo tempo, "igualdade e privilégios; a destruição da antiga autonomia comunitária judaica e a consciente preservação dos judeus como grupo separado na sociedade; abolição de restrições e direitos especiais e a extensão desses direitos a um grupo cada vez maior de indivíduos". Ao mesmo tempo interessava ao Estado-nação conservar os judeus "como grupo especial, e evitar que fossem assimilados pela sociedade de classes"; coincidindo também com o interesse dos judeus no sentido de sobreviverem como grupo. Hannah Arendt, *O Sistema Totalitário, op.cit.*, cap. II, pp. 55-141.

38. Maurice Kriegel, "Questão dos Cristãos-Novos e Expulsão dos Judeus: a Dupla Modernidade dos Processos de Exclusão na Espanha do Século XV", em Anita Novinsky e Diane Kuperman (orgs.), *Ibéria-Judaica: Roteiros da Memória*, São Paulo/ Rio de Janeiro, Edusp/Expressão e Cultura, 1996, pp. 33-58.

A *historiografia* brasileira sobre a atuação do Tribunal do Santo Ofício e os cristãos-novos no Brasil, por sua vez, ganhou novos títulos a partir da década de 1970. Cabem aqui créditos ao pioneirismo de Anita Novinsky, responsável pela introdução dos estudos inquisitoriais na Universidade de São Paulo onde, ainda hoje, coordena uma equipe de pesquisadores de excelência. Responsável pelo primeiro mapeamento dos cristãos-novos radicados em território brasileiro e organizadora dos inventários de bens confiscados pelo Santo Ofício do rol dos culpados e dos prisioneiros do Brasil na Inquisição, Novinsky inovou no campo da História das Mentalidades. Sob a sua orientação multiplicaram-se as publicações acerca da ação do Tribunal da Inquisição e o marranismo no Brasil, cujo fundamento está implícito na ideia de homem dividi-do. Sob este viés interpretativo surge a questão da limpeza de sangue avaliada como uma das estratégias de sobrevivência daqueles que se viam obrigados a ocultar suas origens judaicas39.

Os resultados dessas investigações – muitas das quais serão publicadas na coleção *Histórias da Intolerância*40 – demonstram a heterogeneidade do fenômeno do marrano cujo comportamento não foi o mesmo "em cada região do Brasil e em diferentes épocas". Situação semelhante pode ser considerada em relação à aplicação dos Estatutos de Pureza de Sangue que, nem sempre, eram obedecidos por aqueles que viviam radicados em terras da América portuguesa e espanhola. Uma monografia de mestrado sobre a perseguição aos homens de negócios portugueses, de origem cristã-nova, na América espanhola foi apresentada por Yara Nogueira Monteiro em 1979. Fundamentando-se em documentos inquisitoriais pesquisados junto ao Arquivo Histórico Nacional de Madri, Monteiro demonstra como os "hereges de sangue impuro" foram caçados pelo Santo Ofício da Inquisição o qual, ofi-

---

39. Uma síntese dos estudos desenvolvidos por esta equipe coordenada por Anita Novinsky pode ser encontrada na publicação organizada por Lina Gorenstein e Maria Luiza Tucci Carneiro, *Ensaios sobre a Intolerância. Inquisição, Marranismo e Anti-semitismo*. (*Homenagem a Anita Novinsky*). São Paulo, Humanitas; Fapesp, 2002. De Anita Novinsky cumpre citar: *Os Cristãos-Novos na Bahia*, São Paulo, Perspectiva, 1972; *Inquisição – Inventário de Bens Confiscados a Cristãos-Novos*, Lisboa, Casa da Moeda, Livraria Camões, s/d.; *Inquisição. Rol dos Culpados: Fontes para a História do Brasil, Século XVIII*, Rio de Janeiro, Expressão e Cultura, 1992; *Inquisição: Prisioneiros do Brasil (Séculos XVI- XIX)*, Rio de Janeiro, Expressão e Cultura, 2002.

40. A coleção *Histórias da Intolerância* está sendo organizada pelo *Laboratório de Estudos da Intolerância-LEI*, núcleo de estudos da Universidade de São Paulo criado e presidido por Anita Novinsky desde 2002. As teses e dissertações produzidas por sua equipe de pesquisadores, assim como documentos sobre os cristãos-novos no Brasil pesquisados em arquivos das Inquisições portuguesa e espanhola, serão publicados pela Humanitas em coedição com a Expressão e Cultura. Ver relação de publicações no site www.lei.fflch.usp.br.

cialmente, foi transladado para a Hispano-América em 1570 (Lima: 1570; México: 1571; Cartagena: 1610)[41].

Anita Novinsky, analisando a sociedade portuguesa do século XVII, lembra que, nessa época, os estatutos de pureza de sangue já estão plenamente incorporados à legislação portuguesa, impedindo aos cristãos-novos, mesmo àqueles descendentes de judeus há várias gerações, de usufruírem dos mesmos direitos que os cristãos-velhos. Essa discriminação, na sua opinião, trouxe prejuízos de ordem prática, que se estenderam por muitos governos. Referindo-se às intenções do grupo dirigente, Novinsky as relaciona com a legislação em que podem ser identificadas com "insofismável nitidez". Quanto às restrições impostas aos cristãos-novos, elas se tornaram mais rígidas à medida que esses se infiltravam em maior número na sociedade mais ampla[42].

Na introdução de sua obra sobre os inventários, a mesma autora retoma a ideia da manifestação de preconceito contra os cristãos-novos, fazendo referência à existência de uma legislação discriminatória, contornada em vários momentos pela gente da Nação, que conseguiu sobreviver a qualquer preço. Para Anita Novinsky, foi durante o reinado dos Habsburgos, na Península Ibérica, que esse preconceito e os mitos da pureza de sangue obcecaram a mente da população[43].

Dentre os estudos produzidos pela "Escola Novinsky" cabe citar aqueles que se referem especificamente à aplicação da ideia de pureza de sangue no Brasil durante os tempos coloniais. Este nosso trabalho foi apresentado em 1980 como dissertação de Mestrado em História Social sob o título *Os Cristãos-Novos e a Questão da Pureza de Sangue em Portugal e Brasil Colônia* (*Séculos XV-XVIII*)[44]. No ano seguinte, a pesquisa desenvolvida por Rachel Mizrahi – *A Inquisição no Brasil: Um Capitão-Mor Judaizante,* trazia à luz a trajetória de Miguel Telles da Costa, distinto homem de posses que, por suas origens judaicas, tornou-se vítima da repressão inquisitorial portuguesa. Cruzando in-

41. Yara Nogueira Monteiro, *A Presença Portuguesa no Peru em Fins do Século XVI e Princípios do XVII.* Dissertação de Mestrado em História Social, FFLCH/USP, 1979; "Economia e Fé: a Perseguição Inquisitorial aos Cristãos-novos Portugueses no Vice-reino do Peru", em Lina Gorenstein e Maria Luiza Tucci Carneiro (orgs.), *Ensaios sobre a Intolerância,* ed. cit., pp. 65-97.

42. Anita Novinsky, "Impedimentos ao Trabalho Livre no Período Inquisitorial e as Respostas à Realidade Brasileira", em *Anais do VI Simpósio Nacional dos Professores Universitários de História* – Trabalho Livre e Trabalho Escravo, São Paulo, 6 de setembro de 1971, Coleção *Revista de História,* 1973, vol. I, XLIII, pp. 232 e 234.

43. Anita Novinsky, *Inquisição – Inventário de Bens Confiscados a Cristãos-Novos,* ed. cit., pp. 10-11.

44. Para publicação, a Brasiliense adotou para a primeira edição, em 1983, o título de *Preconceito Racial no Brasil Colônia.* Considerando que o nosso texto não se restringia apenas ao Brasil, incluímos "Portugal" no título da segunda edição lançada em 1994. Hoje, após vinte e quatro anos, optamos por inserir como subtítulo *Os Cristãos-Novos e o Mito da Pureza de Sangue.*

formações dos processos inquisitoriais do Arquivo Nacional da Torre do Tombo (famílias da Costa, Mendes de Castro, Paredes, Flores, Mendes da Silva, Monforte e Lucena) com a correspondência trocada entre Miguel Telles da Costa e os governadores do Rio de Janeiro, guardadas no Arquivo Histórico Ultramarino de Lisboa, a autora demonstra como a realidade socioeconômica colonial deu margem à discriminação racial e social, pressupondo que o cristão-novo era sempre avaliado como um falso cristão e um eterno culpado virtual[45]

Em 1993 e 1999, Lina Gorenstein inovou os estudos inquisitoriais com dois importantes trabalhos de pesquisa: *Heréticos e Impuros – A Inquisição e os Cristãos-Novos no Rio de Janeiro, Século XVIII;* e *O Sangue que lhes Corre nas Veias: Mulheres Cristãs-Novas no Rio de Janeiro, Século XVII*[46]. A questão da infâmia e do sangue impuro reaparece na tese de Doutorado defendida por Suzana Maria de Souza Santos, em 2002, sob o sugestivo título *Além da Exclusão: Convivência entre Cristãos-Novos e Cristãos-Velhos na Bahia Setecentista*[47]. Outro estudo específico sobre as perseguições inquisitoriais aos cristãos-novos no Brasil foi desenvolvido por Bruno Feitler e apresentado como tese de doutorado na École des Hautes Études em Sciences Sociales de Paris, em 2001. Avaliando os sinais de desequilíbrio que tangenciaram o cotidiano dos cristão-novos judaizantes no Brasil, o autor demonstra que a difusão da mensagem inquisitorial se fez sentir muito mais que a real presença do Santo Ofício. Demonstra que a ameaça da presença do "outro" (o judaizante), provocou delações, confiscos e condenações que, certamente, interromperam o lento processo de assimilação dos cristãos-novos a um certo lugar[48]. Ao investigar a história dos judeus e cristãos-novos nas Capitanias do Norte do Estado do Brasil (1516-1750) e no Nordeste holandês e pós-holandês (1630-1674), o

45. Rachel Mizrahi, *A Inquisição no Brasil: um Capitão-Mor Judaizante*, São Paulo, Centro de Estudos Judaicos, FFLCH/USP, 1984. O estudo de Mizrahi – assim como a monografia de Mestrado de Maria Liberman sobre Manoel Beckman – inspirou um dos romances de Moacyr Scliar, cuja temática passa também pela questão da pureza de sangue. Ver Moacyr Scliar, *A Estranha Nação de Rafael Mendes*, Porto Alegre, L&PM Editores, 1983; Maria Liberman, *O Levante de 1648 – Um Judeu Cabeça de Motim Manoel Beckman*, dissertação de Mestrado em História Social, FFLCH/USP, 1981 [mimeo]

46. Lina Gorenstein, *Heréticos e Impuros- A Inquisição e os Cristãos-novos no Rio de Janeiro, Século XVIII*, Rio de Janeiro, Secretaria Municipal de Cultura, Departamento Geral de Documentação e Informação Cultural, Divisão de Editoração, 1995; *O Sangue que lhes Corre nas Veias...*, ed. cit.

47. Suzana Maria de Souza Santos, *Além da Exclusão: Convivência entre Cristãos-novos e Cristãos-Novos na Bahia Setecentista*, tese de Doutorado em Língua Hebraica, Literatura e Cultura Judaicas, FFLCH/USP, 2002.

48. Bruno Feitler, *Inquisition, juifs et nouveaux-chrétiens au Brésil*, Paris, Leuven University Press, 2003, pp. 142-144.

autor recupera uma rara figura: a do "fintador dos homens da mesma Lei", ou seja, o encarregado de recolher a *finta*, parte da soma
que os cristãos-novos deviam à Coroa portuguesa como pagamento
pelo ato do Perdão Geral, licença de emigração etc. É importante
ressaltar que as relações de fintados, assim como de processados
pelo Santo Ofício por crime de judaísmo, se constituíam em provas
documentais para as investigações de pureza de sangue.

Além dos trabalhos pioneiros de Anita Novinsky e da sua equipe
de pesquisadores do Laboratório de Estudos sobre a Intolerância,
cumpre citar as obras de José Gonçalves Salvador, Nelson Omegna,
Sônia Aparecida Siqueira, Elias Lipiner e Evaldo Cabral de Mello.
Gonçalves Salvador, apesar de fazer inúmeras referências à limpeza
de sangue do ponto de vista discriminatório, está mais preocupado
com a sequência cronológica dos fatos e suas origens do que com a
análise, propriamente dita, do racismo e suas consequências sociais.
Entretanto, chega a correlacionar a legislação e o preconceito manifestado contra os descendentes de judeus. Na opinião de Gonçalves
Salvador, o revigoramento das leis discriminatórias se processou
por volta de 1480, a pedido dos Reis Católicos, preocupados em
defender o prestígio social da velha nobreza espanhola e também a
sua posição econômica. Tal atitude é interpretada como uma forma
de defesa da nobreza inconformada com o fato de que certos cargos
privilegiados e subvencionados à custa do Erário Régio estavam
sendo transferidos para as mãos dos conversos. Coube ao cardeal
Juan Martinez Siliceo "reativar a febre discriminatória da limpeza
de sangue"[49]

Em sua obra *Os Cristãos-Novos: Povoamento e Conquista do
Solo Brasileiro*, datada de 1976, Gonçalves Salvador dedica o segundo
capítulo aos "Estatutos de Pureza Sanguínea e a Nobreza do Sul", utilizando-se de valiosíssima documentação pesquisada junto ao Arquivo
Nacional da Torre do Tombo e o Arquivo da Misericórdia do Porto. As
fontes e reflexões apresentadas por Salvador se prestou como suporte
metodológico e teórico para este nosso trabalho. Podemos incluí-lo
entre os raros historiadores brasileiros que, atento à questão do sangue
espúrio, publicou o primeiro estudo sobre o tema, cruzando informações
sobre a "Gente da Nação" radicada em terras brasileiras.

Ao analisar a aplicação das regras de pureza de sangue nos Estatutos das Ordens Militares, considera que "eles mantêm o espírito
racista, o orgulho de classe e o menosprezo pelo trabalho manual",
inexistentes entre os portugueses dos séculos anteriores ao XVI. Ressalta o fato de que, no caso dos Estatutos das Ordem Militares, era
comum a burla por algum modo competindo a S. Majestade a isenção

---

49. José Gonçalves Salvador, *Cristãos-Novos, Jesuítas e Inquisição*, São Paulo,
Pioneira/Edusp, 1976, pp. 22-23.

do impedimento (ou breve da dispensa). Esta situação transformou-se em uma faca de dois gumes, pois, ao prover cristãos-novos em cargos nobres, o rei "os isentava de pagar fintas e contribuições, causando prejuízos para a economia da nação". Com base nesta argumentação, Salvador procura demonstrar como os reis exigiam o cumprimento dos Estatutos e, se necessário, "liberavam hábitos e tenças a quem por natureza se achava impedido" para desafogar a Fazenda. Daí os protestos de Felipe II que insistiu na observância dos regulamentos, reafirmando atos legais que proibiam qualquer tipo de dispensa aos cristãos-novos, conforme ordens régias de 28 de fevereiro e 6 de julho de 1604, e em 13 de outubro de 1611[50].

Ao explicar a práxis dos estatutos no Brasil colônia, Gonçalves Salvador considera que o hebreu da Capitania fluminense foi alvo de desconfiança e animosidade durante o século XVII em maior escala que o de São Paulo, onde o puritanismo eugênico se fazia diluído pela constante interpenetração étnica. Ressalta que, desde o início da colonização, indivíduos de origem sefardita se fizeram presentes portando "algum hábito religioso, eclesiástico ou militar", o que era proibido para aqueles que não possuíam sangue nobre nas veias. Muitos procuravam alcançar a "graça da nobreza" prestando serviços ao governador, o que de fato ocorreu com Álvaro e Martins Rodrigues Adorno, netos de Caramuru, agraciados com o título de fidalgo[51].

Sônia Siqueira, em suas pesquisas a respeito dos cristãos-novos e da atuação do Santo Ofício no Brasil – publicadas em 1972 e 1978 – refere-se às manifestações de preconceito na colônia, sem estudar, especificamente, a questão da pureza de sangue. Mesmo assim, a historiadora considera que o preconceito que acompanhava a vida dos cristãos-novos, na colônia, não teve o vigor necessário para impedir a integração social dos mesmos, possibilitando-lhes "uma relativa tranquilidade". Contradiz esta afirmação ao citar o caso do cristão-novo Bento Teixeira que, sob o ponto de vista do criptojudaísmo, se apresenta como expressão das manifestações de preconceito na sociedade colonial brasileira. Considera que "o preconceito contra o judeu era

---

50. 50. Gostaria de correlacionar esta postura – a de isentar cristãos-novos do impedimento de pureza de sangue – com uma atitude similar adotada por Adolfo Hitler, ainda que em períodos e regimes distintos. Refiro-me aqui aos *Mischlinge* na *Wehrmacht* ou seja, a história dos judeus " mestiços" (meio judeu ou um quarto-judeu) que conseguiram romper com as regras raciais impostas pelo III Reich e ocupar cargos junto as forças armadas alemãs entre 1935-1945. Para estes casos, só Hitler tinha poder para mudar o "status" racial de alguém, "decidindo quem era judeu ou não". Com sua assinatura ele podia declarar alguém *deutschblütig*, ou seja, conceder a isenção da comprovação de suas origens. Sobre este tema ver de Bryan Mark Rigg, *Os Soldados Judeus de Hitler*, trad. Marcos Santarrita, Rio de Janeiro, Imago, 2003.

51. José Gonçalves Salvador, *Os Cristãos-Novos: Povoamento e Conquista do Solo Brasileiro*, 1530-1680, São Paulo, Pioneira/Edusp, 1976, pp. 11- 43.

vivo também na colônia"; tanto que Bento Teixeira se mostrou "sensível à pressão que o meio exercia sobre os de sua condição". Estava diante de uma contingência biológica: "não podia escolher não ser judeu". Referindo-se à preocupação com a limpeza de sangue na vida social portuguesa, a autora considera-a como "fator de ilhamento dos cristãos-novos a um incitamento ao retorno ao judaísmo ancestral", reafirmando a persistência do preconceito tanto em Portugal como no Brasil colônia[52].

Evaldo Cabral de Mello toca fundo nesse tema que, ainda hoje, faz a reputação de ilustres famílias do Nordeste brasileiro. Em sua obra *O Nome e o Sangue*, publicada em 1989, denuncia as possibilidades de manipulação oferecidas pela genealogia cujo "saber" garantiu parentelas e reproduziu sistemas de dominação e discriminação. Ao demonstrar as tramoias que viciaram o processo de habilitação de Filipe Pais Barreto a cavaleiro da Ordem de Cristo, Cabral de Mello traz para o primeiro plano a questão do sangue converso "escamoteado pelos genealogistas coloniais e ignorado pelos atuais". Demonstra, com base nos processos de habilitação e nas Definições e Estatutos dos Cavaleiros e Freires da Ordem de Nosso Senhor Jesus Cristo, como os estigmas de *converso* e *mascate* interfeririam no imaginário antissemita colonial, "acarretando danos à honra e reputação do agraciado"[53].

Nelson Omegna, referindo-se à presença dos sefarditas no Brasil colonial, não tem como preocupação investigar a questão da pureza de sangue ou a elaborar um aprofundado trabalho sobre as manifestações racistas contra os judeus. Entretanto, sua obra nos oferece subsídios para interpretarmos o fenômeno da diabolização do judeu transformado em bode expiatório dos "males que assolavam o Reino" enquanto representante de uma raça infame. Para Omegna, a doce Portugal "diabolizou não um homem, mas um povo inteiro, não em um dia do ano, mas por duzentos e cinquenta anos seguidos; não com apodos, vaias, escarros e bofetões, mas com ergástulos, com fogueiras, com torturas". A discriminação sofrida pelos cristãos-novos na Península Ibérica configura toda uma didática de prevenção e preconceito. Ao seu ver, os preconceitos antijudaicos tiveram o ensejo de florescer no Brasil colonial visto que aqui também circularam discursos, versos, artigos e até livros de condenação em massa aos judeus. E a fábula da sua conspiração para dominar as nações e escravizar os povos é

---

52. Sônia Aparecida Siqueira, "O Cristão-Novo Bento Teixeira: Criptojudaísmo no Brasil Colonial", em *Revista de História*, vol. XLIV, n.º 90, 1972, pp. 404-405, 417; *A Inquisição Portuguesa e a Sociedade Colonial – Ação do Santo Ofício da Bahia e Pernambuco na Época das Visitações*, São Paulo, Ática, 1978, p. 345.

53. Processo de Habilitação à Ordem de Cristo de Filipe Pais Barreto, Maço 28, n.5. A.N.T.T.; Evaldo Cabral de Mello, *O Nome e o Sangue. Uma Fraude Genealógica no Pernambuco Colonial*, São Paulo, Companhia das Letras, 1989, pp. 12, 23, 30-31.

outra marca apresentada pelo autor e que sempre atormentou o povo hebreu[54].

Relacionando as ideias defendidas pelos autores citados, podemos dizer que a aplicação do Estatuto de pureza de sangue em Portugal e Brasil colônia:

- serviu de instrumento para a nobreza e para a burguesia mercantil cristã-velha preservarem a estrutura social do Antigo Regime;
- gerou uma legislação amplamente discriminatória, com a ajuda de uma terminologia antissemita;
- justificou as medidas de segregação racial e social impostas aos cristãos-novos.

54. Nelson Omegna, *Diabolização dos Judeus: Martírio e Presença dos Serfardins no Brasil Colonial*, Rio de Janeiro, Distribuidora Record, 1969, pp. 10, 28- 29.

2. O Preconceito Racial contra os Cristãos-Novos em Portugal

RETROSPECTIVA HISTÓRICA: O SÉCULO XIV E A GÊNESE DO MITO DA PUREZA DE SANGUE

A história do racismo contra os cristãos-novos tem sofrido consideráveis avanços em Portugal e Brasil. O assunto torna-se ao mesmo tempo difícil, vibrante e inesgotável. Sobretudo, por se tratar de um tema em que as relações sociais assumiram aspecto racista apoiadas num sistema legal e simbólico, cujos argumentos eram de natureza teológica e social. Sob este aspecto, tanto o judeu-converso, assim como o marranismo e a questão da pureza de sangue devem ser interpretados como sintomas de um fenômeno sociocultural ibérico e cujo significado tem relação com o mundo sefardita ocidental.

A busca de uma explicação para os fatos ocorridos no Brasil colônia obrigou-nos a remontar grande parte da história da Península Ibérica, procurando, entre os judeus, os antecedentes de uma situação específica. Retrocedendo até a Idade Média, antes da invasão dos mouros, identificamos os judeus habitando a Península Ibérica e constituindo grande parte da população. Dedicando-se à agricultura e ao comércio e, segundo a historiografia, prestaram grande ajuda aos reinos cristãos na guerra contra os invasores[1].

---

1. "Los judios fueron muy utiles a los reinos cristianos por su dinero y su habilidad financeira, cosas de que sacaram biem partido los soberanos". A.S. Turberville, *op. cit.*, p. 21.

Tendo uma vida cultural à parte, esse grupo veio a se constituir em uma classe distinta por seus costumes e religião[2]. A partir do século XII, encontravam-se organizados em comunidades[3], sendo a de Santarém considerada como a mais antiga[4]. Essas comunas eram oneradas em pesados impostos que constituíam importante fonte de recurso do Erário Régio. Para viverem no país, os judeus deveriam pagar uma contribuição por cabeça, capitação conhecida pelo nome de *Juderega* ou *Judenga*. Ainda pagavam à Coroa o tributo do Rabinado-Mor, e aos seus vizinhos, portagens, pastagens e costumagens. Em 1353, D. Afonso IV promulgou uma lei obrigando os judeus a pagarem uma alta quantia anual denominada como Serviço Real dos Judeus. Mais tarde, juntou-se a esse serviço um outro, pelo qual deveriam pagar trezentas mil libras anuais. Nessas comunidades conviviam judeus ricos e aristocratizados, assim como pequenos lojistas, artesãos, letrados, corretores, cobradores de impostos e financistas. A maioria coesa vivia nos centros urbanos, explorando o pequeno comércio e a usura. Aqueles que habitavam a zona rural dedicavam-se às profissões de almocreves e tendeiros, sendo estes uma espécie de ambulantes que carregando caixas de panos em seus muares, batiam de porta em porta oferecendo seus artigos.

Até então, contrariando as determinações dos Concílios, os judeus radicados na Península Ibérica não usavam distintivos para se diferenciar dos cristãos[5]. As relações de sociabilidade entre os grupos

2. Enfatizamos aqui que os judeus não são uma "raça" como assim os tratam os antissemitas. Não há traços genéticos partilhados por todos os judeus e apenas por eles. Da mesma forma não podemos lhes atribuir traços físicos comuns, visto que, em decorrência da Diáspora, eles assumiram etnias, culturas e tradições. Podemos considerar que todos têm uma identificação com Israel e, no caso dos mais ortodoxos, uma aliança espiritual com a Tora. Sobre esta questão, ver Bryan Mark Rigg, " Quem é Judeu?" , em *Os Soldados Judeus de Hitler*, ed. cit., pp. 31-42; Jaime Barylko, *Judio, El Ser en Crisis*, Buenos Aires, Editorial Planeta, 1995.

3. Amilcar Paulo, *Os Criptojudeus*, Porto, Alhena, s/d., p. 20.

4. Anita Novinsky, *Os Cristãos-Novos na Bahia*, ed. cit., p. 25; Amilcar Paulo, *op. cit.*, p. 18.

5. Importante ressaltar que o uso da estrela-de-davi amarela pelos judeus não foi uma prática exclusiva do regime nazista. Desde os tempos medievais era comum, em vários países europeus – inclusive na própria Alemanha –, as autoridades obrigarem os judeus a usar uma rodela amarela distintiva nas vestes ou um grande chapéu cônico. O IV Concílio de Latrão (1215) estabeleceu, como princípio geral, o uso de vestimentas diferenciadas para judeus, sarracenos, heréticos, leprosos, prostitutas e outros personagens tratados como infames. Mas foi na França que nasceu a ideia de "marcar" os indesejáveis com uma rodela amarela, cor-símbolo dos invejosos e dos malvados. Essa foi uma das fórmulas encontradas para distinguir cristãos de párias. A Alemanha optou por chapéu cônico, cujo uso foi imposto pelo Concílio de Viena (1267), legislação que nem sempre era respeitada. Documentos históricos dos séculos XIV e XV referem-se ao uso obrigatório de um chapéu amarelo e vermelho substituído, nos séculos seguintes, pela rodela. Nessa mesma época, a Polônia adotou um chapéu pontudo verde e a Inglaterra, duas tiras de pano costuradas

chegaram a ser prejudicadas pelas diferenças religiosas, sendo os judeus favorecidos pelos antigos forais que lhes concediam certo desembaraço e mobilidade. Protegidos por determinações reais, os judeus gozaram muitas vezes de condição jurídica favorável, chegando mesmo a usufruir de consideráveis privilégios. Durante o reinado de Afonso II (1211-1223), as determinações reais sofreram grande influência da lei canônica introduzida no país.

População judaica na Península Ibérica

COMUNIDADES	ANOS		POPULAÇÃO TOTAL
	1250	1490	
Espanha	*150.000*	*250.000*	*5.500.000*
Portugal	*40.000*	*80.000*	*1.200.000*

Fonte: CHALIAND, Gérard e RAGEAU, Jean-Pierre, *Atlas des Diasporas*, Paris, Édicions Odile Jacob, 1991, p. 27.

Conhecidos como hábeis financistas, os judeus foram chamados a ocupar cargos oficiais durante o reinado de Sancho II (1223-1248), contrariando a posição adotada pelo Papa Gregório IX. Tratados como um grupo segregado e recebendo proteção especial do Estado, os judeus preservavam a sua identidade prestando serviços especiais à Corte e aos monarcas. Como consequência dessa situação interna, os judeus usufruíam de certo "status" não condizente com a sua posição social, gerando conflitos com o sistema simbólico imposto pelo grupo dominante. A situação interna dos judeus assumiu características regulamentares, sendo até mesmo legalizado o cargo de rabino-mor. Este era considerado como funcionário da Coroa, sendo o cargo ocupado por aqueles que tivessem prestado bons serviços e desfrutassem de posição relevante junto às Cortes[6].

D. Diniz chegou a efetuar acordos com os judeus de Bragança, que reclamavam dos altos tributos que lhes eram impostos. Esses fatos estimularam a antipatia do clero para com os judeus. Tolerados nas Cortes e favorecidos pela alta nobreza, os judeus influentes identi-

---

sobre o peito. A Itália e a Espanha optaram pela rodela, enquanto Portugal adotou o uso do chapéu cônico e do sambenito, traje usado pelos cristãos-novos durante os autos-de-fé públicos.

6. O Papa Gregório IX assumiu uma posição totalmente contrária ao grupo judeu ao promulgar uma bula exigindo que os judeus usassem distintivos para se diferenciarem dos cristãos e pagassem dízimos à Igreja. O pontífice colocou também um fiscal cristão para supervisionar as atividades financeiras dos hebreus. Meyer Kaiserling, *op. cit.*, p. 5; e sobre o cargo de rabino-mor, ver pp. 7-10.

ficavam-se com a aristocracia do país. Habitavam ricas residências em Lisboa, vestiam finos trajes de seda e chegavam a possuir escravos mouros convertidos ao cristianismo.

Ao grupo dominante interessava mantê-los como grupo diferenciado do restante da população, pois, dessa forma, teria condições de usufruir de seus préstimos financeiros. Assim, novas restrições instigadas pelo Clero foram impostas ao grupo. D. Afonso IV (1325-1357) reafirmou, em 1325, a lei que obrigava os judeus a usar distintivos e os proibia de usar colares de ouro e prata. Em 1352, tirou-lhes o direito de emigrar e, no ano seguinte, organizou o fisco das comunas judaicas. Essas determinações em nada interferiram nas atividades comerciais lideradas pelos hebreus. Severas penas foram impostas à usura, por D. Pedro I (1357-1367), o que não impediu que grandes fortunas continuassem nas mãos dos judeus[7].

Uma série de desordens irrompeu em Portugal durante o reinado de D. Fernando (1367-1383), quando os judeus foram submetidos a maus tratos e as leis foram desrespeitadas. Com a morte do rei, assumiu o trono, como regente, sua esposa D. Leonor que, pressionada pelos representantes de Lisboa, restringiu os privilégios dos judeus e destituiu grande número deles dos cargos públicos. D. João, mestre de Avis, foi eleito Defensor e Regente do Reino (1383) apoiado pela população, inclusive pelos judeus, que deram grande ajuda financeira aos cofres públicos. Aclamado Rei em 1385, iniciou um período de paz e tranquilidade para os seguidores do judaísmo, apesar da atuação contrária dos religiosos, que tentavam instigar o povo.

Na Espanha, a situação dos judeus não era a mesma. Em 1391 insurgiram ataques contra as judiarias e massacre de judeus. O terror se espalhou por Castela, Aragão, Catalunha, Valência e Sevilha. Os que não foram mortos por sua resistência religiosa, viram-se obrigados a aceitar o batismo ou então a assumir nomes falsos, refugiando-se em Portugal[8] (Doc.1).

Fernando I de Aragão procurou incentivar a conversão dos judeus espanhóis, chegando mesmo a conferir cargos públicos aos que aderissem ao cristianismo. Muitos voltaram às suas atividades tradicionais, mas o problema não foi solucionado. Bauer considera que a aversão contra os judeus não era simplesmente um problema religioso: "por mais profunda que fosse a fé do povo cristão no sacramento do Batismo,

---

7. *Idem, ibidem*, p. 22.

8. Para Sicroff, esse batismo em massa que atingiu os judeus em 1391 deu condições aos novos conversos de ocupar os mesmos lugares que os cristãos na sociedade espanhola, fato que se processou com bastante rapidez. Referindo-se à Espanha, o autor considera que: "Os cristãos-velhos estavam agora cercados de judeus convertidos (cristãos-novos) mais do que eles tinham estado pelos próprios judeus". Albert Sicroff, *op. cit.*, p. 9. Para Turberville, que também analisou esse problema, as conversões inspiradas no medo pela matança estavam destinadas a ser mais aparentes que reais. A.S. Turberville, *op. cit.*, p. 21.

Doc. 1: *Expulsão dos Judeus da Espanha, 1391.*

Doc. 2: Fragmento da obra *Fonte da Graça e o Triunfo da Igreja sobre a Sinagoga*, representando a conversão forçada dos judeus espanhóis. Escola dos Irmãos Van Eyck, 1511. Museu do Prado, Madri, Espanha.

um usurário, ou um arrecadador de impostos, seria sempre considerado antipático, tanto antes quanto depois da conversão"[9]. O batismo forçado dos judeus e mouros, assim como a conversão forçada ao cristianismo, devem ser avaliados sob dois prismas distintos: o da Igreja Católica, que considerava este ato como de triunfo do cristianismo sobre o judaísmo, tema ilustrado pela Escola dos Irmãos Van Eycky em *Fonte da Graça e o Triunfo da Graça sobre a Sinagoga*, do século XV (Doc.2); e o dos judeus, para os quais o batismo foi eficaz enquanto estratégia de sobrevivência, até o momento em que as autoridades civis e religiosas não haviam encontrado um novo argumento para persegui-los e excluí-los da vida social[10].

D. João, rei de Portugal, influenciado pelo rabino-mor D. Moisés Navarro, ordenou a proteção aos judeus refugiados da Espanha, proibindo que fossem castigados. Mesmo em Portugal, muitos judeus se converteram ao cristianismo, amedrontados pelos acontecimentos na Espanha e incentivados pelos privilégios concedidos pelo Estado. A Corte e o Clero continuaram a pressionar o monarca português contra os judeus, obrigando-o a restaurar uma série de leis que restringiam muitas das atividades desse grupo. Essas leis raramente foram colocadas em prática. Os judeus continuaram a servir como médicos e cirurgiões no palácio e a ser empregados como cobradores de impostos[11].

Outras leis desfavoráveis ao grupo continuaram a ser publicadas pelo sucessor de D. João, seu filho D. Duarte (1433-1438), sem, contudo, modificar a posição social e econômica ocupada por eles. Os judeus habitavam, nessa época, judiarias isoladas, mas localizadas dentro das muralhas da cidade, o que não era comum aos muçulmanos. Além das posições oficiais e honrosas, tinham profissões diversifi-

---

9. A partir da segunda metade do século XIX e entre 1933-1945, quando os judeus foram perseguidos na Europa tumultuada pelas práticas antissemitas dos regimes totalitários, milhares deles optaram pelo batismo como forma de proteção e sobrevivência. O fato de possuírem um atestado de batismo como católicos facultava-lhes a oportunidade de obter um visto para emigrar, refugiando-se longe do alcance dos nazi-fascistas. Sobre esses novos-cristãos do século XX, ver o meu livro, *O Anti-semitismo na Era Vargas*, 3.ª ed., São Paulo, Perspectiva, 2002, pp. 172-182. Esta questão foi posteriormente ampliada por Avrahan Milgram, *Os Judeus do Vaticano. A Tentativa de Salvação de Católicos Não Arianos da Alemanha ao Brasil através do Vaticano (1939-1942)*, Rio de Janeiro, Imago, 1995.

10. Para Bauer, a explicação para o fato de muitos judeus convertidos persistirem em conservar suas crenças judaicas e o ódio contra eles persistir, mesmo após o batismo, está em reconhecer nas ideologias o reflexo das estruturas econômicas e sociais. A. Bauer, *História Crítica de los Judios*, Buenos Aires, Ciencias del Hombre, 1971, p. 148.

11. Dentre essas leis, a proibição de que os judeus frequentassem as tabernas cristãs e a obrigação de usar distintivos. Foi proibido também aos infantes, arcebispos, condes, abades, priores, cavaleiros, pajens e grão-senhores empregarem judeus como caçadores, mordomos, cobradores e escrivães. Meyer Kayserling, *op. cit.*, p. 39.

cadas, como alfaiates, pedreiros, sapateiros, ferreiros, carpinteiros e coletores de impostos. Comercializavam mel, azeite e cera, atendendo às cidades e aldeias. As condições que favoreciam os judeus não se alteraram durante o governo de D. Afonso V (1438-1481). Assimilados aos costumes dos cristãos, pouco ortodoxos do ponto de vista religioso, frequentando a Corte, residindo às vezes em verdadeiros palácios, os hebreus geravam um clima de desconfiança e inveja. Essa situação serviu para que o Clero incitasse o povo a acreditar que os judeus eram os responsáveis pela vida miserável em que vivia.

No que diz respeito aos judeus convertidos ao catolicismo, estes não encontraram o clima de igualdade que haviam esperado com a conversão. Mesmo convertidos, voltaram a ser alvo de agitações populares, em que se expressava todo o antigo preconceito antijudaico. Tal instabilidade teve início durante um período caracterizado por tensões políticas envolvendo nobres insubordinados e cortesãos. Ao mesmo tempo surgiram conflitos entre estes e as famílias de liderança municipal apoiadas pelo Estado[12]. As intrigas nos círculos políticos se faziam em meio aos distúrbios entre cristãos-velhos, e os novos convertidos completavam esse quadro, em fins da década de 1440. Esse conflito, inicialmente religioso, culminou por assumir características raciais, tendo a cidade de Toledo como sede dos acontecimentos e o ano de 1449 como data-símbolo para delimitar a gênese do mito ariano[13].

A causa incidental dessa revolta foi a imposição de uma pesada taxa de imposto, perto de um milhão de "maravedis" arrecadada por Álvaro de Luna, favorito de D. João II, para financiar a campanha contra Aragão. Incitado por Pedro Sarmiento, comandante do burgo de Alcazar de nomeação real, e por um artesão ignorado, o povo – indignado com o tributo – atribuiu a Alonso Costa, um rico comerciante converso, a suspeita de ter sido o instigador de tal cobrança. A rebelião teve início quando foi ateado fogo à casa de Alonso Costa, então cobrador de impostos. Em nome do rei, foi saqueado o quarteirão de Madalena, habitado por ricos conversos e foram sequestrados os bens dos negociantes cristãos-novos[14].

Sarmiento, com o poder da administração municipal nas mãos, ordenou a prisão do líder cristão-novo e, após inquérito religiosojudicial, sentenciou-o a ser queimado. No decorrer desses acontecimentos, surge o primeiro Estatuto de Pureza de Sangue quando Sarmiento, Senhor de Toledo, proclamou a *Sentencia Estatuto*, diante de uma assembleia popular, com o apoio de homens letrados. Esse acontecimento, de 5 de junho de 1449, é conhecido como *Ajuntamento de Toledo*.

---

12. Y. Bauer, *A History of the Jews in Christian Spain*, Filadélfia, The Jewish Publication Society of America, 1.ª ed., 1961, Vol. II, p. 278.

13. Questão detalhadamente analisada por Léon Poliakov, *O Mito Ariano*, ed. cit.

14. Albert Sicroff, *op. cit.*, p. 32; Cecil Roth, *op. cit.*, p. 38.

Cecil Roth refere-se a essa assembleia como sendo uma Corte de emergência, na qual se debateu sobre a possibilidade de os conversos regerem postos públicos. Além de discutir a posição dos conversos nos cargos importantes de Toledo, elaborou-se uma lista de acusações contra os cristãos-novos, manifestando-se claramente a oposição do Clero. Após o pronunciamento da *Sentencia Estatuto*, os conversos ficaram inabilitados para ocupar cargos públicos e prestar testemunho contra os cristãos. Foram depostos, também, doze juízes, notários e conselheiros cívicos de origem judaica[15]. Nesse Edito, os cristãos-novos eram acusados de indignidade em assunto de religião, pelo fato de guardarem os preceitos da Lei Mosaica e referirem-se a Jesus de Nazaré como sendo um judeu, quando os cristãos o adoravam como o Messias. Alegava também que na Sexta-Feira Grande, enquanto nas Igrejas era consagrado o óleo sagrado e a imagem do Redentor celebrizada no altar, os conversos matavam cordeiros e ofereciam sacrifícios.

Ademais, os conversos eram considerados como inimigos da cidade e dos habitantes cristãos, além de contribuírem para o empobrecimento de nobres e cavalheiros cristãos-velhos. Conforme a versão apresentada, os novos convertidos teriam se armado e partido em ação, com o objetivo de aniquilar os cristãos-velhos, terminando por entregar a cidade aos inimigos estrangeiros. Em consequência, Sarmiento proclamou os descendentes de judeus como incapazes de exercer cargos públicos[16].

---

15. Faço aqui um paralelo – guardadas as suas proporções – com a aplicação de um conjunto de leis pelo III Reich: a *Lei da Restauração do Funcionalismo Público*, de 7 de abril de 1935 que ordenava a demissão de todos os funcionários públicos não arianos; complementado pelo decreto de 11 de abril, que definia o não ariano como qualquer pessoa com pelo menos um dos pais ou avós judeu; as Leis Raciais de Nuremberg promulgadas em 15 de setembro de 1935 e que oficializaram a primeira etapa do Plano da Solução Final da Questão Judaica. As ideias de pureza racial defendidas pelo Reich – e que em 1938 foram endossadas pela Itália fascista governada por Mussolini – encontram-se organizadas sob dois tópicos: *Lei para os Cidadãos do Reich* e *Lei para a Defesa do Sangue e da Honra*. Em nome do sangue e da honra alemães, os cidadãos do Reich foram divididos em duas categorias: os cidadãos completos (*Reichsbürger*) e os cidadãos nacionais (*Voksbürger*), estes definidos como cidadãos de segunda classe sem direitos políticos. A expressão *Mischlinge* era aplicado aos "judeus parciais" ou híbridos (*Zwischnrasse*). Na sua essência, os artigos definiam quem era ou não judeu, institucionalizando sua participação ou eliminação de todos os setores da vida nacional, tendo por critério a ascendência racial do indivíduo. Para Alemanha, ver *Lei da Restauração do Funcionalismo Público* (*Arierparagraph*), 15 de abril de 1935; *Leis Raciais de Nuremberg*, 15 de setembro de 1935. *Institut für Zeitgeschichte*, Munique; para Itália, ver *Circolare ai soci N.1*. Canottieri. Trieste, 21 de novembro de 1938. Ver estudo comparativo em YERUSHALMI, Y.H., *Assimilation and Racial Anti-semitism:The Iberian and the German Models*, Nova Iorque, The Leo Baeck Memorial Lecture 26, 1982.

16. Y. Baer, *op. cit.*, p. 280.

A segregação imposta aos cristãos-novos recebeu uma fundamentação religiosa que logo assumiu conotação racista, encobrindo os interesses de vários grupos sociais. Endossada mais tarde pela Coroa, pela Igreja Católica e Ordens Militares, a ideia de limpeza de sangue foi legalizada e passou a integrar os valores culturais espanhóis para, no século seguinte, atingir também a sociedade portuguesa. Por trás de todos esses fatos, observa-se um processo de metamorfose, em que o judeu, ao assumir a posição de converso, fez-se herdeiro de todas as acusações tradicionais portadas por seu grupo. Só que, dessa vez, com um sentido depreciativo e pejorativo.

O Estatuto de Toledo, por sua vez, deve ser considerado como um fenômeno de ordem social e urbana, originado do desejo de se abortar o desenvolvimento da burguesia cristã-nova. Tanto é que, no saque ao quarteirão de Madalena, o cristão-velho mata o cristão-novo e não o judeu, que já tinha uma legislação contra si. O Estatuto representou, antes de mais nada, uma luta de classes, visto que o fortalecimento econômico e social da burguesia cristã-nova contrariava os interesses de ascensão da burguesia cristã-velha. Para Anita Novinsky, os estatutos de pureza de sangue foram utilizados como uma arma anticapitalista "pela ordem nobiliárquico-eclesiástica e por grupos de interesses rivais para impedir o desenvolvimento e ascensão de uma classe média forte em Portugal e no Brasil"[17].

Em 1450, D. João II publicou uma Bula de Nicolau V, através da qual excomungava Pedro Sarmiento, autor da *Sentencia Estatuto*, e todos os seus cúmplices e ajudantes. Entretanto, essa atitude não surtiu nenhum efeito. Em 1473, imitando o Estatuto da cidade de Toledo, os cristãos cordoveses fundaram uma confraria para o culto da "Madre de Dios", através da qual alertavam todas as classes e esferas sociais a respeito da limpeza de sangue. O fanatismo e o medo de serem tidos como suspeitos de origem judaica passaram a tomar conta dos membros das irmandades religiosas, congregações de obras pias, capelas, ordens militares, colégios e até mesmo grêmios de arte. Para Amador de los Rios, o Grêmio dos Pedreiros de Toledo, composto em sua maior parte de mouros conversos, antecipou-se a todos os grêmios industriais. Em 1481, publicou um estatuto proibindo a admissão, como aprendizes, dos confessos judeus, seus filhos e parentes[18].

Em fins do século XV, governavam Castela e Aragão os reis católicos, Fernando e Isabel, cujo desejo era transformar a Espanha em uma grande potência. Necessitavam antes de tudo expulsar os mouros de suas terras. Para isso precisavam de fundos, pois o tesouro estava vazio.

---

17. Anita Novinsky, no "Prefácio" à primeira edição desse livro. São Paulo, Brasiliense, 1983, p. 4.
18. J. Amador de los Rios, *História Social y Religiosa de los Judios de España y Portugal*, Buenos Aires, Bajel, 1943, Vol. II, pp. 338-339.

O confisco de bens se apresentava como uma forma de se conseguir encher os cofres públicos e a religião como o melhor argumento para encobrir os interesses econômicos da Coroa[19]. Os desejos do rei iam ao encontro das queixas da população contra os conversos. O inimigo objetivo foi detectado. Faltava ainda a máquina para caçá-los[20].

Em 1481 uma Bula do Papa Sixto IV nomeava Tomás de Tor-quemada como grão-inquisidor cuja presença se fez marcante ao lado dos Reis Católicos, relacionamento registrado na pintura *A Virgem e os Reis Católicos*, de um pintor anônimo espanhol (Doc. 3). O medo e o terror tomaram conta do país, sendo os conversos duramente castigados pelo Tribunal da Inquisição instalado na Espanha em 1478. Muitos judeus procuraram proteção em Portugal, na tentativa de escapar à morte e aos maltratos do Santo Ofício. A maioria dos elementos atingidos pela ação inquisitorial pertencia a diferentes camadas da sociedade burguesa: intelectuais, clérigos, funcionários públicos, militares, alfaiates, sapateiros etc[21]. Nessa época, Portugal era governado por D. João II que encarregou um pequeno tribunal de inquirir sobre a vida dos refugiados, cuja fama de maus cristãos já havia transposto as fronteiras. Como na Espanha, muitos foram condenados à fogueira e à prisão perpétua. Da cidade do Porto, em 1497, vários desses criptojudeus foram expulsos, sendo-lhes proibida a entrada no país por via marítima sem autorização régia.

Os acontecimentos na Espanha tiveram grande repercussão em Portugal, onde a propaganda antijudaica crescia dia a dia. A explicação para a miséria em que se encontrava o povo português foi logo relacionada ao fato de os judeus continuarem ocupando cargos oficiais, como o de cobradores e arrecadadores de impostos e taxas. Alegava-se que tais posições "favoreciam um grupo de cristãos-novos que abusavam de certas condições para impor sua autoridade sobre o povo, havendo abusos da parte de muitos". Alegando extorsão, os representantes das cidades e vilas nas Cortes pressionavam o Rei contra os judeus. Após a

19. Para Kayserling este "constituía o meio mais seguro de não somente obter as finanças necessárias para a realização da guerra, como também satisfazer os sentimentos dos cristãos fanáticos". Meyer Kaiserling, *op. cit.*, p. 80.

20. Para Arendt, o *uso da mentira* e o *conceito de inimigo objetivo* é que vieram a definir, no século XX, a estrutura da organização e funcionamento dos regimes totalitários. O *inimigo objetivo* é definido "como aquele grupo que, independentemente de sua conduta pode, a critério da liderança totalitária, eventualmente discordar da verdade oficial e, por isso, deve ser discriminado, isolado, punido e eliminado. Como todos são potencialmente suspeitos, todos são potencialmente inimigos objetivos". Ver Celso Lafer, "Prefácio", em Hannah Arendt, *Origens de Totalitarismo...*, ed. cit., pp. 5-6.

21. Kayserling cita também, entre os atingidos pelo Tribunal, grande número de viúvas, insinuando através de interrogação o fato de estas serem herdeiras de grandes fortunas e ainda indefesas; portanto, presas fáceis para os Inquisidores. Meyer Kayserling, *op. cit.*, pp. 83-84.

Doc. 3: A instituição do Tribunal do Santo Ofício na Espanha. *A Virgem e os Reis Católicos*, de anônimo espanhol. Museu do Prado, Madri.

queda de Granada, em 2 de janeiro de 1492, os reis católicos Fernando e Isabel publicaram o Édito expulsando do país "todos os judeus com seus filhos e filhas, criados e criadas, posição e sexo, no prazo de 4 meses". Este ato pode ser avaliado como um marco na passagem do século XV para o século XVI: o fim de uma era de convivência e relativa tolerância entre culturas diferentes[22]. Fenômeno que, segundo a análise de Maurice Kruegel, implicou no distanciamento da lógica religiosa da integração para a lógica da exclusão e eliminação endossada tanto pelo Santo Ofício como pelo Estado absolutista[23].

Em 1492, outros refugiados espanhóis buscaram acolhida em Portugal. D. João II estipulou aos refugiados espanhóis as seguintes condições: as seiscentas famílias mais abastadas deveriam pagar a soma de sessenta mil cruzados de ouro, e os demais, exceto os recém-nascidos, a soma de oito cruzados de ouro. Os obreiros, ferreiros e alfagemes, que iriam se estabelecer definitivamente, pagariam a metade. Os outros teriam o direito de permanecer por oito meses e depois emigrar novamente, em embarcações providenciadas pelo Rei[24]. O rabino Isaac Aboab interferiu junto a D. João II, solicitando a entrada dos seus patrícios em Portugal. A admissão dos judeus em terras portuguesas era um negócio lucrativo para o Reino que, diante da política colonial, tinha como prioridade, realizar as conquistas na África. A necessidade de restabelecer os tesouros do Estado influenciou as atitudes do monarca a aceitar os refugiados, contrariando os conselhos da Corte. Cronistas referem-se a 120 mil judeus espanhóis que embarcaram para Portugal, através dos portos liberados: Oliveira, Arronches, Castelo Rodrigo, Bragança e Melgaço. Aqueles que pagassem uma certa quantia, estipulada antecipadamente, poderiam residir no Reino. Os demais teriam que, com o prazo de apenas oito meses de permanência, se retirar para outro país[25].

O clima de euforia que envolveu o Império Português na época dos descobrimentos, facilitou a integração dos judeus recém-chegados da Espanha à sociedade judaica e cristã do país. Numerosos judeus foram admitidos no convívio de D. João II, principalmente aqueles

22. Ver Anita Novinsky, "Os Regimes Totalitários e a Censura", em Maria Luiza Tucci Carneiro (org.), *Minorias Silenciadas. História da Censura no Brasil*, São Paulo, Edusp/Fapesp, 2002, pp.25-26.

23. Maurice Kriegel, *op. cit.*, pp. 44-45.

24. Meyer Kayserling, *op. cit.*, p. 99; J. Mendes dos Remédios, *op. cit.*, p. 264.

25. Anita Novinsky, "Juifs et nouveaux-chrétiens du Portugal", em Henri Mechoulan (org.), *Les Juifs d´Espagne: Histoire d´une Diaspora, 1492-1992*, Paris, Liana Levi, 1992, pp. 75-105; Anita Novinsky, "O Papel dos Judeus nos Grandes Descobrimentos", em *Revista Brasileira de História*, São Paulo, n. 21, v. 11, pp. 65-75, set./fev., 1990/1991; Humberto Baquero Moreno, "Tensões e Conflitos na Sociedade Portuguesa em Vésperas de 1492", em Anita Novinsky e Diane Kuperman (orgs.), *Ibérica-Judaica...*, ed. cit., pp. 117-139.

que poderiam ser aproveitados por seus conhecimentos científicos. Outros, dedicando-se ao comércio marítimo internacional, acabaram por atingir certa estabilidade financeira e social[26]. No entanto, os conflitos tornam-se cada vez mais iminentes. Encobertos pelo nome de cristãos, os judeus transformaram-se em alvo da inveja e ódio daqueles que se consideravam portadores da verdadeira fé católica. Conforme afirma Ortiz: "si odiados eran los judios, no lo fueron menos los que ahora aparecian com mas prepotencia escudados com el nombre de cristianos"[27].

O preconceito manifestado contra o grupo convertido encontrou condições de fortalecimento na concorrência comercial empreendida contra a burguesia cristã: "o relevo que adquiriam na vida comercial, colocou-os frente a frente com a burguesia cristã, e seus padrões culturais diferentes serviram para alimentar o preconceito contra eles"[28]. Outro acontecimento somou-se a essa situação vivenciada pelos refugiados espanhóis: o vencimento do prazo de oito meses de permanência no país daqueles que não pagaram a quantia estipulada. Em navios providenciados pelo monarca, esses judeus foram obrigados a se retirar. Entretanto, a forma de tratamento dado ao grupo, durante a viagem, foi de desprezo e violência, conforme descrição dos cronistas da época. Aqueles que permaneceram no país, após o prazo dado para emigrar, foram transformados em escravos, e seus filhos, crianças entre dois e dez anos, foram transportados para as ilhas de São Tomé ou Perdidas. A maioria das crianças morreu durante a viagem e as que sobreviveram tornaram-se, segundo os cronistas, ricos plantadores[29].

Com a morte de D. João II, subiu ao trono de Portugal seu sobrinho, D. Manuel (1495-1521), que se beneficiou dos conhecimentos científicos e culturais dos judeus, muitos dos quais eram matemáticos, cartógrafos e médicos. Os nomes de muitos deles constam entre aqueles que cooperaram para as grandes descobertas do século XV[30]. Essa situação dos judeus no reino lusitano durou pouco. Interesses políticos de D. Manuel, que pretendia estender seu império por toda Península

26. J. Mendes dos Remédios, *op. cit.*, pp. 246 e 250. Domingues Ortiz, *op. cit.*, p. 17.

27. Domingues Ortiz, *op. cit.*, p. 17.

28. Anita Novinsky, *Os Cristãos-Novos na Bahia*, ed. cit., p. 32.

29. Inúmeros foram os cronistas que se preocuparam em narrar esses fatos: Usque, Aboab, Pina, Garcia de Resende, Manuel y Vasconcelos, Sylva Lopes e Acenheiro. Dentre as fontes judaicas podemos citar o relato conhecido como Shevet Jehudá. *Apud* Meyer Kayserling, *op. cit.*, pp. 101-104; Charles Ralph Boxer, *Relações Raciais...*, ed. cit., pp. 48-49; Arnold Wiznitzer, *op. cit.*, pp. 9-10, 45.

30. Sobre judeus, ciência e a Era dos Descobrimentos ver: Y. Tzvi Langermann, "A Ciência Judaica na Ibéria Medieval", em Anita Novinsky e Diane Kuperman (orgs.), *Ibéria Judaica*, ed. cit., pp. 101-113; Thomas F. Glick, "O Mundo Científico da Espanha", *idem*, pp. 61-84; J. Mendes dos Remédios, *op. cit.*, pp. 275-283.

Pirenaica, levaram-no a propor casamento a Isabel, filha dos Reis Católicos da Espanha. Uma condição foi imposta ao monarca português pelos reis espanhóis: que todos os judeus e mouros fossem expulsos das terras portuguesas.

Conforme decreto real, os judeus teriam de abandonar o país no prazo de dez meses, sob pena de morte e confisco de bens. Em fins de outubro de 1497, não deveria haver um só infiel no Reino. O decreto incluía não só os judeus, mas também os muçulmanos. Analisando esse édito de expulsão, percebemos, de forma bem evidente, uma característica identificada por Sartre no comportamento do anti-semita, e que pode ser adaptada a esta situação: a de que o antissemitismo é originalmente um maniqueísmo; explica o ritmo do mundo "mediante a luta do princípio do Bem contra o Mal". Persiste sempre a ideia de que um poder malévolo inflige a sociedade. Daí a tarefa do anti-semita não ser a de construir uma nova sociedade, mas a de *purificar* a já existente.

Relacionando o conceito de malignidade com os termos do Édito de Expulsão promulgado por D. Manuel, encontramos atribuída aos mouros e aos judeus uma identidade malígna ao tratá-los como indivíduos obstinados no ódio à Santa Fé Católica, que " tem cometido, *grandes males,* e blasfemias em Nossos Reynos", que são *filhos da maldição,* que "apartam muitos cristãos da verdadeira fé católica" etc. A partir dessas razões determinou-se que "até ér todo mez d' outubro do anno do nascimento de Nosso Sr. de mil quatrocentos e noventa e sete, *todos os judeus, e mouros forros,* que em Nossos Reynos ouver, se *saiam fora delles,* sob pena de morte natural, e perder as fazendas"[31].

Motivos diversos, que não analisaremos aqui, levaram o rei a lançar mão dos mais variados artifícios. Determinou pois que, em abril de 1497, os filhos de judeus, menores de catorze anos de idade, fossem retirados de seus pais e educados na fé cristã. Essa ordem foi posta em prática através de agressão e lamentações.

Em outubro de 1497, expirou o prazo de emigração. Apesar dos pedidos dos judeus, a indicação de um porto permitido para saída, em Lisboa, somente foi dada após o vencimento do prazo. Para lá se dirigiram milhares de judeus mas, pelo fato de o prazo ter expirado, foi-lhes comunicado serem considerados escravos do rei. A esperança de que se convertessem voluntariamente ainda fazia parte dos planos de D. Manuel. Não conseguindo realizar tal intento, o monarca português

---

31. Ordenaçõens do Senhor Rey D. Manuel. Coimbra, na Real Imprensa daUniversidade, 1781, em *Collecção da Legislação Antiga e Moderna de Portugal,* Parte II, Por Resolução de S. Magestade de 2/set./1786, Livro II, Tit. XLI, p. 212; Jean-Paul Sartre, *op. cit.,* p. 24; Meyer Kayserling, *op. cit.,* p. 112; Cecil Roth, *op. cit.,* p. 55. Grifo nosso.

ordenou que fossem batizados à força[32]. Como a Espanha, Portugal passou a enfrentar o problema cristão-novo, que ganhou forças, meio século depois, com o estabelecimento do Tribunal da Inquisição, em 1536, e com a gradativa aplicação do Estatuto de Pureza de Sangue[33]

Tanto na Espanha como em Portugal, a perseguição ao judeu convertido ao cristianismo foi alimentada pelos cristãos-velhos, muitos dos quais eram pequenos comerciantes burgueses que, nessa ação, encontraram uma maneira de se livrarem daqueles que lhes faziam concorrência comercial. O problema tornou-se ainda mais conflitante quando os cristãos-velhos perceberam que, através da conversão ao catolicismo, os judeus passavam a ter acesso às mesmas oportunidades que eles. O fato de alguns conversos ocuparem posições-chave na sociedade portuguesa ofereceu elementos para a "construção" de um discurso intolerante levado às últimas consequências. Constata-se que nos registros inquisitoriais e os impressos antijudaicos se ajustavam às exigências de uma *lógica religiosa* que, de integração, passa à lógica da erradicação, implicando em exclusão e eliminação. Assim, a discriminação se fez mascarada por argumentos religiosos quando o enfrentamento era social, apoiado numa doutrina racista.

Condutas características do judaísmo foram proibidas, (re)nomeadas, classificadas e hierarquizadas a partir de uma lógica intolerante. Esta situação gerou, certamente, um clima de tensão levando os marginalizados a reafirmarem sua identidade judaica numa espécie de "busca de raízes". Ainda que grande parte dos conversos tenha assumido convictamente a fé católica, pairava no ar a desconfiança generalizada de que todos os descendentes de judeus eram falsos, desonestos e indignos de confiança.

As sistemáticas perseguições, prisões acompanhadas de confisco de bens e mortes empreendidas pelo Santo Ofício, com o endosso do Estado português, colaboraram para o fortalecer o processo de desenraizamento de milhares de cristãos-novos que saíram em busca de refúgio. Uma corrente foi, em grande parte, a responsável pela extensão da Diáspora[34] judaica ao Novo Mundo. Muitos foram acolhidos

32. Meyer Kayserling, *op. cit.*, p. 115
33. A Inquisição Portuguesa foi criada durante o governo de D. João III por Bula do Papa Paulo III, em 23 março de 1536. Foi servida por cinco regimentos: promulgados, pela ordem: 1552, 1570, 1613, 1640 e 1774. Este último foi aprovado durante o reinado de D. José I, sendo Inquisidor o Cardeal da Cunha. Em julho de 1769, o Conselho Geral do Santo Ofício foi declarado Tribunal Régio. Entretanto, o Tribunal do Santo Ofício só deixou de existir em Portugal com a resolução de 1820. Sobre este tema ver os clássicos Antônio Baião, "A Inquisição em Portugal e Brasil", em *Arquivo Histórico Português*, vol. 5, Lisboa, Edição Arquivo Histórico Português, 1921; Alexandre Herculano, *História da Origem e Estabelecimento da Inquisição em Portugal*, Porto, Bertrand, 1907.
34. Empregamos o termo *Diáspora* enquanto dispersão dos judeus que, no decorrer dos séculos, foram perseguidos por grupos dominantes e excluídos por práticas

como judeus por suas comunidades radicadas no Império Otomano, Países-Baixos, Marrocos, França e Itália, configurando a dispersão dos sefarditas[35]. Impregados pela cultura hispano-portuguesa do Barroco estes cidadãos transplantaram para as nações que os acolheram uma riqueza de conceitos intelectuais, ideias políticas e valores sociais. Segundo Novinsky foram eles, em grande parte, os responsáveis pela preservação da herança cultural sefardita enquanto fragmento da memória coletiva do povo judeu[36].

Muitos daqueles que permaneceram na Península Ibérica ou se refugiaram em alguma das colônias da América Portuguesa ou América Espanhola, entregaram-se à prática secreta de sua religião de origem, nascendo dessa forma o *criptojudaísmo* ou o *marranismo*[37]. Segundo Novinsky, estudiosa deste fenômeno, tal postura deve ser interpretada como uma forma de resistência, "uma luta persistente contra a imposição de uma cultura, simbolizando o progresso contra a estagnação, a modernidade contra o conservadorismo"[38]. Operando no comércio e finanças, muitos conversos enriqueceram, ganhando

antissemitas ainda que o termo possa ser empregado para outros grupos religiosos e étnicos. Consideramos que razões políticas e econômicas justificaram a expulsão dos judeus da Espanha (1492) e Portugal cujas consequências desastrosas provocaram a dispersão coletiva desse grupo religioso.

35. Segundo dados apresentados pelo *Atlas das Diásporas*, a dispersão dos judeus da Península Ibérica implicou na expulsão de cerca de 160.000 judeus que seguiram para países distintos: Império Otomano (90.000), Países-Baixos (25.000), Marrocos (20.000), França (10.000), Itália (10.000) e América (5.000 ?). Gérard Chaliand e Jean-Pierre Rageau, *Atlas des Diásporas*, Paris, Édicions Odile Jacob, pp. 21-36. Ver também Yosef Kaplan, *Les Noveaus-Juifs D´Amsterdam. Essais sur L´histoire sociale et intelectuelle du judaisme Séfarade au XVIIe Siècle*, Paris, Chandeigne, 1999; Cap. III- " Dispersão Sefaradi", em Anita Novinsky e Diane Kuperman (orgs.), *Ibéria Judaica...*, ed. cit., pp. 267-464.

36. Anita Novinsky, "Um Novo Conceito de Marranismo: o Patrimônio Judaico Português", em *Anais do I Colóquio Internacional: o Patrimônio Judaico/Português*, Lisboa, Associação Portuguesa de Estudos Judaicos, 1006, pp. 48-49; Yosef Kaplan, *op. cit.*, p.63.

37. Marranos são aqueles cristãos-novos que são cristãos apenas na prática dos atos religiosos que envolvem direitos civis; no mais são clandestinamente judaizantes. O marranismo, antes restrito apenas aos conversos, é hoje avaliado como um aspecto inerente à cultura portuguesa, contexto em que deve ser incluído o marranismo no Brasil, onde o fenômeno, segundo Novinsky, manifestou-se na sua maior intensidade. Podemos afirmar que os cristãos-novos no Brasil viviam numa "sociedade marrana pluralista". Para Novisnky o cristão-novo judaizante era real, não foi um mito inventado. Ao seu ver, precisamos entender o que significava "judaizante" para os inquisidores. Uma simples blasfêmia, quando pronunciada por um cristão-novo, era "Judaísmo...". Anita Novinsky, "Um Novo Conceito de Marranismo...", ed. cit., pp. 48-49. Para Amilcar Paulo, autor de *Os Criptojudeus*, o criptojudaísmo surgiu em Portugal "mercê da conversão forçada dos judeus, ordenada por nosso Rei D. Manuel I, e foi ativado pelo estabelecimento do Tribunal Inquisitorial, diminuindo com o eclodir do liberalismo, mas mantendo suas reminiscências até o presente". Amilcar Paulo, *op. cit.*, p. 105.

38. Anita Novinsky, "Um Novo Conceito de Marranismo", ed. cit., p. 32.

prestígio e emancipação econômica, situação que atraiu os interesses do Santo Ofício e do Estado portugueses. Como parte de um grupo importante de negociantes e financistas, os cristãos-novos constituíram-se em poderosa força econômica fazendo concorrência à burguesia cristã-velha. Influenciada pela propaganda anticristã-nova, esse grupo apelou para argumentos religiosos, com o objetivo de impedir a ascensão social e econômica dos cristãos-novos[39].

Um racismo em termos teológicos surgiu encobrindo os interesses daqueles que manipulavam as forças de poder: o Estado e a Igreja. O receio de que os marranos competissem com seu *grupo de status* levou o grupo dominante a reforçar a imagem deturpada de que todos os conversos eram falsos cristãos. A partir do reinado dos Felipes, através de perseguições religiosas e confiscação de bens, de torturas e terror, de barreiras sociais e estereótipos, o preconceito contra o cristão-novo ganhou força dia a dia. Os valores culturais e sociais de Portugal foram sendo substituídos. Ao orgulho de ser fidalgo juntou--se o de ser limpo de sangue, ou seja, de não descender de judeus, estigmatizados como representantes de uma raça impura, infecta. A aristocracia se valeu constantemente desse conceito que lhe fortalecia a posição de *grupo de status* privilegiado enquanto casta. Como na Espanha, a Igreja se tornou cúmplice dessa aristocracia. Conforme lembra Miguel de Castilho: "A Igreja se lança contra os comerciantes, os joalheiros e os banqueiros, ela neutraliza a monarquia quando lhe assegura ingressar na riqueza líquida, na metade das somas confiscadas"[40].

Para ser nobre precisava-se antes de mais nada comprovar a limpeza de sangue. Dessa forma, alguns valores culturais se interligam, interferindo diretamente no comportamento social dos grupos que se dizem limpos de sangue: pureza, honra, honestidade, fidelidade e dignidade. Não comprovar sua ascendência cristã significava estar impedido de ocupar cargos públicos, de frequentar universidades, de ingressar nas Ordens Sacras e de receber títulos de honra. Com base nesses conceitos, temos a configuração de dois grupos: o dos discriminadores e o dos discriminados. Do grupo discriminador participam os fidalgos, a burguesia cristã-velha e o povo. Aos fidalgos não interessava que ocorressem mudanças sociais, pois a ordem social estabelecida

---

39. Na opinião de Cecil Roth, o fato de a Inquisição portuguesa ter sido instalada meio século depois do Édito de Expulsão possibilitou aos marranos portugueses condições para acomodar-se às possibilidades do criptojudaísmo, o que não aconteceu na Espanha, onde o Tribunal fez o possível para extirpar toda heresia judaizante, ocasionando ruptura direta na tradição judaica do país. Seria impossível acreditar que os marranos portugueses aderissem imediatamente ao cristianismo. Ao contrário, para o autor, estes se mostraram mais firmes que os espanhóis: "os últimos se extinguiram no decorrer do século XVI. Os primeiros ganharam maior vitalidade". Cecil Roth, *op. cit.*, p. 60.

40. Miguel de Castilho, "Les Officiants de La Mort", ed. cit., p. 1364.

e mantida por seu grupo lhes garante a manipulação do poder e sua decorrente riqueza, pompa e luxo. Retomando Miguel de Castilho: "O fidalgo era por definição um reacionário, ele se opunha violentamente a toda reforma"[41].

A burguesia cristã-velha se uniu ao grupo dominante, cooperando para a segregação racial do cristão-novo, atendendo cada facção aos seus interesses particulares. Os comerciantes cristãos-velhos, pelo fato de se dedicarem à atividade mercantil e ao trabalho manual, ficavam impossibilitados de ascender socialmente, contrapondo-se aos valores culturais da aristocracia. Entretanto, viram no endosso ao conceito de pureza de sangue uma forma de vencer essa barreira social, pelo fato de serem cristãos convictos, sem ascendência judaica. Essa luta de interesses se processou no plano religioso, sob a alegação de que o cristão-novo era, hereditariamente, um falso cristão. É aqui que o racismo surge como um fenômeno urbano, característico dos tempos modernos. Para a gente oprimida do povo, manipulada e doutrinada pelo Clero, o converso se transformou no ponto de fixação de descontentamento e frustrações de várias origens[42].

De Portugal, assim como o fenômeno do marranismo, o *mito da pureza de sangue* transferiu-se para o Brasil, onde assumiu características peculiares. Baseado em uma ideologia cristã, e valendo-se do sistema simbólico mantido pelo grupo discriminador, esse preconceito assumiu aspectos legais. Uma série de fatos se sucederam a partir do século XVI, cooperando para o fortalecimento da crença de que os descendentes de judeus, mouros, indígenas negros e ciganos eram incapazes, por tradição. Cabe aqui demonstrar como a persistência dessa mentalidade intolerante esteve diretamente relacionada ao estabelecimento do Tribunal do Santo Ofício em Portugal, ao alastramento do conceito de pureza de sangue pelas colônias do Império português, à divulgação de obras antijudaicas, à aplicação de uma política migratória e a de uma legislação francamente racista.

O RACISMO INSTITUCIONALIZADO

A Origem da Legislação Discriminatória: Os Estigmatizados

A coexistência étnica é um dos fatos que, desde o início da Idade Média, marcou a história da Península Ibérica, distinguindo-a da dos demais países de além-Pirineus. Nela habitavam as mais variadas minorias étnicas: iberos, celtas, itálicos, visigodos, judeus e mouros, cujas relações intergrupais se caracterizaram pela constante miscigenação. A

41. *Idem*, p. 1370.
42. Antonio José Saraiva, *op. cit.*, p. 47.

religião e os costumes não se constituíam em empecilho para a realização de casamentos mistos, mantendo-se um certo clima de cordialidade[43]. Principalmente para os judeus, os séculos XII e XIII foram de plenitude, paz e amizade: "Judios, cristianos y mudejares viviam en una simbiosis que a todos reportaba beneficios basada en gran parte en una division de trabajo y de las funciones sociales. La comun lealtad al soberano mantenia entre estos grupos um embrión de unidad politica"[44].

A Igreja, durante a Idade Média, preocupou-se em impedir o convívio dos judeus com os cristãos. Procurou evitar as influências religio-sas dos judeus, mas as medidas não eram levadas a sério, nem pela população, nem pelos monarcas[45]. Perseguia-se o herege e o apóstata, mas sem uma conotação racista. Até então, os municípios legislavam baseados nos forais antigos, sem levar em conta a interferência das leis canônicas. Não existia ainda no reino uma legislação regularmente codificada. Os usos e costumes do povo estavam muitas vezes acima das resoluções do Estado e da Igreja.

As Cortes – assembleias de dignitários seculares e eclesiásticos – em vários momentos interferiram junto ao soberano, repudiando as condições de liberdade em que viviam os judeus. Constantemente se fez sentir sobre os reis a forte pressão dos eclesiásticos, forçando-os a retificarem e a endossarem leis canônicas discriminatórias contra os judeus. Mas, na prática, não eram obedecidas. A população cristã era, muitas vezes, instigada pelo Clero contra as minorias étnicas – judeus e mouros –, alimentando o conflito de interesses entre a Igreja e o Estado[46].

Durante séculos, as leis discriminatórias se repetiram sem conseguir impedir o relacionamento entre cristãos e judeus. A atuação dos rabinos-mores junto ao soberano também contribuía para neutralizar a prática dessas resoluções. As cartas de foral, as leis gerais, os estilos, usos e costumes antigos somente começaram a ser codificados durante

---

43. Sobre esse assunto, ver: Anita Novinsky, "Introdução", em Meyer Kayserling, *op. cit.,* pp. IX-X; Anita Novinsky, *Os Cristãos-Novos na Bahia,* ed. cit., p. 27.

44. Domingues Ortiz, *op. cit.,* pp. 13-14.

45. Por exemplo, a lei do Concílio de Latrão (1215) obrigava os judeus a usarem sinais em suas vestimentas, distinguindo-os dos cristãos. O Papa Gregório IX ordenou que um fiscal cristão denunciasse como transgressores os financistas hebreus e protegesse os direitos dos cristãos. Mais tarde, o Papa Clemente IV pediu a Afonso III para limitar a posição dos judeus, recolher ao tesouro nacional os bens dos judeus convertidos etc. Por outro lado, D. Diniz dispensou os judeus de usarem distintivos e do pagamento da dizima à Igreja, como também concedeu privilégios aos judeus e a comunas inteiras, contrariando a lei canônica. Meyer Kayserling, *op. cit.,* pp. 6 e 17.

46. Como exemplo dessa pressão, podemos citar a atuação das Cortes em 1325, quando forçaram D. Afonso IV (1325-1357) a reafirmar a lei segundo a qual os judeus não podiam aparecer publicamente sem distintivo, usar colares de ouro e prata etc. D. João I, nos inícios do século XV, ante a atuação do Clero e das Cortes, restaurou uma série de leis desfavoráveis aos judeus. Meyer Kayserling, *op. cit.,* p. 21.

o reinado de D. João I. Em 1446, foi elaborada a última codificação, dando origem à primeira coleção geral das leis portuguesas, conhecidas como *Ordenações Afonsinas*. Foram admitidos como fonte de valor do Direito Romano e o Direito Canônico[47].

O estudo das unidades lexicais que persistem na legislação portuguesa nos permitem buscar a visão de mundo que a elite política tinha dos estigmatizados. Da mesma forma, a sistematização do direito penal eclesiástico vigente em Portugal do século XVI ao XIX nos oferece um amplo painel do juízo de valores, lógicas e conceitos que moviam as perseguições inquisitoriais aos "hereges" cristãos-novos. Questões como esta podem ser avaliadas através do levantamento das codificações inquisitoriais contidas, especialmente, nos *Regimentos* de 1552, 1570, 1613, 1640, 1774[48], *Monitório Geral* de 1640 e *Carta do Édito e Tempo da Graça* de 1536, estudo proposto por Clotilde Murakawa, da Fundação Educacional Dr. Raul Baub-Jahu[49].

Como podemos observar no quadro 1, os *mouros* e os *judeus* encontram-se discriminados na legislação portuguesa a partir de meados do século XV até a segunda metade do século XVIII, sendo constantemente tratados como elementos distintos do restante da população. Essa situação legal refletiu a necessidade de reforçar as barreiras sociais contra eles[50]. Esses grupos minoritários vinham gozando de condições de prestígio e ocupando cargos públicos, em contradição com as resoluções tomadas pelos Concílios, Bulas papais e Decretos reais. Essa distinção entre cristãos, judeus e mouros consta literalmente na legislação. Na maioria das vezes, assume um aspecto negativo, impondo aos judeus e mouros restrições e proibições, tanto na vida pública como na religiosa.

É interessante notar que, com o tempo, aumentam os grupos estigmatizados da sociedade portuguesa, tornando-se nítidas as medidas de exclusão[51]. É a partir de 1514/1521 que surgem nas *Ordenações*

47. Sobre a História da Legislação Portuguesa ver M.P. Merêa, *Resumo das Lições de História do Direito Português* (1924-1925), Coimbra, Coimbra Editora, 1925. A. Caetano do Amaral, *Para a História da Legislação e Costumes de Portugal*, Porto, Livraria Civilização, série Miscelanea, s/d.

48. O Tribunal do Santo Ofício de Portugal, ao contrário da Espanha, produziu vários Regimentos Gerais e, no decorrer dos séculos, modificou a formulação dos seus Éditos da Fé conforme pode-se constatar nos Regimentos de: *1552* (com artigos adicionais em 1554) e que se manteve manuscrito até o século XX; *1570*, Évora; *1613*, Lisboa, Pedro Carsbeeck; *1640*, Lisboa, Manoel da Sylva; *1774*, Lisboa, Officina de Miguel Manescal da Costa.; *O Último Regimento da Inquisição Portuguesa*, Introdução e Atualização de Raúl Rego, Lisboa, Edições Excelsior, 1971.

49. Clotilde de A. Azevedo Murakawa, "Inquisição Portuguesa- Vocabulário do Direito Penal", em Anita Novisnky e Diane Kuperman (orgs.), *Ibéria Judaica...*, ed. cit., pp. 151-161.

50. S.W. Baron, *Social and Religious History of the Jews*, Nova Iorque, 2.ª ed., 1957, vol. V, p. 79, *apud* Anita Novinsky, "Introdução", em Meyer Kayserling, *op. cit.*, p. 9.

51. *Estigma* é aqui empregado para caracterizar a situação do indivíduo que está inabilitado para a aceitação social plena, conforme a definição de Goffman. Na

Manuelinas três novas caracterizações: *cristão-novo, cigano* e *indíge-na*. Essa situação se mantém até 1603, quando serão acrescentados o *negro* e o *mulato*[52]. As razões alegadas são as mais variadas: algumas com caráter essencialmente racial e outras apoiando-se na religião, em comportamentos, atitudes, ideias e crenças[53]. Os primeiros sinais da estigmatização do cristão-novo em Portugal podem ser identificados a partir de 1497, quando se processou a conversão forçada dos judeus. Uma série de leis discriminatórias, aplicadas principalmente a partir dos fins do século XVI, institucionalizaram essa exclusão, dando ao fenômeno características racistas.

A partir de 1774, a discriminação contra o *judeu*, o *mouro* e o *cristão-novo* desaparece da legislação portuguesa, mas o preconceito contra essas minorias étnicas continua vivo no âmbito da sociedade global. Com Pombal, o sistema mantido durante séculos se modifica. Após 1774, não mais encontramos qualquer lei discriminatória referente aos grupos acima citados. Contudo, as medidas legais contra o herege e o apóstata persistem. Tudo leva a crer que eram de origem cristã-nova numerosos portugueses que caíram, já às margens do século XIX, na alçada do Tribunal da Inquisição.

concepção do autor, existem três tipos de estigma: o que torna a pessoa desacreditada ou diminuída *por deformidades físicas; por culpas de caráter individual* (vontade fraca, paixões etc.), e por estigmas tribais *de raça, religião e nação,* que podem ser transmitidos através da linhagem e contaminar todos os membros da família. Erving Goffman, *Estigma – Notas sobre a Manipulação da Identidade Deteriorada*, Rio de Janeiro, Zahar, 3.ª ed., 1980, pp. 7, 12-14; *A Representação do Eu na Vida Cotidiana*, São Paulo, Vozes, 1988.

    52. Boxer também apresenta o século XVII como o início da discriminação legalizada e específica contra os *negros* e *mulatos,* considerando a estreita relação existente entre a escravatura humana e o sangue negro. A confirmação desse fato é dada por uma lei promulgada em agosto de 1671, que relembrava que ninguém com sangue judeu, mourisco ou mulato, ou casado com uma mulher nessas condições, estava autorizado a ocupar qualquer posto oficial ou público. Inclusive os processos existentes destinados a impedi-los deveriam ser reforçados. Charles Ralph Boxer, *Império Colonial Português,* ed. cit., p. 293; Lei 16/08/1671 – *C.L.P.,* compilada e anotada por Antônio Delgado da Silva, Lisboa, 1828, vol. VIII, p. 192.

    53. Neste estudo, concentramos nosso enfoque sobre o elemento cristão-novo, sem deixar de lado outros grupos étnicos estigmatizados por seu sangue impuro: indígena, negro, mulato, judeu, mouro, cigano etc. Os blasfemos, feiticeiros, bígamos e outros hereges escapam de nosso interesse específico, pois trata-se de comportamentos, crenças e atitudes. Sobre a repressão a estes grupos, consultar os artigos de Luiz Carlos Mott, "Filhos de Abraão & de Sodoma: Cristãos-Novos Homossexuais nos Tempos da Inquisição"; Laura de Mello e Souza, "Revisitando o Calundu", ambos artigos em Lina Gorenstein e Maria Luiza Tucci Carneiro (orgs.), *Ensaios sobre a Intolerância...,* ed. cit., pp. 23-64; 293-317; Ronaldo Vainfas, *Trópico dos Pecados. Moral, Sexualidade e Inquisição no Brasil,* Rio de Janeiro, Campus, 1988; Laura de Mello e Souza, *Inferno Atlântico. Demonologia e Colonização, Séculos XVI-XVIII,* São Paulo, Companhia das Letras, 1991; *O Diabo na Terra de Santa Cruz. Feitiçaria e Religiosidade Popular no Brasil Colonial,* São Paulo, Companhia das Letras, 1986.

As referências depreciativas sobre o negro e seus descendentes surgem no texto legal a partir de 1671. Discriminado por portar sangue infecto, este grupo – estigmatizado por sua cor da pele, moral e caráter – era avaliado como inábil para ocupar determinados cargos civis e religiosos. Sob o olhar europeu, sua imagem física e imaginária, assim como sua cultura e religião, não atendiam à lógica da unidade humana defendida pela Igreja Católica e pelo Estado portugueses. Esta doutrina, durante séculos, manteve o negro na condição de trabalhador escravo atendendo, como já avaliou a historiografia contemporânea, aos interesses do Império Colonial[54]. Apesar de não encontrarmos na legislação republicana brasileira nenhuma lei discriminando o negro ou o mulato com base na cor da pele ou em diferenças biológicas, as manifestações de preconceito de raça e de classe persistem na sociedade brasileira que ainda não conseguiu lidar com as diferenças. Negros e mulatos continuam a ser "inferiorizados e desumanizados física, moral e intelectualmente" pelo homem branco[55].

Marcada pela ideologia cristã dominante, a legislação portuguesa delimita o espaço social, determinando a posição de cada grupo ou indivíduo na hierarquia social. No ápice encontramos a elite representada por membros da Igreja e do Estado. Esse grupo, além de ser o responsável pela distribuição de poder, também organizava toda estrutura de ordem legal com o objetivo de preservar seus privilégios. Essa posição pode ser considerada como a *honra de status*, conceito cunhado por Max Weber, segundo o qual seria "um estilo de vida específico por parte de todos aqueles que desejam pertencer ao círculo". Se as consequências forem levadas ao limite extremo, esse grupo pode vir a se converter em uma casta fechada. A partir desse momento, as distinções se faziam garantidas por leis, convenções e rituais. Acreditava-se que o contato dos membros da casta considerada "inferior" com um membro da casta "superior" provocava uma impureza ritualista vindo a se constituir em um estigma[56].

54. Sobre esta questão ver de Tzvetan Todorov em *A Conquista da América. A Questão do Outro*, trad. Beatriz Perrone Moisés, São Paulo, Martins Fontes, 2.ª ed., 1988; *Nós e os Outros*, ed. cit.; de Charles Ralph Boxer, *Relações Raciais...*, ed. cit., e *Império Colonial Português*, ed. cit. Sob este prisma desenvolvemos o estudo: Boris Kossoy e Maria Luiza Tucci Carneiro, *O Olhar Europeu. O Negro na Iconografia Brasileira do Século XIX*, 2.ª ed., São Paulo, Edusp, 2002.

55. Kabengele Munanga, "Preconceito de Cor: Diversas Formas, um mesmo Objetivo", em *Revista de Antropologia*, São Paulo, USP, 1978, vol. 21, pp. 146-147; Octávio Ianni, *Raças e Classes Sociais no Brasil*, Rio de Janeiro, Civilização Brasileira, 2.ª ed., 1972; e *Escravidão e Racismo*, São Paulo, Hucitec, 1978; Florestan Fernandes, *A Integração do Negro na Sociedade de Classes*, São Paulo, Dominus, 1965; Fernando Antonio Novais, *Estrutura e Dinâmica do Antigo Sistema Colonial (Século XVI-XVIII)*, São Paulo, Cadernos CEBRAP, 1974; e *Portugal e Brasil na Crise do Antigo Sistema Colonial (1777-1808)*, São Paulo, Hucitec, 1979.

56. Max Weber, "Classe, Status, Partido", em *Ensayo de Sociología Contemporanea*, ed. cit., pp. 230-232.

QUADRO 1 – GRUPOS ESTIGMATIZADOS COMO IMPUROS DE SANGUE

Legislação	Afonsinas	Manuelinas	Cód. Sebastiânico	Filipinas/ Leis Extrav.	C.P.
Período	1446/ 7	1514/ 21	1521/ 29	1603/ 1774	1774/ 1800
Grupos estigmatizados	Judeu	Judeu	Judeu	Judeu	
	Mouro	Mouro	Mouro	Mouro	
		Cigano	Cigano	Cigano	
		Cristão-Novo	Cristão-Novo	Cristão-Novo	Cristão-Novo
		Indígena	Indígena	Indígena	
				Negro	Negro
				Mulato	Mulato

Fontes: *Coleção da Legislação Portuguesa*, compilada e anotada por Antônio Delgado da Silva, Lisboa, 1828, vol. VIII; Antonio Caetano do Amaral, *Para a História da Legislação e Costumes de Portugal*, Porto, Livraria Civilização, série Miscelânea, s/d; *Colleção Cronológica da Legislação Portuguesa*, compilada por José Justiniano de Andrade e Silva, 1640-1647, Lisboa, Imprensa J.J.A. Silva, 1854.

A margem de aproximação (participação) ou de afastamento de determinados segmentos das sociedades ibérica e colonial no *grupo de status* estava diretamente atrelada à aplicação dos conceitos de superioridade e inferioridade que, na sua essência, se apoiavam nos tradicionais conceitos de honra e pureza de sangue. Durante séculos, os grupos do poder procuraram construir uma imagem negativa daqueles que pretendiam marginalizar: os cristãos-novos, os negros, os indígenas, os mouros e os ciganos. Avaliados a partir de um conjunto de atributos depreciativos, esses grupos eram incluídos em certas categorias "pré-concebidas" gerando uma discrepância entre a identidade social virtual e a identidade real[57]. Excluídos da categoria social daqueles que possuíam *honra de status* e que se denominam "puritanos" (isto é, os limpos de sangue), os grupos estigmatizados encontraram uma série de barreiras que os impediam de ascender socialmente, podendo vir a ser considerados como párias.

A separação social entre *limpos de sangue* e *infectos* ofereceu ao sistema político colonial os meios de criar uma linguagem que, aplicada a um discurso, conferiu à legislação portuguesa um caráter racista. Aqueles que não se enquadrassem no "modelo ideal" de indivíduo eram excluído, recebendo, conforme o seu comportamento, a denominação de "louco", "herege", "apóstata" ou "vadio". Estruturando a sua racionalidade sob a forma de leis e estatutos, o grupo dominante se utilizava de uma terminologia específica que, empregada no discurso, delimitava o espaço social com base em valores estereotipados.

Considerando-se o discurso como um "conjunto ordenado de frases proferidas em público ou escritas, como se o tivessem de o ser", estamos longe de afirmar que as leis, alvarás e decretos que compõe a legislação portuguesa foram consequência de atos irracionais do grupo dirigente. Ao contrário, cada resolução, fosse régia ou eclesiástica, teve lugar no tempo e espaço, fundamentada em atitudes racionalizadas. Os adjetivos depreciativos ou qualificativos eram empregados no momento certo, para que os "defeitos" de alguns garantissem as "qualidades" positivas de outros.

Para Michel Foucault, o discurso está na ordem das leis, sendo a sua produção "controlada, selecionada, organizada e redistribuída por certo número de procedimentos que têm por função conjurar seus poderes e perigos, dominar seu acontecimento aleatório, esquivar sua pesada e temível materialidade". Foi com esse sentido que o discurso – acerca da pureza de uns e impureza de outros – assumiu *status*

---

57. Segundo Erving Goffman, a discrepância entre a identidade social real e a identidade social virtual é que permite a imposição do estigma. A identidade social de um indivíduo pode ser definida a partir de um conjunto de atributos que permite categorizá-lo segundo aspectos morais, estruturais e raciais (pureza de sangue, no caso do racismo tradicional). Erving Goffman, *Estigma...*, ed. cit., pp. 7,12,13-14.

de verdade sendo pronunciado "por quem de direito e conforme ritual requerido"[58].

Apelando para a tradição [inventada] de que os cristãos-velhos de origem teriam o direito adquirido de honras e privilégios, o discurso da exclusão instituía valores e normas de comportamento através da repetição. Daí a preocupação da nobreza em estabelecer laços contínuos com o passado histórico, perdido nas brumas do tempo. Ainda que muitas dessas tradições fossem artificiais ou inventadas[59], elas se tornavam *referência* estrutural de maneira imutável. Ou seja, o registro – ao ser regulado por regras abertamente aceitas – abria precedentes garantindo aos cristãos-velhos a tradição de serem puros de sangue. Enfim, este discurso reafirmava os procedimentos de controle e de delimitação do espaço (social, político e econômico) funcionando como parte inerente do sistema de exclusão aplicado aos descendentes das raças "infectas", "infames". Ele articulou e garantiu, durante séculos, o jogo de identidades sustentado por um conjunto de suportes institucionais reforçado por "práticas pedagógicas" ou de propaganda: edição de livros antijudaicos, rituais de palavras e imagens (espetáculos de autosde-fé e sermões), atos públicos de prisão, sociedades elitistas etc[60].

Nesse contexto, as genealogias – impressas sob o formato de "árvores" e cristalizadas nas imagens simbólicas dos brasões nobiliárquicos – colaboravam para o reagrupamento e fortalecimento da Nobreza cristã-velha, presente nas instâncias de controle discursivo. Constatamos que, entre os séculos XV e XIX, o conceito de impureza de sangue rondou, como uma sombra fantasmagórica, as sociedades ibéricas e suas colônias, transformando-se em um *fenômeno do espírito*. Ao se apropriar de um passado purificado de qualquer elemento de infecção, os cristãos-velhos [por tradição] transformavam-se em agentes sociais cujas intenções e premeditações devem ser consideradas pelos historiadores das mentalidades. Portanto, podemos afirmar que os comprovantes de limpeza de sangue contribuíram para criar, na visão de Pierre Bourdieu, "uma forma particular de ilusão retrospectiva que conduziria à ilusão teológica, ambos produtos de estratégias conscientes e calculadas"[61].

Os mecanismos de fraude nobiliárquica devem, portanto, ser desmontados, pois nos permitem avaliar como a recuperação do passado tocava nos sentimentos ao "emendar a vida de cada um"[62].

58. Michel Foucault, *A Ordem do Discurso*, ed. cit., pp. 8-9,15.

59. Sobre o conceito de "tradição inventada" ver Eric Hobsbawm e Terencer Ranger, *A Invenção das Tradições*, 2.ª ed., Rio de Janeiro, Paz e Terra, 1997, pp. 9-11.

60. Michel Foucault, *A Ordem do Discurso*, ed. cit., p. 15, 65 e 68.

61. Pierre Bourdieu, *O Poder Simbólico*, trad. de Fernando Tomaz, Lisboa, Difel/Bertrand Brasil, 1989, pp. 80-81.

62. Evaldo Cabral de Mello, *op. cit.*

Não podemos ignorar o poder simbólico adquirido pelo discurso sobre a pureza de sangue que, através de seus enunciados, levou parcelas das populações ibéricas e brasileiras a "ver" e "crer" no perigo judaico. Tanto os exames de habilitação de Genere como as sentenças dos processos inquisitoriais fortaleciam essa visão de mundo. Esses registros são testemunhos específicos da força adquirida pelo mito da pureza que atingiu efeitos específicos de mobilização e dominação social[63].

Enfim, honra e nobreza foram, por mais de quatro séculos, identificadas na sociedade portuguesa com o conceito de "sangue limpo de qualquer impureza das raças infectas". Ao reafirmarem suas raízes cristãs [muitas vezes falsificadas] e negarem seus laços com o mundo do trabalho artesanal e do comércio, os nobres contribuíam para o fortalecimento da ideia de que os descendentes de negros, mouros e os judeus, principalmente, integravam a "sociedade do ócio e da vergonha". A apologia explicita ao sangue transformou-se em elementos úteis para a sustentação de dois mundos paralelos: dos privilegiados [puros] e dos párias [infectos].

O Mito da Pureza de Sangue

O conceito de pureza de sangue, como atributo profundamente depreciativo, foi tradicionalmente cultivado nos países ibéricos desde a Idade Média, estendendo-se até os inícios do século XIX, tendo a Igreja como a principal propagadora e sustentadora de tal mito[64]. Interferindo diretamente no modo de conduta dos espanhóis e portugueses, a discriminação assumiu, ao longo da Idade Moderna, características legais. Institucionalizou-se e transformou-se em um fenômeno cultural. A ele recorreram incessantemente todas as categorias sociais com o objetivo de satisfazer suas aspirações morais, sociais, econômicas e políticas.

Codificada, a pureza de sangue se expressou por meio de uma linguagem dinâmica, cujos vocábulos se encontram envoltos por uma conotação agressiva, malévola e depreciativa. Partindo da concepção de que todos os judeus-conversos eram falsos cristãos e de que o seu sangue transportava hereditariamente uma série de vícios concretos,

---

63. Pierre Bourdieu, *O Poder Simbólico*, ed. cit., pp. 13-15.

64. Mito não deve aqui ser compreendido no seu sentido tradicional de "ficção", "fábula" ou "ilusão". Mircea Eliade chama atenção para o estudo das sociedades em que o mito é "vivo", ou seja, "a partir do momento em que ele fornece os modelos para a conduta humana, conferindo significação e valor à existência". O mito é algo em que se crê. Apesar de falso, possui uma realidade social. O objeto deste nosso trabalho é justamente delimitar a realidade em que se insere esse mito, procurando compreender a causa e a justificativa para essa transformação de conduta humana. Mircea Eliade, *Mito e Realidade*, São Paulo, Perspectiva, 1972, p. 8; Raoul Girardet, *op. cit.*

a ideia de pureza dividiu as sociedades do mundo ibérico em dois grupos distintos: o dos puros, cristãos-velhos convictos; e o dos infectos ou impuros, descendentes da nação hebreia[65]. Os portugueses, cujas origens remotas não estivessem infectadas pelo sangue judeu ou mouro, tinham, inicialmente, em potencial, as condições que poderiam coroá-los com títulos de honra e torná-los aptos a ocupar cargos públicos e eclesiásticos.

Do ponto de vista religioso, a população devia pensar e agir conforme os preceitos da Igreja Católica, pois um simples gesto poderia se transformar em um pretexto para o indivíduo ser denunciado ao Tribunal da Inquisição como criptojudeu[66]. O cristão-novo, com o objetivo de fugir às perseguições da Inquisição ou ingressar na carreira pública e religiosa, lançou mão, muitas vezes, de falsos atestados de Genere para comprovar, perante a sociedade cristã-velha, sua limpeza de sangue. Através de casamentos mistos, os conversos conseguiram, frequentemente, encobrir sua ascendência judaica[67].

O modelo de indivíduo imposto pela ideologia do Estado e do Santo Ofício de Portugal interferiu na identidade dos cristãos-novos sefarditas, levando muitos deles a adotar um modo de vida em função dos padrões considerados ideais. Para muitos, isso significou uma relativa integração e assimilação dos valores cristãos-velhos, dificultando a identificação dos caracteres judaicos através das inquirições da Genere. Esse fato tornou os cristãos-novos (ainda que indiretamente) "colaboradores" do sistema, reforçando a ideia de pureza de sangue. Para sobreviver às perseguições empreendidas pelo Santo Ofício, esse grupo tinha que ocultar suas raízes judaicas: *ser judeu* transformou-se em um "estado de espírito". No caso dos marranos, essa duplicidade alimentou uma vida interior modelada pelas culturas judaica e cristã. Interpretamos essa postura como um sistema de defesa, que se fez por imposição do "discurso da verdade", que transformava o "ato de fé católico", ainda que só aparente, em carta de crédito. E, do ponto

---

65. O conceito de pureza de sangue estendeu-se posteriormente ao *negro* e ao *mulato,* que passaram a ser considerados também como representantes das raças infectas. Conforme lembra Kabengele: "Em benefício do branco, o negro é alienado tanto no produto e forma de seu trabalho, como na sua pessoa. Para isto o sistema econômico que produziu o escravo, produziu também a maneira de produzir escravos biológica e socialmente". Kabengele Munanga, *op. cit.,* p. 146. Sobre esse assunto temos as obras de Charles Ralph Boxer, *op. cit.;* Kenneth L. Little, "Raça e Sociedade", em *Raça e Ciência I,* ed. cit., pp. 57-109; N. Freyre-Maia, *Brasil: Laboratório Racial,* Petrópolis, Vozes, 1973.

66. Dentre essas atitudes podemos citar algumas como: não comer toucinho, não ir à missa, vestir camisa lavada em observância ao sábado, varrer a casa da porta para dentro ou "às avessas", comer em mesa baixa em sinal de luto etc.

67. Sobre *casamentos mistos* ver uma breve explicação em Elias Lipiner, *Santa Inquisição: Terror e Linguagem,* Rio de Janeiro, Documentário, 1977, p.38; ver"A Limpeza de Sangue e os Casamentos Mistos", pp. 97.

de vista psicológico, ser valorizado como cidadão civilizado, nobre e digno de honrarias atendia à vaidade dos homens, como muito bem enfatizou Matias Ayres[68].

Ao longo dos séculos, o resultado cumulativo desse processo – que educava os espíritos e procurava anular as diferenças – alimentou uma fórmula única de racismo. Sucedendo ao mito gótico na Espanha, país onde detectamos as origens dessa doutrina racial, o mito de pureza de sangue foi posteriormente transferido para Portugal e suas colônias, incluindo o Brasil[69]. A ideia de que os descendentes de judeus significavam um perigo para o Império colonial e para a cristandade resultava da multiplicidade das vozes que, cada qual à sua maneira, fazia valer seus interesses particulares. Enfim, a unidade almejada pelo Império colonial português se apresentava comprometida, segundo a lógica dominante, pela presença das "raças infectas", dos "desvios".

A máscara da pureza forneceu ao grupo dominante as convenções necessárias para impedir que o cristão-novo participasse de seu grupo de *status*, definindo, de certa forma, a posição social dos conversos na estrutura social. Ideologicamente, a burguesia cristã-nova foi abortada no seu processo de ascensão social, sendo alvo de constantes acusações que, elaboradas sob a forma de uma linguagem estereotipada, culminaram por efetuar modificações psicológicas e culturais na população[70]. Em consequência, temos em Portugal uma legislação francamente racista, instituições religiosas preconceituosas e elitistas, além de um sistema de relações sociais amplamente marcado por atitudes segregacionistas.

Em Portugal, a questão da pureza de sangue já se manifestou com esse ponto de vista, a partir de 1514, nas Ordenações Manuelinas[71].

68. Mathias Ayres, *Reflexões Sobre a Vaidade dos Homens*, 6ª ed., Introdução de Alceu de Amoroso Lima, Editora Martins, Biblioteca de Literatura Brasileira, 1942. (1.ª ed. 1724); Jean Starobinski, *As Máscaras da Civilização. Ensaios,* trad. Maria Lúcia Machado, São Paulo, Companhia das Letras, 2001.

69. Ainda na Idade Moderna, o mito gótico conservou adeptos na Espanha, onde um castelhano só se considerava nobre quando descendente de uma família goda. Tanto o *mito gótico,* como o de *pureza de sangue,* são classificados por Poliakov entre os *mitos de origem.* Para ele, os teólogos que sustentaram a questão da pureza de sangue não eliminaram o *mito adamita,* por meio do qual tanto os cristãos-velhos como os cristãos-novos descendiam de um pai comum, Adão. Mas consideravam que a rejeição de Cristo havia corrompido biologicamente os conversos. Léon Poliakov, *O Mito Ariano,* ed. cit., p. 5.

70. Na opinião de Magalhães Godinho, essa discriminação agiu "como freio poderoso no sentido de travar a formação de uma burguesia economicamente inovadora e de defender uma nobreza profundamente mercantilizada dos assaltos da concorrência". Vitorino Magalhães Godinho, *Estrutura da Antiga Sociedade Portuguesa,* Coleção Temas Portugueses, Lisboa, Arcádia, 2.ª ed., 1975, p. 81.

71. As Ordenações Manuelinas apenas acrescentam algumas emendas nas Ordenações Afonsinas, baixadas em 1446 ou 1447. Paulo Merea cita ser o primeiro livro das Ordenações Manuelinas impresso em 1512 e o segundo livro em 1513, mas parece que

Esse aspecto legal de aplicação do Estatuto de pureza de sangue pode ser percebido, de imediato, na lei que estipulava as qualidades que deveriam ter os indivíduos indicados para o cargo de "Regedor da Justiça na Casa de Sopricaçan". Conforme o modelo idealizado pelas elites políticas, somente seriam aceitas pessoas de: "Mui virtuosas qualidades [...] pelo qual elle deve ser homem *Fidalgo* de *limpo sangue*, bom, virtuoso, e de muita autoridade, e para mais perfeiçam Letrado, se for possível, temente a Deus, e de saã vontade, e de boa conciencia, justo, e em bondade experimentado, *inteiro*"[72].

Aplicado inicialmente com certa flexibilidade à vida laica e para efeitos puramente civis, tanto na Espanha como em Portugal, o Estatuto de limpeza foi endossado, com o tempo, por todas as instituições e segmentos sociais. Assim como os nobres, a burguesia e o povo miserável se beneficiaram da máscara da tradição que lhes facultava a oportunidade de serem limpos de sangue[73]. A apologia às linhagens de "sangue azul" transformou os cristãos-velhos em prisioneiros do mito.

A Institucionalização do Preconceito de Sangue

Os cristãos-novos, ao lado dos judeus, mouros, negros, mulatos, índios e ciganos, ocupam um lugar especial na legislação portuguesa do século XVI ao XVIII. Essa situação foi determinada por uma série de restrições, aplicadas de forma arbitrária e burladas sempre que a situação exigisse. A posição econômica constituía-se numa faca de dois gumes para o cristão-novo: ao mesmo tempo em que era visto como "fonte de renda" para a Igreja Católica e Erário Régio, aliás sempre em dificuldades, também permitia-lhe participar, por vias indiretas, da vida social e política das sociedades portuguesa e brasileira. Possuindo bens e certo grau de cultura, o cristão-novo encontrou condições para contornar a legislação vigente, ou comprando testemunhos falsos ou financiando determinados empreendimentos. Sem ter, como o negro ou o mulato, traços físicos que o denunciasse, o cristão-novo chegou a ocupar cargos honoríficos, públicos e religiosos.

---

só em 1514 se concluiu a impressão da obra. O certo é que, de 1514, existe uma edição completa com os cinco livros. A data de 1521, apresentada por alguns autores, refere-se à nova publicação que resultou de um trabalho de revisão que o próprio D. Manuel mandara fazer e cujos autores não se sabe ao certo, podendo ser Christovão Esteves e seus colaboradores, João Faria e Pedro Jorge. Manuel Paulo Merea, *op. cit.*, p. 136.

72. "Ordenações do Senhor Rey D. Manuel", em *C.L.A.M.P.*, ed. cit., Livro I, Tit. I, p. 1.

73. Arno J. Mayer, *A Força da Tradição: a Persistência do Antigo Regime, 1848-1914,* trad. Denise Bottmann, São Paulo, Companhia das Letras, 1987, pp. 87-132.

Fortemente aculturados, mesclando-se à população cristã-velha e escondendo suas origens judaicas, muitos conversos ultrapassaram essas barreiras sociais. Porém, psicológica e culturalmente, o cristão-novo foi sempre um cidadão sem Pátria, um fiel sem Igreja e uma "raça" biologicamente indefinida. Era um pária, pois assim o colocavam os meios de propaganda e comunicação da época. Prestou-se como "inimigo objetivo" e excelente bode expiatório das desgraças que assolavam a Nação. Como já dissemos, os cristãos-novos ocuparam cargos eclesiásticos e civis que, segundo as leis, lhes eram vedados. Nas Ordens Religiosas e Militares, nas Misericórdias, nas Câmaras Municipais, mesclados com as elites políticas e religiosas, os conversos foram acumulando títulos, honrarias e testemunhos, dando aos seus descendentes condições favoráveis de vida[74].

A limitação das oportunidades que a limpeza de sangue impôs aos cristãos-novos obrigou muitos a procurarem outras terras no próprio Império, menos vigiadas, como por exemplo o Brasil. Aqui chegavam continuamente, encontrando condições favoráveis para sobreviver e progredir economicamente, apesar das leis que proibiam sua entrada. As exigências legais foram, muitas vezes, contornadas e são frequentes as alegações de que os responsáveis pelas inquirições de Genere, por amizade, dinheiro ou outros interesses, favoreciam os habilitandos. Podemos dizer que o rigor da aplicação de uma lei variava segundo interesses. Assim, títulos honoríficos, cargos eclesiásticos e civis foram concedidos frequentemente a elementos de origem "suspeita", mediante dispensa do próprio rei em troca de serviços prestados. Outras vezes, com o objetivo de atender às dificuldades financeiras do Erário Régio, eram dadas ordens para se confiscarem os bens dos conversos[75].

Esse fato se encontra bem evidente em uma Carta Régia enviada por Felipe III (II) ao Bispo, ordenando que os bens sequestrados

74. Analisando o preconceito contra os cristãos-novos na administração colo-nial, Boxer chama atenção para o fato de que após 1580, com a subida ao trono dos Habsburgos espanhóis, a proibição de os cristãos-novos ocuparem cargos municipais (ou outros quaisquer) tornou-se mais rígida e absoluta. Muitos marranos fugiam para os estabelecimentos coloniais mais distantes com a finalidade de escapar à Inquisição. Nesses estabelecimentos ocorriam mais facilmente transgressões, tendo facilidade de infiltrarem-se nos cargos municipais. Cita casos de Goa e Macau, enquanto no Brasil, a partir de 1633, a proibição de ocupação de cargos pelos cristãos-novos foi cumprida com maior rigidez, ainda que transgredida. Charles Ralph Boxer, *O Império Colonial Português...*, ed. cit., pp. 314-315.

75. Na maioria das vezes, quando se tratava de cristãos-novos, a Inquisição ordenava "prisão com sequestro de bens", vendendo ou dispondo das propriedades, dos bens e do dinheiro dos prisioneiros, da mulher e dos filhos, antes de ser promulgada a sentença final. Se o réu fosse absolvido, não tinha direito a receber de volta seus bens, acabando na mais completa miséria. Em outros casos, a ordem de prisão era emitida sem sequestro de bens. Anita Novinsky, *Inquisição-Inventário de Bens Confiscados a Cristãos-Novos*, ed. cit., p. 12.

fossem vendidos e reduzidos a dinheiro, com a finalidade de atender às despesas urgentes da Fazenda Real[76]. Além de pedir uma relação das propriedades de raiz de boa qualidade e importância, em que haveria necessidade de mais tempo para se venderem, ou que conviesse não-vender, o Monarca recomenda, com certo sigilo, que se "fizesse ver o dinheiro existente em todas as Inquisições do Reino e que lhe enviassem"[77].

Na primeira metade do século XVI, o mito de pureza de sangue está apenas aparecendo em Portugal e sua aplicação não era ainda sistemática. Mas já percebemos nas Ordenações Manuelinas a preocupação com a "ideologia purificadora", separando os "limpos" e os "infectos". Na segunda metade desse século, a discriminação se acentua, até adquirir, posteriormente, um caráter segregacionista. Durante o século XVII, os valores de pureza de sangue se transformariam numa verdadeira obsessão, assumindo, em função da ordem simbólica vigente na época, as características de signo[78]. Certos conceitos – endossados tanto pelo Tribunal do Santo Ofício como pela população em geral – permitiam distinguir simbolicamente os cristãos-novos dos cristãos-velhos. Esses signos colaboravam para formular na mente do povo português determinados arquétipos que, projetados na realidade, facilitavam a persistência de barreiras sociais.

---

76. Carta Régia – 7/05/1620 – *C.C.L.P.*, compilada e annotada por José Justiniano de Andrade e Silva, Lisboa, Imprensa JJ.A. Silva, 1854, vol. III (1620-1627), p. 25. Grifo nosso.

77. Os bens confiscados pelo Tribunal de Inquisição deveriam ser controlados também pela Coroa, conforme acordos entre ambos os poderes. Por lei, os tesoureiros do Fisco deveriam prestar contas anualmente ao provedor da comarca (funcionário régio). A Inquisição, entretanto, não permitia que a justiça civil interviesse nos problemas do confisco, ocasionando verdadeiros conflitos entre o Rei e os inquisidores. Os assuntos que se relacionavam com o Confisco eram tratados e registrados detalhadamente em volumosos livros. Logo após a entrada na prisão, o réu era chamado a fazer a declaração de seu inventário. Deveria expor tudo o que possuía: papéis, livros de razão, letras, memórias, joias, dinheiro etc. Sobre esse assunto ver Anita Novinsky, *Inquisição-Inventários de Bens Confiscados a Cristãos-Novos*, ed. cit., em que foram transcritos cerca de 130 inventários de portugueses residentes no Brasil. A quantia confiscada que deveria ser entregue ao tesouro real equivalia à sobra resultante das despesas da Inquisição, que eram descontadas do produto do Fisco. Esse produto atingia somas altíssimas que o rei, na prática, nada chegava a receber. Antonio Jose. Saraiva, *op. cit.*, pp. 251-255.

78. Pierre Bourdieu, *O Poder Simbólico*, ed. cit.; Erving Goffman, *op. cit.*, p. 53. Ver também "A discriminação nos cargos públicos", p. 89.

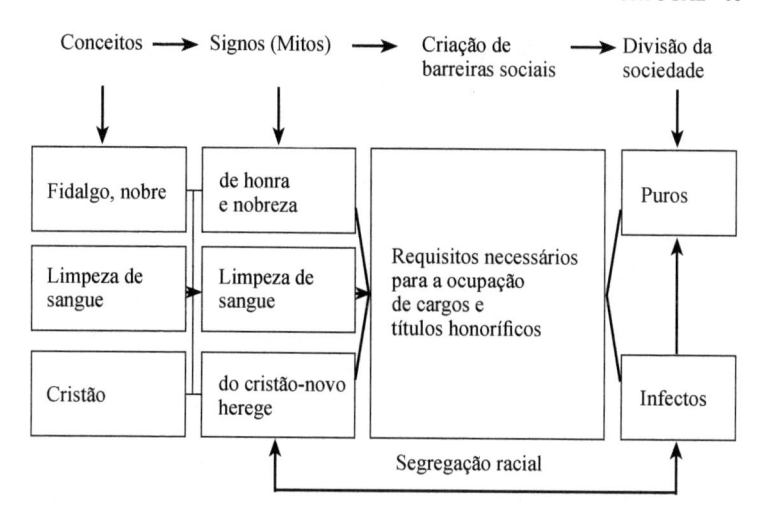

O Tribunal do Santo Ofício, instaurado durante o governo de D. João III por Bula do Papa Paulo III, em 23 de março de 1536, endossou o Estatuto de pureza de sangue. Dessa forma, o cristão-novo teve contra si não apenas a legislação civil, mas toda uma burocracia organizada sob a forma de um tribunal religioso dedicado a registrar qualquer ocorrência que expressasse a malignidade dos descendentes de judeus. A imagem estereotipada dos cristãos-novos divulgada pelas fontes oficiais e endossada por grande parte da burguesia cristã-velha, se prestava para acobertar os interesses econômicos e sociais de certos grupos da sociedade. O preconceito contra o cristão-novo aparece então com toda a sua força. A sociedade portuguesa dos séculos XVI, XVII e XVIII, segundo alguns autores, como Kamen, Saraiva e Novinsky, foi manobrada pelo grupo minoritário aristocrático que adotou em seu programa de ação o Estatuto de pureza de sangue. Ao impor diretrizes morais e regras de comportamento, a elite cristã-nova passava a delimitar o espaço social.

Garantidos pela vigilância do Tribunal do Santo Ofício e apoiando-se na legislação, a Coroa, a Nobreza e o Clero ditavam as diretrizes e os limites possíveis de transgressão do pensamento e comportamento do povo português. As bases efetivas desse processo não estavam no que o povo acreditava e pensava, e sim "naquilo que se queria que o povo acreditasse", como diz Saraiva. As alegações de que os judeus e cristãos-novos eram homens "cheios de vícios, perigosos e medíocres" vieram reforçar uma velha e secular tradição antijudaica, fazendo com que ganhassem fama de perigosos[79].

79. Sobre a relação entre "fama" e "reputação", ver Bartolomé Bennassar, *L'Homme Espagnol, Attitudes et Mentalités du XVIème au XIXème Siècle*, Paris, 1975, pp. 167-184. Ver "Racismo Institucionalizado", p. 47.

Uma ideia que antecipou a moderna concepção anti-semita é aquela em que se concebiam os filhos segundo o que foram os pais. Essa concepção é manifestada na Legislação Portuguesa, nos Estatutos das Ordens Militares, Ordens Sacras e Misericórdias. Por exemplo: o fato de um indivíduo, candidato a cargo público, ser filho, neto ou parente de alguém condenado como herege pela Inquisição constituía razão de impedimento. Jean-Paul Sartre lembra que "nestes casos deve-se crer serem os mais novos capazes de praticar o que os mais velhos fizeram; é preciso estar persuadido de que o caráter judeu é hereditário"[80].

Para conhecer a origem dos indivíduos, várias instituições civis e religiosas adotaram o sistema de investigar a vida do habilitando até a quarta geração. Caso ficasse provado, ainda que por *fama* ou *rumor*, mediante o testemunho de pessoas fidedignas cristãs-velhas, que nenhum de seus ascendentes pertencera à "raça infecta", o candidato estaria "habilitado" para ocupar cargos civis e religiosos ou a receber os títulos honoríficos ambicionados[81]. Francisco de Andrade, por exemplo, por Carta Régia de 25/7/1640, foi impedido de ocupar o ofício de Feitor das Madeiras das Pederneiras, porque "este homem tem parte de christão novo"[82].

Essas inquirições de Genere expressam a aplicação efetiva do Estatuto de pureza de sangue e expressam o pensamento segregacionista que predominou na sociedade portuguesa a partir do século XVI. A discriminação chegou a ser tão rígida que se excluíam também os indivíduos casados com cristãos-novos. Por exemplo, nas *Definições e Estatutos dos Cavalleiros da Ordem de Nosso Senhor Jesus Christo*, está estipulado que o justificante deveria fazer um memorial "em que declare os nomes de seus pais e avós [...] e antes de fazer a comissão se informará à Mesa com todo o segredo [...] *se sua mulher tem limpeza de sangue*"[83].

A Regra da Cavallaria e Ordem Militar de São Bento de Aviz, ao determinar as informações que deveriam ser tiradas das testemunhas

80. Jean-Paul Sartre, *op. cit.,* p. 16.

81. Sobre os Exames de Habilitação de Genere, ver "A Eliminação da Distinção entre Cristão-novo e Cristão-velho", p. 188.

82. *Coleção Chronologica das Leis Extravagantes...*, Coimbra, 1819, vol. I, Tomo II, p. 85.

83. "Definições e Estatutos dos Cavalleiros da Ordem de Nosso Senhor Jesus Christo", 7 de abril de 1620, *C.C.L.P.,* vol. III, p. 203. Grifo nosso. B.F.D.S.F/USP. Junto ao Arquivo Nacional da Torre do Tombo pode ser consultado: *Definições e Estatutos dos Cavalleiros e Freires da Ordem de Nosso Senhor Jesus Cristo*, Lisboa, 1746 [Este documento é uma reedição da edição de 1717 e, praticamente, uma reedição das regras de 1628]. Evaldo Cabral de Mello analisou esse tema e a questão da fraude genealógica da família de Filipe Pais Barreto, de Pernambuco em seu livro *O Nome e o Sangue*, ed. cit. Sobre a Ordem ver Francis A. Dutra, "Membership in the Order of Christ in the Seventeenth Century: Its Righs, Privileges and Obligations", em *The Americas*, 1970, 27, pp. 3-25.

de Genere daqueles que queriam se habilitar à Ordem, estipulava que se deveria procurar saber se tais pessoas "sabem, creem, viram ou ouviram publicamente dizer a pessoas dignas de Fé, que o pai, ou mãe, ou avós de N fossem ou sejam havidos por pessoas Nobres, [...] sem *mistura ou raça alguma de judeu, mouro, herege, ou christão novo,* em algum grau, por mais remoto que seja"[84].

As dificuldades econômicas da Nação, a fome que assolava o povo e a peste que matava centenas de indivíduos foram consideradas, por pessoas pias e religiosas, como consequentes da presença de hereges judeus no Reino. Através da Legislação, um dos meios de comunicação e propaganda que a aristocracia dominante tinha em mãos, representava a versão "oficial" dos fatos. E o converso se tornou potencialmente suspeito. Ecoam as justificativas acompanhadas dos "remédios" adequados para eliminar o inimigo objetivo. Em uma Carta ao Conselho Geral do Santo Ofício o rei informa:

> "dos *grandes inconvenientes* que se seguem contra o *serviço de Deus* e *pureza que convem* que haja nos Ministros de sua Igreja, de se dispensar com *pessoas da nação dos christãos novos* [...] é necessário fazer uma relação mui particular e distincta dos clérigos da mesma nação que tem sahido em autos públicos da Fé *castigados por erros della e do Judaismo,* e por não terem *tido tenção de contrahir os Sacramentos"*[85].

Referindo-se à eleição dos "officiaes de uma das Irmandades de Misericórdia", a provisão de 29 de maio de 1610 traz a seguinte justificativa: "Por se evitarem *inconvenientes* e *desordens* [...] não seja eleita pessoa alguma que tenha *raça de christão novo*"[86]. Em 5 de abril de 1618, foi expedido um Alvará em nome de D. Felipe III, alegando que as desordens ocorridas no Reino nada mais eram do que consequência dos cristãos-novos ocuparem determinados cargos públicos. Com base nessa argumentação, o rei determinou que "nas eleições de pessoas para servir de Almotacéis que se fação em gente nobre [...] e por nenhum caso se elegerão pessoas [...] que tenhão raça alguma*"[87].

A necessidade de ser "limpo de sangue" para ocupar cargos de governança e justiça voltou a ser enfatizada em 1636, como sendo um dos remédios convenientes para se acabar com o judaísmo, solução

---

84. Regra da Cavallaria e Ordem Militar de S. Bento de Aviz", 3 de setembro de 1630, C.C.L.P., p. 310. Grifo nosso. B.F.D.S.F/USP.

85. "Carta Régia de 19 de abril de 1616", *C.C.L.P.,* vol. II, p. 200. Grifo nosso. B.F.D.S.F/USP.

86. "Provisão de 29 de maio de 1610", C.C.L.P., vol. II, p. 250. Grifo nosso. B.F.D.S.F./USP

87. "Alvará 5 de abril de 1618", *Ordenações de Leys do Reino de Portugal. Leis Extravagantes.* Lisboa, 1747, Col. I, Livro I, tit. 67, n. 7, p. 383. B.F.D.S.F./USP. O asterisco que aparece após as palavras "raça alguma" significa "infecta", sendo empregada várias vezes nos textos da época, dando à frase uma conotação repulsiva e depreciativa.

apresentada como sendo "muito antiga e bem fundada"[88]. A situação acabou por assumir uma conotação doutrinária. Discursos maniqueístas manipulavam os sentimentos do povo com relação aos conversos. Pregava-se o ódio mais violento, ao mesmo tempo que se exaltava o "amor de Cristo". Os que tinham oficialmente permissão para se pronunciar em nome de Deus, da Igreja e do Tribunal do Santo Ofício deveriam alertar o povo sobre o perigo representado por aqueles em cujas veias corria sangue judeu.

Durante o século XVII, quando a aplicação do Estatuto de pureza se intensificou, os cristãos-novos eram vistos ao mesmo tempo como hereges e inimigos políticos, responsabilizados, inclusive, pela invasão holandesa no Brasil. Os ministros e oficiais da Inquisição eram instruídos de forma a incentivar o ódio contra aqueles que, segundo a sua pregação, "commetteram culpas contra Nossa Fé"[89]. Paralelamente à atuação do poder eclesiástico, a nobreza também adotou determinados estereótipos contra o converso, tentando dessa maneira manter-se como elemento atuante e participante do grupo de *status*. Tanto a Junta do Estado Eclesiástico, como a Junta da Nobreza tentam, através de consultas enviadas ao Rei, justificar suas atitudes com relação aos conversos[90].

"Honras, dignidades, benefícios etc. não deveriam jamais ser concedidos à gente da Nação." Essa discriminação contra os descendentes de judeus, exposta pela Junta da Nobreza em uma Consulta à Junta do Estado Eclesiástico, foi uma das múltiplas estratégias acionadas com o objetivo de restringir a um pequeno círculo a manutenção do poder. Divulgava-se a ideia de que a presença dos cristãos-novos no Reino português conduziria a desastrosas consequências: além de trazerem inconvenientes no serviço de Deus, cooperavam para a destruição não só dos valores da nobreza, como de toda Portugal. Eram considerados *indesejáveis* e diretamente relacionados com o conceito de *perigo*, de *infecção*, de *desgraça*, de *falsidade e perversão*. O texto dessa consulta é rico nesses detalhes que merece ser aqui ressaltado:

"Se seguia grande *destruição do Reino*, e Nobreza delle, e muitos *inconvenientes* no serviço de Deus Nosso senhor, e sua Igreja [...] a experiência tem mostrado o irreparável dano e grande perigo: ELLES NÃO melhoraram a *fé que fingiram abraçar*,

---

88. Alvará de 13 de abril de 1636, *C.C.L.P.* vol. I, Tomo I, pp. 68-69. B.F.D.S.F./ USP. Grifo nosso.

89. Os Ministros e Oficiais do Santo Ofício deveriam proceder da seguinte maneira: "Fallarão com tal advertência na gente da Nação, que nunca delles se possa cuidar, *que o ódio que todos devem ter* ao delicto, se estende às pessoas, antes se compadecerão, quanto é justo da fraqueza d'aquelles que commetteram culpas contra Nossa Fé" – Alvará de 22 de outubro de 1640, *C.C.L.P.*, vol. V, p. 253. B.F.D.S.F./USP.

90. O preconceito contra os cristãos-novos se alastrou de tal forma que foi necessário convocar um Concílio Nacional para tratar de assuntos referentes à Nação. Esse Concílio teve o nome de Junta e realizou-se em Tomar, no convento da Ordem de Cristo. Anita Novinsky, *Os Cristãos-Novos na Bahia*, ed. cit., p. 70.

e *infeccionaram* à muitos com esta doutrina, senão *cujando com o seu sangue* os moradores deste Reino e ainda muita gente da Nobreza [...]. Nestes nossos tempos [...] cresceu tanto a nossa desgraça [...] é muito ruins consequencias para futuro vemos o *Reino todo aparentado com esta gente* (lástima grande)"[91].

Valendo-se da lógica religiosa de integração somada à lógica da exclusão, as facções dominantes propuseram-se salvar o Reino e a Fé Católica da contaminação dos cristãos-novos. Nesse contexto de intolerância "legitimada", percebemos que os cristãos-novos foram identificados como a causa de todos os males e que o confisco de seus bens, conforme vimos anteriormente, apresentava-se como a solução para os problemas financeiros do Reino. A ordem simbólica mantida pelo grupo dominante privou os descendentes de judeus de direitos iguais aos do restante da população; afastou-os de importantes funções econômicas e sociais e, em vista da conjuntura histórico-social, paradoxalmente, proibiu-os de emigrarem livremente para outros países.

O povo português foi manipulado e utilizado em função dos interesses das elites que impunham seus paradigmas através das leis, dos sermões e pregações religiosas. Apenas lembrando a afirmação do psicólogo americano Kevin Whendall: "As atitudes podem *mudar ou ser mudadas* de muitos modos, dependendo da informação e experiência que uma pessoa adquire"[92].

Que força maior seria capaz de levar o povo em massa aos autos-de-fé, para assistir a outros portugueses serem queimados? Como explicar que os réus chegavam à Mesa do Tribunal para denunciar amigos e parentes como praticantes do judaísmo? Em que medida a Fé guiou as atitudes do povo contra os cristãos-novos ainda é um assunto por estudar. Havia uma forte pressão social, através das ameaças de excomunhão, que levava os indivíduos a denunciar o que sabiam, viram ou ouviram. Os padrões de comportamento impostos pelo sistema de poder vigente em Portugal caracterizavam-se por uma coação racionalmente organizada e, muitas vezes, irracionalmente seguida. A mentalidade coletiva se fazia moldada por estereótipos e o comportamento guiado por atitudes preconcebidas[93].

Neste contexto, o auto-de-fé público deve ser interpretado como fórmula de terror psicológico, muitas vezes mais eficaz que a violência física. Esses espetáculos de massa teriam inaugurado, na opinião de

91. Consulta de 3 de março de 1668, *C.C.L.P.*, vol. IX, pp. 115-116. B.F.D.S.F./USP.

92. Kenneth Whendall, *Comportamento Social – Problemas Fundamentais e Importância Social*, Rio de Janeiro, Zahar, 1976, p. 119. Grifo nosso.

93. Vários estudos, no campo da Psicologia Social, vêm sendo elaborados com o objetivo de comprovar que as atitudes não são hereditárias e, sim, produto do meio ambiente. Arnold Rose considera que uma das origens evidentes dos preconceitos é a vantagem ou o proveito material que deles se extrai. O preconceito pode servir de desculpa ou de razão para a exploração econômica e para a dominação política. Arnold Rose, "A Origem dos Preconceitos", em *Raça e Ciência II*, ed. cit., p. 163.

Elias Canetti, uma estética totalitária[94]. Além disso, considero que o desfile dos hereges judaizantes em direção ao queimadero instigava a população – seduzida pelos sermões reparadores da fé – a reafirmar sua "vontade de ser pura". Enfim, a figura do marrano sambenitado (identificado com o diabo) projetava no imaginário coletivo a *imagem invertida* do "bom cristão".

Hoje, avaliando o uso que os inquisidores e os genealogistas fizeram das "listas de pessoas que saíram nos autos-de-fé públicos e particulares"[95] ou das "relações de nomes dos que haviam pago a finta", temos condições de chegar a uma arqueologia da intolerância. Recorremos aqui as considerações apresentadas por Ernst Cassirer de que "o nome não é nunca um mero símbolo, sendo parte da personalidade de seu portador". A constante troca de nome por aqueles que possuíam raízes judaicas é prova de que, desta forma, se estaria abstraindo o *perigo da infâmia,* na medida em que o novo nome (cristão) atraía também um "eu" diferente, livre de desconfianças, livre da infâmia[96].

O desejo de garantir provas de impureza contra os cristãos-novos e seus descendentes levou alguns cristãos-velhos, ainda que de forma isolada, a interferirem nas listas de fintas, acrescentando nomes que ali não constavam. Da mesma forma, os inquisidores procuravam tornar público o nome do sujeito infamado, ao pendurar em lugar visível o seu sambenito usado durante o auto-de-fé. Naquele pano de algodão ou em uma faixa anexa, "sangrava-se" para a posteridade o nome do herege. Memorizados, os nomes dos "infames" passavam a circular inseridos nas práticas discursivas do cotidiano ou da conversa atualizada por novos interlocutores. Daí encontramos nos Processos de Habilitação de Genere a expressão "ouvi dizer que [fulano de tal] saiu em auto-de-fé" ou "que eu saiba, seus avós [maternos ou paternos] nunca pagaram a finta". Ao obrigar as testemunhas a relembrar o passado do candidato a um certo cargo ou honraria, as autoridades garantiam a persistência de uma mentalidade intolerante. A repetição da infâmia,

---

94. Elias Canetti, "Hitler por Speer", em *A Consciência das Palavras*, trad. Márcio Suzuki e Herbert Caro, São Paulo, Companhia das Letras, 1990, pp.175-202. Sob este mesmo enfoque temos os estudos desenvolvidos por Luiz Roberto Pinto Nazário ver, *Autos de Fé como Espetáculos de Massa*, dissertação de Mestrado em História Social, FFLCH/USP, 1989; "Diversão e Terror: dos Autos-da Fé ao Cinema Nazista", em Lina Gorenstein e Maria Luiza Tucci Carneiro, *Ensaios sobre a Intolerância*, ed. cit., pp.37-420.

95. Como exemplo citamos: "Listas de pessoas que sairão, condenações que tiverão e sentenças que se lerão no Auto-de-fé público, Igreja de São Domingos, Lisboa, 16 de outubro de 1746"; "Relacion Del Auto Particular de Fé", Tribunal da Inquisição de Granada, Mosteiro de São Gerônimo, 30 de maio de 1722. Ilustrativo deste cerimonial são os desenhos deixados por Andréas Schoonebech, em P. van Limborch, *Historia Inquisitions*, Amsterdam, 1692. B.N.L.

96. Ernst Cassirer, *Linguagem e Mito*, trad. J. Guinsburg e Miriam Scnaiderman, São Paulo, Perspectiva, 1972, pp. 68-69.

enfim, tornava-se "coisa pública", provocando eco na memória e estabelecendo um vínculo intrínseco entre o passado, o presente e o futuro daqueles que possuíam o sangue infectado por suas origens[97].

Ao se tornar senso comum, o discurso acerca da pureza de sangue demarcava o espaço social de cada grupo, incitando atitudes de menosprezo para com os cristãos-novos, suspeitos em potencial. Neste momento, a atitude comportamental negativa se concretiza em todos os seus aspectos: tanto no cognitivo, como no afetivo e no amiúde[98].

Do ponto de vista cognitivo, a atitude preconcebida contra os cristãos-novos pode ser constatada através do registro de uma série de estereótipos, os quais, aplicados ao grupo discriminado, demonstram "o que os cristãos-velhos sabiam" sobre os conversos. Baseados em provas superficiais, partiam do pressuposto de que todos os descendentes de judeus, negros, mouros, ciganos e indígenas eram falsos, inábeis, injustos e nocivos congenitamente. Ao aplicar o conceito de pureza de sangue, os cristãos-velhos confundiam a noção puramente biológica de raça, relacionando-a com a hereditariedade do sangue infecto. Sem argumentos científicos comprovados, apelou-se para o critério religioso, que se prestava para acobertar interesses políticos, econômicos e sociais[99].

Um "saber" acerca do outro – passível de manipulação por parte as autoridades do poder – foi sendo construído ao longo dos séculos, delimitando os espaços e instigando atitudes de repulsa aos portadores de sangue infecto. Através do estudo das narrativas discursivas impressas na legislação, podemos perceber como se processava o sistema de relações sociais articulado de forma a afastar os cristãos-novos do *grupo de status*. No início do século XVI, antes mesmo das leis discriminatórias se institucionalizarem em Portugal através da legislação geral, os cristãos-novos já eram proibidos de ocupar cargos eclesiásticos, de ter acesso às confrarias, às Ordens Militares e aos cargos de governos administrativos e militares. Ao impor regras para a seleção de seus membros, essas instituições definiam *onde* e *como* deveriam se processar as práticas sociais. Dessa forma, as atitudes sociais contra o

---

97. Ernst Cassirer, *Linguagem e Mito*, trad. J. Guinsburg e Miriam Scnaiderman, São Paulo, Perspectiva, 1972, pp. 68-69.

98. No campo da psicologia social, a atitude comportamental pode ser estudada sobre três aspectos: o *cognitivo*, o *afetivo* e o *amiúde*. O *cognitivo* engloba *o que a pessoa sabe* sobre o fato. O vocabulário cognitivo refere-se ao processo de pensar que reflete a avaliação intelectual do objeto da pessoa. O *afetivo* diz respeito às emoções e sentimentos, ao gostar e ao não gostar, à aprovação ou desaprovação. O *amiúde* diz respeito à repetição do comportamento negativo que, pela frequência, reforça o ato de desaprovação em relação ao sujeito discriminado. Kenneth Whendall, *op. cit.*, p. 108.

99. Michel Leiris, "Raça e Civilização", em *Raça e Ciência I*, ed. cit., p. 197; Maria Luiza Tucci Carneiro, "O Sangue como Metáfora", em Lina Gorenstein e Maria Luiza Tucci Carneiro, *Ensaios sobre a Intolerância*, ed. cit., pp. 348-349.

cristão-novo assumiram as características de um racismo institucional, passando a limitar as escolhas, os direitos, a mobilidade e o acesso de grupos de cristãos-novos a certas posições. Posições estas consideradas dignas apenas daqueles que não tinham "mancha" da raça da gente da Nação.

Com base na legislação geral, podemos afirmar que os cristãos-novos portugueses passaram a sofrer interdições nos mais variados setores, a partir das seguintes datas:

1499 – Leis antiemigratórias
1514 – Cargos públicos
1529 – Ordens Militares
1550 – Ordens Religiosas
1581 – Matrimônios mistos
1600 – Misericórdias
1604 – Universidade de Coimbra
1671 – Morgados

Os Cristãos-Novos nos Caminhos da Diáspora Judaica

A expulsão dos judeus da Espanha em 1492 é um fenômeno singular na história do racismo europeu, assim como um marco na história da diáspora sefardita. O Édito resultou de um processo cujas raízes remontam ao batismo forçado dos judeus na Espanha em 1391 e ao Estatuto de Pureza de Sangue aprovado em Toledo em 1449. Investir contra as minorias étnicas e religiosas significava ir contra os particularismos interpretados como "desviantes" e "corrosivos" da ordem instituída. Sob esta ótica, as práticas judaicas eram vistas como (des) funcionais, estando em desacordo com o projeto político e religioso defendido pela Igreja, Nobreza e Coroa.

Avaliado como a "ponta de um *iceberg*", o Édito de expulsão colaborou para a degradação da convivência entre os judeus, muçulmanos e cristãos na Península Ibérica. Provocou a mobilidade de milhares de famílias judaicas que, pressionadas, buscaram refúgio em territórios onde tivessem oportunidades de vida e sobrevivência. É neste contexto que a política de controle da emigração emerge como instrumento de poder das elites políticas identificadas com o discurso da intolerância. Interpretados como "estranhos à Nação", os judeus – assim como os mouros e os ciganos – tiveram sua mobilidade cerceada por interesses políticos e econômicos.

Tanto para a Espanha como para Portugal, o estudo das leis antiemigratórias funciona como um termômetro expressivo dos níveis atingidos pelos atos de intolerância. Concentrando nosso olhar em Portugal, veremos que, em 1352, D. Afonso IV (1325-1357) já havia tirado dos judeus o direito de emigrar. Aqueles que possuíssem bens de até quinhentas libras somente poderiam deixar o país mediante uma Licença Régia. Em caso de contravenção, o acusado, além de perder as posses, perderia também mulheres e filhos, os quais passavam a ser propriedade do Rei[100]. Aos judeus que permanecessem no país, o Rei concedia a proteção necessária, mediante o pagamento de apreciáveis quantias. Nem por isso, a situação dos judeus se tornou satisfatória. De um monarca para outro, a posição dos judeus no Reino sofreu constantes alterações: ora concediam-se privilégios, ora eram perseguidos. D. João I de Portugal, por exemplo, chegou a defender os judeus da população lisboeta, que tentou saquear a Judiaria durante a revolução de 1383. Preocupado com a intensificação do ódio aos judeus, D. João I ordenou em 1386, a edificação de uma Judiaria "dentro dos muros da cidade do Porto", atitude que provocou ressentimentos de desconfiança por parte da população local. Nesse mesmo período, por volta de 1391, uma série de *pogroms* atingia os judeus espanhóis radicados nas cidades de Sevilha, Andaluzia e Castela. A proliferação desses conflitos por Valência, Gerona, Barcelona e Maiorca forçou a fuga de inúmeras famílias de judeus para Portugal onde, nem sempre, eram bem recebidos apesar das medidas de proteção adotadas pela Coroa. Essa reação popular antijudaica talvez explique a saída de mais de cento e cinquenta famílias judaicas de Portugal para Maiorca, em 1395[101].

Pressões exercidas pela nobreza e pela burguesia cristã-velha portuguesas, interessadas em preservar seus privilégios, obrigou o rei de Portugal D. João I a recuar nos seus atos de proteção aos judeus, situação que transparece na sentença de 16 de janeiro de 1412 que coagia os judeus a pagarem portagens, sisas e costumagens. Inveja e concorrência comercial incitavam os cristãos-velhos comerciantes a exigirem da Coroa portuguesa uma postura mais radical contra os judeus, que, durante o reinado de D. Duarte, voltaram a receber proteção.

Durante o governo de D. João II (1481-1495), os judeus chegaram a ocupar importantes cargos, sendo mesmo admitidos nos negócios públicos. Nessas condições, o Reino português foi procurado como refúgio pelos marranos espanhóis que fugiam da Inquisição, recentemente instalada em seu país. A informação generalizada de que esses refugiados "viviam como maus cristãos" levou o monarca português a estabelecer uma comissão de juristas e teólogos, encarregados de obter informações sobre o modo de vida dos marranos. A cidade

---

100. "Ordenações Afonsinas", em *C.L.A.M.P.*, ed. cit., Livro II, Tit. 74, § 14; Meyer Kayserling, *op. cit.*, p. 21.

101. Sobre esta questão ver os estudos desenvolvidos por Humberto Baquero Moreno: "Tensões e Conflitos na Sociedade Portuguesa", *op. cit.*, pp. 120-121; e *Exilados, Marginais e Contestatários na Sociedade Portuguesa Medieval*, Lisboa, Presença, 1990.

do Porto, por exemplo, tornou-se um importante centro receptor de marranos espanhóis[102]. Nessa época, uma epidemia de peste assolou o país e, por meio de um Provimento de Saúde, os judeus foram expulsos da cidade e a Câmara do Porto optou por impedir a entrada de outros judeus espanhóis[103]. É quando o conceito de doença se faz apropriado pelo grupo intolerante que assume a responsabilidade de "evitar a proliferação do vírus"[104]. Em 1487, sob pena de morte e confisco de bens, D. João proibiu aos marranos emigrados a saída do país por via marítima sem a sua expressa autorização, procurando impor um certo controle do Estado sobre o grupo que tinham como opção apenas os países cristãos e o Levante[105].

A política racista adotada pela Espanha assumiu um novo perfil com a promulgação do Édito de expulsão dos judeus em 31 de março de 1492, por ordem dos Reis Católicos[106]. Gerador de conflitos e tensões, este ato afetou o tecido social ao forçar uma minoria étnica a optar pelo exílio como forma de sobrevivência. Anunciava-se a emergência de um novo fenômeno social que transformaria a "Espanha das três religiões" em terra-mater do mito ariano, espaço-símbolo da intolerância. Declarados inimigos da Fé católica e do Estado, os cristãos-novos foram perseguidos ora como hereges, ora como traidores da Nação, vítimas preconcebidas da lógica da erradicação. O antissemitismo praticado pelo Estado inaugurou um novo período na Diáspora judaica, forçando milhares de judeus sefarditas a buscar refúgio no Império Otomano, na Itália, nos Países Baixos, em Marrocos e em terras do Novo Mundo, recém-descoberto. A ideologia segregacionista sustentada tanto pela Espanha como por Portugal, multiplicaria o mito da pureza de sangue por outras tantas civilizações. Os "infectos de sangue", que optaram por viver nas colônias desses impérios, tornaram-se foco de denúncias e crescente discriminação.

A manipulação da ordem legal possibilitou, tanto à Igreja como ao Estado, utilizarem-se do direito de emigração como estratégia para atingir aqueles que ficaram longe dos tentáculos da Inquisição. Sob a alegação de que o cristão-novo era um herege, um inimigo da Pátria e traidor da Fé cristã, proibia-se a mobilidade desses elementos, individualmente ou em grupo. Para o Tribunal do Santo Ofício de Portugal, não interessava incentivar a saída dos cristãos-novos do Reino, pois

---

102. Meyer Kayserling, *op. cit.*, p. 84.

103. Mendes dos Remédios, *op. cit.,* p. 260.

104. Situação semelhante já havia sido vivenciada pelos judeus radicados na França e que, em 1321, foram acusados, assim como os leprosos, de um complô com o objetivo de tomar o poder. Este fenômeno acusatório se repetiu entre 1348/1349 quando a Grande Peste foi atribuída a presença dos judeus na Europa ocidental.

105. Meyer Kayserling, *op. cit.*, p. 84.

106. Luis Suarez Fernandez, *Documentos Acerca de la Expulsion de los Judios*, Valladolid, 1964, doc. 177, pp. 391-395.

estes, ao emigrar para os outros países, não só vendiam todos os bens móveis e imóveis, como também carregavam consigo toda a família. O esvaziamento desse tipo de "infiel" significava a perda de um potencial herege e, consequentemente, das vantagens do confisco, se considerarmos que grande parte dos cristãos-novos eram ricos homens de negócios. À Coroa, interessava o confinamento dos cristãos-novos no Reino através das leis antiemigratórias, pois a aplicação destas leis significava, em parte, auxílio aos problemas financeiros que, normalmente, atingiam a economia portuguesa. O poder de revogação de uma lei emigratória trazia uma dupla renda para o Erário Régio: primeiro, para conseguir a liberdade de emigração, os cristãos-novos se viam pressionados a oferecer elevadíssimas quantias à Coroa; e, segundo, eram obrigados, legalmente, a pagar uma licença de saída ou fiança.

De um lado, a Coroa apoiava e incentivava a atuação do Tribunal do Santo Ofício que, utilizando-se de torturas, da fogueira e confiscação de bens, cooperava para a formação de um clima de desconfiança, insegurança e terror entre os conversos. Por outro lado, impedindo-os de ocupar cargos públicos, receber honrarias e controlando suas práticas religiosas, o Estado e a Igreja tornavam impossível sua vida tranquila em Portugal ou em suas colônias. A pressão social gerada por todos esses fatos atingia tal dimensão, que a única solução era sair do país. Muitos viam na América a perspectiva de enriquecimento, além da possibilidade de construírem uma nova identidade, longe da vigilância dos tribunais ibéricos, conforme demonstrou Yara Nogueira Monteiro em seu estudo sobre os comerciantes cristãos-novos portugueses radicados no Vice-reino do Peru[107].

A partir de 1492, a Espanha transformou Portugal em um centro receptor de cristãos-novos, assim como outras regiões do Mediterrâneo. Centenas de judeus espanhóis buscaram refúgio na África do Norte, particularmente em Marrocos, Tunísia, Itália e Egito. Muitos, inclusive, foram bem acolhidos no Império Otomano que, nessa época, estava em plena expansão. Parte permaneceu em Safed, na Alta Galileia, onde já existia uma comunidade judaica. É importante lembrar que Safed, assim como Jerusalém, Hébron e Tiberíades, era um dos quatro lugares sagrados do judaísmo. A Diáspora para o Marrocos – principalmente para Fez e Marrakech – teve, por longo tempo, forte influência sobre o destino dos judeus da Espanha, que ali sustentaram uma importante rota comercial transaariana. Foi destas bases marroquinas que, a partir do século XVI, saíram correntes emigratórias de judeus para as ilhas de Açores, Madeira e Canárias. Parte dos judeus das ilhas Baleares e Catalunha buscaram refúgio na Argélia[108].

---

107. Yara Nogueira Monteiro, *A Presença Portuguesa no Peru...*, ed. cit.; Ricardo Palma, *Anais da Inquisição de Lima*, trad. Cláudio Giordano, São Paulo, Edusp, 1992.
108. Ver *Atlas de Diásporas*, ed. cit., pp. 27-37.

A expulsão dos judeus dos domínios da Espanha em 1492 reper-cutiu imediatamente na política emigratória portuguesa[109]. D. João II, interessado nos lucros que poderia ter com a presença de tais elementos, autorizou a entrada mediante uma série de condições[110]. Através do pagamento de um imposto de oito cruzados por adulto, parcelado em quatro vezes, os judeus poderiam entrar pelos seguintes portos de con-trole: Olivença, Arronches, Castelo Rodrigo, Bragança e Melgaço. Os oficiais mecânicos pagariam apenas a metade daquela quantia. Teriam livre trânsito com direito a uma estada de oito meses, devendo sair após esse prazo. O rei se comprometia a transportá-los em barcos para onde quisessem, promessa que posteriormente não foi cumprida. Trinta famílias encabeçadas pelo Rabi Isaac Aboab tiveram permissão para residir no Porto, onde cada um recebeu uma casa na rua São Miguel, marcada com a inicial da cidade. Deveriam pagar cinquenta réis ou maravedis de pensão anual[111]. Outros seiscentos proprietários, mediante o pagamento de cem cruzados por pessoa, poderiam residir em diversas partes do país. Alguns artesãos receberam permissão para entrar, com a condição de ajudarem nos preparativos para a próxima campanha na África[112]. Vencidos os oito meses de prazo, os judeus pagariam quinze mil cruzados aos oficiais encarregados das contravenções, condição que logo aceitaram. O trato não foi cumprido por D. João II, que os expulsou em 1493, sendo muitos transformados em escravos. Dian-te desses acontecimentos, os judeus sentiram-se inseguros em terras portuguesas. Procuraram refúgio na Itália, Flandres, África e Oriente, vendendo suas casas e propriedades. Muitos reverteram seus bens em ouro e mercadorias.

Com o falecimento de D. João II, assumiu o trono D. Manuel (1495-1521). Interessado em casar-se com Isabel, filha dos Reis Cató-licos, teve que aceitar as condições impostas pela Coroa espanhola que o obrigavam a assumir uma posição desfavorável aos judeus[113]. (Doc. 4). Em 30 de novembro de 1496 foi firmado o contrato de casamento que atrelava Portugal ao projeto de intolerância da Espanha. Em 5 de dezembro, D. Manuel promulgava um decreto pelo qual expulsava judeus e muçulmanos de todo território, tendo estes dez meses para

---

109. Cecil Roth, *op. cit.*, p. 54; Meyer Kayserling, *op. cit.*, p. 84.

110. D. João II reuniu o Conselho de Cintra para estudar a proposta dos mensa-geiros enviados pelos judeus espanhóis. O referido Conselho se opôs à admissão dos judeus do Reino, não sendo entretanto ouvido pelo monarca. Mendes dos Remédios, *op. cit.*, p. 264.

111. *Idem*, p. 266. D. João II tinha interesse em permitir, pois com o dinheiro-pretendia restabelecer o tesouro do Estado, que estava desfalcado com os gastos do casamento do filho, e iniciar a guerra contra os infiéis na África. Meyer Kayserling, *op. cit.*, p. 96.

112. Cecil Roth, *op. cit.*, pp. 54-55; Mendes dos Remédios, *op. cit.*, p. 270.

113. Cecil Roth, *op. cit.*, pp. 56 e 59.

Doc. 4: *Casamento de D. Manuel, Rei de Portugal e D. Leonor de Castela.* Pintura de Garcia Fernandes. Óleo, 1541. Obra encomendada por D. Duarte da Costa, Provedor da Santa Casa de Misericórdia em homenagem ao seu pai D. Álvaro da Costa, que teria negociado o terceiro casamento de D. Manuel. Museu de São Roque da Santa Casa de Misericórdia de Lisboa, Portugal.

liquidar seus negócios. Em 1497, os judeus que permaneceram no Reino foram convertidos, mediante o batismo forçado. Impondo-lhes o batismo forçado, D. Manuel criou para os judeus convertidos uma situação de total insegurança, apesar de ter tentado remediá-la concedendo aos convertidos uma série de privilégios por meio de uma Portaria datada de 30 de maio de 1497[114]. Vendendo suas casas e propriedades, ou revertendo seus bens em ouro e mercadorias, esses novos cristãos iniciaram a fuga de Portugal.

A situação vivenciada pelos marranos espanhóis se repetia no país vizinho. A partir de D. Manuel, encontramos as primeiras leis antiemigratórias contra os cristãos-novos, apesar de no início de seu governo ter demonstrado simpatia pelos judeus, cercando-se de colaboradores dessa origem[115]. Em 1499, interessado nas riquezas dos conversos e envolvido pela política espanhola, o monarca impediu a saída dos judeus através de duas ordenações[116]. Proibidos de negociar com os cristãos-novos, os cristãos naturais e estrangeiros deveriam levar ao conhecimento das autoridades, no prazo de oito dias, qualquer transação efetuada em dinheiro com tais elementos. E somente poderiam comprar imóvel de cristão-novo mediante licença régia. Da mesma forma, o cristão-novo deveria receber autorização da Coroa para emigrar com sua família[117]. Contrariando a lei, vários cristãos-novos tentaram fugir, subornando navios para levá-los até a África. Poucos conseguiram atingir o objetivo, sendo presos antes de chegarem à meta final.

Em 1º de março de 1507, essa lei antiemigratória foi revogada através de um Edito Real, que nada mais foi do que consequência de um terrível episódio que atingiu Lisboa em 1506, quando inúmeros cristãos-novos foram massacrados pela população enfurecida[118]. O preconceito contra os cristãos-novos se manifestou, dessa vez, pela força e violência. O povo, ignorante, foi manipulado por indivíduos conscientes dos estereótipos acionados contra os conversos.

---

114. Mendes dos Remédios, *op. cit.,* pp. 300-301.

115. Antes do batismo forçado, logo após ter subido ao trono, D. Manuel concedeu aos judeus escravizados carta de alforria e permissão para sair do país para onde e quando quisessem; "os judeus ofereceram como gratidão uma grande quantia em dinheiro, que foi recusada pelo Rei". Mendes dos Remédios, *op. cit.,* p. 275.

116. Essas ordenações datam de 20 e 21 de abril de 1499 – *Apud* Mendes dos Remédios, *idem,* p. 302. Meyer Kayserling, apresenta a segunda portaria com data de 24 de abril de 1499.

117. Alvarás de 20 e 24 de abril de 1499 – "Ordenações Manuelinas", *op. cit.,* Livro I, tit. 82; Mendes dos Remédios, *op. cit.,* p. 302; Meyer Kayserling, *op. cit.,* p. 124; Cecil Roth, *op. cit.,* p. 145; J.A. de Figueiredo, *Synopsis Chronologica,* Lisboa, 1790, Tomo I, pp. 148 e ss.

118. Maiores detalhes sobre esse tumulto ou massacre dos judeus ocorrido em Lisboa, em 9 de abril de 1506 e dias posteriores, podem ser encontrados nas obras de Cecil Roth, *op. cit.,* pp. 63-64; Mendes dos Remédios, *op. cit.,* pp. 306-317.

Tentando encobrir essa fase negativa de seu governo, D. Manuel concedeu um Edito Real em 1507, facultando plena liberdade aos cristãos-novos para abandonar ou ficar no país, acompanhados de mulheres e filhos. Além de equipará-los aos cristãos-velhos, concedeu-lhes, especificamente, o direito de não serem discriminados como "gente distinta e apartada". Poderiam alienar livremente seus bens de raiz e fazer trocas em dinheiro. Confirmou também as imunidades concedidas dez anos antes, que não permitiam perseguição alguma por conceito de heresia[119].

Essa política moderada de D. Manuel, com relação aos cristãos-novos, manifestou-se novamente em 1512, quando tais imunidades foram renovadas por um período de mais vinte anos[120]. Os cristãos-novos, aproveitando-se dessa situação favorável à sua saída do Reino Português, emigraram em massa, procurando livrar-se das discriminações de que eram alvo. Nessa época, a infamante distinção entre cristãos-novos e cristãos-velhos ganhava forma e força simbólica. O mito de pureza de sangue estava por institucionalizar-se e a Inquisição havia sido instalada em Portugal. Esse preconceito nascente, mas vivo, já causava repercussões no fluxo migratório do país. E quanto maior fosse a mobilidade dos cristãos-novos para os outros países, maiores seriam as dificuldades financeiras geradas na economia interna portuguesa. Em função desses acontecimentos, os Editos de 1507 e de 1512 foram revogados em 1521; e novamente os marranos tiveram sua liberdade de movimento cerceada pelo poder real[121].

D. João III, assumindo o trono português em 1521, proibiu a emigração, mas os cristãos-novos organizaram-se de forma a obter, indiretamente, permissão para sair do país. Alegando que seu destino era Flandres, dirigiam-se, através dos Alpes, até a Turquia, onde eram absorvidos pelas comunidades judaicas locais[122]. Uma série de fatos[123] concorreu para que, em 1532, se reafirmasse a proibição do direito de partida dos cristãos-novos, aos quais cerravam-se também as portas das colônias portuguesas[124].

119. Edito Real de 1 de março de 1507. Cecil Roth, *op. cit.*, p. 63; Mendes dos Remédios, *op. cit.*, p. 320.

120. Cecil Roth, *op. cit.*, p. 63.

121. Lei de 21 de abril de 1521; Cecil Roth, *op. cit.*, p. 63.

122. Cecil Roth, *op. cit.*, p. 147.

123. Dentre os fatos podemos enumerar: negociações para o estabelecimento do Tribunal da Inquisição; acusações feitas pelos procuradores do Estado de que os cristãos-novos eram os responsáveis pela decadência moral, econômica e religiosa do país; queixas e manifestações de desprezo do povo, instigado pelas autoridades civis e religiosas; o terremoto que atingiu Portugal em 1531; prisões e manifestações de fanatismo religioso. Meyer Kayserling, *op. cit.*, II parte, cap. I: "D. João III", pp. 145-176.

124. Lei de 14 de junho de 1532: publicada em Setúbal, proibia a todos os cristãos-novos, adultos e crianças, de deixar o país ou vender seus imóveis. Ficava também proibida a emigração para os Açores e outras ilhas e Colônias do Reino Português.

O círculo de confinamento dos cristãos-novos se fechava cada vez mais. Aterrorizados pelos acontecimentos que envolviam o dia-a-dia da vida portuguesa, procuravam fugir às perseguições e discriminações. A Coroa Portuguesa legalmente procurava manter no país aqueles que eram sinônimo de riqueza, impedindo-os de vender seus imóveis ou fazer qualquer tipo de transação financeira com os cristãos-novos do exterior. Proibiu, terminantemente, a todos os portugueses de passar letras de câmbio sobre firmas no exterior, a não ser que, antes, forne-cessem garantias de que, no prazo de um ano, chegariam do estrangeiro mercadorias no mesmo valor[125]. No mesmo ano da promulgação dessa lei, Carlos V proibiu aos cristãos-novos a entrada nos Países Baixos[126], dinasticamente ligados à Espanha[127].

Intercedendo a favor dos cristãos-novos, o Papa Paulo III pedira a anulação da lei de 14 de junho de 1532[128], referente à emigração, mas não foi atendido por D. João III, que, ao contrário, renovou a referida lei por mais três anos[129]. Um mês depois, Paulo III respondeu a essa impertinente atitude com um enérgico Breve expedido em 20 de ju-lho de 1535, ameaçando de excomunhão todos aqueles que ousassem proibir a emigração dos conversos. Essas ameaças de nada adiantaram, apesar da constante luta entre o poder papal, a favor dos cristãos-novos, e a Coroa portuguesa.

Reconhecendo a importância dos hebreus e cristãos-novos para o comércio da Itália, Paulo III concedeu liberdade absoluta a todas as pessoas que de Portugal e Algarves se estabelecessem em Alcona[130],

---

Nenhum cidadão e nenhuma corporação poderia comprar imóveis de cristãos-novos. Severas penas foram estipuladas: quem desobedecesse ou ajudasse na fuga teria seus bens confiscados e receberia castigo corporal; capitães e donos de na-vios que transportassem cristãos-novos seriam condenados à morte. J.A. Figueiredo, *op. cit.,* Tomo I, pp. 345-346; Meyer Kayserling, *op. cit.,* p. 161; *Documentos paraa História do Açúcar*, Rio de Janeiro, Instituto do Açúcar e do Álcool, 1954, Vol. I (Legislação: 1534 a 1596), p. 33.

125. *Documentos para a História do Açúcar*, ed. cit., p. 33; Cecil Roth, *op. cit.,* p. 147.

126. *Idem, ibidem*, p. 174.

127. Os Países Baixos, em 1512, já recebiam em Amberes grande número de refugiados marranos provenientes da Espanha e Portugal. Amberes, principal porto ao Norte da Europa, atraía-os por oferecer grandes oportunidades comerciais e também por permitir uma vida livre de perseguições. Em 1526, receberam autorização para ficar na cidade apenas por trinta dias. Muitos permaneceram, outros dirigiram-separa a Turquia. Maiores detalhes sobre o assunto, ver Cecil Roth, *op. cit.,* p. 173; Yosef Kaplan, *op. cit.*

128. Meyer Kayserling, *op. cit.,* p. 175.

129. Lei de 14 de junho de 1535 – J.A. Figueiredo, ed. cit., Tomo I, p. 355; *Docu-mentos para a História do Açúcar,* ed. cit., p. 27; Meyer Kayserling, *op. cit.,* pp. 175-176.

130. Essa permissão para que os cristãos-novos se estabelecessem em Alcona já havia sido dada por Clemente VII. Cecil Roth, *op. cit.,* p. 151.

cidade costeira, submetida à autoridade da Santa Sé. Nessa época, fundaram-se importantes comunidades judaicas em Pesaro, Livorno, Ragusa, Bolonha, Nápoles, Veneza e Ferrara[131].

Apesar das constantes querelas entre a Corte portuguesa e o Poder papal, além dos subornos pagos pelos cristãos-novos tanto para um lado como para o outro[132], o estabelecimento do Tribunal da Inquisição foi autorizado em Portugal (1547). Esse fato coincide com uma série de atitudes legais assumidas pelos dois poderes: nessa luta de interesses, jogava-se com a sorte dos cristãos-novos.

Em abril de 1547, a Cúria promulgou três Breves a favor dos cristãos-novos, sendo que um deles requeria ao Rei permissão para que saíssem do país no prazo de um ano[133]. A resposta de D. João III foi a lei antiemigratória promulgada em 1547, determinando o que já havia sido ordenado pelas outras, de 1532 e 1535. Por mais três anos, os cristãos-novos não poderiam sair do Reino sem licença régia. Nos casos de negócios, poderiam sair pelo prazo de um ano, mediante o pagamento de uma fiança superior a quinhentos cruzados[134].

Da mesma forma como já haviam subornado os oficiais reais e autoridades religiosas, os cristãos-novos agiram para tentar sair do país. Devem tê-lo conseguido em grande número, pois, em 1549, um Edito expulsava dos Países Baixos todos os cristãos-novos que "haviam *chegado de Portugal* durante os últimos cinco anos". Os que haviam se estabelecido anteriormente a esse período poderiam ficar[135]. A partir de 1552, a Inquisição portuguesa adquiriu organização própria e entrou em atividade. Com a morte de D. João III, ocupou o trono, como regente, o Cardeal-Infante D. Henrique (1557), cuja atitude preconceituosa contra os descendentes de judeus se evidenciou através de severas leis que os oprimiram ainda mais.

Em 1567, reafirmando o que já havia sido proibido aos cristãos-novos, aos seus filhos, filhas e netos de qualquer condição ou idade, foi promulgado um outro Alvará. Dada na Vila de Cintra, essa Lei proibia aos conversos de embarcar para fora dos Reinos e Senhorios

131. Ferrara foi um dos principais centros de imigração marrana. Recepcionados pelos duques da Casa de Este, os cristãos-novos portugueses se estabeleceram na cidade em fins de 1538, onde passaram a viver do comércio.

132. O estabelecimento da Inquisição portuguesa foi "comercializado" em Roma. Apesar das elevadas somas pagas pelos cristãos-novos, as quantias pagas pelo Rei superaram as expectativas. Por exemplo, o Cardeal Farnesi recebeu como pagamento o Bispado de Viseu e uma renda anual de 20.000 ducados. O Cardeal Santiquatro vendeu-se por uma pensão anual de 1.500 cruzados, e o Cardeal Crescemtis por uma pensão de 1.000 cruzados. Meyer Kayserling, *op. cit.,* p. 216.

133. *Idem,* p. 212.

134. Lei de 15 de junho de 1547. *Documentos para a História do Açúcar,* ed. cit., p. 41; Meyer Kayserling, *op. cit.,* p. 213.

135. Cecil Roth, *op. cit.,* p. 174.

Portugueses (nem para as Índias, Ilhas, Guiné e Brasil). Não poderiam levar bens móveis, nem enviar mulheres, filhos e netos ou outra pessoa da dita Nação. Em caso de negócio, o cristão-novo deveria pagar uma fiança que variava de quinhentos cruzados, conforme a qualidade da pessoa que fosse. Essa fiança seria válida por um ano e deveria ser paga ao corregedor do lugar ou aos Juízes de fora ou Ordinários. Vencido esse prazo, se a pessoa não tivesse voltado, perderia a fiança, ficando metade para a Câmara e a outra metade para quem a acusa. Embarcando sem a licença, perderia toda a sua Fazenda, e quem o levasse perderia suas naus ou navios, sua fazenda, e seria degredado, por quatro anos, para os lugares do além. Também não poderiam ir por terra e nem vender seus bens de raiz, tenças ou arrendar, sob pena de perder o que vendesse em dobro e o comprador outro tanto[136].

Em 1568, uma outra Provisão e Apostilha se limitou a declarar a de 30/6/1567. Especificava apenas que os cristãos-novos teriam sua saída proibida para as partes da Índia e mais ultramarinas. Somente poderiam sair mediante licença régia especial assinada pelo Rei, sem embargo de, pela dita Provisão, se admitir a fiança[137].

As leis antiemigratórias se sucederam ano após ano. Outro Alvará foi publicado em 1569, referindo-se às pessoas da Nação dos cristãos-novos, que, por haverem saído do Reino sem licença do Rei, teriam sido condenadas em pena-crime de degredo para os lugares da África, Brasil ou São Tomé[138]. Esta pena foi reformulada: os degredados seriam obrigados a retornar para os lugares de onde haviam fugido e não serem condenados a seguir para a África e outros lugares[139]. A Lei de 30 de junho de 1567 voltou a ser ampliada por uma provisão em 1573. Proibia-se a saída dos cristãos-novos, sem licença régia, para as Índias, Mina, Brasil, Ilhas de São Tomé e do Cabo Verde, Ilhas dos Açores e da Madeira, para os lugares da África ou para quaisquer dos Senhorios e Conquistas[140].

Os textos legais logo foram modificados em seu conteúdo. D. Sebastião, envolvido pela guerra contra os infiéis na África e neces-

---

136. Lei de 30 de junho de 1567. Leis Extravagantes Collegiadas e Relatadas pelo Licenciado Duarte Nunes Lião per Mandado do Rei D. Sebastião, Coimbra, Imprensa da Universidade, 1796 (1ª ed., Lisboa, 1569), em C.L.A.M.R.P., *op. cit.*, pp. 197-198. B.F.D.S.F.

137. Provisão de 15 de março de 1568 e Apostilha de 20 de março de 1568 – J.A. Figueiredo, *op. cit.*, Tomo II, p. 132; *Documentos para a História do Açúcar*, ed. cit., p. 219.

138. Conforme o Alvará de 30 de junho de 1567.

139. J.A. Figueiredo, *op. cit.*, Tomo II, p. 141; *Documentos para a História do Açúcar*, ed. cit., p. 219; Meyer Kayserling, *op. cit.*, p. 218.

140. Provisão de 2 de junho de 1573 publicada na chancelaria-mor, em Évora, a 06/06/1573. J.A. Figueiredo, *op. cit.*, Tomo II, pp. 169-170; *Documentos para História do Açúcar*, ed. cit., p. 257.

sitando urgentemente de financiamento, liberou a emigração para os cristãos-novos, em 21 de maio de 1577[141]. Em troca desse e de outros privilégios, o monarca recebeu dos beneficiados uma soma de 225 mil ducados[142]. Tais condições não poderiam perdurar por longo tempo. Com a morte de D. Sebastião, assumiu o trono o Cardeal-Infante, suspendendo os privilégios concedidos anteriormente por seu antecessor; revogou a permissão que os cristãos-novos tinham de poder vender seus bens e partir. Alegou-se que a saída dos cristãos-novos "trazia prejuízos para o Santo Ofício"[143].

A partir de 1580, sob o domínio espanhol, o preconceito contra o converso se tornou ainda mais marcante, atingindo o seu auge no século XVII. A tirania dos reis espanhóis pressionou os cristãos-novos a procurar, indiretamente, uma saída do país. Amsterdã, nos Países Baixos, era um dos centros mais procurados pelos refugiados judeus portugueses, tema representado nas telas de Berck Heyde e de Rembrandt[144] (Doc. 5). Outros, perseguidos pela Inquisição, dirigiram-se para Hamburgo, no Norte da Alemanha, e também para o Brasil[145]. Hamburgo, desde 1577, passara a receber grande número de marranos portugueses. Vivendo como católicos, ainda que praticassem secretamente o judaísmo, monopolizaram o comércio de produtos coloniais (tabaco, algodão e especiarias), vindo a ter intensa participação no Banco de Hamburgo em 1619[146].

Felipe II (1580-1598), agindo rapidamente contra os cristãos-novos, suspendeu novamente, em 1583, a emigração, apesar de esta já ter sido proibida repetidas vezes por meio dos alvarás anteriores. Fazendo algumas alterações na ordem dada por D. João III sobre esse assunto, em 7 de fevereiro de 1537, o Rei proibiu a saída dos conversos e ordenou que todo cristão-novo passasse a usar um chapéu amarelo sob pena de ser chicoteado em público, além de ter que pagar uma multa de cem cruzados[147].

Quatro anos depois, essas determinações se renovaram. Felipe II revalida as leis anteriores do Rei D. Sebastião de 30 de junho de 1567

---

141. Lei de 21 de maio de 1577, *Documentos para a História do Açúcar*, ed. cit., p. 273.

142. Meyer Kayserling, *op. cit.*, p. 219.

143. Lei de 18 de janeiro de 1580. O Cardeal-Infante faleceu no último dia de janeiro de 1580, portanto, alguns dias após a promulgação dessa lei. *Documentos para a História do Açúcar*, ed. cit., p. 311; J.A. Figueiredo, *op. cit.*, Tomo II, p. 194.

144. Refiro-me aqui, dentre outras, as imagens: *Pátio da Antiga Bolsa de Valores de Amsterdam*. Óleo de Berck Heyde, Museu Boymans Van Beugnine, Rotterdam, Holanda; *Retrato do Mercador Judeu de Amsterdam*, por Rembrandt, National Gallery, Londres; *A Sinagoga*, Gravura de Rembrandt, Amsterdam, 1648, Colleccion Museum Het Rembrandtthuis, Amsterdam.

145. Meyer Kayserling, *op. cit.*, pp. 234-236.

146. Cecil Roth, *op. cit.*, pp. 167-168.

147. Lei de 6 de setembro de 1583. Meyer Kayserling, *op. cit.*, p. 235.

Doc. 5: *Pátio da Antiga Bolsa de Valores de Amsterdam*, século XVII. Óleo de Job Berckheyde (1630-1693). Museu Boymans Van Beugnine, Rotterdam, Holanda.

e 2 de junho de 1573. Os conversos continuavam proibidos de sair dos Reinos de Portugal, por terra e por mar, com casa movida ou sem ela. Somente poderiam sair com licença Régia ou pagamento de fiança, garantindo o retorno. Mandava que tudo fosse guardado, sem embargo do Alvará de 2 de maio de 1577[148]. Dentre as orientações dadas pelo monarca ao governador enviado ao Brasil, em 1588, constava a necessidade de se observar o cumprimento desse Alvará. Citando casos de cristãos-novos que se dirigiam às partes do Brasil sem a referida licença, o Rei ordenava ao governador que os prendessem e fizessem embarcar para o Reino nos primeiros navios que para lá se dirigissem. Ali seriam entregues à Justiça para receberem as penas declaradas na referida Provisão[149].

A saída camuflada dos conversos tornou-se preocupação constante do Santo Ofício e do Rei. Tanto é que se fez necessário confirmar e ampliar o Alvará do Sr. Cardeal D. Henrique, de 18 de janeiro de 1580, que impedia a saída, do Reino, de pessoas da Nação dos cristãos-novos

---

148. Lei de 26 ou 27 [?] de janeiro de 1587. *Documentos para a História do Açúcar*, ed. cit., p. 319.

149. Regimento de 8 de março 1588 do Governo Geral do Brasil. Treslado do Regimento que levou Francisco Geraldles que S. Majestade ora mandou por Governador do Estado do Brasil, em março de 88, 24. *Documentos para a História do Açúcar*, ed. cit., p. 363.

durante o tempo de visitação, e seis meses depois de encerrada. A mobilidade só era permitida de um Bispado para o outro, expressando a institucionalização do controle por parte das autoridades oficiais[150].

O governo de Felipe III (1598-1621) foi marcado pela constante vigilância da Inquisição, sob a influência do Clero, sobre sua pessoa e as dificuldades econômicas que afligiram a Corte. Esses fatores repercutiram na liberação das leis emigratórias condicionadas a liberação das riquezas e bens dos cristãos-novos, que poderiam solucionar parte dos problemas financeiros do Reino. Através de duas Cartas Régias – de 4 de abril e 31 de julho de 1601 –, Felipe III revogou a proibição promulgada por seu pai e liberou a saída dos cristãos-novos, tanto os naturais como os estrangeiros, para fora do Reino e Senhorios de Portugal. Estes poderiam deixar o país com suas famílias e fortunas, assim como vender seus bens imóveis. Como era de se esperar, o fluxo migratório aumentou consideravelmente, da mesma forma como aumentaram as perseguições inquisitoriais. Paralelamente a todos esses acontecimentos, inúmeras prisões foram efetuadas e, em 1603, realizava-se em Lisboa um grande auto-de-fé[151].

Os cristãos-novos, apavorados, buscaram refúgio nos mais variados cantos do mundo. Em 1604, Bordéus, na França, foi uma das cidades que abriu portas para receber essa categoria de refugiado. Nesse ano, foi confirmada uma antiga carta de Henrique II, que dava aos cristãos-novos direitos de residência, naturalização, propriedade e comércio nessa cidade francesa[152].

Com a mesma facilidade com que se perseguiam os cristãos-novos, aceitavam-se subornos em troca de privilégios. As dificuldades econômicas levaram o Rei a aceitar desse grupo perseguido a quantia de um milhão e oitocentos mil ducados, como pagamento de seu pedido, ao Papa Clemente VIII, de perdão geral[153]. Ao Conselho de Estado, seus secretários e ao Duque de Lerma foram pagos cerca de 150 mil cruzados. O perdão foi concedido em 23 de agosto de 1604. Essa Bula, e o direito de emigrar livremente, possibilitaram a saída de um grande número de cristãos-novos libertos no auto-de-fé realizado em Lisboa no dia 16 de janeiro de 1605. Amsterdã foi, mais uma vez, um dos centros procurados pelos cristãos-novos portugueses. Enquanto isso, em autos-de-fé, continuam a ser queimados numerosos conversos.

Nesse momento de dificuldades geradas pelo grupo dirigente, pode-se sentir a intensidade do preconceito. Comercializavam-se atitudes;

---

150. Alvará 31 de agosto de 1587, publicado na Chancelaria-Mor em 1 de outubro de 1587. *Documentos para a História do Açúcar,* ed. cit., p. 325.

151. Meyer Kayserling, *op. cit.,* pp. 239-241.

152. Carta de Henrique II, dada em 1550 e confirmada em 1574, 1580 e 1604. Cecil Roth, *op. cit.,* p. 163.

153. Meyer Kayserling, *op. cit.,* pp. 241-242.

vendiam-se "atos humanos". Os cristãos-novos estavam ali para serem usados e explorados por aqueles que dirigiam a ordem social apoiados na ordem legal. Com o objetivo de receber o "donativo" oferecido pelos homens da Nação Hebreia como pagamento pelo perdão geral concedido por Clemente VIII, o Rei Felipe III ordenou que todos os cristãos-novos fossem fintados. A malícia de uns e a avareza de outros levaram muitas famílias a serem fintadas como tais, sem entretanto pertencerem ao grupo judeu. Multiplicou-se, dessa forma, o número de cristãos-novos como também a quantia a ser recolhida[154].

Insatisfeito com a quantia recolhida dos cristãos-novos, Felipe III logo relacionou a cobrança dessa finta com o fluxo migratório crescente. Alegou que as pessoas da Nação saíam do Reino com o objetivo de não pagar a parte que lhes fora lançada na repartição e contribuição à quantia do milhão e setecentos mil cruzados. Oferecido pelo geral da dita Nação, esse donativo serviria, na opinião do Rei, para compensar a perda que a Fazenda Real tivera com o perdão concedido em 1604.

Através de um novo Alvará, foi ordenado, em 1605, que somente poderiam se ausentar do Reino aqueles que tivessem pago a referida finta e apresentassem a licença real. Aquele que não o fizesse seria preso e enviado de volta ao lugar de origem. Caso insistisse na saída, proceder-se-iam contra ele penas corporais[155]. Essas licenças concedidas por Felipe III preocuparam bastante o Conselho do Santo Ofício, que viu nessa atitude Real um prejuízo financeiro. Em 22 de fevereiro de 1609, uma consulta, em nome do referido Conselho, chegou até as mãos do Rei[156]. Sem podermos afirmar até que ponto o Santo Ofício pressionou o poder Real, encontramos, um mês após a essa consulta,

---

154. Antônio Nunes Ribeiro Sanches, português, cristão-novo, médico e refu-giado no estrangeiro, escreveu em 1748 uma das mais importantes obras existentes para o estudo do problema do cristão-novo em Portugal: *Origem da Denominação de Christão-Velho, e Christão-Novo, em Portugal...* Em um dos trechos dessa valiosa obra do século XVIII, encontramos referências a esse pagamento das fintas, informação essencial como complementação de nossas reflexões acerca da infâmia atribuída aos que pagavam tal imposto: "no último perdam geral concedido no anno de 1604, fizerão os da Nasção Judaica hum Donativo a El Rey Phelippe 3.°. Para receber estes donativos forão fintados todos os Christãos-Novos. Daqui succedeu, que, ou por malicia, ou por avareza daquelles que fizeram a repartição, que fintarão muitas famí-lias, que não erão do mesmo sangue, mas serão obrigados a pagar, ficárão conhecidos e havidos como descendentes da Nasção Judaica. Multiplicou-se tanto o número de Christãos-Novos com esta infame finta". Antônio Nunes Ribeiro Sanches, *op. cit.,* p. 37.

155. Alvará de 5 de maio de 1605, *C.C.L.P.,* ed. cit., vol. I, p. 129.

156. Essa notícia está contida no Aviso dado pelo Rei, em 12 de fevereiro de 1610, ao Bispo Inquisidor Geral, comunicando apenas ter visto a consulta: "Reverendo. Bispo Inquisidor Geral, Amigo – Eu El Rei vos envio muito saudar, etc. Vi a consulta do Conselho Geral do S. Officio, que me enviastes em 21 de fevereiro passado, sobre a licença que está concedida aos christãos-novos, descendentes da Nação Hebrea, naturaes deste Reino, para se poderem sahir delle com suas fazendas e familias. Madrid, 12 de fevereiro de 1610". *C.C.L.P.,* ed. cit., vol. 1, p. 290.

Provisão promulgada pelo Monarca, impedindo novamente os cristãos-novos de se ausentarem do Reino[157].

Os inquisidores não se contentaram com essa medida Real. As presas lhes fugiam das mãos, apesar das dificuldades criadas para emigrar. Utilizando-se da autoridade a que faziam jus, D. Francisco de Menezes e Ruy Fernandes de Saldanha, inquisidores apostólicos, pedem e encomendam ao Rei, sob segredo, uma lista das pessoas da Nação Hebreia que haviam se ausentado de Portugal. Junto aos nomes deveriam constar: dados pessoais, profissão, residências antigas e atuais, com as referidas datas, dados físicos e causa da sua ausência[158].

Utilizando-se de todos os expedientes possíveis, os cristãos-novos burlavam as leis com medo de perder as suas fazendas e demais propriedades para o Santo Ofício, e tentavam vendê-las antes de se ausentarem do Reino. Os casados com cristãos-velhos utilizavam-se do nome e origem de seu cônjuge para efetuar as vendas. Esse fato, que não havia sido previsto nos textos legais, começou a preocupar o Conselho da Inquisição, pois estava em jogo um objeto de seu imediato interesse. Consultas citando vários desses casos ilustram bem a preocupação do momento. Por exemplo: Francisco Lobo, cristão-novo, morador em Leiria, vendeu sua propriedade a Antônio Gomes, cristão-velho, beneficiado na Sé. O Conselho requereu do Rei a possibilidade de não se proceder contra o comprador, pois este efetuara uma transação em benefício público da Igreja. Em Coimbra, um cristão-velho, casado com cristã-nova, havia vendido uma propriedade com o consentimento de sua mulher. Dúvida pairava sobre o fato de a venda ser nula e feita em fraude à Lei, pois o dito cristão-velho não podia dividir a tal propriedade, que ambos possuíam em comum "pro indiviso"[159].

Interesses econômicos transparecem nas alegações de ordem espiritual do Clero[160]. Constantemente pressionado, Felipe III lançou mão de uma ordem legal. Com o objetivo de impedir a saída de ricos mercadores da Nação Hebreia, que alegavam estar concedida a licença real, o Rei determinou, por uma carta régia, que a referida permissão, no momento, não existia. Complementando, lembrou que ainda estava em vigor a lei que lhes proibia sair do Reino e vender suas fazendas.

---

157. Provisão de 13 de março de 1610 – *C.C.L.P.*, ed. cit., vol. IV, p. 158; Arnold Wisnitzer, *op.cit.*, p. 30. Essa provisão encontra-se citada na Carta Régia de 17 de novembro de 1629.

158. Carta Régia de 10 de novembro de 1613 – *C.C.L.P.*, ed. cit., vol. II, p. 67.

159. Carta Régia de 7 de outubro de 1613 – *C.C.L.P.*, ed. cit., vol. II, p. 103.

160. Esse fato pode ser observado no texto inicial de uma Consulta enviada pelo Conselho da Inquisição: "Vendo Vossa Magestade a soltura da gente da Nação dos Christãos-Novos deste Reino, e a pouca emenda delles, e como, por perseverarem em seus erros, se ausentam deste Reino, e vendem suas Fazendas, com medo de as perderem por suas culpas". *Ibidem.*

E ordenava aos corregedores das comarcas uma constante vigilância, procurando evitar a entrada pelos portos da França[161].

A Inquisição intensificou sua atuação, fechando cada vez mais o círculo em torno dos cristãos-novos. As ordens para que não saíssem de Portugal deveriam ser cumpridas, pois era de se esperar que tentassem escapar, por temor aos autos-de-fé[162]. Estigmatizado, o cristão-novo ficava inabilitado para a aceitação social plena. Retomando as reflexões de Erving Goffman, ressalto que o emprego constante de um conjunto de estigmas a um determinado grupo ou indivíduo acaba por constituir uma "discrepância específica entre a identidade social virtual e a identidade social real"[163].

Inúmeros foram os homens de negócio da Nação Hebreia que recorreram a Felipe IV (1621-1640), pedindo acesso aos cargos públicos, abolição da distinção "cristão-novo", licença para irem às conquistas e venderem suas fazendas, sem embargo das proibições em contrário[164]. Esses pedidos foram indeferidos pelo monarca, que não encontrou "razões" para atendê-los. Resolveram os cristãos-novos, em 1625, oferecer ao Rei uma soma em troca da permissão para emigrar, de um perdão geral e da absolvição. No momento, o Brasil era o ponto mais visado pelos imigrantes. Aqui, os cristãos-novos tinham uma vida mais livre, longe das perseguições inquisitoriais. Entretanto, a força do Santo Ofício foi maior. Tendo seus olhos constantemente voltados para o Brasil, conseguiram interditar a emigração para esta colônia[165].

Por volta de 1627, o tesouro espanhol enfrentava sérias dificuldades econômicas, ao mesmo tempo em que o poder Real entrava em graves conflitos com o poder inquisitorial. Grandes empréstimos foram feitos à Coroa, por mercadores cristãos-novos, em troca de certos privilégios[166]. Tal aproximação não impediu a realização de autos-de-fé em Évora e Lisboa (1629). Pressões se faziam sentir por todos os lados e por todos os grupos: clero, nobreza e povo.

Somente em 1629 os cristãos-novos conseguiram nova permissão para emigrar livremente, sem licença ou fiança. Poderiam ir dos reinos a senhorios, por mar ou por terra, da mesma maneira como

161. Carta Régia de 19 de fevereiro de 1619, *C.C.L.P.*, ed. cit., vol. II, p. 347.

162. Carta Régia de 10 de novembro de 1621, *C.C.L.P.*, ed. cit., vol. III, p. 57.

163. Erving Goffman, *Estigma: Notas sobre a Manipulação....*, ed. cit., pp. 7 e 12.

164. Carta Régia de 17 de julho de 1624, *C.C.L.P.*, ed. cit., vol. III, p. 124.

165. Kayserling refere-se a essa "interdição da emigração para o Brasil", sem citar a fonte dessa informação. Não localizamos, nessa época, nenhuma lei referente a esse fato. Meyer Kaiserling, *op. cit.*, p. 250.

166. Dentre os mercadores que cooperaram com esses empréstimos, temos Nuno Dias Mendes de Brito e João Nunes Saraiva. Essas transações financeiras foram efetuadas por volta de 1628. Antônio José Saraiva, *op. cit.*, p. 276.

poderiam ir à Índia e a todas as demais Conquistas[167]. Revogando e anulando as leis anteriores, essa Carta Régia possibilitou a saída de grande número de cristãos-novos que, com o Estatuto de pureza de sangue endossado por todas as instituições do país, sentiam-se marginalizados das várias atividades públicas. As perseguições não cessaram e novas correntes emigratórias se processaram em 1630, pois o controle dos portos tornava-se cada vez mais difícil. Uma licença régia poderia ser facilmente comprada daqueles que se deixavam subornar. Alegando falsos motivos, obtinha-se licença para viajar.

Os cristãos-novos foram recebidos em alguns países europeus. Comunidades judaicas estabeleceram-se nos mais diversos lugares, atraídas pelos privilégios oferecidos pelas autoridades. Em 1622, Cristian IV da Dinamarca promulgou uma Carta garantindo-lhes proteção. Outros interesses tentavam atraí-los para a Suécia. As atividades comerciais inglesas, bastante intensas nessa época, transformaram-se em motivo para os conversos buscarem refúgio em Londres. Oliver Cromwell, compreendendo as vantagens materiais que os mercadores judeus convertidos poderiam trazer para o comércio inglês, foi um dos grandes incentivadores de seu estabelecimento na capital inglesa[168].

A partir da segunda metade do século XVII, grande número de imigrantes portugueses entraram na Inglaterra, provenientes da Península Ibérica ou via Bordéus, Amsterdã ou Livorno. Após 1648, a colônia judaica de Amsterdã floresceu rapidamente com o estabelecimento de grande número de mercadores portugueses que aí passaram a controlar grande parte do comércio[169]. Entre estes estava Daniel Levi de Barrios (1625-1701), espanhol de Montilla, filho de cristãos-novos portugueses, e que retornou ao judaísmo após ter ido para Livorno. Depois ter passado pelo Caribe serviu no exército da Espanha e fixou-se em Amsterdã onde viveu como poeta e escritor. É de sua autoria uma das mais importantes crônicas histórica e literária daquela comunidade judaica: *Triunfo Del Govierno Popular, e de la Antiguedad Holandesa*[170].

Outras comunidades sefarditas surgiram em Haia, Maarsen e Rotterdã. Muitos mercadores portugueses, de origem judaica, eram prove-

167. Lei de 17 de novembro de 1629. *C.C.L.P.*, ed. cit., p. 348; Meyer Kayserling, *op. cit.*, p. 253.

168. Cecil Roth, *op. cit.*, pp. 189-193.

169. O cemitério judeu de Amsterdã (*Ioden Kerkhof*) está indicado no mapa de Cornelius Golijath, Amsterdã, 1648.

170. Daniel Levi de Barrios, *Triunfo Del Govierno Popular, e de la Antiguedad Holandesa*. Dedicado em el Año de 5443 a los muy Ilustres Señores Parnasim, y Gabay Del Kahal Kados Amsterlodamo, Bibliotheca Rosenthaliana, *apud A Fênix ou O Eterno Retorno*, ed. cit., p.197.

nientes de Amberes, onde se haviam estabelecido desde 1537, quando Carlos V lhes concedeu uma série de privilégios. Esses comerciantes deixaram o posto, pois, com o fechamento da navegação do Scheldt, após o Tratado de Westfalia, as transações comerciais ficaram prejudicadas. Esse fato reduziu a importância de Amberes, em favor de outros, principalmente Amsterdã[171]. Em 1642, muitas famílias judias, de origem portuguesa, trocaram Amsterdã pelo Brasil, principalmente pelo Recife, onde fundaram ativa comunidade. Com a invasão holandesa em 1624, o Brasil se tornou um centro de atração para os cristãos-novos portugueses, motivados pela tolerância religiosa e liberdade que haviam sido concedidas aos judeus. Tanto Kayserling como Roth apresentam o ano de 1642 como a época de intensa emigração de famílias portuguesas e holandesas que, partindo de Amsterdã, estabeleceram-se em Recife, onde fundaram uma comunidade. Outras famílias optaram por radicar-se no Rio de Janeiro e na Paraíba[172].

A partir de 1629 cessaram as leis oficiais de controle à emigração, mas não o preconceito contra os cristãos-novos[173]. As condições de vida em Portugal continuavam difíceis, sendo raras as oportunidades de participação social e política: ou ele, cristão-novo, permanecia no país, fazendo-se passar por cristão-velho, comportando-se como tal, usufruindo de uma série de privilégios e uma certa tranquilidade emocional, ou se retratava como cristão-novo, correndo o risco de ser acusado de crime de heresia ou apostasia por aqueles que tinham interesse em se apossar dos seus bens e propriedades. Em qualquer um dos casos, corria o risco de ser atingido pela Inquisição. E quando o fato se constatava e as condições de vida se tornavam realmente insustentáveis, a única solução era sair do país.

171. *Idem*, pp. 177 e 193.

172. Cecil Roth, *op. cit.*, p. 209; Meyer Kayserling, *op. cit.*, p. 251; Bruno Feitler, *op. cit.* Sobre a presença de cristãos-novos no Brasil ver os artigos na coletânea *Ensaios sobre a Intolerância*, ed. cit., Fernanda Mayer Lustosa, " Marranismo na Paraíba: Adaptação e Resistência", pp. 133-144; Lina Gorenstein e Carlos Eduardo Calaça, "Na Cidade e nos Estaus: Cristãos-Novos do Rio de Janeiro (Séculos XVII-XVIII)", pp. 99-132; Suzana Maria de Sousa Santos, "Uma Família Cristã-Nova Portuguesa na Bahia Setecentista", pp. 145-174; Norma Marinovic Doro, "Recife: Morada de Hereges", pp. 175-200. Ver também os seguintes livros: Francisco Moreno-Carvalho; Alberto Dines; Nachman Falbel (coord.), *A Fênix ou O Eterno Retorno, 460 Anos da Presença Judaica em Pernambuco*, Brasília, Ministério da Cultura, Publicações Monumenta, 2001[Monumenta 1]; José Antônio Gonsalves de Mello, *Gente da Nação: Cristãos-Novos e Judeus em Pernambuco, 1542-1654*, Recife, FUNDAJ, Editora Massangana, Estudos e Pesquisas n.65, 1989; Günter Böhn, *Los Sefardies en los Domínios Holandeses de América del Sur y del Caribe, 1630-1750*, Frankfurt, Vervuert Verlag, 1992.

173. Não conseguimos encontrar uma explicação para o fato de as leis antiemigratórias terem cessado após 1629. Deixamos a questão em aberto para possíveis comprovações futuras.

As leis de emigração não significavam tanto quanto as condições histórico-sociais que conduziam à sua constante alteração. Em função dessa linha ideológica, em 1683, uma lei foi promulgada pelo Regente Pedro II (1667-1683), declarando expulsas todas as pessoas que, a partir daquela data, fossem consideradas como convictas e incursas em crime de judaísmo, heresia ou apostasia da Santa Sé[174]. Com um prazo de dois meses para sair, determinado pelo Santo Ofício, aqueles que o fizessem não poderiam mais retornar, incorrendo em pena de morte. Inclusive quem os ocultasse e não os denunciasse teria seus bens confiscados. Somente poderiam seguir os pais e os filhos maiores de sete anos. Essa lei nada mais foi do que uma negociata entre o Rei e os inquisidores. Enquanto essa ordem se praticou, as inquisições do Reino estavam quase sem exercício[175].

Um detalhe deve ser observado: essa lei não se refere a qualquer tipo de pessoa incursa em crime de judaísmo ou heresia. A gente da Nação Hebreia é o elemento central dessa determinação, envolta de palavras até certo ponto irônicas em suas justificativas. Alegava-se que os primeiros judeus que se converteram abraçaram "voluntariamente" a religião católica[176], mas que, apesar de todo o "zelo e cuidado" com que foram tratados pelo Rei e pelo Tribunal da Inquisição, sempre houve aqueles que renovaram seus erros. Portanto, devia-se aplicar "um novo remédio a este dano"[177]. E o remédio, pelo que consta na documentação da época, foi aplicado pelo Santo Ofício através de torturas, falsos processos e autos-de-fé. Por trás disto tudo: a confiscação e apropriação dos bens. Os que conseguiram fugir, aproveitando-se da livre permissão para emigrar, refugiaram-se nos mais diversos lugares da Europa, América espanhola, América portuguesa e, até mesmo, Ásia. Aqueles que permaneceram em Portugal como marranos sobreviveram num constante clima de tensão e pressão social.

Durante os séculos XVI e XVII, a emigração de cristãos-novos do Reino de Portugal assumiu um volume tão grande que chegou a ter graves repercussões econômicas e sociais: de um lado, a economia

174. Carta Régia de 5 de agosto de 1683 – *C.C.L.P.*, ed. cit., vol. IX, p. 91.
175. Realizara-se um grande auto-de-fé em 10 de maio de 1682, em Lisboa – portanto, antes dessa lei. O próximo somente aconteceu em 2 de março de 1704, em Coimbra. Os tribunais da Inquisição portuguesa haviam sido fechados em consequência das acusações feitas pelo Pe. Antônio Vieira, por volta de 1669. Clemente X expediu um Breve papal no qual proibia severamente qualquer atividade do Santo Ofício. O príncipe regente D. Pedro, apoiando Vieira, cooperou para um período de sérios conflitos en-tre Portugal e a Cúria. O funcionamento do Tribunal somente foi restaurado em 22 de agosto de 1681, por meio de uma Bula de Inocêncio XI. Meyer Kayserling, *op. cit.*, pp. 267-277.
176. Aqui, talvez, referindo-se ao batismo forçado de 1497, durante o governo de D. Manuel, de Portugal.
177. Carta Régia de 5 de outubro de 1683 – *C.C.L.P.*, ed. cit., vol. IX, p. 91.

do país ressentiu-se da mobilização de capitais, em consequência da saída de ricos comerciantes, que transferiram para outros países suas atividades financeiras, com repercussão direta no comércio interno e externo de Portugal. Por outro lado, cooperou intensivamente para o despovoamento do Reino, que, há muito tempo, ressentia-se da falta de recursos humanos. Esse problema foi levantado pelo diplomata português D. Luís da Cunha[178], em seu *Testemunho Político*[179], escrito entre 1747 e 1749, a D. José I, herdeiro do trono português e Príncipe do Brasil.

Analisando os fatores que determinaram esse despovoamento de Portugal, D. Luís da Cunha apresenta as "sangrias" como fundamentais para se compreender a razão dos males que atormentavam o Reino. A Inquisição é apresentada como uma das mais cruéis sangrias, porque "diariamente com medo dela estão saindo de Portugal com os seus cabedais os chamados cristãos-novos". Argumentou que, se houvesse maior segurança no sentido de conservar os bens para seus filhos, muitos não deixariam a sua Pátria para empregar o seu dinheiro nos fundos públicos da Inglaterra e da Holanda[180].

Com base nas fontes citadas e observando o quadro 2, podemos constatar que a política emigratória, sustentada pelo Estado e pelo Tribunal do Santo Ofício portugueses, expressa:

- A ideologia segregacionista e a política de controle contra o grupo cristão-novo, a partir do século XV.
- As leis antiemigratórias, constantemente alternadas com permissões para livre saída do reino português, foram um dos ins-

---

178. D. Luís da Cunha (1662-1749), diplomata português, foi membro do Conselho dos Srs. D. Pedro II e D. João V, e seu Embaixador nas cortes de Viena, Haia e Paris. Em 1685, ocupou o cargo de Desembargador da Relação do Porto e, em 1688, da Casa da Suplicação. Ingressou para as atividades diplomáticas em 1695, quando foi nomeado como enviado extraordinário em Londres (até 1712). Classificado como um dos "estrangeirados", ao lado de Ribeiro Sanches e Alexandre de Gusmão, as sugestões dadas por esse eminente estadista foram muitas vezes utilizadas pelo Marquês de Pombal. Sobre D. Luís da Cunha e seu *Testamento Político* temos algumas obras referentes: L.F. Almeida, "A Propósito do Testamento Político de D. Luís da Cunha", em *Revista Portuguesa de História*, Coimbra, 1947, p. 469; Francisco J. Calazans Falcon, *op. cit.*, Luis da Cunha, *Testamento Político*, Nota Introdutória de Nanci Leonzo, São Paulo, Alfa Omega, 1976 [Série Testemunhas da História].

179. Testamento Político ou Carta Escrita pelo Grande D. Luís da Cunha ao senhor Rei. D. José I antes de seu governo, o qual foi do Conselho dos Senhores D. Pedro II e D. João V... Escrito entre os anos de 1747 e 1749. Impresso pela primeira vez no "Investigador Portuguez em Inglaterra", após sua divulgação em manuscrito no século XVIII. Foi publicado em opúsculo em 1820, e no ano seguinte no Tomo I das *Obras Inéditas*, por iniciativa de Antônio Lourenço Caminha. Nova publicação foi feita em 1943, nos *Cadernos da Seara Nova*, com prefácio de Manuel Mendes; e em 1976 a edição aqui citada. Luis da Cunha, *Testamento Político*, ed. cit., p. XVI.

180. Luis da Cunha, *op. cit.*, pp. 71-80, 87.

trumentos legais utilizados pelo grupo dominante para reter, no país, as riquezas dos perseguidos cristãos-novos e obter dinheiro com venda de perdões.

• A revogação das proibições para emigrar, coincidindo com as altas somas pagas à Coroa e ao Clero pelos indivíduos da Nação Hebreia, mostra que o preconceito contra o cristão-novo manifestava-se em função dos interesses econômicos e da busca de soluções para os problemas financeiros do país. O dinheiro era a única linguagem entendida. O cristão-novo foi obrigado a "comprar" a sua liberdade.

• O fluxo emigratório aumentava ou diminuía, dependendo da pressão exercida pelo Tribunal da Inquisição e do nível de tensão e terror, gerados pelo seu estilo e aplicados aos réus. Coincidindo com essas atitudes e interesses do Santo Ofício, não podemos nos esquecer de que, a partir do século XVI, a ideia de pureza de sangue se institucionalizou em Portugal, vedando aos cristãos-novos as possibilidades de ocuparem cargos públicos e religiosos, além de discriminá-los, totalmente, do restante da população cristã-velha.

A discriminação nos cargos públicos

O preconceito contra o cristão-novo em Portugal tornou-se mais evidente a partir do momento em que se manifestou na vida civil, assumindo características institucionais. Uma série de barreiras sociais ergueram-se contra ele, obrigando-o, pelas circunstâncias históricas e sociais em que estava envolvido, a concorrer com aqueles que possuíam provas da pureza de sangue. Tanto a Igreja Católica como o Estado português lançaram mão de leis e convenções, passando a monopolizar cargos e funções. Utilizando-se de argumentos étnicos e religiosos, o grupo dominante procurou legalmente cercear as oportunidades de participação dos cristãos-novos nos setores públicos, especificamente naqueles cargos cuja importância estava diretamente relacionada com o conceito de honra. Impedindo o acesso dos cristãos-novos a esses cargos, tanto a Nobreza como a Igreja estariam garantindo a respectiva posição privilegiada na estrutura social[181]. Classificados por

181. Pierre Bourdieu, analisando os "grupos de *status*"– segundo conceito proposto por Max Weber – considera natural que, a exemplo das sociedades tradicionais, eles imponham aos que neles desejam participar, além de "modelos de comportamento, modelos da modalidade dos comportamentos, ou seja, regras convencionais que definem a maneira justa de executar os modelos". Os traços que Weber atribuiu ao grupo de *status* pertencem à ordem simbólica, quer se trate "do estilo de vida ou

QUADRO 2 – A POLÍTICA EMIGRATÓRIA CONTRA OS CRISTÃOS-NOVOS

Cronologia da Legislação Antiemigratória

Datas das leis	Governo	Caráter da legislação		Fatos correlacionados
1499 (20/04 a 21/04)	D. Manuel	Proibição	• 1497	Conversão forçada dos judeus portugueses.
1507 (01/03)		Liberação	• 1506	Massacre de cristãos-novos em Lisboa.
1512 (21/04)		Liberação		Grande onda emigratória.
1521 (?)	D. João III	Proibição		
1532 (14/06)		Proibição	• 1531	Negociações para estabelecimento da Inquisição, fuga dos cristãos-novos.
1535 (14/06)		Proibição	• 1536	Estabelecimento da Inquisição Bula do Papa Paulo III.
			• 1540	1º auto-de-fé.,Lisboa – com prisão e morte de vários cristãos-novos, que tentam impedir o estabelecimento da Inquisição (subornos).
			• 1544	Suspenso o Tribunal do Santo Ofício.
1547 (15/06)		Proibição	• 1547	Autorizada a instalação do Tribunal da Inquisição (Comercializada pelo Rei, em Roma: o Cardeal Farnese recebeu o Bispado de Vizeu e uma renda anual de 20.000 duc.; o Cardeal Santiquatro: – 1.500 cruzados; e o Cardeal Crescentis: – 1.000 cruzados.) Subornos pagos pelos cristãos-novos a func. – conseguem sair do país.
			• 1552	Inquisição, organização própria: punições, perseguições, prisões.
1567 (30/06)		Proibição		Constantes fugas dos cristãos-novos.
1568 (15/03)	D. Henrique	Proibição		
1569 (11/02)		Proibição		
1573 (20/06)		Proibição		
1577 (21/05)	D. Sebastião	Liberação		Envolvimento na guerra contra infiéis na África. Cristãos-Novos beneficiam o Monarca com 225 mil ducados. Saída dos cristãos-novos do Reino, prejuízos para o Santo Ofício.
1580 (18/01)	D. Henrique	Proibição	• 1580	(31/01) – Falece D. Henrique.

Datas das leis	Governo	Caráter da legislação		Fatos correlacionados
			• 1580	Domínio Espanhol.
				Cristãos-novos refugiam-se nos Países Baixos, Alemanha, Inglaterra e Brasil.
1583 (06/09)	Felipe (II) I	Proibição		Sanguinária atuação dos Reis Espanhóis e do Santo Ofício.
1587 (26/01)		Proibição		Fuga dos cristãos-novos.
1587 (31/08)		Proibição		
1601 (04/04 e 31/07)	Felipe (III) II	Liberação		Reino em dificuldades financeiras.
				Tribunal do Santo Ofício vigilante: aumentam as perseguições, dificultam-se as saídas.
			• 1603	Grande auto-de-fé em Lisboa.
			• 1604	Perdão Geral concedido por Clemente VIII a pedido do Rei.
1605 (05/06)		Liberação (só para os que pagaram a finta)	• 1605	Cristãos-novos pagam ao Rei 1 milhão e 800 mil cruz. (finta).
				Cristãos-novos burlam as leis e saem do Reino.
1610 (13/03)		Proibição		Subornam os funcionários.
1619 (19/02)		Proibição		
1621 (10/11)		Proibição		
			• 1624	Invasão dos holandeses no Brasil.
1625 (?)		Proibição (só para o Brasil)		Concessão de direitos e privilégios aos judeus atrai cristãos-novos portugueses.
				Reino em dificuldades financeiras.
				Soma apreciável oferecida ao Rei, pelos cristãos-novos.
				Inquisição intensifica sua atuação.
				Conflitos: poder real e eclesiástico.
			• 1628	Cristãos-novos fazem empréstimos à Coroa.
			• 1629	Autos-de-fé realizados em Évora e Lisboa.
1629 (17/11)		Liberação	• 1627 a 1630	Concedidos vários perdões gerais aos cristãos-novos (pagamento de altas somas).

seus "vícios", os cristãos-novos estavam entre os grupos de desvios – ou seja, entre aqueles que "viviam nas trevas" – e, como tais, deveriam ser excluídos da ordem social, ato carregado de sentido. É quando a exclusão assume uma forma dissimulada de rupturas, podendo chegar ao clímax de conflito aberto: motins, *pogroms* e linchamentos[182].

Em nome da igualdade, o conceito de limpeza de sangue foi adotado como signo, permitindo distinguir simbolicamente os cristãos-velhos dos cristãos-novos. Aos indivíduos "limpos de sangue" se atribuíam valores de dignidade, confiabilidade, virtude, além de idoneidade e boa consciência. Qualquer elemento, cuja ascendência judaica fosse comprovada, estaria legalmente proibido de ocupar ofícios de Governança, Justiça, Fazenda e Graça, entendendo-se por *Graça* qualquer tipo de benefício, simpatia ou benevolência concedidos pela Igreja Católica. Este conceito estava simbolicamente relacionado à metáfora da Luz, entendendo-se que somente através do batismo é que os judeus conseguiriam distinguir o falso do verdadeiro, o bem do mal, o ódio do amor etc. Por viverem nas "trevas", os adeptos do judaísmo eram avaliados por seu caráter e dignidade, atributos considerados como hereditários por consanguinidade. Expressivo deste julgamento é o quadro *Fonte da Graça e o Triunfo da Igreja sobre a Sinagoga*, produzido pela Escola dos Irmãos Van Eycky, no século XV (Doc. 2).

Dentre os cargos públicos a que os cristãos-novos não poderiam ter acesso, e para os quais se exigia a comprovação de "pureza de sangue", temos os seguintes:

Cargos Proibidos aos Cristãos-Novos

Identificação do Cargo	Data da lei
• Regedor da Justiça da Suplicação	1514
• Escrivão de Juízo	?/2/1604
• Coletores de Impostos	2/10/1607
• Juiz	30/7/1609
• Vereadores, Procuradores do Conselho e mais ofícios da Câmara	12/11/1611
• Juiz de Fora	5/4/1618
• Almotacéis (Fiscal de Pesos e Medidas e Preços de Alimentos)	5/4/1618
• Procuradores	3/6/1620
• Juiz das Confiscações	10/7/1620

de privilégios honoríficos [...] ou ainda, as regras e proibições que regulam as trocas sociais, particularmente os casamentos". Pierre Bourdieu, *op. cit.,* pp. 15-16.

182. Sobre esta questão ver Martine Ximenes, *As Teorias da Exclusão. Para uma Construção do Imaginário do Desvio*, trad. José Gabriel Rego, Lisboa, Instituto Piaget, 1993.

• Honras, Lugares Públicos, Ofícios de Governança, Justiça, Fazenda e Graça	13/4/1636
• Feitor das Madeiras	25/7/1640
• Ministros e Oficiais do Santo Ofício, Oficiais Leigos (Meirinhos, Alcaide e todos os mais)	22/10/1640
• Cargos da República (Almotacéis, Procuradores etc.)	1/12/1653
• Tesoureiro do Conselho	4/7/1659
• Ofícios da República	16/8/1671
• Ofícios da Câmara	17/8/1671
• Promotor Nacional e Ministros	16/6/1744

A primeira vez que a questão da pureza de sangue apareceu registrada na Legislação Portuguesa foi em 1514, fato não mencionado por Kayserling, um dos mais completos autores sobre história dos judeus em Portugal. Nessa data, exigia-se como condição, para o ofício de Regedor da Justiça da Casa da Suplicação, "ser homem Fidalgo, de *limpo sangue*, bom, vertuoso, de muita auctoridade e pera mais perfeiçam Letrado, se for possível, temente a Deus, e de saã vontade, e boa conciência, justo, e em bondade experimentado, inteiro"[183].

O escrivão de juízo, encarregado de tirar informações de Genere dos candidatos às vagas de medicina e cirurgia da Universidade de Coimbra, deveria ser *christão velho*[184]. A mesma qualidade era exigida para os candidatos a Reitor e Vice-Reitor dessa Universidade que, em seu Estatuto de 1591, (Doc. 6) estipulava que:

As pessoas que hão de ser nomeadas para Rector hão de ser três, presentes, ou absetes, preferindo sempre em igualdade aos presentes, que tenhão experiência das cousas da Universidade, & entrem pelo menos em idade de trinta annos, & serão *fidalgos* graduados, aprovados em virtude, letras & bom exemplo, ou pessoas constituídas, em *dignidade*, ou grão de letras q. recebeu na dita Universidade & que não *tenhão raça algu~a*, porque quem a tiver não poderá ser nomeado em Rector nem Vicerector[185]

A Carta Régia editada em 2 de outubro de 1607 vedou aos cristãos-novos o cargo de coletores de impostos, sendo imediatamente recusado qualquer pedido feito nesse sentido por descendentes de

---

183. "Ordenações do Sr. Rey D. Manuel", em *C.L.A.M.R.P.*, ed. cit., Parte I, Liv. I, Tit. I, p. 1.

184. (?) de fevereiro de 1604 – *C.C.L.P., op. cit.*, vol. I, p. 42.

185. *Estatutos da Universidade de Coimbra. Confirmados por el Rei Dom Phelippe, primeiro deste nome, nosso Senhor.* Livro II, Tit. IIII da Eleição do Rector, em anno de 1591. Coimbra, Com Licença do Ordinário da Sactã Inquisição, Impresso por Antonio de Barreira, Impressor da Universidade, 1593. Biblioteca Nacional de Lisboa. Grifo nosso. Ver Carlos Eduardo Chalaça, *Anti-Semitismo na Universidade de Coimbra.* Tese de Doutorado em História Social, FFLCH/USP, 2004.

Doc. 6: *Estatutos da Universidade de Coimbra*, confirmados pelo Rei Dom Phelippe. Universidade de Coimbra, impresso por Antonio de Barreira, 1591 (1ª ed.), 152 fls. Res. 1046 v. Biblioteca Nacional de Lisboa, Portugal.

judeus[186]. A partir de 30 de julho de 1609, membros deste mesmo grupo foram proibidos de ocupar os cargos de juízes, vereadores, procuradores do Conselho e mais oficiais da Câmara. Como requisitos, exigia-se que as pessoas fossem "naturaes da terra, e da governança [...] tido Pays e Avós, de idade conveniente, *sem raça alguma*". Com o mesmo objetivo, foram promulgadas as leis de 12 de novembro de 1611 e 15 de julho de 1617[187].

A relação entre "nobreza" e "pureza de sangue" torna-se evidente através do alvará de D. Felipe II promulgado em 5 de abril de 1618. Mais uma vez, os cristãos-novos foram afastados dos cargos públicos, sob a alegação de que "nestes cargos sempre servio gente nobre e da governança". Com base nessa argumentação, El Rei declarava que os cargos de juiz de fora e de almotacéis não deveriam ser ocupados por pessoas que não tivessem qualidades e se "façam em gente nobre, e das melhores da terra, e por nenhum caso se ellegerão pessoas que tenhão raça alguma"[188]. O conteúdo dessa determinação se repetirá de forma semelhante para o cargo de procurador. Dentre as qualidades necessárias, os candidatos deveriam ser cristãos-velhos e a ordem dada era para que o desembargador do Paço não proveja "por nenhum caso estes officios em Christãos Novos, nem em pessoas que tratem, ainda que seja Christão-Velho"[189]. Gostaríamos de ressaltar o conteúdo dessa imposição que inviabilizava qualquer contato com o "outro", incitando o conflito e promovendo a desagregação social. O simples relaciona-mento implicaria numa ruptura prestando-se como impedimento para que um indivíduo ocupasse tal cargo. É quando o conceito de "limpeza de sangue" extrapola os limites da hereditariedade, prestando-se para caracterizar uma *sociedade de rejeição*.

O Regimento do Juízo das Confiscações estipulava que os juízes das confiscações fossem "pessoas de boa consciência e terras, e muita confiança, sem raça alguma de Mouro, ou Judeu". No caso em que a prisão de algum culpado se efetuasse fora do lugar onde residissem os oficiais do Santo Oficio, após ter feito o inventário, todo o dinheiro, peças de ouro e prata que fossem achados com ele deveriam ser seques-trados, e o dito inventário deveria ser entregue a "uma pessoa abonada, segura e de confiança, e que não seja christão novo"[190].

No decorrer do século XVII, a ideia de pureza de sangue se esten-deu cada vez mais, sendo adotada como requisito para outros cargos. As

186. Carta Régia de 2 de outubro de 1607. "Leis Extravagantes do Reino de Portugal", p. 188. *Apud* Meyer Kayserling, *op. cit.*, p. 254.

187. Aviso de 30 de julho de 1609. *Ordenações a Leys do Reyno de Portugal, Colleção de Leys Extravagantes*. Lisboa, 1747, Tit. 42, n. 1, pp. 98-99.

188. Alvará de 5 de abril de 1618. *Ibidem*, Col. I, Livro 1, Tit. 67, n. 7, p. 383.

189. Carta Régia de 3 de maio de 1618 – *C.C.L.P.*, ed. cit., vol. II, p. 11.

190. Regimento dos Juizes das Confiscações, de 10 de julho de 1620. *Leis Extravagantes*, ed. cit., cap. I e XIII, pp. 284 e 290.

consultas de nomeação, feitas no Desembargo do Paço e outros tribunais, deveriam "declarar em particular" as qualidades dos candidatos,
além dos merecimentos e partes[191]. Julgamentos deste tipo, acabavam
por definir uma tipologia dos desvios que incluía os candidatos em duas
categorias bem definidas: os "aptos" e os "inaptos" para a convivência
social. Enfim, era o "olhar estigmatizante" da elite que definia as regras
aceites e as categorias de desvio. Na prática, essas proibições eram
contornadas pelos cristãos-novos que procuravam, como já afirmamos,
adquirir títulos e cargos de honra, com o objetivo de se defenderem
contra as perseguições do Santo Ofício.

Ciente de que tais leis não eram rigidamente cumpridas, o Rei
expediu uma nova ordem em 13 de abril de 1636 lembrando – e talvez
por pressão da própria nobreza – que um dos remédios convenientes
para se atalhar e castigar o judaísmo era "não terem os da nação hebreia honras nem logares públicos, nem officios de Governança, nem
de Justiça, de Graça e Fazenda, e cousas semelhantes". Conforme
justificava a lei, essas proibições eram "antigas e muito bem fundadas",
e "deveriam ser guardadas mui exactamente"[192]. Temos em Francisco de Andrade um exemplo dessa situação. Com parte de cristão-
novo (visto que as pessoas agora passam a ser classificadas como
inteiras, metades ou oitavas, conforme o grau de parentesco com elementos de raça infecta), Andrade foi impedido, por ordem de El Rei,
de ocupar o ofício de Feitor de Pederneira[193].

O Tribunal do Santo Ofício, defensor da discriminação pelo sangue,
organizou arquivos genealógicos dos indivíduos suspeitos de heresia,
com o objetivo de averiguar as "qualidades de seus réus". Inclusive possuía uma sessão de genealogia, a primeira feita ao preso dentro de dez dias
após haver entrado nos cárceres. Ali o indivíduo era perguntado por "seu
nome, por sua idade, qualidade de sangue etc." Todas essas declarações
eram anotadas com minúcias e organizadas pelas genealogias, com o
objetivo de facilitar o que por elas se quisesse saber[194].

Cecil Roth apresenta como uma das funções do Santo Ofício expe-
dir "certificados de limpeza de sangue", exigidos não só para aqueles
que quisessem ocupar cargos no Santo Ofício, como também para
"certos cargos no exército, faculdades e até mesmo em corporações estudantis"[195]. Conforme determinação do 4º Regimento do Santo Ofício,

191. Carta Régia de 26 de novembro de 1623 – C.C.L.P., ed. cit., vol. III, p. 123.
192. Carta Régia de 13 de abril de 1636 – Leis Extravagantes, ed. cit., vol. I, 2º
tomo, pp. 68-69.
193. Carta Régia de 25 de julho de 1640 – Ibidem, p. 85.
194. Regimento do Santo Officio da Inquisição dos Reynos de Portugal – Ordenado por Mandado do Ilm. e Rmo. Snor. Bispo Dom Francisco de Castro, Inquisidor Geral
do Conselho d'Estado de S. Magde., Lisboa, por Manoel da Sylva, MDCXL – Livro
II, Tit. VI, § 2, p. 93.
195. Cecil Roth, op. cit., p. 71.

publicado em 1640, somente poderiam servir no Tribunal indivíduos conhecidos por "christãos-velhos". Dessa forma, os *Ministros* e *Oficiais,* além de serem naturais do Reino, teriam que comprovar serem de *"limpo sangue, sem raça de Mouro, Judeu ou gente novamente convertida* à nossa Santa Fé, e sem fama em contrário, que não tenhão encorrido em algu~a infamia pública de feito, ou de direito, nem fossem prezos, ou penitenciados pela Inquisição, *nem sejão descendentes de pessoas* que tivessem algu~ dos *defeitos sobreditos"*. Com relação aos *oficiais leigos,* a saber o *Meirinho, o Alcaide* etc., o Regimento especifica que, no caso de serem casados, deveriam ter a *"mesma limpeza* suas mulheres, e os filhos que por qualquer via tiverem", critério que reafirma a herança de habilidades e caráter pelo sangue[196].

A exigência de pureza de sangue não se restringiu apenas ao círculo dos Oficiais do Tribunal da Inquisição. Repetidas são as leis que proibiam o acesso dos cristãos-novos aos cargos da República. Em 1.º de dezembro de 1653, o rei reafirma, através de um alvará, que para os cargos de *Procuradores* e *Almotacéis* não deveriam ser eleitas pessoas que padecessem de "tais defeitos". Chega-se a impor a pena de duzentos cruzados e ficar inábil, para nunca mais entrar nas ditas eleições, "os indivíduos que votassem naqueles que não tivessem tais qualidades". Esse alvará pode ser considerado como resultado de uma constante pressão da nobreza, que procurava preservar os valores que a "dignificavam" como um grupo de *status*. Numa postura de autodefesa, um segmento da nobreza da cidade de Évora havia enviado à Coroa um comunicado tratando do resultado das últimas eleições realizadas na cidade para os cargos da república. Alertavam para o fato de que, através desse plebiscito, haviam sido "eleitas algumas pessoas de menos qualidade", ou seja, "officiaes mecânicos e com labéo de terem parte de nação hebréa". Alegavam ainda que esse fato resultava em "escândalo no povo e moradores da cidade, por ella ser a segunda do Reino, e de que se tomava exemplo para outras muitas partes"[197].

O emprego de termos pejorativos nos textos da legislação contribuía para fortalecer a imagem estigmatizada dos cristãos-novos; imagem essa que a nobreza procurava afirmar de forma a isolá-los do seu círculo de relações. Isso pode ser observado na palavra *labéo* ou *labéu,* identificada inúmeras vezes nos textos analisados, cujo significado é ainda hoje encontrado nos dicionários: "nota infamante, *mancha* na reputação, desdouro ou desonra". Os conceitos depreciativos e estereotipados se manifestam, correlacionando vários conceitos concomitantemente: "labéu de sangue hebreu" = "impuro de sangue" = "indigno para ocupar cargos honrosos"[198].

---

196. *Regimento do Santo Ofício...*, ed. cit., fl.2
197. *Ibidem.*
198. Ver infra, cap. III, "Elementos do Vocabulário da Ideologia Racista", pp. 234-244.

A revogação do impedimento aos cristãos-novos de ocuparem cargos públicos foi uma das preocupações do Padre Antônio Vieira, na sua constante luta a favor da gente da Nação Hebreia. Sua postura filossemita pode ser percebida em uma proposta encaminhada para D. João IV, em 1646, na qual sugere que "todo o homem da Nação seja hábil para qualquer ofício, honra ou mercê das que não requerem exame e limpeza"[199].

Com relação aos cargos que exigiam exame e limpeza, Vieira propõe que os exames se fizessem "pelo que toca à Fé e não pelo que pertence ao sangue". A reputação do cristão-novo somente seria válida em caso de se provar que seus pais, avós e bisavós estavam comprometidos com o crime de heresia. Argumentando que os cristãos-novos eram bons católicos pela experiência de tantos anos, pelo sangue ou pela raça, Vieira enfatiza que os de Nação Hebreia "padecem injustissimamente as manchas da fama"[200].

Contudo, o momento não era propício a reformas ou mudanças de mentalidades. As sugestões de Vieira somente encontrarão eco um século mais tarde conforme nos comprovam os recentes estudos de Novinsky. Na segunda metade do século XVII, as ideias de pureza de sangue ganham força, estendendo-se até o início da segunda metade do século XVIII.

O alvará de 4 de julho de 1659, assinado pela Rainha, durante o reinado de D. Afonso VI (1656-1667), concede licença, mediante pedido dos Oficiais da Câmara da cidade de Elvas, para que os *Tesoureiros do Conselho* recebessem as propinas das Procissões equivalentes à metade do que se dava a cada um dos vereadores. Entretanto, faz uma ressalva: "para o dito officio de Thesoureiro não se elegerão homem mecânico, nem *christão-novo*"[201].

Em 1666, um alvará ordenava que não se consentisse que, nas eleições de *Juiz de Povo* e *Mesteres*, fosse "admittida *pessoa alguma que tenha raça de christão-novo, mouro* ou *mulato*"[202]. Dois anos após a publicação desse alvará, as Cortes, por iniciativa do Estado do Povo, votaram para que os cristãos-novos não pudessem ter ofícios de Fazenda, nem honras ou dignidades de qualquer tipo[203]. Um outro alvará, promulgado em 1671, determinava que o "Senado da Câmara não

199. "Proposta que se fez ao sereníssimo Rei D. João IV a favor da gente da Nação sobre a mudança dos estilo do Santo Offício e do Fisco, em 1646". Em Pe. A. Vieira, *Obras Escolhidas,* vol. IV, obras várias (II): "Os Judeus e a Inquisição", Lisboa, Livraria Sá da Costa Editora, 1951, p. 50.

200. *Ibidem.* Ver na bibliografia recentes estudos de Anita Novinsky.

201. Alvará de 4 de julho de 1659 – *C.C.L.P.*, ed. cit., vol. IX, p. 243. Nota: Apenas com o objetivo de complementar e auxiliar a compreensão do texto, queremos lembrar o significado de "Propinas": contribuições, quantias pagas.

202. Alvará 11 de outubro de 1666 – *Ibidem,* p. 276.

203. J. Lúcio de Azevedo, *op. cit.,* p. 289.

dê officio nem serventia a estrangeiro, *nem pessoa de nação infecta*", qualidade em relação à qual se tenha "particular cuidado". Dentre as serventias, identifica a de "tratadores de mercadorias e fretadores"[204]. Os dois últimos alvarás retomam, aliás, o que já se determinara há três décadas[205]. Os sucessivos alvarás, entretanto, não impediram os cristãos-novos de ocupar os cargos proibidos por lei. Existem sempre justificativas para a necessidade de uma "nova determinação", por não estarem as leis anteriores sendo seguidas pontualmente. As causas das fraudes são constantemente apontadas: "falta de notícias e conhecimento das pessoas, e a facilidade com que ellas se examinam quando entram algum officio"[206].

Em função das causas apontadas, seguem-se novas determinações: "Toda pessoa antes de entrar em algum officio mande fazer as informações [...] procurando-se *se tem parte de christão-novo, mouro, ou mulato, e se é bem infamado* disso [...] se é casado com mulher, que tenha *algum destes defeitos*"[207]. Deveria incorrer em castigo a testemunha que depusesse falsamente acerca da limpeza de sangue durante a inquirição de Genere.

Em pleno século XVIII, um Aviso de D. João V mostra que a pureza de sangue continuava a ser requisito para o acesso aos cargos públicos. Para que os prelados ordinários não se ressentissem de que as suas sentenças eram revogadas por "pessoas indignas", esse Aviso lembra que "devemos nomear *Promotor Público* como se costumou até agora [...] e que estes e mais *ministros* sejam sujeitos de inteireza, letras, experiência e limpeza de sangue"[208].

Reunindo as "qualidades" exigidas para os mais variados cargos aos "argumentos" apresentados para que não fossem ocupados por elementos descendentes da Nação Hebreia, percebemos que a ideia que se tenta legalizar é que todos os cristãos-novos não são dignos de confiança e que, em qualquer circunstância, agem sempre de má-fé. Os estereótipos conduzem as atitudes para uma mesma direção: a de segre-

---

204. Alvará de 16 de agosto de 1671- *Ibidem*, vol. VIII; *Leis Extravagantes*, ed. cit., vol. III, Tomo II, p.5.
205. As determinações desses dois alvarás já haviam sido expostas nas Cartas Régias de 13 de abril de 1656 e 25 de julho de 1640.
206. *C.C.L.P.*, ed. cit., vol. VIII, p. 192.
207. Carta Régia de 16 de agosto de 1671 – *Ibidem*. Tempos antes dessa Carta Régia, havia sido publicada uma obra antijudaica que, entre outras coisas, sugeria que se privassem os descendentes dos judeus de honras e dignidades. Essa obra se intitulava *Perfídia Judaica,* escrita pelo Dr. Roque Monteiro Paim, Desembargador do Paço e secretário de D. Pedro, tendo sido publicada em Madri no ano de 1671. Cit. por A.R. Ribeiro dos Santos, Membro de Literatura Portuguesa da Academia de Sciencias, 7°, p. 372. *Apud* Lúcio de Azevedo, *op. cit.,* p. 296.
208. Aviso de 16 de junho de 1744 – *Ordenação e Leys do Reyno de Portugal*, ed. cit., Col. II, Livro I, Tit. 9, n. 14, § 3, p. 442.

gação social dos descendentes de judeus. As barreiras sociais, expressas sob a forma de leis discriminatórias, foram derrubadas muitas vezes pelos conversos; tanto é que as leis, em datas consecutivas, repetem o que tantas vezes já fora proibido. Essas oscilações da legislação nada mais são do que sinais de que as regras não eram observadas. E é justamente essa forma arbitrária de aplicação das leis que dá à legislação características discriminatórias.

Os Cristãos-Novos e a Exclusão das Ordens Militares

O preconceito contra o cristão-novo manifestou-se em todas as instituições portuguesas, assumindo características próprias e estendendo-se por um período de mais de dois séculos. Se quisermos identificar no tempo a primeira instituição a discriminar os elementos descendentes de judeus e a assumir atitudes segregacionistas, poderemos fazê-lo sob dois ângulos: o legal e o de origem. De acordo com a opção feita teremos uma inversão na ordem dos fatores.

Com base na legislação portuguesa, isto é, considerando-se o seu aspecto legal, os primeiros dados sobre limpeza de sangue, discriminando os cristãos-novos dos cristãos-velhos, foram localizados com relação aos cargos públicos, datando a primeira lei, em Portugal, de 1514. Se formos buscar nas origens a primeira instituição a endossar o Estatuto de pureza de sangue, seremos obrigados a retroceder até o século XV, às Ordens Militares na Espanha.

Em Portugal, os Estatutos da Ordem de Cristo já haviam assumido um caráter exclusivista quando, em 1529, se efetuaram reformas em seu Estatuto. Todavia, como não tivemos acesso a esse documento, não podemos afirmar, com certeza, se nessa época a exclusão dos cristãos-novos já constava de seus regulamentos[209].

Antônio Saraiva, sem indicar fonte e data precisa, afirma que "antes de estarem consignados na legislação geral, os Estatutos de Limpeza constavam dos regulamentos particulares das diversas Ordens Religiosas ou Militares". E que, "em meados do século XVI, exigia-se a limpeza de sangue para os cargos eclesiásticos, as Ordens Militares, as confrarias"[210].

---

209. Dentre as principais Ordens Militares existentes em Portugal, podemos relacionar: Ordem de Nosso Senhor Jesus Cristo, Ordem de São Tiago da Espada e a Ordem de S. Bento de Aviz. Sobre este assunto pode ser consultada a obra de L.M. Poliano, *Ordens Honoríficas do Brasil – História, Organização Padrões, Legislação*, Rio de Janeiro, Imprensa Nacional, 1943. Nota: A data de 1529 é apresentada por J.G. Salvador. Entretanto, o autor, ao fazer tal afirmação, não indica a fonte consultada, daí a nossa dificuldade para confirmar tais informações. Ver José Gonçalves Salvador, *Os Cristãos-Novos: Povoamento e Conquista*, ed. cit., p. 41.

210. Antonio José Saraiva, *op. cit.*, p. 165.

Em 1604, encontramos na legislação portuguesa a primeira lei que proibia o acesso dos cristãos-novos às Ordens Militares, institucionalizando uma prática registrada nos estatutos particulares de tais Ordens[211].

Com base nos dados apresentados, podemos elaborar o seguinte quadro cronológico:

1449	• Estatuto de Toledo (limpeza de sangue) – Espanha. • Ordens Militares endossam o Estatuto de exclusão: Ordem Militar de Alcântara, Ordem de São Jerônimo e outras.
1514	• Legislação Portuguesa: limpeza de sangue – requisito para ocupar cargo público.
1529	• Ordem Militar de N. Sr. Jesus Cristo – caráter exclusivista (?) (Segundo J.G. Salvador).
(Século XVI)	• Regulamentos particulares das Ordens Militares. Requisito: limpeza de sangue (segundo A.J. Saraiva).
1604	• Carta Régia proibindo o acesso de cristãos-novos às Ordens Militares.

As Ordens Militares da Espanha e o Estatuto de Pureza de Sangue

Em busca das raízes do estatuto de pureza de sangue, cairemos em terreno espanhol e, mais especificamente, na história das Ordens Militares. A preocupação em recrutar elementos que não estivessem contaminados pela "impureza do sangue judaico" surgiu nas Ordens Militares, após os distúrbios ocorridos em Toledo, por volta de 1449, quando foi promulgado o estatuto de exclusão. Uma das primeiras Ordens a aplicar o estatuto, com tais características discriminatórias, foi a de Alcântara (século XV), sendo seguida pela de São Jerônimo[212].

A rejeição do elemento judeu e seus descendentes não demorou a manifestar-se em toda sociedade cristã-velha da Espanha, repercutindo por toda Península Ibérica.

As Ordens Militares, criadas durante o embate entre mouros e cristãos, ajustaram-se ao Estatuto de limpeza de sangue, pois sempre debateram para excluir de suas fileiras os vilões, mercadores e pessoas que tivessem exercido ofícios assalariados. Portanto, mantiveram um espírito elitista. Dentre os Estatutos das Ordens Militares, podemos citar como os mais antigos: o Estatuto da Divisa de Nuestra Señora

---

211. Antônio Saraiva também apresenta essa mesma data e fonte: (a C.R. 28/02/1604) que será analisada detalhadamente neste mesmo capítulo. Antônio José Saraiva, *op. cit.*, p. 168.

212. Domingos Ortiz, *op. cit.*, p. 82.

de La Picina, instaurado em 1136, por Don Ramiro; e o Estatuto das Ordens Militares, conferido pelo Cardeal Don Jacinto (Papa Alaejandro II). Durante os séculos XIII e XIV, os membros das Confrarias de Alcaraz, Ubeda, Baeza e Jaeb eram obrigados a conservar a sua individualidade como minoria nobre e guerreira. Domingos Ortiz afirma que "seus membros estavam obrigados a conservar a pureza de sangue", fazendo uma ressalva: "esta medida não tivera o caráter que se atribuiu, mais tarde, às corporações chamadas de Estatuto". A conotação de "pureza de sangue" assume, nesse caso, o sentido da minoria nobre e guerreira, de não se misturar à maioria não submetida. A Ordem de São João de Jerusalém também "se negava a admitir pessoas cujos descendentes fossem mercadores, escrivães, ou que desempenhassem ofícios servis ou mecânicos"[213].

A diferença está em que, a partir do século XV, a exclusão do elemento judeu e seus descendentes, baseada na ideia de ascendência biológica, adquiriu um caráter pejorativo, desqualificando socialmente o grupo dos cristãos-novos. Na fase anterior, a ideia exclusivista existente nessas Ordens não tinha características preconceituosas, sendo bastante típica.

As Ordens Militares de Portugal: A Honra e a Limpeza de Sangue

Tanto na Espanha como em Portugal, as Ordens Militares foram constantemente procuradas pelos cristãos-novos, pois a posse de um de seus hábitos não só equivalia a um dos mais importantes títulos honoríficos, como também lhes proporcionava uma certa tranquilidade contra as perseguições inquisitoriais.

Pertencer a uma Ordem Militar equivalia a receber uma série de vantagens e privilégios, dentre os quais podemos citar: isenção do foro civil, de impostos, de contribuições forçadas, libertação de trabalhos julgados indignos etc. Dessa forma, o indivíduo receberia uma pensão ou tença da Coroa[214]. A participação na Ordem Militar significava a elevação social do indivíduo, que passava a participar de um círculo restrito, cuja existência se achava, a partir do século XV, garantida pelo Estatuto de pureza de sangue.

Em Portugal, o cumprimento do Estatuto de pureza adquiriu um perfil próprio, mas não perdeu suas características iniciais. Nesse sentido, lembramos uma afirmação de Albert Sicroff: "por mais abstrata que seja, a ideia de pureza de sangue tem por assim dizer um funcionamento variável conforme as circunstâncias em que age"[215]. Através do

213. Julio Caro Baroja, op. cit., pp. 267 e 270; Domingos Ortiz, op. cit., p. 81.
214. José Gonçalves Salvador, op. cit., p. 24.
215. Albert Sicroff, op. cit., p. 10.

estatuto de pureza de sangue aplicado às Ordens Militares, tentava-se conservar e dignificar cargos a que, por "direito" e tradição, apenas a nobreza poderia ter acesso.

Monopolizando bens e determinando a orientação ideológica, tanto a nobreza como a Igreja criavam oportunidades que diretamente lhes aumentavam as possibilidades de poder, cuja manipulação geralmente se fazia por ordem legal[216]. A honra e o prestígio social passam a ser distribuídos em função dos interesses de uma minoria. Se participar de uma Ordem Militar significava obter um título honorífico, o seu acesso foi dificultado mediante a exigência da comprovação da limpeza de sangue.

O jogo de interesses valia-se do cristão-novo como elemento de comparação. Nele, a qualificação afirma e/ou confirma a imagem positiva da nobreza, excluindo, dessa forma, os cristãos-novos. Para se configurar o "limpo de sangue", havia a necessidade de se identificar o inverso, ou seja: para existir o positivo, há sempre a necessidade de se detectar o negativo. Este último conceito se desenvolve através de uma forte carga de adjetivos pejorativos e estereotipados[217].

Para a Coroa, especialmente, interessava eliminar o cristão-novo das Ordens Militares; pois estaria livrando o Erário Régio do pagamento de um grande número de tenças e pensões. Ao mesmo tempo, ter em mãos "cargos proibidos", lhe possibilitava oferecer certas "dispensas" em troca de financiamentos ou doações, fato bastante comum nas relações pessoais cristãos-novos/rei.

Dentre as principais Ordens Militares existentes em Portugal, temos a de São Bento de Aviz, a de São Tiago da Espada e a de Nosso Senhor Jesus Cristo, sendo a última a mais importante. A Ordem de São Bento de Aviz foi fundada por D. Sancho III, no ano de 1158, no Reino de Castela, e introduzida em Portugal por D. Afonso Henriques a 13 de agosto de 1162, com sede em Coimbra[218]. Em torno de D. Afonso se reuniram cavalheiros portugueses que participavam da luta contra os mouros. Nesse mesmo ano foi eleito o seu primeiro mestre, com a autorização do Bispo de Ostia[219].

A Ordem de São Tiago da Espada, dentre as hipóteses mais prováveis, teria surgido em 1161, no Reino de Leão, quando cavalheiros se uniram para defender o túmulo do Apóstolo São Tiago do ataque

---

216. Max Weber, *op. cit.*, p. 222.

217. Josef Kaplan, *Les Nouveaux – Juifs d'Amsterdam. Essais su l'histoire sociale et intellectuelle du judaisme séfarade au XVIIᵉ siècle*. Paris, Éditions Chandeigne, Librairie Portugaise, 1999.

218. A. da Veiga e Coimbra, "Ordens Militares de Cavalaria de Portugal", em *Revista de História*, São Paulo, FFLCH, Departamento de História; USP, vol. XXVI, n. 53, 1963, p. 23.

219. L.M. Poliano, *op. cit.*, p. 36.

dos mouros[220]. Sua Bula de confirmação data de 1175. A Ordem foi depois estabelecida em Portugal por iniciativa de D. Afonso Henriques, com sede em Arruda. Em 1508, D. Jorge compilou as Regras, Estatutos e Definições da Ordem, fortalecendo as exigências de Nobreza e Linhagem[221]. Mantendo a ideia exclusivista e elitista, proibia-se a inclusão de oficiais mecânicos, lavradores, aleijados, rendeiros, cambiadores, mercadores e usurários. Entretanto, duas exceções eram feitas: não seria considerado o impedimento para o aleijado havido em guerra, e se ordenava que as pessoas da Nação poderiam ser recebidas na Ordem[222]. Esse fato nos demonstra a inexistência da ideia de limpeza de sangue nesse período.

Em 1319, procedeu-se à existência efetiva da Ordem de Nosso Senhor Jesus Cristo, em Portugal, cujas origens podem ser encontradas na Ordem dos Templários, extinta por Felipe, o Belo, da França. Somente foram poupadas as Ordens de Aragão, Castela e Portugal. Esta última se transformou na Ordem de Nosso Senhor Jesus Cristo em Portugal e as outras na de Montesa, na Espanha[223].

A necessidade de pureza de sangue para ingressar nestas Ordens Militares demorou a se manifestar. Somente em 1572, os Papas Pio V e Gregório XIII proibiram o ingresso de pessoas descendentes de mouro ou judeu, filhos ou netos de mecânicos, na Ordem Militar de Nosso Senhor Jesus Cristo[224]. Essas prescrições, que serviam de impedimento para os cristãos-novos obterem um título honorífico, assumiram características legais em 1604[225], através de uma Carta Régia promulgada por Felipe II. Ordenando que as Definições, Estatutos e Estabelecimento das três Ordens Militares fossem cumpridos inteiramente, a lei estabelecia, em particular, que as pessoas que fossem receber o hábito apresentassem provas de qualidade e limpeza de sangue. Estipulava também que nenhuma dispensa na qualidade de limpeza de sangue deveria se processar[226]. No espaço de dois meses, foram edi-

220. Veiga e Coimbra apresenta a data de 1170 como da sua instituição no Reino de Castela. Em 1288, teria recebido permissão do Papa Nicolau IV, a pedido do ReiD. Dinis, para ser desmembrada de Castela e considerada Ordem Portuguesa. A. da Veiga e Coimbra, *op. cit.*, p. 24.

221. D. Jorge era filho legítimo de D. João II com D. Ana de Mendonça. Era mestre da Ordem Militar de São Tiago e S. Bento de Aviz. L.M. Poliano, *op. cit.*, p. 42.

222. *Idem, ibidem*, p. 42; "Regras, Estatuto, Definições e Reformação da Ordem de Cavalaria de Santiago da Espada", Definição III, *C.C.L.P.*, ed. cit., vol. IV, p. 37. O texto legal estipulava que nos Estatutos Antigos, cap. 4º, § 2º, "as pessoas da nação possam ser recebidas a ella, e sendo taes, que de seu serviço a ordem possa ter utilidade".

223. L.M. Poliano, *op. cit.*, p. 44.

224. José Gonçalves Salvador, *op. cit.*, pp. 24 e 41; Vitorino Magalhães Godinho, *op. cit.*, p. 81.

225. C.R. 28/02/1604 – *C.C.L.P.*, ed. cit., vol. I, p. 67.

226. Referindo-se às Definições das três Ordens Militares do Reino, a C.R. mandava que "d'aqui em diante se não dispense com nenhuma pessoa na qualidade de

tadas mais duas Ordens Régias, confirmando a anterior[227]. Dessa vez, Felipe II procurou justificar as ordens dadas e enumerar os documentos consultados, aliás, bastante elucidativos como amostra do problema. Cita as consultas antigas e modernas da Mesa da Consciência sobre os hábitos dos Freis das Três Ordens e sobre a provisão dos Priorados, Reitorias, Vigarias, Capelanias e benefícios à disposição do Sagrado Concílio Tridentino e o teor dos Breves e Bulas Apostólicas. Uma das preocupações de tais ordens era de que se fizessem as diligências sobre limpeza e habilitação daqueles que viessem a entrar para os conventos e os que recebessem benefícios curados, conforme requeriam os Estatutos das Ordens Militares[228]. E ainda recomendava: "que se façam sobre sua limpeza, e habilitação, diligências *mui qualificadas* e que não entrem senão pessoas que tenham todas as partes, e qualidades, limpeza, e virtude"[229]. Tanto na Carta Régia como no alvará, as ordens se repetem monotonamente.

Tudo indica que as leis não eram obedecidas, negociando-se cargos, falsificando-se declarações e comprovações de Genere. Isso, entretanto, não significava, apesar das aparências, que o processo discriminatório contra o cristão-novo estava sendo eliminado. Ao contrário, mais uma vez se abusava da "imagem deturpada" e da visão negativa que se tentava criar desse grupo, para atingir objetivos econômicos e sociais.

Devemos, entretanto, lembrar que, a partir do momento em que o cristão-novo apresentasse uma comprovação de Genere falsa, forjando uma origem cristã que não possuía, estava simplesmente reforçando o mito de pureza de sangue endossado pelo grupo dominante e pela burguesia mercantil cristã-velha.

O fato de o converso se fazer passar por cristão-velho significava, antes de mais nada, aderir aos valores impostos, submetendo-se ao sistema simbólico vigente. Para o grupo de *status*, a participação do cristão-novo em seu círculo de vida, encoberto pelo nome de cristão-velho, era muito mais significativa do que cumprir com os impedimentos propostos por lei, pois, com tal atitude, os signos que lhes garantiam determinada posição privilegiada na estrutura social não estavam sendo eliminados. Ao contrário, eram valorizados e conservados, quando deveriam ter sido combatidos por aqueles que eram os mais atingidos: os estigmatizados.

---

limpeza de sangue para haver o hábito de alguma das ditas três Ordens [...] e mando que na Mesa da Consciência se não admittam por via alguma, petições sobre semelhantes dispensações, nem se me consultem [...]" – *C.C.L.P.*, ed. cit., vol. I, p. 67.

227. Essas duas Ordens Régias são: uma C.R. promulgada em 23/03/1604 e um Alvará datado de 05/04/1604, que simplesmente confirmam as ordens dadas na C.R. de 28/02/1604 – *C.C.L.P.*, ed. cit., vol. I, pp. 69 e 71.

228. C.R. 23/03/1604 – *C.C.L.P.*, ed. cit., p. 69.

229. Alvará 05/04/1604 – *Ibidem*, p. 71. Grifo nosso.

A estrutura social precisava ser mantida, de forma a não alterar a distribuição de poder, que estava diretamente relacionada com a ordem legal. Essa situação explica a persistência das leis discriminatórias, que foram bastante marcantes durante o governo dos três Felipes. Assim, outra Carta Régia foi promulgada, repetindo, nos mesmos termos, o que já havia sido declarado no Alvará de 1604: "a necessidade de se fazer diligências mui qualificadas sobre a limpeza e habilitação"[230]. Apesar destas determinações, cristãos-novos continuaram a entrar para as Ordens Militares, usufruindo de privilégios exclusivos da nobreza. Em 1624, a limpeza de sangue novamente constará das determinações legais como requisito para as consultas de Hábitos das Ordens Militares[231].

Em 1627, as Regras, Definições e Estatutos das Ordens Militares de São Bento, Santiago e Jesus Cristo foram reformulados por Felipe III. O conteúdo das leis promulgadas anteriormente refletem-se nos estatutos, que assumem características racistas, com conotação degradante com relação aos cristãos-novos: de um lado os "nobres" e de outro as "raças inábeis" (doc. 7).

Uma das principais mudanças efetuadas no Estatuto da Ordem de Santiago da Espada se processou em 1527. Revogando o que havia sido ordenado, estipulava que "o hábito de nossa Ordem se não possa conceder a pessoa alguma da Nação, nem por isso se possa pedir dispensação, sem consentimento do capítulo geral"[232]. Somente poderiam ser recebidos na Ordem Militar aqueles que fossem cavaleiros, fidalgos ou escudeiros de linhagem, por parte de mãe e pai cristão-velho, e sem raça alguma, por mais remota que fosse, de mouro, judeu, ou cristão-novo[233].

O signo da limpeza de sangue se faz sentir mais fortemente numa frase posterior, onde se determina que aqueles que vierem a servir à

230. C.R. 13/06/1611 – *C.C.L.P.*, ed. cit., vol. I, p. 305.
231. C.R. 17/07/1624. Em termos gerais, o texto mandava que "se não consultassem Hábitos das Ordens Militares, não sendo em pessoas muito conhecidas, sem precederem informações de limpeza de geração" – *Ibidem*, vol. IV, p. 146; ver também *Definições e Estatutos dos Cavaleiros e Freires da Ordem de Nosso Senhor Jesus Cristo*, Lisboa, 1746 (Esta, assim como a edição de 1717, é praticamente uma reedição das regras de 1628); Francis A. Dutra, "Membership in the Order of Christ in the Seventeenth Century: Its Rights, Privileges and Obligations", em *The Americas* (27), 1970, pp. 3-25.
232. Essa mudança ocorreu no Cap. IV, § 2º, dos Estatutos antigos, de onde foi retirada a exceção introduzida por D. Jorge, em 1508, exceção essa referente aos cristãos-novos, os quais poderiam ser recebidos na Ordem.
233. Este documento pode ser localizado em diferentes fichas catalográficas: "Regras, Estatutos, Definições e Reformação da Ordem de Cavallaria de Santiago da Espada", 30/05/1627 – *C.C.L.P.*, ed. cit., vol. IV, Def. III, p. 37; Estatutos da Ordem de Santiago da Espada. Compilación de los Estabellecimientos (V – Regras e Statutos), Res..., 33; ou Leis y Estabelecimientos. V – (D. Juan) Fernandes de le Gama. Res. 453 v. Biblioteca Nacional de Lisboa.

Doc. 7: *Regras e Statutos da Ordem de Santiago da Espada.* Compilación de los Estabellecimentos. Res. 133. Biblioteca Nacional de Lisboa, Portugal.

Ordem não fossem "nem *infamados,* nem afrontados de *cousas que os façam infames,* e incapazes de honras, por cousas de que *não estejam já limpos*"[234]. O significado da palavra "infame" estava diretamente relacionado com o conceito de "limpeza de sangue" e "honra": ser infamado = não ser "limpo" = estigma.

O mecanismo dessa discriminação contra o cristão-novo se completa com as exigências das habilitações e provanças das pessoas que desejassem receber o hábito da Ordem. A investigação da genealogia é a apoteose da limpeza. Ela deveria ser efetuada de maneira que se "tivessem bastante notícia e conhecimento da qualidade e limpeza do sangue, das taes pessoas"[235].

Na orientação da pesquisa das provanças dos Cavalheiros, os Estatutos determinavam que as inquirições de Genere deveriam ser tiradas no local de origem do habilitando e de seus descendentes (pais e avós). Muitas vezes acontecia de os habilitandos pedirem dispensa de certas investigações, alegando que estas teriam que ser processadas em local muito distante. Essa era mais uma das formas utilizadas para se encobrir possíveis origens suspeitas[236].

Efetuavam-se subornos e negociações com as testemunhas, prevenindo-se contra uma "provável" comprovação de "impureza" de sangue. Essa situação levou o Arcebispo Governador da Mesa de Consciência a tomar providências para que as investigações, em 1629, se procedessem com toda a pureza[237].

Várias consultas foram enviadas ao rei, pelo Conselho de Estado, sobre a forma como se deveriam fazer as provanças das pessoas que se candidatavam aos hábitos das Ordens Militares. Em resposta a essas consultas, o rei confirma que "se prohibe darem-se hábitos e fidalguias, a pessoas da nação hebreia". Como exemplo de impedimento por impureza de sangue, temos o caso de Antônio da Cunha, cuja resposta ao seu pedido de dispensa foi a seguinte: "*não há por bem de dispensar com elle no deffeito que se lhe achou* nas provanças de sua habilitação, porque, além de ser, é sua Magestade informado *que se casou com cristã nova inteira*". Um outro exemplo: "Diz sua Magestade que vio

---

234. *Ibidem.*
235. Def. V. "De como se hão de fazer provanças dos Cavalheiros". *Ibidem.*
236. A exemplo temos a C.R. de 31/10/1628: "vi uma consulta da Mesa de Consciência e Ordens, sobre Francisco P. Brito, que pretendia que se lhe fizessem nessa Cidade as provanças de sua habilitação para receber o hábito de Christo – pelo que toca a sua avó materna, que foi natural do Brazil – a que se responderá que se guarde o que dispõem os Estatutos e Definições da Ordem advertindo a Mesa, que não convém facilitar semelhantes dispensações" – *C.C.L.P.,* ed. cit., vol. IV, p. 139.
237. Consulta 13/03/1629: "[...] e a Mesa terá particular cuidado de prevenir que nas habilitações que se fizerem se proceda com toda a pureza, para se evitarem qualquer subornos, e negociações das partes das testemunhas [...]" – C.C.*L.P.,* ed. cit., vol. IV, p. 146.

uma Consulta da Mesa de Consciência sobre o *defeito* que se achou nas provanças de sua habilitação para receber o hábito de Christo, *por ser sua mãe gentia de Nação*"[238].

Contudo, apesar das constantes restrições, o próprio rei dispensava das provanças certos indivíduos, lançando-lhes os hábitos dessas Ordens em pagamento por algum favor prestado. Essa situação pode ser constatada no caso dos capitães Francisco Rabello, Sebastião Sotto e Henrique Dias, governador dos negros, que "por servirem na Guerra de Pernambuco poderiam escolher o Hábito a que tivessem devoção". Para que o hábito lhes fosse lançado, ordenou-se que "*não se fizessem provanças* e que fossem dispensados em tudo aquilo em que se pudesse fazer"[239].

Um outro pedido de Luiz Angel Coronel, enviado a El Rei, requerendo que este "declarasse que ele tem toda a limpeza de sangue para obter todas as couzas de qualquer genero ou qualidade", não foi deferido. Para alcançar tal dispensa era necessário também um Breve de Dispensação concedido pelo Papa[240]. Lopo Rodrigues de Évora e seus descendentes conseguiram o referido Breve do Papa Xisto V. O objetivo de Luiz Angel Coronel era receber o hábito da Ordem de Aviz, valendo-se desse referido Breve. As dispensas eram concedidas segundo a vontade do rei e não de acordo com as leis. Resolvendo "fazer justiça", conforme afirma o texto legal, a declaração que pediram não foi concedida, porque "além de não serem nascidos ao tempo da concessão da graça, *por elles terem o defeito do sangue,* não só pela linha do dito Lopo Rodrigues de Évora, senão por outra via mais"[241].

No tempo de Felipe II (1580-1598) e seus predecessores, chegou-se a vender fidalguias, desacreditando os hábitos das Ordens Militares. Segundo as Bulas Papais, os reis tinham direito de doar até 41 comendas da Ordem de Cristo[242]. Esse direito foi usado várias vezes para desafogar o Erário Régio.

Felipe III (1598-1621) e D. João IV (1640-1656) distribuíram grande quantidade de hábitos, procurando dessa forma angariar recursos para enfrentar as dificuldades financeiras do reino. Esse fato se consumou, principalmente, após a Restauração, quando D. João, à míngua de recursos, precisava enfrentar os espanhóis no continente e os holandeses na Índia e no Nordeste brasileiro[243]. Na época de Felipe

---

238. C.R. 09/02/1633 e C.R. 13/04/1603 – *Ibidem,* vol. IV, p. 307; vol. I, p. 10. Grifo nosso.

239. C.R. 08/04/1639. *Ibidem,* vol. V, p. 190. Grifo nosso.

240. *Ibidem,* Vol. V, p. 197.

241. *Ibidem.* Grifo nosso.

242. Antonio Rabelo da Silva, *História de Portugal nos Séculos XVII e XVIII,* Lisboa, Imprensa Nacional, 1867, Tomo IV, p. 69; Tomo V, p. 372.

243. José Gonçalves Salvador, *op. cit.,* pp. 28 e 30.

IV (1621-1640), as falsificações de limpeza de sangue para se obter hábitos se multiplicaram de tal forma que chegaram a causar escândalos[244].

Analisando e comparando os três Estatutos das Ordens Militares de São Bento de Aviz, Santiago e a de Jesus Cristo, deparamos com a seguinte situação:

- As pessoas que desejassem receber um de seus hábitos deveriam comprovar que eram *nobres, fidalgos, cavalheiros* ou *escudeiros de linhagem.*

- Como qualidades positivas, os habilitandos deveriam ser *limpos de sangue,* sem mácula alguma em seus nascimentos, nem outros impedimentos ou defeitos. Dentre os impedimentos e defeitos, podemos enumerar alguns:
  - ser descendente de *mouro, judeu, herege, cristão-novo, negro cativo* ou *mulato;*
  - exercer ou ter exercido (o habilitando, os pais ou avós) algum *ofício mecânico* ou outro "indecente", como ser rendeiro, cambiador, mercador ou usurário.

- Além de ter de comprovar que era *cristão-velho,* o candidato deveria ser *filho legítimo*[245].

Dessa forma, podemos caracterizar os Estatutos das Ordens Militares de Portugal como elitistas e racistas. Nas suas entrelinhas, o mito de pureza de sangue funcionou como um instrumento de ordem legal, servindo a alguns como arma de ataque e a outros como forma de defesa. A partir do momento em que se definiram os *impedimentos,* encontrou-se também uma abertura para se "fornecer" *dispensa,* já que esta última não poderia existir sem os primeiros. A dispensa, nesse período, foi sempre utilizada em função dos interesses do grupo dirigente, que encontrou nela uma fonte fácil de rendimentos.

A Limpeza de Sangue e os Casamentos Mistos

O casamento de cristãos-novos com cristãos-velhos foi, durante muito tempo em Portugal, uma forma de os cristãos-novos adquirirem *status,* passando a fazer parte da Nobreza e garantindo, por um lado, a "limpeza de sangue". Muitos encontraram no matrimônio uma forma de encobrir suas origens judaicas e fugir às perseguições inquisitoriais.

---

244. Baroja analisa a época de Felipe IV como sendo um período de graves problemas econômicos e "outras diversas razões", que não especifica. Julio Caro Baroja, *op. cit.,* p. 335.

245. Ver o quadro "As Ordens Militares e as Qualidades de seus Membros, Conforme seus Estatutos", pp. 100 e 101.

Precauções foram adotadas pela nobreza, que tinha uma tradição a zelar, a qual, baseada no "mito da limpeza", garantia-lhe posição distinta na estrutura social. O sistema de inclusão e exclusão daqueles que desejavam participar desse grupo privilegiado era determinado por modelos de comportamento e por regras convencionais, sendo algumas delas impostas às alianças matrimoniais.

Dentre os traços simbólicos que distinguiam a nobreza dos demais grupos sociais, especificamente dos cristãos-novos, temos o da crença na existência do sangue incontaminado pela raça hebreia[246], signo que chegou a impedir "alianças de família com quem não pudesse comprovar uma ascendência de antepassados tão incontaminados quanto a deles"[247].

As primeiras notícias que temos sobre a proibição de casamentos mistos são de 1499, 1501 e 1502, durante o reinado de D. Manuel, datas que se referem a pedidos e autorizações assinados pelo monarca para certos indivíduos se casarem com cristãos-novos. Havia a necessidade dessa licença pelo fato de existir, na época, uma Ordenação que proibia tais casamentos mistos[248].

Em 1581, os cristãos-novos, através de um memorial apresentado às Cortes, pedem a Felipe II que não lhes sejam impostos obstáculos à realização de casamentos com cristãos-velhos. Sugerem que a Coroa intervenha junto à Santa Sé para que esta lhes conceda o perdão geral das culpas, pois dessa forma os cristãos-velhos não mais temeriam ficar infamados pela condenação dos parentes[249].

---

246. Para Pierre Bourdieu, cada posição na estrutura social se expressa através de "marcas significantes". Ao se referir ao grupo de *status*, proposto por Weber, lembra que as diferenças propriamente econômicas deste com as classes "são duplicadas pelas distinções simbólicas na maneira de usufruir os bens, ou melhor, por meio do consumo, e mais através do consumo simbólico (ou ostentatório) que transmuta os bens em signos". Em consequência, os traços distintivos mais prestigiosos são aqueles que simbolizam claramente a posição diferencial dos agentes na estrutura social. Por exemplo, "a roupa, o bom gosto e a cultura, pois aparecem como propriedades essenciais da pessoa [...], enfim, como natureza". Pierre Bordieu, *op. cit.*, p. 16.

247. Cecil Roth, *op. cit.*, p. 73.

248. Essas licenças de casamento de 1499, 1501 e 1502 fazem referência a essa Ordenação que proibia casamentos mistos. Entretanto, tal lei não foi ainda descoberta. Para Herman Saloman e Tomás R. de Heredia, editores da revista *American Sephardi*, a notícia da existência dessa Ordenação vem confirmar a tese de alguns historiadores, como Jean Denucé e Antônio Saraiva, de que os portugueses cristãos-novos, por séculos posteriores, tiveram o mínimo de ancestrais judeus. H.P. Saloman e T.L. Ryan de Heredia, – Resenha "O Problema Judaico no Reinado de D. Manuel" (The Jewish problem during lhe reign of Dom Manuel), por Fernando Felipe Portugal, Armas e Troféus, Revista de História, Heráldica, Genealogia e de Arte, III Série, vol. IV, n. 3, October-December, 1975, 310-328, em *The American Sephardi,* Journal of the Sephardi Studies Program of Yeshiva University, Nova Iorque, 1978, vol. IX, p. 197.

249. Petição da Gente da Nação. Cod. 1509, Inq. copia. Arquivo Nacional *Apud* João Lúcio de Azevedo, *História dos Cristãos-Novos Portugueses,* Lisboa, Livraria Clássica Editora, 1921, p. 150.

Numerosas foram as leis que proibiam o acesso de cristãos-velhos a determinados cargos públicos e religiosos pelo simples fato de estarem casados com um elemento da Nação Hebreia[250]. Além de serem tratados por cristãos-novos de forma pejorativa, os filhos de matrimônios mistos passavam a ser designados como "meio cristão". Um neto de judeu se chamava "quarto de cristão-novo". Se alguém tinha um só antecessor judeu, era descrito como "em parte cristão-novo", e, se o sangue judeu predominava, como "mais de meio cristão-novo"[251]. Essa forma de tratamento pode ser encontrada, em particular, nos processos inquisitoriais e nos processos de habilitação de Genere.

Felipe III, em 1616, promulgou um alvará com o objetivo de "perpetuar a Antiga Nobreza" e impedir que seus descendentes recebessem afrontas caso estivessem casados com pessoas indignas. Os que quisessem ter bens da Coroa, ou se quisessem habilitar para os ter, deveriam obter uma licença do rei, mediante apresentação dos pais ou responsáveis. Aqueles que se casassem sem tais requisitos ficariam "incapazes de em algum tempo poderem haver bens da Coroa"[252].

O Padre Vieira, em vários momentos, argumentou em favor da realização de casamentos mistos. O fato de se permitir que as pessoas se casassem indeterminadamente umas com as outras contribuiria para a extinção do nome e memória dos judeus. Cita como exemplo as outras nações do mundo, onde o judaísmo se extinguira pelo esquecimento, por não haver distinção que o perpetuasse[253].

Apesar de defender os homens da Nação, Vieira em alguns momentos entra em contradição com seus argumentos. Defendendo e sugerindo a realização de casamentos mistos, o jesuíta afirma que o único *inconveniente* dos casamentos "é *só o que tem fundamento, por se poder comunicar com o sangue o judaísmo*"[254].

O culto à pureza de sangue foi encarado tão seriamente por algumas famílias nobres portuguesas que, em 1663, um compromisso foi redigido pela "Confraria da Nobreza", distinguindo dois partidos: o dos "puritanos" e o dos "infectos". Segundo esse documento, na Confraria, só poderia ser recebido por distinção: "fidalgo e christão velho de tempo immemorial sem fama ou rumor em contrário verdadeira ou falsa"[255].

250. C.R. 12/04/1603. As Ordens Militares exigiam que os indivíduos que desejassem receber o hábito, no caso de serem casados, deveriam comprovar a limpeza de sangue da mulher. *C.C.L.P.*, ed. cit., vol. I, p. 10. vol. III, p. 203.

251. Cecil Roth, *op. cit.*, p. 70.

252. Alvará 23/11/1616 – *C.C.L.P.*, ed. cit., Liv. III (1777-1790), p. 64.

253. Pe. Antonio Vieira, "Proposta que se fez ao sereníssimo Rei D. João IV a favor da gente da nação sobre a mudança dos estilos do Santo Ofício e do Fisco em 1646", em *Obras Escolhidas*, ed. cit., p. 61.

254. *Idem, ibidem.* Grifo nosso.

255. Alvará de Lei Secretíssimo contra o Puritanismo – *C.L.P.*, ed. cit., Liv. II (1763-1790), pp. 181-189. Esse alvará faz referências àquele Compromisso.

Colocando em suspeita todo o Estado da Nobreza portuguesa, o Compromisso supunha a presença de hebreus entre os nobres, sustentando a ideia de que apenas algumas famílias poderiam ser consideradas como cristãs-velhas ou, como eram chamadas, "Puritanas".

Os cabeças dessas famílias "Puritanas" passaram a impor uma série de restrições sociais a todos aqueles que desejassem pertencer ao círculo, convertendo-se em um grupo fechado. Limitando o matrimônio aos membros da dita confraria, somente aceitavam contrair aliança com quem comprovasse a sua pureza de sangue.

O Tribunal do Santo Ofício influenciou para que se promulgasse um decreto em 1671, no qual se proibia, dentre outras coisas, que os cristãos-novos se casassem com cristãos-velhos. Esse foi o "ponto extremo atingido pela discriminação de Direito Civil, na crista de uma vaga repressão particularmente forte"[256].

Decorridos dois meses após a promulgação desse decreto, no mesmo ano de 1671, surgiu um novo alvará proibindo aos cristãos-novos de servirem ofícios da república. Diligências de Genere deveriam ser processadas, como já dissemos, com o objetivo de saber se o candidato não tinha parte de cristão-novo, mouro ou mulato. Estipulava também que se investigasse se ele era *casado com mulher* que tivesse alguns destes *defeitos"*[257].

Vieira, nesse momento, retoma a sua posição de defensor dos homens da Nação, argumentando contra uma série de leis publicadas pelo Príncipe Regente D. Pedro (1667-1683)[258]. No caso de proibição dos casamentos, considera que essa determinação legal entrou não só pelo direito canônico, mas sobretudo pelo direito Divino. Em outros países da Europa, as liberdades de matrimônio foram restringidas, mas postas "para bons fins e com honestas causas". Segundo o jesuíta, o melhor meio para se extinguir o judaísmo é deixar que os homens da Nação se misturem em casamentos com cristãos-velhos. O parentesco e a aliança com os católicos tornariam os cristãos-novos tão firmes na fé "como os mais puros a os mais limpos". Além de influenciar para a extinção do injurioso nome de cristão-novo, o casamento cooperaria para eliminar a dissensão existente entre os dois grupos, fato já acontecido na França[259].

---

256. Alvará de 22/05/1671 – *C.L.P.*, ed. cit., vol. VIII, p. 191; Antonio José Saraiva, *op. cit.,* p. 170.

257. Alvará 16/08/1671 – *Ibidem,* p. 192. Grifo nosso.

258. D. Pedro II foi Príncipe Regente no período de novembro de 1667 a 1683 e governou como Rei de 1683 a dezembro de 1706. Charles Ralph Boxer, *O Império Colonial Português*, ed. cit., p. 419.

259. Pe. Antonio Vieira, "Papel a favor dos cristãos-novos no tempo em que o príncipe Regente tinha mandado publicar uma lei de vários castigos contra eles mo-vido do roubo que se fez ao Sacramento da Paróquia de Ovidelas, o qual papel se deu ao príncipe, sem nome, em 1671". Em *Obras Escolhidas*, ed. cit., pp. 103-106.

Ao sugerir a revogação e o recolhimento da lei que proibia casamentos mistos, Vieira mostra que, com a sua aplicação, padecem não somente os culpados, mas também os inocentes. Impedidos de ocupar lugares honrosos e tratados com rigor, os cristãos-novos estavam pagando pelas culpas de alguns. A igualdade de direitos é vivamente defendida pelo eminente jesuíta, que considera o fato de ser uma lei nova o bastante para gerar uma circunstância odiosa. E afirma: "filhas do diabo chamou um autor às novidades"[260].

Durante o governo dos Felipes e seus sucessores, essas discriminações, com relação aos casamentos mistos, não foram observadas rigidamente. Adotou-se, no reino português, critério para impedir essas uniões ilegais: "a noiva não deveria levar em dote ao marido cristão-velho mais que dois mil cruzados, visto que os hebreus, para a sua melhor segurança, escolhiam genros da etnia cristã-velha"[261].

Os cristãos-velhos, obcecados pela sua pureza, principalmente aqueles pertencentes à alta nobreza, evitavam esse tipo de união, pois o casamento com descendentes de judeus poderia "infamar" toda a família, contribuindo para reforçar o sentido de "hereditariedade". Os filhos do casal herdariam do pai ou da mãe o sangue considerado infecto. Além de incorrer nesse "defeito", que poderia se transformar em impedimento para os cargos públicos, militares e eclesiásticos, tais elementos também estariam mais expostos às perseguições do Tribunal do Santo Ofício.

As leis impedindo os casamentos mistos vigoraram até a segunda metade do século XVIII, quando Pombal, suprimindo a diferença entre cristãos-velhos e novos, eliminou indiretamente essa preconceituosa discriminação[262].

Novinsky considera o fato de os cristãos-velhos aceitarem casamentos com pessoas de origem judaica como um elemento indicativo de que as barreiras sociais, criadas pelo mito, foram menos fortes que os imperativos da sociedade. Entretanto, as consequências dessas ligações repercutiram diretamente no clima social e na mentalidade da população. Cristãos-velhos casados com elementos de origem judaica transformaram-se, com toda a sua descendência, em alvo para a Inquisição; além daqueles portugueses de velha linhagem que foram obrigados a procurar refúgio em outros países ou viver à margem da alta nobreza[263].

---

260. *Ibidem*, p. 107.
261. José Gonçalves Salvador, *op. cit.*, p. 12.
262. Carta-Lei de 25/05/1773 e C.R. 15/12/1774 – *C.L.P., op. cit.*, p. 672. Essas leis serão detalhadamente analisadas no Cap. 4.
263. Anita Novinsky, "Introdução", em Meyer Kayserling, *op. cit.*, p. XIV.

AS ORDENS MILITARES E AS QUALIDADES QUE DEVERIAM TER SEUS MEMBROS, CONFORME SEUS ESTATUTOS*

Ordem Militar	Data do estatuto	Pessoas que podem ser recebidas	Qualidades do habilitando	Qualidades da testemunha
Nosso Senhor	7/4/1620	Nobres	– *Limpos de sangue.* – *Sem mácula* alguma em seus nascimentos, nem outros impedimentos e defeitos.	– Não terão *raça de mouro, nem judeu.* – Serão pessoas timoratas.
Jesus Cristo		Fidalgos	– *Limpos de todas as raças.*	– Que dizem a verdade[1].
		Cavaleiros	Para os que professarão religião:	
S. Bento de Aviz	3/9/1630		– *Filho legítimo.* – *Cristão-velho.*	
		Escudeiros de Linhagem	– Sem raça alguma (em qualquer grau, por mais remoto que seja) de *mouro, judeu, christão-novo, herege* (defeitos.) – *Não sejam infamados.* – Não sejam afrontados de coisas que os *façam incapazes de honras,* por causa de que não sejam *limpos*[2]. – *Limpo de sangue.* – *Nobreza.* – Não exerçam ou exerceram *ofício mecânico ou outro indecente.* Para os que entrarão para o convento (além dos requisitos acima citados): – Sem descendência de *negro cativo* ou de *mulato.* – Não seja *espúrio,* nem filho ou neto de *gentio.* – Não tenha *fama notória* como fundamento de *raça má.*	– Hão de ser dez e todas *limpas.* – Pessoas de boa consciência e entendimento[3].

Ordem Militar	Data do estatuto	Pessoas que podem ser recebidas	Qualidades do habilitando	Qualidades da testemunha
Sant'Iago	7/9/1630		– *Filho legítimo.* – *Cristão-velho*[2]. – Sem raça alguma, por remota que seja, de *mouro, judeu, christão-novo,* ou que descende de pessoa que *cometesse Crime de Lesa Majestade Divina, ou Humana.* – Não ser filho nem neto de *gentios, rendeiros, cambiadores, mercadores, usurários.* – Não ter *officio mecânico*[4].	

* No texto do quadro conservamos a ortografia autêntica dos documentos consultados. Os grifos são nossos.

1. Estatuto da Ordem de Nosso Senhor Jesus Christo – *C.C.L.P.*, ed. cit., vol. III, pp. 203-207. Nota: Esse estatuto se encontra textualmente confirmado pelos Breves do Papa Pio V e Gregório XIII (1572) e C.R. de Felipe II (28/02/1604).

2. Esses itens revogam os estatutos antigos, em que as pessoas da nação podiam ser recebidas.

3. Estatuto da Ordem de S. Bento de Aviz – *C.C.L.P.*, ed. cit., vol. III, pp. 309-332.

4. Estatuto da Ordem de Sant'Iago da Espada – *C.C.L.P.*, ed. cit., vol. IV, p. 37.

A Discriminação Acadêmica

As leis não se preocupavam apenas em delimitar o espaço geográfico confinado aos cristãos-novos. A ideia de pureza de sangue, aplicada com maior rigor a partir da segunda metade do século XVI, podia ser encontrada como exigência imprescindível para o exercício de atividades civis e religiosas. Fechava-se cada vez mais o espaço social e as possibilidades de participação do converso como elemento legalmente reconhecido na estrutura social. Vivendo como párias, os cristãos-novos foram tolerados em virtude de sua indispensabilidade econômica, mas não aceitos pelos padrões impostos pelo sistema simbólico vigente.

Aplicado às universidades, o estatuto de pureza reduziu as oportunidades de os cristãos-novos atingirem nível de educação superior, limitando dessa forma a sua participação nos cargos de direção. Empregando conceitos estereotipados, criou-se a imagem de que "a aquisição de cultura" e o desenvolvimento de uma atividade científica, medicina por exemplo, só seriam bem empregados quando estivessem em mãos dos cristãos-velhos.

A ciência médica foi uma das constantes preocupações do Clero. No século VII, com a intenção de impedir a supremacia dos judeus sobre os cristãos, várias medidas já haviam sido adotadas pelos padres, como a de impedir que eles exercessem a medicina entre os cristãos[264]. Durante a Idade Média, a medicina foi monopolizada pelos judeus que constantemente atuavam junto à Corte, onde seus serviços eram sempre requisitados. Como exemplo temos o rabino-mor, D. Moisés Navarro, que atuou como médico particular de D. João I e de D. Pedro I e teve fortes influências nas atitudes desses monarcas. Durante o reinado de D. João II, temos notícias de que vários homens judeus, da ciência, foram admitidos ao seu convívio, como os médicos Diogo Mendes Vecinho, Diogo Rodrigues Zacuto e o letrado cirurgião-mor Mestre Antônio[265]. D. Afonso V atraiu para junto de si grande número de filósofos, rabinos, médicos e muitos outros homens de sabedoria e talento, cooperando para o florescimento da erudição judaica em Portugal[266].

Após a conversão geral, a prevenção contra o estudo médico entre os judeus transferiu-se para os cristãos-novos. Proibidos de exercer a sua profissão em Portugal, numerosos cirurgiões e médicos emigraram

---

264. Mendes dos Remédios, *op. cit.,* p. 42.

265. Mendes dos Remédios, *op. cit.,* p. 243; Y. Tzvi Langermann, "A Ciência Judaica na Ibéria Medieval" em Anita Novinsky e Diane Kuperman (orgs.), *Ibéria – Judaíca: Roteiros da Memória*, Rio de Janeiro, Expressão e Cultura; São Paulo, Edusp, 1996, pp. 101-113.

266. Meyer Kayserling, *op. cit.,* pp. 33 e 59.

para o Brasil. A medicina foi uma das profissões mais atingidas pela "Vigilância do Santo Ofício e da Companhia de Jesus"[267]. Durante o século XVI, considerar o estudo do corpo humano como atividade herética fazia parte da ideologia oficialmente defendida pelo aparelho ideológico dominante: a Igreja. As matérias lecionadas na universidade, diretamente relacionadas com a ciência médica, eram constantemente observadas pelos jesuítas. Eduardo de Abreu lembra que os jesuítas eram "inimigos irreconciliáveis dos que exerciam e explicavam a ciência médica, porquanto entendiam que o estudo sábio e sublime do organismo humano, encarado física e patologicamente, ia atacar a obra misteriosa do Divino Mestre"[268].

Três elementos foram correlacionados: *medicina, atividade herética* e *cristãos-novos*. Estes últimos herdaram dos judeus um conceito que há muito vinha se processando na Península Ibérica, ocasionando a dispersão dos médicos do reino.

Restringindo o campo de atuação científica e intelectual, o grupo dirigente estava, ao mesmo tempo, limitando o nível de conscientização daqueles que eram cruelmente discriminados. O interesse da nobreza e do Clero português era formar "intelectuais" que atuassem em prol da conservação do sistema vigente, o que não seria o caso do cristão-novo, que tinha contra ele o Estado absolutista e a Igreja Católica.

Aplicando nessa análise a formulação gramsciana, vemos que os eclesiásticos faziam parte da categoria dos "intelectuais orgânicos", monopolizando a filosofia e a ciência da época, com a escola, a instrução, a moral, a justiça, a beneficência, a assistência etc[269]. Selecionando o "cristão-velho", apoiado no "mito da pureza", eles teriam condições de ter a seu serviço o tipo de "empregado" ao qual se encomenda as tarefas subalternas[270].

Manifestando-se através das leis, normas e atitudes, esse preconceito contra o descendente de judeus nos deixa claro que não interessava, para os intelectuais tradicionais, vinculados à aristocracia, facilitar o acesso dos cristãos-novos às universidades: nem

---

267. Wilson Martins, *História da Inteligência Brasileira*, São Paulo, Cultrix, 1977, p. 75.

268. Eduardo de Abreu, "A Fisicatura-mor e o Cirurgião-mor dos Exércitos do Reino de Portugal e Estado do Brasil". *Revista do IHgB*, Rio de Janeiro, 1901, vol. LXIII, I, p. 165. Ver também de Bella Herson, *Cristãos-Novos e seus Descendentes na Medicina Brasileira (1500-1850)*, São Paulo, Edusp, 1997; Licurgo Santos Filho, *Pequena História da Medicina Brasileira*, São Paulo, Buriti, 1966; e *História da Medicina no Brasil*, 2 vols., São Paulo, Brasiliense, 1947.

269. Essa ideia é também desenvolvida por F.J.C. Falcon em sua tese de Livre-docência, apresentada ao Instituto de Ciências Humanas e Filosofia da U.F.F., F.J.C. Falcon, *op. cit.*

270. Antonio Gramsci, *A Formação dos Intelectuais*, México, Grijalbo S/A. Col. 70, 1972, p. 29.

como elementos integrantes do corpo discente, nem como do corpo docente[271].

Na tentativa de ilustrar nossa análise, recorremos a uma amostra cronológica de uma série de Cartas Régias e alvarás que vêm comprovar, mais uma vez, a existência de legislação segregacionista em Portugal. Com o objetivo de impedir o acesso de cristãos-novos às ciências médicas, D. Sebastião (1557-1578) ordenou que houvesse sempre na Universidade de Coimbra trinta estudantes de boas partes e qualidades que estudassem medicina e cirurgia. Cada um deles receberia anualmente vinte mil-réis, pagos aos quartéis, às custas das rendas dos Conselhos de certas cidades, vilas e lugares determinados. Uma cláusula importante: esses trinta estudantes deveriam ser *cristãos-velhos*[272].

Em 1604, um alvará foi promulgado por Felipe III, sob a alegação de que as normas estipuladas por D. Sebastião não estavam sendo cumpridas inteiramente. Apoiando-se no que "a experiência tem mostrado", ordena que continuem a existir os trinta estudantes de Medicina porcionistas na Universidade de Coimbra, além de determinar mais dois lugares no Colégio Real de São Paulo e outro no Colégio de São Pedro. Os pretendentes à medicina não deveriam ter "raça de judeu, christão-novo, nem mouro, nem proceder de gente infame". Através de uma petição encaminhada pelos candidatos ao Reitor, dar-se-ia início a um minucioso processo de habilitação de Genere[273].

As informações sobre as origens dos estudantes deveriam ser tiradas em segredo, por corregedores e provedores, no caso de as diligências correrem nos próprios lugares onde estes residissem. Quando os estudantes fossem naturais de outras comarcas, as informações deveriam ser tiradas por um Juiz de Fora e um Escrivão de Juízo[274].

O círculo de discriminação para com o descendente de judeus se fecha de tal maneira que, nesse mesmo alvará, tem-se a preocupação de estipular que esse Escrivão de Juízo fosse "christão-velho dos de mais confiança". Concluídas as informações, o Reitor e mais três Lentes da mesma Faculdade de medicina proveriam, através de votos secretos,

---

271. Consultados os Estatutos da Universidade de Coimbra (1559), não encontramos *nenhuma referência à proibição de cristãos-novos ou judeus como alunos ou membros do corpo docente*. Da mesma forma não há nenhuma exigência com relação à pureza de sangue. Essa discriminação foi resultado de leis posteriores. *Estatutos da Universidade de Coimbra*; Coimbra, por Ordem da Universidade, 1593 (1.ª ed.), 152 fls. *Res. 1046v* ou 2704v; *Estatutos da Universidade de Coimbra* confirmados por el Rey Nosso Snor Dom João o 4.º, 1653, impressos por mandado e ord~e do Manoel de Saldanha... Coimbra, Officina de Thomé Carvalho, 1654. Res. 733v. Biblioteca Na-cional de Lisboa.

272. A referência à existência desse alvará promulgado por D. Sebastião pode ser encontrada na primeira parte do alvará de 1604, promulgado por Felipe III.*C.C.L.P.*, ed. cit., vol. I, p. 42.

273. *Ibidem*, § II e III, p. 42.

274. *Ibidem*, vol. I, § IV.

os estudantes habilitados aos lugares vagos. Também um detalhe dá a esse parágrafo um colorido especial: os três Lentes deveriam ser "sem a sobredita raça"[275].

Em 1605, uma Carta Régia impede de ocuparem o cargo de letrado "todos os indivíduos que fossem da nação hebreia, por qualquer via que fosse, nem tão pouco os que fossem casados com christã-nova inteira"[276]. Considerando-se letrado o indivíduo erudito, versado em Letras, o literato e até mesmo o jurisconsulto, percebemos aqui que, para o grupo dirigente (incluindo os intelectuais tradicionais), não interessava, nesse momento, a presença de "intelectuais orgânicos" pertencentes ao grupo discriminado. Possibilitando o acesso desses elementos aos cargos de direção, estariam ao mesmo tempo fornecendo-lhes condições de manipulação das "chaves" do sistema.

Os cristãos-novos, entretanto, sempre encontraram uma forma de contornar as leis. A Universidade de Coimbra tornou-se um importante núcleo de cristãos-novos judaizantes. Ali conviveram homens de ciências e letras descendentes da Nação Hebreia, sendo que muitos foram processados pelo Tribunal de Inquisição. No século XVI, os mais ilustres professores da Universidade foram expulsos por serem cristãos-novos[277].

Apenas como exemplo, queremos lembrar que frequentaram a Universidade de Coimbra judeus como: André de Avelar, matemático e autor de obras científicas; Antônio Gomez, professor da Universidade desde 1584; o humanista c poeta Diogo de Teives; Tomé Vaz, famoso jurisconsulto, primo de Antônio Homem; Francisco Dias, leitor de Direito Canônico; Francisco Vaz (Velasco) de Gouvea, filho do eminente cristão-novo; o jurista Antônio Vaz, que foi depois penitenciado e desprovido de sua cadeira na Universidade, e muitos outros[278].

O comportamento desses indivíduos de origem judaica, perante o sistema simbólico imposto, deveria estar de acordo com os padrões vigentes. A falsificação da comprovação de Genere implicava, diretamente, também, falsas atitudes, no caso de o indivíduo ser realmente um criptojudeu. O intelectual tornava-se conivente com o sistema, sem poder tomar alguma atitude pública a favor de seu grupo.

A Coroa proibiu, oficialmente, o provimento das Cadeiras de Leis (Gabriel, Clementina e outras) da Universidade de Coimbra a pessoas

---

275. *Ibidem*, § V.

276. C.R. 24/05/1605 – *Ibidem*, vol. I, p. 128.

277. Novinsky indica a existência de processos inquisitoriais de Lentes da Universidade, inéditos arquivados na Torre do Tombo de Lisboa. Cf. nota em Meyer Kayserling, *op. cit.*, p. 247. Ver de Carlos Eduardo Calaça Costa, *Anti-semitismo na Universidade de Coimbra (Cristãos-Novos do Rio de Janeiro: 1600-1730)*. Tese de Doutorado em História Social, FFLCH/USP, 2003.

278. Antonio Baião, *Episódios Dramáticos da Inquisição Portuguesa*, Lisboa, Seara Nova, 1972, Vol. 1.

da Nação[279]. Com base nessa determinação, passou-se a exigir, para a ocupação de determinados cargos na Universidade, a apresentação de comprovação de que o candidato não possuía "mancha de sangue infecto em seus antecedentes"[280].

Em 1622, outro mandato régio determinou que se excluísse das Cátedras da Universidade de Coimbra todos aqueles que fossem cristãos-novos. Ordenava também que a Justiça Secular observasse o estado de "puritate sanguinis" correspondente[281].

Um caso merece aqui atenção: em 1624, foi queimado vivo, pela Inquisição portuguesa, o diácono e professor de Direito Canônico da Universidade de Coimbra, Antônio Homem, filho, alegaram, de criptojudeus. Formado doutor e professor, em 1592, Homem assumiu vários cargos eclesiásticos. Kayserling, ao analisar a morte de Antônio Homem ante a ideologia oficial da época, relaciona a repercussão desse acontecimento com a proibição de se preencher as Cátedras da Universidade com cristãos-novos[282].

O fato de um diácono e professor de Direito Canônico ter sido queimado como judeu teria causado, em Portugal, tal comoção que a consequência foi a referida lei[283]. Entretanto, podemos observar que a morte de Antônio Homem ocorreu em 1624, e a lei que proibia o acesso de cristãos-novos a determinados cargos na Universidade data de 1621 e 1622.

O preconceito contra o elemento cristão-novo atingiu, por volta de 1630, características de violência e terror. Tumultos se verificaram em Lisboa, Santarém e Torres Novas, e atitudes violentas e irracionais atingiram também estudantes da Universidade de Coimbra. Não foram, portanto, somente professores os atingidos pelos interesses competitivos: certos estudantes impediram jovens cristãos-novos de assistirem às aulas, e como consequência deu-se o fechamento temporário da Universidade de Coimbra[284].

O mito de pureza de sangue foi, na vida acadêmica, lentamente se institucionalizando, do mesmo modo que nas Ordens Militares. Tomou caráter de lei, chegando a ser aplicado aos bacharéis, por meio de uma

279. C.R. 10/11/1621 – *C.C.L.P.*, ed. cit., Vol. III, p. 57.

280. No caso de serem casados com cristã-nova, os candidatos poderiam requerer dispensa do Rei. Se tivessem sido admitidos, não seriam excluídos, uma vez que não errassem no ofício. *Ibidem.*

281. Col. Moreira, MS 863, p. 73, *apud* José Gonçalves Salvador, *Cristãos-Novos, Jesuítas, Inquisição*, ed. cit., p. 54.

282. Meyer Kayserling, *op. cit.,* p. 247.

283. Kayserling afirma o seguinte: "Crime e morte de Homem provocaram em toda Portugal uma verdadeira comoção. Um diácono e professor de Direito Canônico, queimado como judeu! Consequência: proibiu-se por lei preencher as cátedras das Universidades com cristãos-novos". *Ibidem.*

284. Cecil Roth, *op. cit.*, p. 85.

Resolução que estipulava o seguinte: para que os bacharéis fossem habilitados, deveriam recorrer ao Desembargo do Paço, da mesma forma como se processava com os Cavalheiros na Mesa de Consciência e Ordens. Ou seja, os interessados deveriam pedir ao escrivão da Câmara o despacho de uma certidão de limpeza de sangue. Para isso deveriam declarar o nome dos pais e avós, além de pagar dez mil-réis em cada naturalidade a ser investigada. Tais averiguações se processariam em segredo, conforme se estipulava também para outros cargos[285].

Preocupada com o *status* que o cristão-novo poderia vir a alcançar, a Junta da Nobreza, representada pelo Marquês de Nisa e D. Veríssimo de Alemcastre, enviou, na segunda metade do século XVII, Consulta à Junta do Estado Eclesiástico. Dentre as alegações feitas, temos a de que, possibilitando o acesso dos cristãos-novos a determinadas honras, ofícios e dignidades, não se estaria cooperando para a conservação da Nobreza. Ou conforme o próprio texto:

> não se procura o remédio de nossa fama e opinião, e *da prova de nosso sangue*, e da conservação da nossa antiga nobreza [...] *não se deve fazer nenhum caso d'elles,* antes honras muito os christãos velhos para todos os tratos e comércio, e fazer-lhe muitos favores, porque applicando-se a elles, vão pouco a pouco enfraquecendo os *christãos-novos*[286].

A sugestão oferecida pela Junta ao rei para se atingir tal objetivo é que se proíba os cristãos-novos de aprenderem letras nas Universidades, que não fossem *Juristas* nem mesmo *Médicos*. Impedindo o seu acesso a tais profissões, estariam ampliando aos cristãos-velhos as possibilidades de se aplicarem mais a essas ciências. Com esta atitude, "se *evitarão os damnos* que se seguem de os christãos novos as estudarem e executarem e *nos tribunais se não admittir os christãos novos em nenhum caso,* que é cousa de muito mao exemplo e de grande escandalo"[287].

Esse texto, extremamente significativo, nos mostra, através de uma série de "palavras-chave", a política sustentada pela Nobreza, como por exemplo, se correlacionarmos o termo "enfraquecer" com as negações "não admitir", "não estudarem", "não aprenderem" e "não executarem".

O interesse em marginalizar o elemento cristão-novo não está delimitado pelo sentido de garantir à nobreza cristã-velha privilégios decorrentes de honra e prestígio de serem limpos de sangue. A posição econômica sustentada pelos cristãos-novos incomodava também

---

285. Resolução de 18/12/1632. *Ordenações e Leys do Reyno de Portugal,* confirmadas e estabelecidas pelo Sr. Rey D. João IV. Lisboa, 1747. Coleção II dos Decretos e Cartas... Livro I, Tit. 35, n. 2, p. 455. B.F.D.S.F./USP.

286. Consulta 03/03/1668 – *C.C.L.P.,* ed. cit., Vol. IX, p. 116. Grifo nosso.

287. *Ibidem.* Grifo nosso.

aqueles que passavam por dificuldades financeiras. Na mesma Carta, podemos ver que se buscava "aliviar" situações econômicas com as supostas "contribuições dos cristãos-novos"[288].

Em 1671, Vieira critica o fato de se proibir que os cristãos-novos tivessem acesso às universidades e às ciências. Lembra o exemplo de Juliano, imperador romano (360-363), que se tornando apóstata ficou com tanto ódio de sua antiga fé, o Cristianismo, que ordenou que nenhum cristão poderia aprender ciências. Privando os católicos das ciências estaria, ao mesmo tempo, privando-os da fé católica, cujos argumentos são tirados da verdadeira filosofia e teologia, e outros das Profecias e Escrituras[289].

Dessa forma, argumenta Vieira, permitir que os cristãos-novos saibam Ciências "é o meio para abraçarem, para conservarem e para defenderem a Fé". Assim, ninguém poderia afirmar que "entre os ignorantes, e não entre os cientes assenta somente a nossa sagrada Religião Católica"[290].

Proibindo os cristãos-novos de ingressar nas escolas e universidades para aprenderem as primeiras letras e ciências, estar-se-ia, consequentemente, "dificultando a aprendizagem dos mistérios da nossa santa fé e os fundamentos com que a hão de defender". Além desse inconveniente, o jesuíta lembra ainda que, sendo os cristãos-novos pessoas separadas dos ofícios mecânicos, dificilmente iriam pôr seus filhos a aprender os ditos ofícios: "não podendo entrar para os ofícios mecânicos vão às escolas, para com as ciências da jurisprudência ou medicina ganharem os alimentos necessários para sua casa, curando ou advogando"[291].

Vieira procura mostrar que excluir os cristãos-novos das Cadeiras nas escolas, dos ofícios de julgadores, impedi-los de serem médicos da Câmara e de todos os demais cargos honrosos através dos apertados estatutos do reino implicava grande deformidade: a de esse gênero de castigo ser contra inocentes, pois "os filhos de homens da Nação, de sete ou oito annos, e ainda de dez ou doze, não tem uso de razão para haverem de pecar nas matérias de Fé"[292].

288. Parte do texto referente a essas sugestões é o seguinte: "E suppostas *as riquezas que os homens desta Nação* tem adquiridas com o commercio e com os as-sentos e contractos com a Fazenda Real, e obrigação que lhes toca de *acodirem às necessidades públicas do Reino*, pois com esse contracto e condição ficaram nelle ao principio, pareceo que V.M. lhes *devia impor a obrigação de contribuirem* para os presídios da gente de guerra que ficou no Reino depois da publicação da paz, com aquella quantia que lhes parecer conveniente que elles entrem [...]; porque com isso *ficará o Reino mais aliviado e V.M. mais bem servido." Ibidem.*

289. Pe. Antonio Vieira, "Papel a Favor dos Cristãos-novos...", em *Obras Escolhidas,* ed. cit., p. 101.

290. *Ibidem.*

291. *Idem,* p. 102.

292. *Idem, ibidem,* p. 103.

Independentemente das sugestões do jesuíta, os cristãos-novos conseguiram atingir um nível de educação superior: a Universidade de Coimbra foi, durante séculos, um reduto de cristãos-novos. Conseguiram colocar em dúvida a capacidade organizadora do Clero e a tradição secular da Nobreza em se considerar "limpa do sangue infecto dos judeus"[293].

Obtendo "falsas provas de habilitação de Genere", o cristão-novo colocou em descrédito as já existentes. Entretanto, a partir do momento em que se faz passar por cristão-velho, aceitava parcialmente as normas do sistema.

Obrigado a abdicar de seus valores culturais, o converso passava, em função da fraude cometida, a se comportar "aparentemente" como um cristão-velho, adotando psicologicamente outro comportamento, mudando suas relações pessoais etc.

Coagido pelas forças do sistema vigente, o cristão-novo prova sua "limpeza" de sangue, e com essa atitude fortalece os valores da honra e da pureza de sangue[294]. Paralelamente, como intelectual "cristão-velho", tem suas formas de atuação enfraquecidas. Limitado pelos signos que suposta e, muitas vezes, sinceramente endossa, o cristão-novo não encontra condições, no campo ideológico e político, para impedir que os elementos eclesiásticos monopolizem as regras do jogo[295].

As possibilidades de ascensão que lhes são oferecidas na escala da estrutura social, pela Igreja e pelo Estado absolutista, eram propiciadas de acordo com a ideologia dominante. E a Universidade de Coimbra, instrumento de preparação de intelectuais, criava o tipo de "intelectual orgânico", especializado no exercício de suas funções, para ficar a serviço do grupo dirigente.

O intelectual cristão-novo, muitas vezes membro da burguesia mercantil em ascensão, nada mais é do que elemento integrante do aparelho burocrático, a serviço do grupo dominante. Ele nada mais faz do que assinalar a ideologia do intelectual tradicional.

293. Ver na bibliografia os recentes estudos de Anita Novinsky sobre os judaizantes e "afrancesados" na Universidade de Coimbra.

294. "O valor que representa a limpeza de sangue, ao qual os espanhóis atribuíam importância primordial a partir do século XVI, tem uma ligação estreita com os valores da nobreza e honra, aumentando sua importância no final do século". Miguel de Castilho, *op. cit.*, p. 1291.

295. Na opinião de Francisco F. Calazans Falcon, partindo da tipologia de intelectuais proposta por Gramsci, somente a partir do século XVIII podemos identificar o intelectual representativo daquele terceiro tipo, definido como "os intelectuais orgânicos em relação à burguesia em ascensão". Não existe ainda o tipo consagrado do "homem

A Instituição dos Morgados e as Restrições aos Cristãos-Novos

Uma das formas econômicas de sustentação da Nobreza, como integrante do grupo de *status,* foi a instituição de morgados. Concentrando em suas mãos a maior parte dos bens imobiliários, conseguiu, dessa forma, impedir a dinâmica da mobilidade social[296].

A legislação específica a respeito da instituição dos morgados restringe-se à permissão de empresamento das terras, dada por Afonso V, e à fixação da sua ordem de sucessão feitas por D. Sebastião. Encontramos, ainda nas Ordenações, algumas prescrições a respeito dos vínculos, mas sem qualquer tipo de impedimento, referente aos judeus e seus descendentes.

Em 1671, um fato envolvendo cristãos-novos ocasionou uma série de atitudes antijudaicas, dentre as quais a promulgação de um Alvará cujo conteúdo faz uma série de restrições ao grupo discriminado. Partindo do pressuposto de que eram os cristãos-novos os responsáveis pelo roubo de vasos sagrados e várias alfaias da Igreja de Odivelas, o príncipe Regente D. Pedro publicou decreto determinando que fossem exterminados do Reino e suas Conquistas todos aqueles que do último perdão saíram confessos, bem como seus filhos e netos[297].

Ordenava também que aqueles que ficassem no Reino não poderiam fazer morgados de seus bens, e os que já tivessem sido instituídos que se confiscassem pelo delito de qualquer um dos possuidores. Também não poderiam, os cristãos-novos, suceder nos que por cristãos-velhos fossem instituídos[298].

Vieira, em 1671, pronunciou-se a respeito da proibição de se instituírem morgados pelos cristãos-novos, o que na sua opinião não se constituía em uma forma de extinguir a heresia do Reino. Ao contrário, essa proibição trazia sérios prejuízos econômicos, pois os cristãos-novos, além de não comprarem bens de raiz, enviariam seus cabedais para fora do Reino. Caracterizando essa atitude real como abuso de

de letras, egressos, muitos deles, daquelas outras duas camadas de intelectuais tradicionais, representando uma realidade social totalmente nova". Francisco J. Calazans Falcon, *op. cit.,* p. 288.

296. Godinho define morgado como sendo "o vínculo de bens laicos a uma família nobre". Essa é uma forma de propriedade inalienável e indivisível, transmitida na linha masculina através do primogênito. U.M. Godinho, *op. cit.,* p. 94. Falcon equipara os morgados de Portugal aos "mayorazgos" da Espanha. Estes seriam pro-priedades agrárias das cidades, vilas e aldeias que arrendadas a particulares se trans-formavam em bens vinculados, instransferíveis, correspondentes ao caráter de "mão morta" dos bens eclesiásticos. Francisco J. Calazans Falcon, *op. cit.,* p. 211.

297. Alvará 22/06/1671 – *C.C.L.P.,* ed. cit., vol. VIII, p. 191.

298. *Idem, ibidem.*

poder, o jesuíta alega que, pelo fato de os cristãos-novos instituírem os morgados com seus bens, poderiam dispor do que fosse seu como bem lhes parecesse, pois esse era um direito das gentes. Lembra ainda que tais instituições se fazem em contratos ou em testamentos[299].

Inabilitar os homens de origem judaica para suceder em morgados criados por cristãos-velhos significava ir contra a vontade de seus instituidores, que até o presente não haviam incluído tal cláusula. E, não constando das instituições dos morgados tal exclusão, não convém saber que "se adivinhavam" que os instituidores quisessem excluir os cristãos-novos[300].

Esse decreto não chegou, entretanto, a ser posto em execução, em virtude da intervenção do Santo Ofício, que não via com bons olhos tal determinação. Não no sentido de proteger os cristãos-novos, mas porque tais medidas poderiam acarretar a fuga de muitos descendentes de judeus do reino, trazendo-lhe muitos prejuízos. Como muito bem reflete Lúcio de Azevedo: "A saída de tanta gente arrancava-lhe os clientes; eram testemunhas para processos futuros que se ausentavam; réus prováveis, que teriam de responder como relapsos, fugidos à pena"[301].

O decreto de 1671 foi a forma legal que as Cortes encontraram para dar ao povo uma satisfação às queixas que se acumulavam contra os cristãos-novos. Mais uma vez foram usados como bode expiatório, alimentando o preconceito racial. Contudo, se isso correspondia às aspirações populares, não atendia aos interesses do Santo Tribunal.

IGREJA CATÓLICA E RACISMO

A Implantação do Estatuto de Pureza de Sangue na Carreira Eclesiástica

O Estatuto de pureza de sangue foi endossado nos países ibéricos por todas as instituições sociais, militares e religiosas, o que demonstra a amplitude de sua atuação. Dentre essas instituições, a Igreja Católica foi a que mais cooperou para a divulgação e manutenção do mito de pureza, cujas consequências culminaram na segregação racial do grupo dos cristãos-novos, grande parte do qual pertencia à burguesia comercial em ascensão.

Como grupo dominante e participante das forças de poder, posição que lhe garantia uma série de privilégios e honrarias, a Igreja utilizou-se de todos os meios possíveis para fortalecer a sua imagem de

---

299. Pe. Antonio Vieira, "Papel a Favor dos Cristãos-novos...", em *Obras Escolhidas*, ed. cit., p. 92.

300. *Idem*, p. 98.

301. João Lúcio de Azevedo, *op. cit.*, p. 293.

propagadora e conservadora da verdadeira Fé Católica. Não podemos deixar de ressaltar que, nos bastidores, persistia o interesse econômico, com enfoque na riqueza dos burgueses cristãos-novos.

Todavia, os judeus e seus descendentes não foram os únicos discriminados pela Igreja Católica. Forte preconceito racial incidiu também contra outros grupos como: o mouro, o mourisco, o negro, o indígena e o cigano.

A Igreja armou-se dos mais variados instrumentos legais e ilegais. Endossando a ideia de pureza de sangue, e adotando-a como critérios de seleção para aqueles elementos que desejavam ingressar em seus quadros religiosos, a Igreja encontrou uma forte argumentação para impedir que indivíduos alheios à raça branca ou ao seu grupo de *status* usufruíssem da situação privilegiada que possuía.

O judeu e o cristão-novo foram os mais atingidos pelas manifestações de preconceito, e as razões de sua perseguição não ficaram apenas no campo religioso. Dentre os grupos étnicos discriminados, apenas o judeu e o cristão-novo usufruíam, em sua maioria, de uma posição econômica privilegiada, possuindo propriedades, escravos, joias e dinheiro.

A Igreja agiu através do Tribunal da Inquisição. Tinha acesso aos seus bens apoiando-se em dois princípios básicos: o de que os judeus conversos eram falsos cristãos e o da herança, da incapacidade e inabilidade dos pais aos filhos, netos e demais dependentes[302].

Ingressar na carreira religiosa comprovando a pureza de sangue não significava tão-somente uma maneira fácil de ascender à hierarquia social. Era, antes, uma forma de escapar às perseguições do Tribunal da Inquisição, garantindo aos seus descendentes uma vida mais tranquila. A implantação do estatuto de pureza de sangue na carreira eclesiástica foi elaborada em função da ideologia cristã vigente. Suas origens encontram fundamentação no "Estatuto-Sentença" de Toledo, promulgado em 1449.

Rapidamente a ideia de pureza tomou conta do pensamento coletivo, estendendo-se aos mais variados setores da sociedade espanhola. Conforme as reflexões de Albert Sicroff, a "questão da limpeza de sangue não constituiu na vida da Espanha um fato passageiro, mas, sobretudo, uma preocupação profunda e de longa duração"[303]. A Igreja não demorou a endossar o Estatuto-Sentença que, ao lado de outras formas de atuação, passou a ser um dos elementos reguladores da carreira religiosa e da ascensão social.

Várias sugestões foram feitas na época, propondo reformulações e revisões ao Estatuto de pureza. Dentre essas, lembramos aqui a presença do dominicano Frei Agustin Salúcio que, em seu *Discurso acerca de la*

---

302. Júlio Caro Baroja, *op. cit.*, p. 269.
303. Albert Sicroff, *op. cit.*, p. 263.

Justicia... declarou-se, publicamente, por uma revisão dos estatutos[304]. Dentre suas críticas, ressaltou que a severidade dos estatutos arrastava consigo outras consequências fatais para a religião cristã que, por essa razão, encontrava obstáculos para converter definitivamente os mouriscos e os cristãos-novos[305].

Expondo suas ideias, Salúcio pretendia demonstrar que os estatutos não representavam um dogma imutável, mas, antes, respondiam às exigências de certas circunstâncias históricas já superadas. E que não admitia as discriminações raciais, pois, sob o pretexto de provar que os judeus e os mouros possuíam uma natural turbulência e indisciplina, acabavam por manter a vida dos cristãos-velhos num estado de excessiva calma e estagnação.

Ao mito do herege e da honra juntou-se o mito da pureza de sangue, que se expressou por meio de uma linguagem mesclada de estereótipos representativos da falsa imagem que se pretendia criar do grupo cristão-novo.

Os compromissos das Irmandades e Confrarias, os Estatutos das Ordens Sacras e Menores e os Regimentos da Inquisição se organizaram em função da ideologia ditada pelo grupo dominante. Os processos de inquirição de Genere e os inquisitoriais, representativos da institucionalização do mito, foram redigidos com base em um vocabulário característico do pensamento simbólico vigente e representativo do preconceito racial manifestado contra aquele grupo. O cristão-novo surge nos parágrafos estatutais qualificado como o elemento "infecto", o "impuro", membro de uma "raça indigna" de receber títulos honoríficos e inábil para servir a Deus.

Manipulando esse tipo de linguagem depreciativa aos cristãos-novos, a Igreja estaria se autovalorizando e garantindo aos seus membros o usufruto dos privilégios e benefícios que tinham em mãos. Ao mesmo tempo, estaria impedindo os conversos de participar da burguesia comercial em ascensão, assim como do seu grupo de *status*. Isso poderia ocasionar desequilíbrio na ordem social mantida pela nobreza estatal e eclesiástica.

A institucionalização do mito de pureza assumiu aspectos legais e, vestindo uma roupagem burocrática, colocou o cristão-novo numa posição de pária. Como párias, cujos comportamentos não condiziam com os padrões e normas estipulados pela ordem vigente, os descendentes de judeus foram identificados como responsáveis por todos os

---

304. Frei Agustin Salúcio, "Discurso Acerca de la Justicia y Buen Gobierno da Espana en los Estatutos de Limpeza de Sangre; y si Conviens o no Alguna Limitacion en Ellos", em Albert Sircroff, *op. cit.*, pp. 186-209. Sicroff considera 1599 como sendo a data provável, baseando-se na afirmação de Salúcio, que se refere aos últimos anos do reinado de Felipe II.

305. *Idem*, p. 194.

males que atingiam o reino e a fé católica. Como hereges, contrariando os dogmas católicos, foram perseguidos e presos pela Inquisição.

Condenado um indivíduo cristão-novo pelo Tribunal da Fé, a sua ascendência judaica ficava legalmente comprovada por testemunhos e confissões, passando a ser caracterizado como portador do sangue maculado e infamante. Rotulado de acordo com a ordem simbólica, o indivíduo tornava-se "impuro", "infecto", "amaldiçoado". Formalizando a aplicação de uma linguagem acusatória e preconceituosa, as instituições religiosas acionaram uma série de estratégias com o objetivo de barrar a entrada do cristão-novo, então estigmatizado.

Desta forma, a ordem social foi mantida durante séculos sem eliminar totalmente o converso, pois tanto a Igreja como a Nobreza precisavam dele como ponto de referência para se auto-retratarem como pessoas idôneas e dignas de confiança. A partir desse raciocínio, as instituições religiosas que endossaram o Estatuto de pureza de sangue somaram-se umas às outras, após a promulgação do Estatuto-Sentencia de Toledo. Com seus estatutos particulares, reforçaram a institucionalização do conflito, dando-lhe características de luta de classes, visto que o mito extrapolava a esfera da simples preocupação teológica dogmática.

Características Racistas dos Estatutos de Pureza de Sangue

Das Catedrais, Ordens Religiosas e Confrarias

Em 1473, na Espanha, a confraria religiosa "Irmandade Cristã", fundada pelo bispo de Córdova, Pedro de Córdova e Solier, somente recebia como membros aqueles que comprovassem sua ascendência cristã-velha[306].

Aplicada em várias catedrais da Espanha, a ideia de pureza se expandiu rapidamente. Ortiz apresenta como sendo o estatuto catedralício mais antigo o de Badajoz, datado de 1511, seguido pelo de Sevilha (1515) e os de Córdova e Jaen (1530)[307]. Durante o reinado de Carlos V, a preocupação com a pureza de sangue foi reforçada em vários momentos, transformando-se aos poucos em uma obsessão para a maio-ria dos espanhóis. Em 1530 foi aprovada a aplicação do estatuto na Capela dos Reis Novos de Toledo, permitindo apenas aos cristãos-velhos serem admitidos como capelães[308].

---

306. Cecil Roth, *op. cit.*, p. 40.

307. Domingos Ortiz, *op. cit.*, p. 95. As ideias apresentadas por Ortiz são endossadas por Júlio Cora Baroja, *op. cit.*, p. 85.

308. O Estatuto de Pureza da Capela dos Reis Novos data de 15/10/1530, quando, na ausência do capelão maior, Pedro Henrique, 22 capelães se reuniram com Diego de

O caráter exclusivista não tardou em caracterizar uma série de confrarias. Em 1536, a Confraria de São Salvador de Alcaraz, apesar da proibição de Paulo III, estabeleceu, como requisito para a admissão de seus membros, a comprovação de pureza de sangue[309]. Essa confraria é considerada por Ortiz como sendo uma das "mais antigas a se ajustar a este princípio de seleção, seguida por vários outros setores religiosos".

Contudo, várias são as notícias da existência de cristãos-novos na Ordem de São Jerônimo durante a segunda metade do século XV na Espanha, exercendo as funções de frades e ocupando importantes cargos nos conventos. Em 1486, foi promulgado o estatuto de pureza de sangue desta Ordem, após a Inquisição ter descoberto em seu seio grande número de judaizantes. O Geral da Ordem, Frei Rodrigo de Orenes, ao realizar uma inquirição particular, enfrentou a oposição de Frei Garcia de Madrid, que, munido de rica documentação, defendeu a posição dos conversos, colocando-se contra tal tipo de exclusão[310].

Cristãos-novos e cristãos-velhos debateram por longo tempo a validade das provanças de Genere. O novo Geral da Ordem, Frei Gonçalo de Toro, era partidário do estatuto, que a pedido dos reis foi anulado. Novas investigações se processaram dentro da Ordem, levando muitos à fogueira. Em 1490, Frei Gonçalo de Toro tentou novamente implantar o estatuto, fato que se concretizou seis anos depois, através de um Breve de Alexandre VI. O Pontífice estipulava que as investigações não deveriam remontar além da quarta geração. No caso de existir um converso ocupando cargo na Ordem, este poderia ser reeleito sempre que houvesse notícia de boa conduta[311].

Em 1515, aqueles que se sentiam tolhidos pelo Estatuto tentaram novamente impedir a sua aplicação, baseando-se em Bulas, determinações de concílios e passagens da escritura. A luta não alcançou maiores resultados. Ao contrário, com os Reis Católicos inúmeros estatutos foram organizados por seus colaboradores mais próximos para algumas fundações religiosas[312].

A Ordem dos Franciscanos havia conseguido um Breve Pontifício, em 1525, proibindo a admissão de conversos nos seus cargos, o que entretanto era mal observado. Em vários momentos a Inquisição se fez

---

Herrera e votaram por 15 a 7 que não se admitisse por companheiro a ninguém que não apresentasse prova e testemunho de limpeza, e que sendo de geração de mouros ou judeus pudessem despedi-lo. O estatuto foi aprovado, na ausência de Carlos V, pela Imperatriz Isabella e mais tarde, a 14/09/1531, pelo Papa Clemente VI. Albert Sicroff, *op. cit.*, pp. 98-99.

309. Domingos Ortiz, *op. cit.*, p. 82.

310. Dentre esta documentação, apresentou a Bula de Nicolas V e os cânones do Concílio celebrado por D. Alonso Carrillo, realizado em Talavera em 1480. Ambas iam contra essa classe de exclusão. Julio Caro Baroja, *op. cit.*, p. 273.

311. *Idem*, p. 276.

312. *Idem, ibidem.*

presente na Ordem, que resistia ao total cumprimento do seu Estatuto, resultando em constantes renovações do Breve por Júlio III, Gregório XIII e Sisto V[313].

O Concílio de Trento (1545-1563) é um dos marcos para o estudo das medidas segregacionistas contra os cristãos-novos. Influenciados pela presença dos países ibéricos, os conciliares, apesar de preocupados em primeira instância com a expansão do Protestantismo pela Europa, referiram-se, em uma das sessões, à habilitação dos candidatos às Ordens Sacras. Sem fazerem referência à limpeza de sangue, determinaram que se averiguasse a filiação do ordenando, pois um dos impedimentos a se considerar era a bastardia. Ser descendente de judeus não significava nessa época empecilho para que o indivíduo seguisse a vida eclesiástica.

Indiretamente, outras decisões conciliares atingiram os cripto-judeus, como a oficialização da *Vulgata Latina*, a proibição de toda literatura que não fosse aprovada pelas autoridades eclesiásticas e a excomunhão dos que negassem a messianidade de Jesus[314].

Toledo novamente voltou a ser o centro das atenções, e o arcebispo Juan Martinez Siliceo tornou-se o personagem principal de todos os acontecimentos. Intrigado com a presença de descendentes de judeus que ocupavam cargos de presbíteros na Arquidiocese de Toledo – que tinha posição privilegiada ante as demais igrejas da Espanha – Siliceo se empenhou na luta pelo estabelecimento do estatuto de limpeza, o que aconteceu a 23 de julho de 1547[315].

O indivíduo, para ocupar cargos na igreja de Toledo, deveria, a partir dessa data, distinguir-se pelo nascimento nobre e boa educação; comprovar que não possuía mancha de sangue judeu, mouro ou herético da parte de seus ancestrais; defender o estatuto de pureza e não procurar abrandar o seu rigor dirigindo-se ao Papa ou a um prelado[316].

Paulo III confirmou o Estatuto por Bula, em Roma, a 18 de maio de 1548, sendo notificada a 26 de junho do mesmo ano. Siliceo continuou a eliminar os conversos de sua Igreja, exigindo o exame de pureza até mesmo para o cargo de capelão do coro[317]. Em vários momentos o rei Felipe deu ordem de suspensão, mas, pelo uso, o estatuto tomou força de lei. Em 1555, o Estatuto de Pureza de sangue de Toledo foi ratificado por Paulo IV. A ratificação real do Estatuto foi dada em 1556 por Felipe II, que nada mais fez do que reconhecer um

313. Domingos Ortiz, *op. cit.,* p. 101.
314. Júlio Gonçalves Salvador, *Cristãos-Novos, Jesuítas e Inquisição,* ed. cit., pp. 3-4.
315. Albert Sicroff, *op. cit.,* p. 101.
316. *Idem, ibidem,* p. 102.
317. *Idem, ibidem,* p. 135.

estado de fato. O conceito de pureza já estava de tal forma arraigado no pensamento da população espanhola que continuaria a existir da mesma forma: com ou sem aprovação do rei[318].

A imagem deturpada dos cristãos-novos foi aos poucos tomando forma, assumindo as características de preconceito. O converso era considerado séria ameaça à cristandade, razão pela qual Felipe II justificou seu apoio ao Estatuto. Os conversos e seus partidários recorreram, em vários momentos, ao Papa em Roma e às Santas Escrituras, enquanto os cristãos-velhos buscavam apoio da Monarquia. O problema do converso assumiu lentamente as características de revolução social, deixando de lado o campo religioso, agora um simples pretexto.

Siliceo, desenvolvendo uma forma de pensamento analógico, divulgou suas opiniões pessoais sobre os cristãos-velhos, apoiando-se na acusação de que os "cristãos-novos se encontravam empenhados em uma espécie de segunda Religião da Espanha [...] Desta vez os infiéis não vinham do exterior como tinha acontecido com os mouros". Na sua opinião, os cristãos-novos haviam se instalado no interior do corpo político e tinham se arrogado o direito sobre a vida dos cristãos-velhos, chegando mesmo a reinar sobre suas almas[319].

A ideia de pureza foi reativada com o Estatuto de Toledo, reforçando a atmosfera de tensão e intranquilidade que pairava na Espanha desde a segunda metade do século XV. Para Baroja, "onde quer que se aplicaram, os Estatutos produziram na consciência pública uma preocupação constante"[320].

Em pleno século XVIII, Antônio Nunes Ribeiro Sanches ainda comentava sobre as consequências do Decreto da Sé de Toledo de 1547, que reafirmou ainda mais a divisão da sociedade entre cristão-novo e cristão-velho: "Foi mais notório a differença entre christão novo e christão velho depois que se estabeleceu o costume de tirarem inquirições todos aquelles que querião entrar no Estado Eclesiástico, ou Cargos Honrosos da Republica"[321].

Em 1560 a Confraria de São Pedro de Toledo e a Congregação de São Benito de Valladolid aderiram também às exigências de pureza,

---

318. Na opinião de Sicroff, Paulo IV nada mais fez do que colar o selo do Papa sobre um costume já estabelecido. O Breve foi fechado em Roma, em 28 de fevereiro de 1555. A mesma opinião é endossada por Albert Sicroff, *op. cit.*, p. 137; Julio Caro Baroja, *op. cit.*, p. 276.

319. Vários foram os ataques ao estatuto, dando margem a longas discussões e argumentações exaustivas na tentativa de comprovar a sua falsidade. Aos defensores também não faltaram argumentos nem acusações contra os judeus conversos. Sicroff trata exaustivamente desse assunto, utilizando-se de riquíssima documentação. Albert Sicroff, *op. cit.*, pp. 111-125.

320. Julio Caro Baroja, *op. cit.*, p. 293.

321. Antônio Nunes Ribeiro Sanches, *op. cit.*, p. 36.

ajustando-se ao princípio de seleção. As catedrais de Oviedo e Valência o adotaram seis anos depois[322].

A introdução do estatuto de pureza na Companhia de Jesus envolveu-se de circunstâncias particulares, pois Inácio de Loyola não somente estava cercado de conversos, que desfrutavam de seu convívio, como recusou todas as sugestões para afastá-los da Ordem[323].

Ao tentar se estabelecer pela primeira vez na Arquidiocese de Toledo, a Companhia logo ganhou a hostilidade do Arcebispo Siliceo, pois, além de escapar à sua autoridade, tolerava a presença de cristãos-novos em suas fileiras. A constante pressão do Arcebispo junto aos Jesuítas gerou um clima de resistência, visto que pretendia que a Ordem adotasse o Estatuto, da mesma forma como ele o havia feito em Toledo[324].

Os sucessores de Loyola, os padres Lainez e Francisco de Borja, resistiram às constantes pressões que se faziam sentir sobre a Companhia, evitando a aplicação do Estatuto de pureza, cuja adoção estava reservada para uma data bem posterior. Somente após a morte de Borja abriu-se a possibilidade da aplicação do Estatuto, já em lento processo de fermentação, tornando-se uma questão de Estado. As intervenções de D. Sebastião de Portugal e de Felipe II, junto ao Papa e à Companhia de Jesus, resultaram na eleição de um Geral não espanhol, fato que terminou com o impasse dessa situação.

Sob a alegação de que os cristãos-novos causavam inquietações na Ordem, a 5ª Congregação Geral aprovou, em 1593, o decreto que proibia a admissão de pessoas da Nação Hebreia como membros da Companhia[325]. Na 6ª Congregação da Companhia de Jesus, as investigações de Genere foram limitadas ao quinto grau para aqueles que fossem de "honestas famílias ant vulgo noviles"[326].

Com a anexação de Portugal pela Coroa Espanhola, o mito revigorou, tornando-se verdadeira obsessão para todas as classes sociais de ambos os países ibéricos. Para aqueles que não possuíam riqueza e honra, poder vangloriar-se de sua origem cristã-velha foi uma maneira de se sentirem respeitados e identificados com a classe dominante.

Em Portugal, o problema cristão-novo, do ponto de vista da Igreja Católica, recebeu tratamento semelhante ao da Espanha. O Tribunal

---

322. Domingos Ortiz, *op. cit.,* p. 95.

323. Como exemplos, temos o cristão-novo Diego Lainez, a quem Loyola fez seu sucessor na direção da Companhia como 2º Geral. Juan de Polanco, outro converso, exerceu grande influência sobre os assuntos da Ordem, na qualidade de secretário particular de Ignácio de Loyola, vindo a ser 3º Geral. Albert Sicroff, *op. cit.,* pp. 270-271.

324. O Arcebispo explicou que não tinha nenhum rancor contra a Ordem; que sua hostilidade não tinha outra causa senão a de não ver adotado o Estatuto de pureza, semelhante ao da Igreja de Toledo. *Idem, ibidem,* p. 272.

325. A aprovação do decreto data de 23/12/1593. *Idem, ibidem,* p. 282; Domingos Ortiz, *op. cit.,* pp. 103-104.

326. Mendes dos Remédios, *op. cit.,* p. 59; Domingos Ortiz, *op. cit.,* p. 104.

da Inquisição, as investigações de Genere, os sermões, os autos-de-fé, a censura aos livros e outros artifícios serviram de instrumento para a Igreja agir sob o pretexto da religião, encobrindo outros interesses. E a ideia de pureza de sangue passou a ser, também em Portugal, conforme afirma Baroja, "a doutrina dos inquisidores, dos predicadores e dos legisladores"[327].

Em 1550, a Companhia de Jesus de Portugal inseriu em suas Constituições as exigências de pureza de sangue para aqueles que desejassem ingressar em suas fileiras. Era provincial da Companhia, nessa época, o Padre Simão Rodrigues, que, com esse seu ato, colaborou para a expansão do preconceito contra os descendentes dos judeus. Mas não pôde impedir que eles continuassem penetrando clandestinamente na Ordem, utilizando-se de falsas testemunhas e subornos[328].

A Companhia de Jesus foi seguida pela Ordem de São Francisco que, em 1558, também aderiu às ideias segregacionistas, instituindo as mesmas normas proibitivas, confirmadas por um Breve de S. Santidade Paulo IV (1555-1559)[329].

Dos Benefícios e Privilégios

A atuação da Igreja em Portugal não se limitou apenas a impedir o acesso dos conversos à carreira eclesiástica. A concessão de Benefícios foi outra preocupação constante das autoridades religiosas.

A fim de concentrar a exploração desses privilégios nas mãos da aristocracia, a Igreja e o Estado lançaram mão, mais uma vez, do preconceito. Desde a Idade Média, a acumulação de riqueza da Igreja atingiu proporções que despertaram a cobiça de reis e nobres, cujo interesse pela administração dos bens dos mosteiros tornou-se manifesto. Muitas propriedades, constituindo verdadeiros feudos, haviam sido doadas à Igreja, como demonstração de arrependimento e expiação de crimes cometidos[330]. A administração era concedida, geralmente, a pessoas de origem aristocrática, que terminavam por explorá-las em

---

327. Julio Caro Baroja, *op. cit.*, p. 306.

328. Sobre esse assunto, ver José Gonçalves Salvador, "Meios de acesso às Ordens Religiosas", em *Cristãos-Novos, Jesuítas e Inquisição*, ed. cit., Cap. I, 1.1., pp. 7-25. Um estudo em nível de doutorado sobre o antissemitismo na Companhia de Jesus está sendo desenvolvido por Robson, sob a orientação de Novinsky. Programa de Pós-graduação em História Social; FFLCH, USP.

329. Biblioteca Nacional de Lisboa, Col. Moreira, liv. ms 863-13-16-13 (ant), F.G. (novo), p. 184. *Apud* José Gonçalves Salvador, *op. cit.*, p. 4. Esse Breve foi confirmado por Gregório XIII (1572-1585), Sisto V (1585-1590), Clemente VIII (1592-1605) e Paulo V (1605-1621).

330. Laima Mesgravis, *A Santa Casa de Misericórdia de S. Paulo – (1599-1884)*, São Paulo, Conselho Estadual de Cultura, 1976, Col. Ciências Humanas, 3, p. 23. Sobre este tema ver também A.J.R. Russell–Wood, *Fidalgos e Filantropos. A Santa Casa de*

benefício próprio, relegando a um segundo plano o objetivo essencial: a caridade.

A comprovação da pureza de sangue foi novamente acionada, como pretexto para afastar os conversos dos cargos honrosos ou de tomar posse de benefícios e privilégios. Em função de toda problemática que envolvia os conversos, o Papa Sisto V determinou, por meio de um Breve, em 1588, que nenhum cristão-novo fosse provido em qualquer benefício eclesiástico[331]. Apesar das constantes intervenções dos cristãos-novos, que tentaram a anulação dessa determinação, um novo Breve foi publicado pelo sucessor de Sisto V, Clemente VIII, resultante da pressão exercida pelo monarca Felipe II e alguns prelados. Esse Breve, de 1600, excluía para sempre, até o sétimo grau, os cristãos-novos "dos costados, canoninatos, prebendas e dignidades, nas catedrais, dignidades nas Igrejas Colegiadas, das paróquias e dos demais benefícios eclesiásticos que tivessem curas d'alma"[332].

Outro Breve foi publicado em 1603, explicando detalhes do anterior. Essas disposições foram confirmadas novamente por Paulo V, em 1612, a pedido do monarca, esclarecendo que se aplicavam "ao provimento das Igrejas Seculares, bem como das de qualquer ordem regular com cura d'almas"[333].

Tanto a Igreja como o Estado tentaram reforçar a imagem depreciativa dos conversos, com base na ideia de que estes, portadores de sangue infecto, se tornavam inábeis para tais funções. E com a anexação de Portugal pela Coroa Espanhola, a questão do sangue maculado foi reforçada e, em muitas ocasiões, apontada como justificativa para todos os males do Reino. Dessa forma, Antônio Fernandes e Braz Carmello, baseando-se nas Bulas das Abadias de Urros e Podense, tentaram impetrar, em Roma, o usufruto de benefícios eclesiásticos. No entanto, foram impedidos por uma Carta Régia que denunciava os defeitos de seus nascimentos; ou seja: por serem cristãos-novos não poderiam tomar posse de tais benefícios[334]. Nessa mesma Carta, Felipe II requeria do Conselho Geral do Santo Ofício uma lista dos nomes de clérigos da Nação Hebreia que haviam saído em Autos Públicos de Fé, "por erros dela e do judaísmo". Sua intenção era provar os inconvenientes que havia em dispensar pessoas da Nação dos cristãos-novos,

331. Breve Dudum Charissimi, 25/01/1588. Biblioteca Nacional Lisboa, Coleção Moreira, liv. ms. 863, p. 32, *Apud* José Gonçalves Salvador, *op. cit.*, p. 5.

332. Petri, Breve In Beati, 18/01/1612. Corpo Diplomático, Tomo XII, p. 166 e segs, 138-139 *apud* Fortunato de Almeida, *História da Igreja em Portugal*, Coimbra, s.e., 1917-1924.

333. *Idem.*

334. C.R. 19/04/1616 – *C.C.L.P.*, ed. cit., Vol. II, p. 200.

para que esses tivessem benefícios ou se tornassem curas d'almas nas Igrejas Catedrais[335].

Luiz Alves Pereira, cristão-novo, conforme informação do Cabido da Sé de Braga, foi impedido de entrar no Arcebispado e Conezia da Igreja de Braga, apesar de ter sido provido em Roma[336]. A execução das Bulas Papais, provendo elementos cristãos-novos em determinados benefícios foi, várias vezes, interceptada por mandatos régios. Agostinho Barbosa foi, sob essa alegação, impedido de tomar posse do dito benefício. E acrescentou-se a regra de que "nos casos semelhantes se não dê posse de Benefícios a pessoas comprehendidas nos Breves passados acerca da gente da Nação, até se rescrever à S. Santidade e ele ser melhor informado"[337].

A partir desses acontecimentos, determinou-se que todos aqueles que fossem providos pela Cúria Romana, e sendo da Nação, teriam um prazo de dois meses para renunciar ao benefício. Atingido por essa determinação Régia, Fernão Dias da Silva, da nação dos cristãos-novos, provido em Roma para uma Conezia, foi impedido e obrigado a renunciar em tempo hábil. E novamente a ordem foi dada para que "ao diante não possa ter effeito as dispensações, que se concedem a pessoas de sua qualidade"[338].

Em 1636, há notícias de clérigos com "raça de Nação Hebreia" servindo Economia de Benefício nas igrejas da Vila Setúbal. Novamente se ordena que não os deixassem servir e se provejam com pessoas idôneas[339].

Das Misericórdias

Um cargo bastante procurado por todos aqueles que desejam ostentar certo *status* social e usufruir de uma série de privilégios era o de membro da Irmandade de Misericórdia. De caráter nobilitante, as Misericórdias recebiam proteção real, principalmente relacionada aos membros da Mesa[340]. Funcionavam com base em Regimentos, conhecidos em Portugal por "Compromissos", cuja aprovação era feita por autoridades eclesiásticas e monarcas. Esses compromissos

---

335. *Idem, ibidem.*

336. C.R. 20/05/1620 – *Idem*, p. 10.

337. *C.C.L.P.,* ed. cit., vol. III, p. 123.

338. C.R. 02/02/1625 – *C.C.L.P.,* ed. cit., vol. III, p. 134.

339. C.R. 08/07/1636 – *Idem*, vol. V, p. 85.

340. Em 1511, os membros da Mesa das Misericórdias foram isentos das aposentadorias e de servir nos cargos municipais no ano de sua eleição. Estavam também isentos de inspeção por parte dos bispos e funcionários reais. Laima Mesgravis, *op. cit.,* p. 33. Em 1503, um alvará promulgado por D. Manuel desobrigava os membros da Misericórdia do pagamento de "fintas". José Gonçalves Salvador, *op. cit.,* p. 161.

enunciavam os objetivos das confrarias, seus sistemas de autogoverno, as obrigações dos confrades ou Irmãos, assim como as exigências para a sua admissão[341]. Seus membros poderiam ser socorridos pela Irmandade, em caso de enfermidade, e teriam direito a ofícios fúnebres, acompanhamento e sepultura digna. Em caso de falecimento do pai, a filha teria garantido o dote, caso o progenitor não lhe deixasse bens[342].

Somente a partir do século XVII foram impostas restrições aos cristãos-novos, impedindo-os de ocupar cargos nas Misericórdias. O primeiro Compromisso existente da Misericórdia de Lisboa (1516) exigia apenas que os Irmãos fossem de "boa fama e honestidade"[343]. No caso de provedor, só se pedia que fosse honrado, de autoridade, virtuoso, de boa fama e muito humilde e paciente[344].

As restrições impostas aos cristãos-novos ganharam força de lei através de Cartas e Provisões. Estabeleceu-se que "aqueles que viessem a servir a Casa não deveriam ser de nação hebrea". Estipulava-se também que fossem "limpos e sem raça alguma". Aceitavam-se tanto nobres como os plebeus, menos os que acabamos de citar[345].

Os cristãos-novos estavam impedidos de ocupar os cargos de provedor, de irmãos e oficiais da mesa, escrivão, tesoureiro e mordomos de hospital[346]. Havia, entretanto, a possibilidade de o indivíduo ser dispensado, como foi o caso de Francisco da Silva, da Nação dos cristãos-novos, eleito escrivão da Mesa da Irmandade de Coimbra. Por ser um irmão antigo da Casa, recebeu uma intercessão do Bispo a seu favor, obtendo dispensa por meio de Carta Régia publicada em 1614. Nesta, uma cláusula fechava a questão, determinando que "não se poderia eleger d'aqui em diante para Irmãos da Misericórdia pessoas que tenham *o mesmo deffeito*"[347].

Os Compromissos das Misericórdias coloniais – inclusive as do Brasil – tiveram como modelo o de Lisboa, publicado em 1618. Com tendências aristocratizantes e racistas, esses compromissos determinavam que os indivíduos, para serem aceitos como membro da Irmandade, deveriam ser limpos de sangue, "sem qualquer mancha mourisca ou

---

341. Laima Mesgravis, *op. cit.,* p. 28.

342. José Gonçalves Salvador, *op. cit.,* p. 160; A.J.R. Russel-Wood, *op. cit.*

343. Charles Ralph Boxer, *op. cit.,* p. 319. O primeiro Compromisso da Irmandade de Lisboa deve datar de 1499, mas infelizmente foi destruído pelo terremoto de Lisboa (1755). O que foi referido como existente data de 1516, e, pelo que consta, é uma reforma do anterior. Boxer apresenta 1498 como data de fundação da Misericórdia de Lisboa.

344. "Compromisso de 1516, Cap. 2". *Apud* A.J.R. Russell-Wood, "Class, Creed and Colour in Administration", *op. cit.,* p. 158.

345. Provisão 23/05/1610 – *C.C.L.P.,* ed. cit., vol. II, pp. 205-206. Grifo nosso.

346. C.R. 29/05/1600 – *Idem,* p. 205.

347. C.R. 07/10/1614 – *Idem,* p. 104.

judaica, assim como sua mulher, quando casado; e ser livre de toda infâmia de fato e de direito"[348].

O princípio de igualdade nas Misericórdias se encontrava corrompido por sua característica exclusivista. Apenas os elementos nobres, membros da primeira categoria, poderiam participar da Mesa da Irmandade, ocupando os cargos de provedor, mordomos, tesoureiros e definidores. Formando uma segunda categoria, encontramos os mecânicos e os comerciantes cristãos-velhos[349].

Ser admitido como Irmão de uma Irmandade significava, para o cristão-novo, estar acobertado de qualquer suspeita de sangue, isento do pagamento das fintas e livre das perseguições do Santo Ofício. Quanto aos comerciantes cristãos-velhos fidedignos, pelo fato de ocuparem uma profissão bastante comum aos cristãos-novos, esforçavam-se para tornar pública a sua pureza de sangue. Exibir-se à sociedade como membro de uma Irmandade era uma das formas de comprovar a sua filiação aos cristãos-velhos.

Apesar das restrições, a infiltração dos cristãos-novos nas Misericórdias foi muito grande. Burlavam constantemente as inquirições de Genere, fazendo-se passar por cristãos-velhos. O próprio processo de miscigenação da sociedade portuguesa e a constante infiltração desse grupo nos mais variados setores públicos e religiosos dificultavam a verdadeira comprovação de pureza.

Da inquisição: uma aristocracia de sangue

Aos cristãos-novos de Portugal também era vedada, como na Espanha, a participação como membro da Inquisição, principal responsável pela persistência do mito de pureza. O Tribunal do Santo Ofício, munido de aparato burocrático e utilizando-se de poder político sancionado pelo grupo dirigente, acionou toda a população miserável contra os descendentes de judeus[350].

A manipulação de uma linguagem racista calcada em estereótipos repercutiu ante a sociedade global, que se voltou totalmente contra

---

348. Charles Ralph Boxer, *op. cit.*, p. 319; A.J.R. Russell-Wood, *op. cit.*, p. 124.

349. A.J.R. Russel-Wood, *op. cit.*, p. 125.

350. O Santo Tribunal da Inquisição foi criado em Portugal durante o Reinado de D. João III, por Bula do Papa Paulo III, em 23/03/1536, e deixou de existir com a Revolução de 1820. Seus Regimentos datam de 1552, 1570, 1613, 1640 e 1774. Em 1769, o Conselho Geral do Santo Ofício foi declarado Tribunal Régio. O autor Mendes dos Remédios indica a existência de um sexto Regimento, projetado por Pascoal de Mello, mas que não chegou a ser aprovado. Este teria sido redigido, provavelmente, antes de 1788. Sobre os Regimentos ver: Antonio José Saraiva, *op. cit.*, p. 76; *O Último Regimento da Inquisição Portuguesa*, introdução e atualização de Raul Rego, Lisboa, Excelsior, 1971; J. Mendes dos Remédios, *Os Judeus em Portugal*, Coimbra, Coimbra Editora, 1928, vol. II, pp. 8-14.

todos aqueles que pertenciam à chamada "raça infecta". Empregada constantemente pelos Inquisidores, representantes da nobreza, a ideologia contida nessa linguagem criou homens preconceituosos, gerando atitudes segregacionistas, portanto, racistas.

Dessa forma, o cristão-novo passou a ser visto pelas populações ibéricas como elemento marginal e nocivo à sociedade, considerado como portador de um sangue que transmitia hereditariamente uma série de vícios: daí as várias categorias de impedimentos geradores de barreiras sociais.

Como os outros órgãos da Igreja, e talvez com maior insistência, a Inquisição tentou impedir o acesso de descendentes de judeus aos seus quadros, pois a participação de um elemento dessa raça poderia colocar em risco todo o mecanismo social que lhe garantia a participação nas esferas de poder e, consequentemente, a posse dos bens e riquezas dos cristãos-novos.

Em 1572, por meio de uma provisão, o Cardeal D. Henrique regulava o ingresso nos quadros inquisitoriais. As investigações ficavam a cargo de membros do Conselho Geral, advertidos de não admitirem pessoas suspeitas por qualquer via que fosse. Fixava-se a "ideia de heresia ligada ao sangue como mancha comprometedora da vida e honestidade de propósitos"[351].

O 4º regimento da Inquisição, publicado em 1640, determinava que os seus ministros e oficiais deveriam ser "cristãos-velhos de limpo sangue, sem raça de mouro ou judeu, ou gente novamente convertida a nossa Sta. Fé & sem fama em contrário". Os oficiais leigos, Meirinhos, Alcaides e todos mais deveriam ter a mesma limpeza de suas mulheres e os filhos, quando casados[352]. No caso de um oficial querer se casar, deveria ser feita a inquirição de Genere de sua mulher, mandando logo "tirar informação sobre a limpeza de seu sangue". Se ela não possuísse a pureza necessária, o oficial seria proibido de realizar o referido casamento. Se algum deles se casasse sem dar conta primeiro à Mesa, seria suspenso de seu ofício até ser feita a sobredita informação. A privação do ofício era a pena aplicada em caso de reprovação[353].

As inquirições de Genere a respeito da limpeza de sangue de réu preso pelo Tribunal e de seus Oficiais eram de responsabilidade dos Comissários e Escrivães, que dariam seu parecer, em particular, apoiados nos dados que tivessem sobre a qualidade das pessoas[354]. A título de

351. Essa provisão data de 04/02/1572. Sonia Aparecida Siqueira, *A Inquisição Portuguesa e a Sociedade Colonial – Ação do Sto. Ofício na Bahia e Pernambuco na Época das Visitações*, ed. cit., p. 344.

352. *Regimento do Santo Offício da Inquisição dos Reynos de Portugal.* Ordenado por mandado do Ilmo. e Rmo. Snor. Bispo Dom Francisco de Castro, Inquisidor Geral do Conselho d'Estado de S. Mgde. Em Lisboa nos Estados. Por Manoel da Sylva, MDCXL, livro I, Tit. I, § 2, pp. 1-2.

353. *Regimento do Santo Offício...*, ed. cit., Livro I, Tit. 3, § 51.

354. *Idem*, Livro I, Tit. II, § 4, p. 52.

ilustração, temos a carta do Cardeal Luno da Cunha, Presbítero cardeal da Santa Igreja de Roma, nomeando Francisco Albuquerque Coelho de Carvalho como Familiar do Santo Ofício de Lisboa:

> Fazemos saber a quantos apresente virem, qpela *boa informação,* qtemos *de geração,* vida e costumes de Francisco de Albuquerque Coelho de Carvalho [...]; confiando delle q fará com toda a diligencia, concideração, verdade esegredo tudo o qpor nos lhe for mandado[355].

O Tribunal possuía uma seção dedicada unicamente à genealogia. Assim, o preso, no prazo de dez dias depois de ter entrado no cárcere, seria interrogado por seu nome, idade, *qualidade de sangue,* profissão, residência, filiação materna e paterna, avós de ambas as partes, tios e irmãos. Interessava ainda saber se eram casados, com quem e que filhos ou netos tinham vivos ou defuntos. As testemunhas a serem nomeadas para as provas das contraditas deveriam também ser indicadas por pessoas cristãs-velhas[356]. Os ministros e oficiais deveriam ter procedimento digno de suas funções. O regimento preveniu-os que jamais deveriam pedir emprestado à gente da nação, "pelo inconveniente que podem resultar do contrário"[357].

As irregularidades correspondiam, em contrapartida, às exigências da limpeza de sangue. Os subornos fizeram parte do mecanismo social característico do Antigo Regime. Pedro de Azevedo, analisando esse tipo de irregularidade, lembra que, se um Comissário do Santo Ofício se deixasse subornar por interesses pessoais ou materiais, teria condições para dirigir o inquérito de forma que um indivíduo suspeito de sangue fosse tido como limpo[358].

As investigações genealógicas, verdadeiras apoteoses da limpeza de sangue, a supressão das opiniões pessoais e a censura de obras literárias compõem o quadro de ações intolerantes sustentadas pelo Tribunal do Santo Oficio.

---

355. *Carta do Cardeal Luno da Cunha,* Presbytero Cardeal, Familiar do Santo Ofício, nomeando Francisco de A.C. de Carvalho, Familiar do Santo Ofício, 1737, Mss a 36. B.N.L. Grifo nosso.

356. *Regimento do Santo Offício...,* ed. cit., Livro I, Tit. II, § 4, p. 52.

357. *Regimento do Santo Offício...,* ed. cit., Livro II, Tit. XI, § 8, p. 3.

358. Pedro de Azevedo, Estudo "Irregularidades da Limpeza de Sangue dosFamiliares de Vila Real". Arquivo Histórico Português, Tomo X, p. 19. *Apud* José Gonçalves Salvador, *op. cit.,* p. 28.

A PERSISTÊNCIA DO PRECONCEITO DE SANGUE CONTRA OS CRISTÃOS-NOVOS

A "Farsa" nas Tentativas de Eliminação do Preconceito de Sangue

A eliminação do preconceito de sangue contra o cristão-novo não faz parte da ideologia dominante nos séculos XVI, XVII e primeira metade do século XVIII. Algumas iniciativas nesse sentido se manifestaram, entretanto, durante os reinados de D. Manuel, D. João III e Felipe III (II). Não tiveram maiores implicações pois, com a instalação do Tribunal do Santo Ofício (1536) e com a união das duas Coroas, Espanhola e Portuguesa (1580), o preconceito, em vez de desaparecer, foi reforçado, incentivando ainda mais a distinção entre cristãosnovos e cristãos-velhos. Esses fatos contribuíram para que o século XVII e o início do XVIII fossem vistos pelos historiadores de hoje como uma época em que os homens não eram distinguidos pelos seus méritos mas, sim, pela sua origem.

Examinando retrospectivamente a legislação portuguesa, encontramos referências à eliminação da distinção entre cristãos-novos e cristãos-velhos durante o governo de D. Manuel. Em 1497, portanto logo após o batismo forçado dos judeus, o monarca publicou um conjunto de leis, que nada mais significou do que uma tentativa de encobrir os atos de intolerância que marcaram seu reinado.

Dentre essas determinações reais, consta uma portaria proibindo as autoridades de tirar inquirições sobre a vida dos judeus convertidos, por um período de vinte anos. No caso de este ser denunciado como praticante de judaísmo, deveria ser julgado pelo código civil e a queixa feita nos vinte primeiros dias após o ato. Se a punição atingisse os bens do réu, eles seriam entregues aos filhos herdeiros cristãos e não ao fisco. O conteúdo dessa portaria visa simplesmente à eliminação da perseguição religiosa contra os judeus[359].

Outra ordem, referindo-se aos casos de partilha de herança, determinava que para a sua realização não se levasse em conta se o pai, mãe ou parentes eram cristãos-novos ou cristãos-velhos; se seus filhos ou netos foram judeus ou filho de judeus. Estes deveriam receber o tratamento que por direito e ordem do reino se adotava em relação aos cristãos, filhos e netos[360].

Essas atitudes moderadas de D. Manuel dificilmente podem ser analisadas como tentativas para eliminar a distinção entre cristãosnovos e cristãos-velhos. Temos que levar em consideração que elas

---

359. Portaria de 30/05/1497 – *Apud* Meyer Kayserling, *op. cit.*, p. 123; Mendes dos Remédios, *op. cit.*, p. 200.

360. Ordenações Manuelinas, *op. cit.*, Livro 2º, Tit. XLII, p. 214.

ocorreram logo após a conversão forçada dos judeus, antes da instalação do Tribunal do Santo Ofício e do endosso, pelas instituições,
do estatuto de pureza de sangue[361]. Depois deles, essas leis simplesmente foram revogadas e deixadas no esquecimento, pois nos
séculos seguintes não era de interesse do Estado e da Igreja eliminar
tal distinção. Muito ao contrário, não lograram esforços para torná-la
cada vez mais patente.

Em 1506, outro fato marcou o governo de D. Manuel: o conhecido
massacre de Lisboa, no qual violentos tumultos populares levaram
à morte numerosos cristãos-novos[362], tratados como "raça maldita",
"raça infamante" e injuriosamente designados por "marranos", termo
que havia assumido conotação injuriosa. Eram também tratados por
apelidos como: cães, rabudos, porcos, sujos, desmanzelados, corcundas
etc[363]. Acusados de explorar o povo através da usura e atingidos pelo
fanatismo religioso, atiçado pelo Clero em constante contato com o
povo ignorante, os cristãos-novos foram sendo envolvidos cada vez
mais em um clima de repugnância, ódio e vingança.

Por outro lado, os interesses econômicos e políticos forçaram D.
Manuel a conceder, em 1507, privilégios ao grupo perseguido. Sob o
título "Aos christãos novos destes Reynos licença, que quiserem ir para
terra de Christãos possão fazer", foi promulgada uma Carta Régia em
cujos parágrafos a preocupação central foi possibilitar que os cristãos-
novos saíssem do Reino e pudessem vender seus bens de raiz[364]. O
último item é o que nos interessa mais diretamente: proibia que se
fizesse contra eles qualquer referência que os distinguisse do restante
da população como "gente distinta e apartada". Confirmando a existência de um preconceito manifesto contra esse grupo, determinava
que fossem "avidos, favorecidos e tratados como próprio christãos
velhos"[365].

---

361. Anita Novinsky, em nota, na obra de Kayserling, chama a atenção para
esses dois últimos anos do governo de D. Manuel, quando os dois primeiros fatos,
citados por nós anteriormente, "influíram no desenvolvimento posterior do fenômeno cristão-novo português; as condições político-sociais, a que os cristãos-novos se
viram sujeitos no decorrer do século, marcaram, com características essencialmente
diferentes, o problema em ambos os Reinos". Anita Novinsky, em Meyer Kayserling,
op. cit., p. 23, nota n. 5.

362. O massacre ocorreu em 09/04/1506. Mendes dos Remédios cita cerca de duas
mil vítimas cristãs-novas. Mendes dos Remédios, *op. cit.,* pp. 127-134.

363. Sentinella contra os Judeos... *Offerecida à Virgen S.N. com o trabalho do
Pe. Francisco de Torrejoncillo...* Coimbra, na Officina de Joseph Antunes da Sylva,
Impressor da Universidade de Coimbra, 1730. Biblioteca Nacional de Lisboa.

364. C.R. 01/03/1507 – *C.C.L.P., op. cit.,* Vol. 1750/1762, pp. 178-180, § 11.

365. "[...] não faremos contra elles defeza como sobre gente distincta, e apartada,
mas assy nos praz que em todo sejam avidos, favorecidos, e tratados como próprios
christãos velhos, sem delles serem distintos, e apartados em couza alguma". *Ibidem;*
Meyer Kayserling, *op. cit.,* p. 133.

Em parte amparados pelo monarca, os descendentes dos judeus usufruíram, após essa data, de uma situação bem mais tranquila se comparada com a do governo anterior. A lei de 1497 voltou a ser renovada na mesma data dessa Carta Régia, ordenando que por mais um período de vinte anos não se processassem os cristãos-novos por suas atividades religiosas[366]. Em 1512, esse prazo voltou a ser prorrogado por mais vinte anos[367].

Com a morte de D. Manuel (1521), subiu ao trono português D. João III, cujas atitudes contra o cristão-novo foram marca característica de sua personalidade e administração. Nos primeiros anos de seu governo, ainda influenciado pelos ministros de D. Manuel, o novo rei viu-se pressionado a fazer certas concessões aos conversos, confirmando, na íntegra, o alvará de 1497[368]. No entanto, essa tolerância religiosa não foi suficiente para evitar que a discriminação contra o grupo viesse à tona. D. Manuel simplesmente prorrogara uma situação de fato, não tendo conseguido impedir que a discriminação se transformasse, em toda a Península Ibérica, num verdadeiro mito[369].

Assim, ao mesmo tempo que assinava o alvará de 1524, D. João III trabalhava, nos bastidores, para o estabelecimento da Inquisição em Portugal. Envolvidos pela decadência econômica que atingia o reino, uma situação de conflito, entre o monarca e a gente da Nação, tornou-se evidente nos anos seguintes, de nada valendo as determinações legais. O confisco das riquezas dos conversos foi um alívio para o problema financeiro da Coroa e também se constituiu em apaziguamento do ódio do povo miserável que, atiçado pelo Clero, atribuiu sua desgraça à posição privilegiada ocupada pela burguesia mercantil cristã-nova.

Por outro lado, as constantes divergências de D. João III com o Papa Clemente VII, sobre a instalação da Inquisição em Portugal, sucederam-se paralelamente a uma série de fatos discriminatórios contra os cristãos-novos, que marcaram os anos de 1530: perseguições, prisões, revoltas populares e uma evidente política antiemigratória[370].

---

366. Alvará 13/03/1507 *apud* Monteiro, *História da S. Inquisição do Reyno de Portugal*, Lisboa, 1750, II, 7. Biblioteca Nacional de Lisboa.

367. Alvará 21/04/1512 – *Idem, ibidem.*

368. Esse alvará já havia sido renovado em 1507 e 1512. A confirmação deste por D. João III se processou em Évora a 16/12/1524.

369. Percebe-se, analisando o texto inicial dessa Carta, a preocupação dos cristãos-novos em garantir para o seu grupo a estabilidade alcançada nos últimos anos do governo de D. Manuel. *Idem, ibidem*, p. 181. Se fizermos uma correlação de fatos, veremos que, já nessa época, os cristãos-novos estavam impedidos, legalmente, de ocupar o cargo de Regedor da Justiça (1514), e a limpeza de sangue já era exigida pelos estatutos particulares de algumas instituições religiosas.

370. Ver supra pp. 75-76.

Em 1536, conforme Bula publicada pelo Papa Paulo III, a Inquisição foi definitivamente proclamada, e o primeiro auto-de-fé foi realizado em 1540. O tratamento dado ao cristão-novo como "gente distinta e apartada" do restante da população se tornava cada vez mais vivo, ao contrário do que determinavam os textos legais de 1497, 1507, 1512 e 1524. Proibidos gradativamente de ocupar cargos públicos e religiosos, os cristãos-novos se encontravam diretamente, envolvidos pela ordem simbólica instituída pelo grupo dirigente: o signo da "limpeza de sangue" ganhava corpo.

Em 1546, os conversos queixam-se a D. João III de que a gente da Nação não era admitida nas Misericórdias, nos colégios, nas corporações de ofício das cidades e vilas, nos alistamentos de soldados para a Índia, e de que tampouco era chamada para quaisquer ofícios de honra[371].

Outro alvará, infelizmente sem data, marca o governo de D. João III: refere-se ao tratamento a ser dado aos cristãos-novos. Determinava que "todas as pessoas que deixaram a 'Perfídia Judaica', e a falsa Seita Maometana, e que se converterem à Santa Fé Católica, deveriam ser favorecidas e honradas como cristãos"[372].

Justificando sua ordenação, o monarca apresenta como exemplo o fato de esse grupo ser chamado de "christão novo, confesso e marrano", nomes que eles "se affrontão, e se escandalizão"[373]. Aos que empregassem tais termos, seria aplicada a seguinte pena: para fidalgos e cavalheiros – o pagamento de quarenta cruzados e trinta dias de prisão; para os de condição inferior, vinte cruzados e trinta dias de prisão na cadeia pública, sendo o dinheiro revertido aos cativos e metade para quem os acusasse.

Contudo, as penas estipuladas nesse Alvará parecem não ter tido efeito algum. A palavra cristão-novo, com sentido pejorativo, continuou a ser usada, escrita e oralmente. Diretamente relacionada ao conceito de "limpeza de sangue", tornou-se mais frequente a partir do século XVII, quando as leis discriminatórias já haviam sido institucionalizadas. Esse Alvará (sem data) não conseguiu impedir que o "mito de pureza de sangue" persistisse até meados do século XVIII.

Em 1601, sob o governo de Felipe III (II), outro decreto proibia que se chamasse a qualquer pessoa de "cristão-novo, judeu, confesso

---

371. Corpo Diplomático V, ano de 1546, pp. 105 e s. *Apud* Antonio José Saraiva, *op. cit.,* p. 165.

372. "Supplemento ao Appendix das Leis Extravagantes". Em *Appendix das Leis Extravagantes, Decretos, Avisos* que se tem publicado do anno de 1747 até o anno de 1760, a que se ajuntão as referidas Leys, e outras muitas utilissimas que se tem decorrido depois da nova impressão das Colleções insertas nas Ordenações do Reyno, no feliz Reynado da Augusta Majestade O Fidelissimo Rey D. Joseph I Nosso Sr., Lisboa, 1760, p. 374.

373. *Ibidem.*

ou marrano"[374]. Essa ordem legal se constitui numa série de concessões feitas pelo monarca aos cristãos-novos, com o objetivo de convencê-los a permanecer em Portugal, pela impressão de que a partir daquele momento encontrariam, no reino, condições de igualdade e segurança[375]. Criando a falsa imagem de uma situação, D. Felipe estaria garantindo para a Inquisição a permanência no reino daqueles que possivelmente teriam seus bens confiscados, conforme estilo aplicado pelo Tribunal. A realidade, entretanto, não condizia com essa titulação: os fatos incriminavam e tornavam contraditórias certas atitudes legais. Os cristãos-novos emigravam em massa, ao mesmo tempo em que a Inquisição e o povo lançavam contra o cristão-novo todo o seu ódio e desprezo. De nada adiantaram as ordens legais a "favor" dos conversos.

Aqui se encerra o primeiro período das determinações legais, cujo objetivo de eliminar a distinção entre cristãos-novos e cristãos-velhos nada mais foi do que a consciente manipulação da ordem legal. As concessões feitas apenas significaram uma forma de garantir a possibilidade de ostentação do poder e da honra.

Na nova fase iniciada em 1601, o preconceito de sangue assume o papel primordial. As dificuldades financeiras que abalaram o Reino nas primeiras décadas do século XVII forçaram a aplicação e endosso do estatuto de pureza por todas as instituições sociais. A nobreza, o Estado, o clero e o povo se manifestaram favoráveis, isolaram os conversos, marginalizando-os.

O vazio deixado pelos decretos que concediam privilégios aos cristãos-novos foi logo preenchido pelas frequentes realizações de autos-de-fé em Lisboa, Évora, Coimbra e Porto. Perseguições, prisões, torturas, subornos e mortes passaram a ser constantes no dia-a-dia da vida portuguesa. Iniciou-se, a partir do século XVII, período de persistência das leis contra os descendentes de judeus. As exigências de comprovação da limpeza de sangue atingiram tanto os cargos eclesiásticos como os civis (Doc. 8).

Somente no período pombalino encontraremos novas preocupações da magistratura com relação à eliminação da distinção cristão-novo/cristão-velho. Essa fase, por envolver profundas transformações na estrutura da sociedade portuguesa, será tratada em item à parte.

---

374. Citado par Cândido Mendes de Almeida, em seus comentários e observações ao "Código Philippino", livro V. Tit. LXIX, p. 1218; "Lucidário", II, 384. *Apud* Meyer Kayserling, *op. cit.,* p. 239.

375. Dentre as concessões que constam da lei de 04/03/1601, temos: direito de os cristãos-novos venderem seus bens imóveis e deixarem o país, com suas fazendas e famílias. Essa lei já foi abordada no item sobre política antiemigratória.

Res. 2074 2 V.

✠

INFORMA:
CION.

DE LA NOBLEZA, Y LIMPIEZA DE
sangre de don Antonio Sotelo Prego de Montaos, Familiar
del Santo Oficio de la Inquisicion de Galicia, Señor de los Ma-
yorazgos de Mallon, y Pregos de Redondela, Patron inso-
lidum del Conuento de Religiosas de dicha Villa ; ajustado, y
sacado de los processos, executorias, priuilegios, y donaciones
Reales, actos positiuos, y sentencias executoriadas en contradi-
torio juizio. Sendo partes los hijos de Artur Vazquez Men-
dez, natural de Vigo : y vltimamente don Luis Troncoso
Mendez, Abad del Beneficio de Picoña, su nieto.
Todos del Obispado de Tui: con otros
conjurados.

Ponese el árbol de la ascendencia por los quatro abuelos de
don Antonio Sotelo Prego de Montaos.

Vifernandez de Cadorniga, fue Caua-
llero principal del Reyno de Galicia, y
fue señor de los cotos y juridiciones de
Mogueymes, Ganceje, Gofende, y otras
tierras en el mifmo Reyno. Procedia, ò
era deudo conjunto (como adelante fe
moftrarà) de los feñores de Frieyras,
honra antigua de los de Cadorni-
ga, que traen por armas vna naueta de plata, con fus maftiles
y xarcias, en campo colorado. Cafò con doña Eftefania de
Faxardo, que eftà enterrada en el monafterio de Feanes, Orden
de fan Bernardo, no lexos de la villa de Melgaço, adonde tiene
fepultura honorifica, a que dexò muchos propios, è hizo grandes donaciones. Tuuo defte matrimonio, a fu hijo

A   Alua-

Doc. 8a, b, c (nesta e nas próximas páginas): *Informacion de la Nobreza, e Limpieza de*
Sangre de Don Antonio Sotelo de Montaos, Familiar do Santo Oficio de la Inquisicion de
Galicia... Res. 2074- 6 V5 ou Res. 2074-G V. Biblioteca Nacional de Lisboa, Portugal.

ella o faça (no que gravemente lhe encarregará fua confciencia) pelas peſſoas mais antigas , fidedignas , e defintereſſadas , e Chriſtáas velhas, que nella houver , e que razaõ tenhaõ de faber ácerca da naturalidade, qualidade , limpeza , ou impureza do fangue , e geraçaõ do habilitando *Frẽ Anᵗ deBritto Cruz Irmaõ* e de que achar , e fouber de propria fciencia ; enviara a V. m. fua particular informaçaõ por carta fechada , e jurada *in verbo Sacerdotis* , dentro da qual nomeará a Voſſa mercê dez , ou doze teſtimunhas, que fejaõ da qualidade referida , e que do fobredito poſſaõ teſtimunhar ; e que bem baſtem para prova legitima do que dito he : e fendo aſſim nomeadas , ferá V. m. fervido mandar venhaõ á fua prefença ; e as inquirirá com o Efcrivaõ do feu cargo , *ex officio* , fecretamente ; e dando a cada huma de per ſi o juramento dos Santos Evangelhos , fob cargo do qual lhe encarregará diga verdade , e lhe perguntará como fe chama : que officio tem : donde he natural , e morador , e de que idade he ; e lhes fará V. m. as perguntas pelos interrogatorios feguintes.

Primeiro. Se lhe falou alguma peſſoa , ou peſſoas , para que , vindo a eſte juramento , nelle diſſeſſe mais , ou menos da verdade , que foubeſſe , ou lhe foſſe perguntado ; e que peſſoas foraõ.

Segundo. Se conhece , ou conheceo o habilitando *Antᵒ Joze de Britto, Cruz Irm Ir eloze* , de quam he filho , donde he natural , e morador , e baptizado ; que trato , ou officio tem : que annos ha , que o conhece , ou conheceo , e com que officio ; e a razaõ de feu conhecimento.

Terceiro. Se conhece , ou conheceo a o *Pay dos Habilitandos Frãm Antᵒ de Brᵗ Juam Dꝯⁿ Anᵗᵒ Yzabel de ſintᵃ* , donde he natural , baptizado , e morador ; que trato , ou officio tem ; que annos ha o conhece , ou conheceo , com que occupaçaõ ; e a razaõ de feu conhecimento.

Quarto. Se conhece , ou conheceo *aos Avos paternos Timotheo de Britᵗ M Dᵉ Mᵃ de Britto* , que trato , ou officio tem , ou teve , e que qualidade ; e que razaõ tem de feu conhecimento.

Quinto. Se conhece , ou conheceo , e por quantos annos a *os Avos Maternos Barᵗᵒ Peña e Juam Dᵒⁿ Anᵗᵒ Mᵃ de Ullᵒᵃ* , que trato , ou officio tem , ou teve , e que qualidade ; e a razaõ de feu conhecimento.

Sexto. Se o dito habilitando he filho legitimo , e neto das peſſoas aſſima declaradas ; e fe por tal eſtá tido , havido , e reputado ; e a razaõ de o faber.

Setimo. Se tem alguma razaõ particular de amizade , odio , ou parentefco com o dito habilitando , ou com feus progenitores ; ou fe tem couza , que declarar ao coſtume , e couzas delle.

Oitavo. Se o dito habilitando pela parte dos *d͂ᵒ feu Pay, e Avos Paternos* , e por ſi faõ legitimos , e inteiros Chriſtãos velhos , fem raça alguma de Judeu , Mouro , ou Mourifco , Mulato , Chriſtaõ novo , Herege , ou de outra infecta naçaõ das reprovadas em Direito contra a noſſa Santa Fé Catholica ; ou defcende de peſſoas a ella novamente convertidas ; e fe por legitimos , e inteiros Chriſtãos velhos , limpos , e de puro fangue , e geraçaõ , eſtaõ tidos , havidos , e reputados fem duvida , rumor , ou fufpeita em contrario ; e a razaõ de o faber.

Nono. Se o dito habilitando , ou algum dos feus progenitores foraõ prezos , punidos , ou penitenciados pelo Santo Officio ; ou incorreraõ em pena vil , infamia publica *de facto* , ou *de jure* ; ou que pagaſſem finta lançada a gente de naçaõ Hebrea , ou diſſo foraõ infamados ; e a razaõ de o faber.

Decimo. Se tudo , o que tem depoſto , he , e foi fempre publica voz , e fama. E fendo aſſim perguntadas as teſtimunhas , aſſignaráõ com V. m. ; e eſtando

eftando impedido para por fi fazer efta inquiriçaõ *de genere*, ferá V. m. fervido commetter fuas vezes a peffoa Ecclefiaftica, e de confiança, que lhe parecer, a qual em tudo guardará a fórma defta requifitoria, e remetterá a Voffa
mercê os proprios autos, que fe proceffarem com fua extrajudicial informaçaõ affim ácerca da fé, e credito, que fe deve dar ás teftimunhas, como fobre
a limpeza de fangue das peffoas referidas; com o teor dos quaes, e defta,
ferá V. m. fervido mandar paffar hum inftrumento authentico em modo, que
faça fé, o qual em maffo fechado, cozido, e lacrado, na fórma do eftilo,
fará V. m. remetter a efta cidade, onde ferá entregue ao Secretario da Camera,
que efta fobfcreveo. E em V. m. affim o mandar cumprir, e guardar fará a juf-
tiça, que coftuma, e eu farei o mefmo por fuas fentenças, fendo-me de fua
parte deprecado. Dada nefta cidade de Olinda *Sob Sello de Armas de*

[texto manuscrito]

Doc. 8c

As Obras Antijudaicas e o Alastramento do Estatuto de Pureza de Sangue

A ideologia antijudaica, imposta pelo clero e nobreza, esteve presente na vida portuguesa dos séculos XV ao XVIII. Estes tinham interesse em manipular o imaginário coletivo com o objetivo de legitimar e perpetuar a ordem vigente. A arte e a linguagem oral e escrita, funcionaram como instrumentos de divulgação e propaganda das facções dirigentes, impondo valores morais e culturais, e condicionando atitudes. Esta realidade pode ser constatada se levarmos em consideração as teorias de Pierre Bourdieu, com relação ao conceito de cultura. De um lado, Bourdieu distingue a problemática kantiana, que considera a cultura – e por extensão todos os sistemas simbólicos, como a arte, o mito, a linguagem etc. –, em suas qualidades de instrumento de comunicação e conhecimento, responsável pela forma nodal do consenso. De outro lado, refere-se à tradição marxista e à contribuição de Max Weber, que tende a considerar a cultura e os sistemas simbólicos, em geral, como instrumento de poder, isto é, de legitimação da ordem vigente[376].

A arte, por exemplo, foi um dos instrumentos largamente utilizados pela Igreja Católica para se chegar até as massas. A arte como instrumento de expressão, de propaganda e de dominação é um dos temas centrais da obra de Pierre Francastel, A Realidade Figurativa. Segundo este autor, a Igreja Católica, no século XVI, recorreu à arte para lutar contra a Reforma, empreendendo uma grande campanha de renovação e propaganda. Durante séculos, a Igreja utilizou-se da arquitetura, da escultura e da pintura para transmitir seus ensinamentos e divulgar sua ideologia. Os espíritos eram entorpecidos por processos de repetição, uníssono e esquematização das sensações: "É pelos olhos que se prendem os homens, pois assim se adormece mais facilmente sua desconfiança"[377].

Gostaríamos de lembrar algumas das imagens pintadas nos murais e vitrais das igrejas: de um lado, a cena do céu – o paraíso –; de outro, o inferno, representando o mal. Neste último, a ideia do diabo toma forma e movimento; o mito ganha uma imagem, agora relacionada ao símbolo. Paralelamente, a imagem difundida do elemento judeu e do cristão-novo estava diretamente relacionada ao mal. Os descendentes da Nação Hebreia eram apresentados como a causa de toda a miséria e sofrimento que atingia o povo português. Transformado em

---

376. Pierre Bourdieu, op. cit., p. VIII.
377. Pierre Francastel, A Realidade Figurativa: Elementos Estruturais de Sociologia da Arte, São Paulo, Perspectiva, 1973, pp. 40-42 e 27-28.

bode expiatório, a sua imagem, estereotipada, foi relacionada com o mal, e logo em seguida com o diabo[378].

A linguagem oral e escrita, assim como as artes, funcionou como um meio de expressão e de propaganda da ideologia cristã vigente na sociedade portuguesa. As pregações, os sermões, os manuais de missa e as obras literárias transmitiam a ideia, os signos. A arte dava a forma, o colorido, concretizando a ideia transmitida.

O preconceito de pureza de sangue encontrou, nos poucos meios de comunicação existentes na época moderna, o seu modo formal de expressão. Assim se processou uma doutrinação constante contra o cristão-novo, ventilando-se através de uma imagem figurativa e da linguagem uma ideologia segregacionista. Dessa forma, o preconceito racial contra os descendentes de judeus era constantemente alimentado, enfraquecendo as raras leis que concediam privilégios e tentavam igualar os cristãos-novos ao restante da população.

Abordando apenas o aspecto referente à linguagem escrita, encontramos, até meados do século XVIII, um grande número de obras antijudaicas que, largamente divulgadas, contribuíram para a formação de uma imagem do judeu e do cristão-novo condizente com a política do momento. A censura predominantemente religiosa tinha por objetivo "resguardar o espírito e a letra da ortodoxia mais estreita"[379].

Impedindo a publicação de obras favoráveis à questão cristão-novo, estava-se ao mesmo tempo vedando ao grupo perseguido acesso a um instrumento de defesa. Qualquer obra, antes de ser publicada, deveria ter a total aprovação do Tribunal do Santo Ofício. Após a licença para imprimir, o livro deveria voltar, já impresso, para ser "conferido, taxado e em seguida receber a licença para correr". Além da licença dada pelo Santo Ofício, o livro deveria também receber total aprovação do Ordinário e do Paço.

A sociedade dessa época não considerava a censura como uma forma de opressão intelectual; ao contrário, "sentia-se defendida e protegida por ela"[380]. Era legalmente proibida a divulgação de obras favoráveis ao judaísmo ou em defesa dos cristãos-novos, da mesma forma que a publicação de livros na língua hebraica (doc. 9).

As gerações pós-seiscentismo não possuíam conhecimento do judaísmo oficial; guiavam-se por tradições orais ou pelas Escrituras em versão latina. Era proibido o conhecimento da Bíblia no original, do Talmud, filósofos e comentadores judeus. Essa falta de livros, na opinião do historiador Roth, quebrava totalmente a uniformidade da religião

---

378. Ver Nelson Omegna, *Diabolização dos Judeus, op. cit.* e Pierre Francastel, "Encenação e Consciência: o Diabo na Rua no Fim da Idade Média", em *Realidade Figurativa, op. cit.*, pp. 351-370.

379. Wilson Martins, *op. cit.*, vol. I, p. 328.

380. Idem, p. 328.

Doc. 9: *Memorial de los Libros Reprobados y Cõdenados por la Sancta Inquisicion*; catálogo. En la muy noble y muy leal ciudad de Sevilla, em casa del Maestro Gregório de la Torre, Año de 1551, 13522 pp. f. Biblioteca Nacional do Rio de Janeiro.

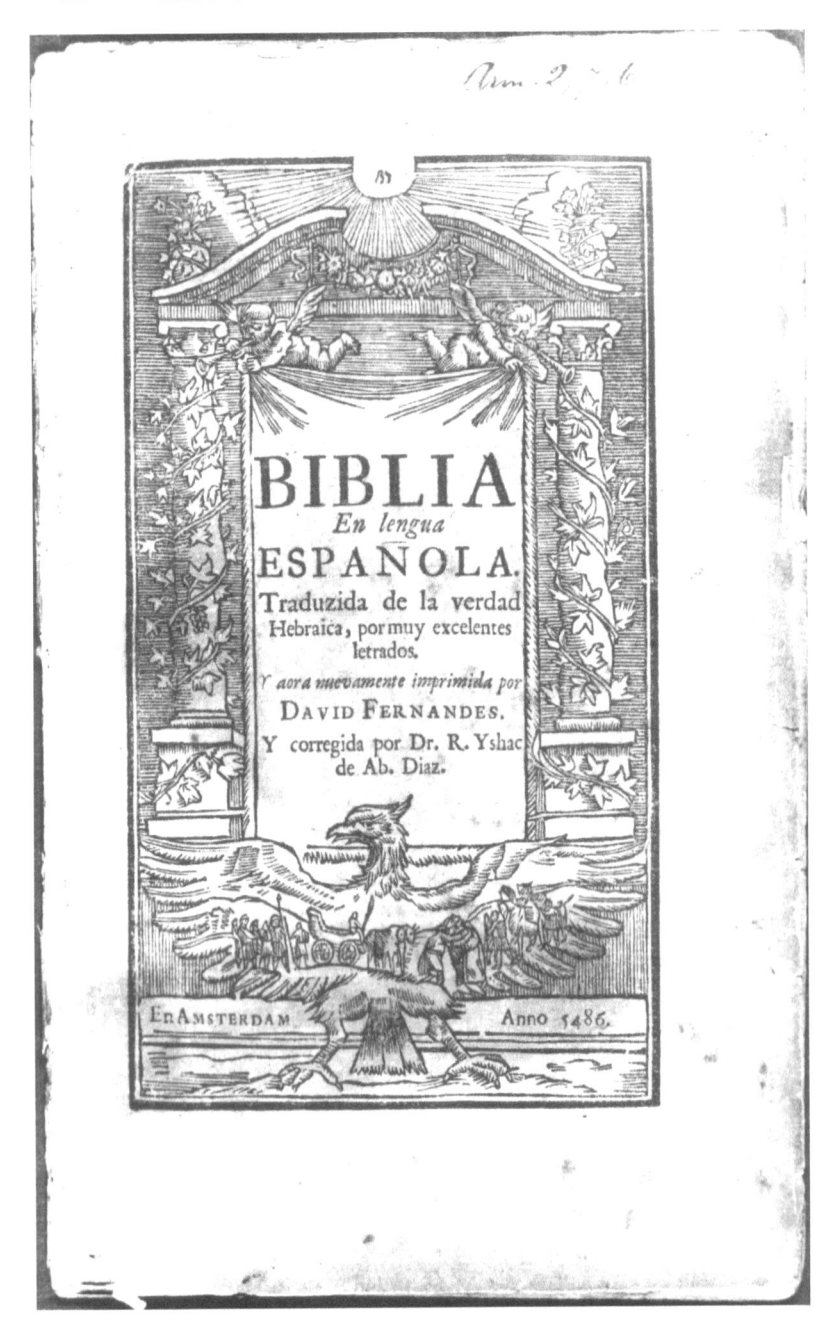

Doc. 10: *Biblia em Lengua Española*. Traduzida palabra por palabra de la verdad hebraica por mui excelentes letrados. Vista y examinada por el Oficio de la Inquisicion. Em Amsterdan, Año 1661, 1.325 pp. Biblioteca Nacional do Rio de Janeiro, Brasil.

judaica, acarretando diferenças (quanto ao grau e natureza) nas práticas religiosas. Com isso, as práticas acabavam por diferir de geração a geração, de lugar para lugar, de família em família[381].

Os que divulgassem os tratados dos heresiarcas, o Talmud dos judeus ou o Alcorão dos mouros seriam condenados a penas aplicadas pelo Tribunal do Santo Ofício, além de perderem todos os livros. Os impressores de livros sem a aprovação e licença do Santo Ofício incorreriam em pena de excomunhão, perderiam as obras impressas e seriam, ainda, privados de exercer o ofício pelo prazo de um ano. Recolhidos, os livros deveriam ser queimados "para que não se possa usar deles"[382]. A queima dos livros proibidos se processava no final de um auto-de-fé, após a leitura da sentença referente ao fato[383].

Analisando a relação de livros editados contra o judaísmo e os cristãos-novos[384], no período do século XVI ao XVIII, podemos observar quanto esse preconceito foi sustentado e exacerbado pelo gupo que manipulava esse meio de comunicação. O desenvolvimento de nossa análise seguirá os seguintes critérios:

- o número de edições das obras publicadas;
- a formação profissional e/ou intelectual do autor;
- grupo social do autor;
- títulos das obras;
- traduções da obra em português para outros idiomas; e
- divulgação (ou tradução) de obras estrangeiras antijudaicas para a língua portuguesa.

As obras impressas contra o judaísmo ou contra os cristãos-novos eram largamente divulgadas, recebendo várias edições, além de serem traduzidas para outros idiomas. O número de edições de uma obra nos permite avaliar o alcance de sua divulgação, bem como a aceitação e repercussão do tema abordado. Por exemplo, o *Tratado do Juízo Final*, escrito por Nicolau Dias, recebeu três edições, sendo a primeira em 1588 e as duas últimas em um intervalo de quatro anos

---

381. Cecil Roth, *op. cit.,* p. 131.
382. *Regimento do Santo Offício,* ed. cit., Livro III, Tit. XIX, § 4, p. 190.
383. Em uma narração e descrição dos autos-de-fé realizados em Lisboa, de 1590 a 1627, encontramos a seguinte frase: "no fim do auto se leo a sentença dos livros prohibidos e se mandarão queimar tres canastras delles [...]". Em Antonio Baião, *Episódios Dramáticos da Inquisição Portuguesa,* Lisboa, Seara Nova, 3ª ed., 1973, vol. III, p. 113.
384. A relação desses livros antijudaicos está baseada, principalmente, na obra de Meyer Kayserling, *Biblioteca Española-Portuguesa-Judaica: Dictionnaire Bibliographique des auteurs juifs, de leurs ouvrages espagnols et portugais et des peuvres sur les contes les juifs et le judaisme.* Nieuw Koop-B. de Braaf, MCMLXI, pp. 114 e s. Como referência usaremos a sigla B.E.P.J.

(1595 e 1599)[385]. Fernão Ximenes de Aragão, arquidiácono de Braga, escreveu em 1625 uma obra sob o título de *Doutrina Catholica para a Instrução e Confirmação dos Fiéis*...[386]. Este livro instruía os fiéis sobre a fé católica, colocando em evidência a necessidade de serem extintas as seitas supersticiosas, dentre as quais dava um destaque especial ao judaísmo. Essa obra foi de tal forma divulgada pelo Clero que, três anos após seu lançamento, se fez necessária a publicação de uma nova edição (1628). Um século depois, ela ainda alcançava repercussão na sociedade cristã portuguesa, sendo novamente editada (1752). É interessante observarmos que, em cada uma dessas edições, a obra recebeu um título diferente, os quais, comparados entre si, demonstram não só a mentalidade da época como também a persistência da ideologia predominantemente cristã contra o judaísmo. Por ordem de edição, seguem-se os títulos: *Doutrina Catholica para Instrução e Confirmação dos Fiéis..., Extinção do Judaismo...* e *Triunfo da Religião Christãa*...[387], os temas conduzem, nessa sequência, ao fim do judaísmo, culminando com a grande vitória do cristianismo.

A obra *Sentinella Contra os Judeos,* escrita por Francisco de Torrejoncillo, mereceu várias edições em português, alcançando vastíssima repercussão em Portugal (1673, 1684, 1710, 1728, 1730 e 1748)[388].

Um dos grandes inimigos da Nação Hebreia, Vicente da Costa Mattos, procurando justificar o extermínio dos hereges judeus, escreveu em 1622 o *Breve Discurso Contra a Herética Perfídia do Judaísmo.* Uma sequência dessa obra foi publicada três anos depois, com o título de *Homenagens Christãs* (1625) ou *Honras Christãs*, novamente reimpressa em 1634[389].

385. Nicolau Dias, *Tratado del Juizo Final*, Salamanca, 1588 (1ª ed.), Madrid, 1595 (2ª ed); Valladolid, 1599 (3ª ed.) *Apud* Meyer Kayserling, *B.E.P.J., op. cit.,* p. 115.

386. F.X. de Aragão, *Doutrina Catholica para Instrução e Confirmação dos Fiéis, Extinção das Seitas Supersticiosas, e em Particular do Judaísmo,* dedicado a D. Fernando de Mascarenhas, Bispo de Algarve, Lisboa, Cresbeek, 1625, (2ª edição sob o título: *Extinção do Judaísmo,* e mais Seitas Supersticiosas, e Exaltação da Só Verdadeira Religião Christãa dada por Deos aos homens para ella por serem salvos". Lisboa, Cresbeek, 1628; 3ª ed. sob o título *Triunfo da Religião Christãa contra a Pertinacia do Judaismo* ou *Compêndio da Verdadeira Fé"*, Lisboa, Ant. P. Galvão, 1752) *Apud* M. Kayserling, *B.E.P.J., op. cit.,* p. 114. O próprio Kayserling apresenta para a edição de 1625 um outro título além desses referidos: *Ensinamento Católico para a Fortificação da Fé para a Destruição do Judaísmo. Apud* Meyer Kayserling, *B.E.P.J.,* p. 249

387. *Idem, ibidem.*

388. Francisco de Torrejoncillo, *Sentinella Contra os Judeus,* trad. por Pedro Lobo Correa, Lisboa, J. Galvão, 1684 (Coimbra, Silva, 1710; Lisboa, Ferreira, 1748), *Ibidem,* pp. 115 e 118.

389. V. da Costa Mattos, *Breve Discurso contra a Herética Perfídia do Judaís-mo,* Lisboa, 1622 (2ª e 3ª ed. *Honras Christãs nas Afrontas de Jesus Christo e a 2ª parte do 1º Discurso contra a Herética Perfídia,* Lisboa, 1625 e 1634). *Ibidem,* p. 115. Roth apresenta essa mesma obra com o título: *Breve Discurso contra a Herética Perfídia do Judaísmo,* mas com a data da 1ª ed. de 1621, e não 1622. C. Roth, *op. cit.,* p. 84.

João Baptista d'Este é considerado um dos mais expressivos autores que se posicionou contra as doutrinas do judaísmo. Homem erudito, abandonou o judaísmo, colocando-se a serviço da Inquisição. Com o objetivo de prestar esclarecimentos sobre a história e costumes judaicos, necessários para a melhor atuação dos inquisidores, d'Este escreveu *Sumário de Todas as Páscoas, Festas e Cerimônias Judaicas, assim da Lei Escrita, como do seu Talmud e mais Rabinos*[390]. Dentre os seus mais afamados livros antijudaicos temos *Diálogo entre Discípulo e Mestre*, publicado em 1621, com uma nova edição em 1674[391].

A formação intelectual e profissional dos autores das obras antijudaicas é de fundamental importância para esta análise. Elas eram escritas, geralmente, por elementos pertencentes ao grupo dominante, diretamente ligados ao Clero e ao Tribunal do Santo Ofício, ou pertencentes à nobreza. Fato que complementa a nossa argumentação sobre a manipulação dos meios de comunicação pelo grupo de *status*, com o objetivo de manter a continuidade do regime[392].

Os títulos das obras tendem para uma conotação depreciativa do judaísmo, identificado como o mal. Os cristãos-novos são acusados de criminosos, praticando erros e atitudes ignorantes. Alguns escritos chegam a sugerir a morte ou a expulsão dos descendentes de judeus do país. Deparamo-nos quase sempre com a presença de três palavras ou títulos que, repetidos nos cabeçalhos das obras, ganham força se relacionados com a conjuntura política a social em curso nos séculos XVII e XVIII. São elas: "Perfídia" (com o sentido de traição, infidelidade etc.), "Heresia" e "Judaísmo". Dentre esses títulos, os mais sugestivos são:

• "Consolaçam Christãa, e *Luz para o Povo Hebreo*. Sobre os Psalmos do Real Propheta David..."[393]; (Doc. 11)
• Diálogo entre Discípulo e Mestre cathequeizante, onde se resolvem todas as dúvidas que os *judeos obstinados* costumão fazer contra a

390. Esse manuscrito foi transcrito na íntegra por Mendes dos Remédios em sua obra *Os Judeus em Portugal*, em que dedicou algumas páginas a esse interessantíssimo escritor do século XVII. Mendes dos Remédios, *Os Judeus em Portugal*, Coimbra, Coimbra Editora, 1928, Vol. II, pp. 302-310.

391. João Baptista d'Este, *Diálogo entre Discípulo e Mestre Cathequeizante, onde se resolvem todas as dúvidas que os judeos obstinados costumão fazer contra a verdade da Fé Catholica, com efficacissima razones, assi dos profhetas sanctos, como de seus mesmos Rabbinos*, Lisboa, G. da Vinha, 1621 (2ª ed. J. da Costa, 1674) *Ibidem*, p. 116.

392. Para ilustrar nossas reflexões apresentamos no quadro "Impressos Anti-Semitas" obras Antijudaicas, autores e grupo social, pp. 164-165.

393. João Baptista d'Este, *Consolação Christã...*, Lisboa, Pedro Cresbeek, 1616. Res. 188-V. Biblioteca Nacional de Lisboa.

CONSOLAÇAM
CHRISTAĀ, E LVZ
PARA O POVO HEBREO.

SOBRE OS PSALMOS DO REAL PROPHETA
David, que prophetizou dos myſterios altiſsimos, que auia de obrar
o ſancto Rey Meſsias na redēpção do genero humano: cō hum
diſcurſo muy deuoto ſobre o Pſalmo Beati immaculati.

*Declarados no ſentido literal, por Ioão Baptiſta d'Eſte Hebreo de nação,
conuerſo à noſſa ſancta fé Catholica.*

Dedica do ao Excellentiſsimo ſenhor, D. Theodoſio ſegundo deſte
noime, Duque de Bragança, &c.

Com licença, Em Lisboa, Na officina de Pedro Crasbeeck. 1616.

Doc. 11: *Consolaçam Christaã e Luz para o Povo Hebreo. Sobre os Psalmos de real Propheta David que prophetizou dos mystérios... Declarado no sentido literal por João Baptista d'Este, hebreo de Nação converso à Nossa Sancta Fé Catholica.* Lisboa, na Officina de Pedro Crasbeek in 4º de IX, 1616, 105 fls. Res. 188 v. Biblioteca Nacional de Lisboa, Portugal.

verdadeira Fé Catholica, com efficacissimas razões, asi dos Profhetas sanctos como de seus mesmos Rabbinos[394];

- Breve Discurso Contra a *Herética Perfídia* do Judaísmo – obra publicada logo após a morte de Antônio Homem, justificando o extermínio dos hereges judeus[395];
- Demonstracio Evangelica y Ditierro de *ignorancias judaicas*[396]; *Perfidia Rabbinica* Convencida[397];
- Discurso Catholico no qual hum *Christão Velho zeloso de nossa Fé* falla com os Judeos convencendo-os dos *erros* em que vivem para...[398];

Discurso sobre a pregunta que si lhe fez, *si os Judeos* nos primeiros séculos da Igreja *tinhão poder para castigar* com pena de morte os servos christãos, e si o podião ter[399];

- Triunfo da Fé contra a *Perfídia Judáica*, e *Obstinação Herética*[400]; e Invenctiva Catholica Contra a *Obstinada Perfídia dos Hebreos*[401].

Os sermões proferidos nos autos-de-fé de profundo conteúdo antijudaico, foram inúmeras vezes editados e amplamente divulgados[402]. Dentre eles temos: *O Serman do Auto de Fé*, de Diogo da Annunciação Justiano[403]. Um outro discurso, proferido pelo inquisidor Francisco Pedrozo, em um auto-de-fé realizado em Lisboa (1713) teve tal repercussão que foi impresso sob o título de *Exhortação Dogmatica Contra a Perfídia Judaica...*[404]. O sermão do auto-de-fé, pronunciado

394. João Baptista d'Este, *Diálogo entre Discípulo e Mestre...*, ed. cit. M. Kayserling, *História dos Judeus em Portugal*, ed. cit., p. 248.

395. V. da Costa Mattos, *Breve Discurso Contra a Herética Perfídia do Judaísmo...*, p. 249; M. Kayserling, *B.E.P.J.*, p. 115.

396. L. de Mertola, *Demonstracio Evangelica...*, Lisboa, Pinheiro, 1631. M. Kayserling, *B.E.P.J.*, p. 116.

397. J. de Magalhaens, *Perfidia Rabbinica...*, 1690. *B.E.P.J.*

398. A.I. Nobrega, *Discurso Catholico...* Lisboa, Sylbiana da Academia, 1738, *B.E.P.J.*, pp. 116-117.

399. J.A. da Costa, *Discurso sobre a pregunta que si lhe fez...* Lisboa, Pasc. da Silva, 1721, *B.E.P.J.*, p. 115.

400. J. de Jesus Maria, *Triunfo da Fé...*, s/d. *B.E.P.J.*, p. 116.

401. F.X.S. Pitarra, *Invenctiva Catholica...* Lisboa, Manoel da Silva, 1748, *B.E.P.J.*, pp. 117-118; M. Kayserling, *História dos Judeus em Portugal*, p. 290.

402. Um estudo sobre a ideologia antijudaica desses sermões foi apresentado como tese de Doutorado pelo Prof. Howard Wayne Norton, sob a orientação da Profª Anita Novinsky. Ver *Os Sermões Antijudaicos Pregados nos Autos-de-Fé em Lisboa de 1706 a 1750*. História Social, Departamento de Historia, FFLCH, USP, 1980; Rosemarie Horch, *Sermões Impressos nos Autos-de-Fé. Bibliografia*, Rio de Janeiro, Biblioteca Nacional, 1969.

403. Esta obra se refere ao Auto-de-Fé realizado em Lisboa a 6/09/1705. Publicada em Lisboa mereceu duas edições: a 1ª em 1705 e a 2.ªem 1723 ou 1724.

404. Francisco Pedrozo, *Exhortação Dogmatica. Contra a Perfidia Judayca. Judayca seyta aos Reos penitenciados, no Auto de Público da Fé; que se celebrou na praça do Rocio...*, Lisboa, Officina de Miguel de Manescal, 1713. Res. 3539, 16 p. Biblioteca Nacional de Lisboa. Kayserling, *História dos Judeus em Portugal*, p. 278.

em Coimbra na 5ª Quaresma a 12 de março de 1673, também mereceu a impressão, sob o nome do seu autor, Bento de São Thomas[405]. Além destes podemos citar:

- *Sermon para la Traícion de Judas*, proferido em Lisboa em 1633[406] (Doc. 12);
- *Sermão que o Doutor Sebastião do Couto da Companhia de Jesu pregou no auto de Fé* que se fez em *Lisboa* 14 março 1627[407] (Doc. 13);
- *Sermam de Auto da Fé, que se celebrou na Praça do Rocio o Pe. Francisco de Santa Maria*, anno de 1706. Lisboa[408];
- *Sermão que pregou Fr. Cristovão de Santa Maria no Auto Público de Fee de Coimbra*. Domingo, 25 julho 1706[409] (Doc. 14).

Certas obras antijudaicas alcançaram tanto êxito que acabaram sendo traduzidas e impressas em outros idiomas, como por exemplo:

- *Breve Discurso contra a Heretica Perfidia do Judaísmo*, de Vicente da Costa Mattos, reimpressa várias vezes e traduzida para o castelhano. Essa obra acusava os cristãos-novos dos mais variados crimes e de incorrerem nas heresias de seus antepassados judeus, denominando-os "delinquentes"[410].
- Obra de Costa Mattos, *Discurso contra os Judios,* traduzido do português para o castelhano por Vela Diego Galvan, em 1631[411].
- Para o latim, sob o título *Veritatis Repertorium Editum in Hebraeos Quos Vulgus Novos Vocitat Christanos*, foi traduzida a obra de Francisco Loureiro Machado, cujo título em português é *Espelho de Christãos Novos Convertidos*. Este livro foi dedicado ao Cardeal D. Henrique[412].

405. Bento de S. Thomas, *Sermão de Auto-de-Fé*. Coimbra, Manoel Dias, 1673. M. Kayserling, *B.E.P.J.*, p. 118.

406. *Sermon para la Traicion de Judas. Sermon para los misterios de la sed que Christo Nuestro Redentor padecio en la Cruz*. Lisboa, Lorenço Craesbeeck, 1633, 36 fls. Res. 3537 19 p. Biblioteca Nacional de Lisboa.

407. Pe. Sebastião do Couto, *Sermão que pregou no Auto-de-Fé que se fez em Lisboa 14 março 1627*. Lisboa, Pedro Crassbeech, 1627, 21 fls. Res. 4293 p. Biblioteca Nacional de Lisboa.

408. Pe. Francisco de Santa Maria, *Sermam de Auto de Fé, que se celebrou* na Praça do Rocio. Anno de 1706. Lisboa, na Officina de Manoel & Joseph Lopes Ferreyra, 1706 in – 4.º de 40 pag. a 2 col. Res. 182 5v. Biblioteca Nacional de Lisboa

409. Fr. Cristovão de Santa Maria, *Sermão que pregou no Auto* público de Fee de Coimbra, Domingo 25 julho 1706. Em Coimbra, na Officina de Joseph Ferreyra, 1706, in 4.º de 27 p. Res. 184 5v. Biblioteca Nacional de Lisboa.

410. Vicente da Costa Mattos, *Breve Discurso...* Lisboa, Cresbeek, 1622. *Ibidem,* p. 115. Roth apresenta esta mesma obra mas com edição de 1621. Cecil Roth, *op. cit.,* p. 84.

411. Meyer Kayserling, *B.E.P.J.*, p. 118.

412. Francisco Loureiro Machado, *Espelho de Christãos Novos*. Lisboa, 1567. Fundo Geral, MS 6747. Biblioteca Nacional de Lisboa.

O interesse em divulgar obras antijudaicas foi tão grande no decorrer dos séculos XVII e XVIII, que obras estrangeiras foram traduzidas para o português, vindo somar-se a tantas outras já existentes em Portugal, fortalecendo ainda mais as manifestações de preconceito contra o converso.

A *Sentinella contra os Judeos,* escrita em castelhano por Torrejoncillo, recebeu várias edições em português (1684, 1710, 1728, 1730 e 1748). Além desta, temos a obra do jesuíta João Pedro Pinamonti, *Synagoga Dezenganada,* traduzida do italiano para o português por um religioso da Companhia de Jesus e financiada por D. Sebastião Monteyro da Vide, do Arcebispado da Bahia (Brasil) (doc. 15). O conteúdo intolerante deste e outros impressos e a adoção dos estatutos de pureza de sangue pelos jesuítas coloca a Companhia de Jesus entre as principais ordens religiosas racistas da época moderna[413].

Completando esta nova análise, tomaremos como exemplo de conteúdo das obras antijudaicas o *Espelho de Christãos-Novos,* escrita por Francisco Machado em 1541, e a *Sentinella contra os Judeus,* trabalho do Padre Torrejoncillo, de 1684[414].

Francisco Machado justifica sua iniciativa em redigir suas ideias pelo pedido de algumas pessoas devotas e amigas de Deus que consideravam: "a fé de Cristo estava sendo desprezada e anichilada pelos falsos christãos, hos quaes chamão novos na fé"[415]. Influenciado por um livro escrito por um judeu convertido, Francisco Machado propõe-se a demonstrar aos judeus que o Messias já havia vindo e que eram passados 1541 anos. A obra fora escrita em português "pera que todos ha possão ler a entender, assi christãos velhos como novos"[416].

413. João Pedro Pinamonte, *Synagoga Dezenganada,* traduzida da Língua Italiana em a Portuguesa, por hum religioso da mesma Companhia de Jesu. Offerecida aos Senhores Inquisidores do Reyno, e Conquistas de Portugal e impressa por mandado do Illustrissimo Senhor D. Sebastião Monteyro da Vide, Arcebispo da Bahia, do Conselho de Sua Magestade, &c. Lisboa Occidental, na Officina da Musica, Anno M.DCC.XX. Biblioteca particular de Robbie Bachman, Lisboa.

414. Francisco Machado começou a escrever *O Espelho dos Christãos-Novos* em agosto de 1541, terminando-o em 20 de setembro do mesmo ano. A data de publicação apresentada por Kayserling é de 1567. Atualmente, esta obra foi reeditada, transladada com uma introdução de M. Evelyn Vieira e Frank Ephraim Talmage, dando-nos a oportunidade de conhecer essa valiosíssima obra do século XVI. Francisco L. Machado, *Lhe Mirror of the New Christians,* Edited, Translated, and with an Introduction by Mildred Evelyn Vieira and Frank Ephraim Talmage, Studie and Texts, Toronto, Pontificial Institute of Mediaeval Studies, 1977. Detalhada análise desta obra foi elaborada por Ronaldo Vainfas, "Deixai a Lei de Moisés!" Notas sobre o *Espelho de Christãos-Novos* (1541) de Frei Francisco Machado" em Lina Gorenstein e Maria Luiza Tucci Carneiro, *op. cit.,* pp. 241-264.

415. *Idem,* p. 44.

416. Inclusive, em uma passagem do texto, Machado afirma que espera que após terem lido *o Espelho...,* os cristãos-novos se convertam realmente, pois só assim sai-riam das profundezas do inferno onde andavam metidos. *Ibidem,* pp. 46 e 80.

SERMON

PARA LA TRAI-
CION DE
IVDAS.

Quid vultis mihi dare, & ego vobis tradam?
Matth. 26.

SALVTACION.

EL QVE en el tiempo de una comun i general necesidad es tan cruelmente avaro, tan fieramente tenaz, que echa candados a sus troges, i muros a sus aloiles, pudiendo con interes de su hazienda remediar el crudo rigor de la fatal hambre, sera abominablemente maldecido de la miserable plebe, dize el Espiritu santo: *Qui abscondit frumentum, maledicetur in populis.* Pero el que generosamente liberal, dadivosamente misericordioso à dineros lo comunica, à moneda lo franquea, sera plausiblemente bendecido entre las gentes: *Benedictio autem super caput vendentium.* Nuestro Padre san Iuan Chrysostomo dize: *Qui frumentum negat pretium, ast populo execrandus.* El que encarece el precio del trigo, sera abominado del pueblo. Pues si esto es assi, como Iudas Escariote, que vendio el rubio grano del celestial trigo, i no lo escondio, esta afrentosamente maldecido, tan execrablemente tratado en todo el mundo? I mas que no encarecio el precio del trigo, antes se le vendio tan barato, que le dio por treinta reales. *Constituerunt ei triginta argenteos.* Ai

Prou. 11.

D. Ioan.
Chrysost.
hom. 39.
in 1. ad
Chrint.

A   vereis

Doc. 12: *Sermon para la Traicion de Judas,* proferido em Lisboa, 1620. Biblioteca Nacional de Lisboa, Portugal.

SERMÃO

QVE O DOVTOR

SEBASTIÃO DO COVTO DA

Companhia de IESV, Lente de Primajubilado
da Vniuerfidade de Euora, prêgou no
auto da Fè que fe fez em Lisboa
a 14. de Março de 1627.

*Por mandado do Illuſtriſsimo, & Reueren
diſsimo Biſpo Inquiſidor Geral Dom
Fernão Martins Maſcarenhas.*

EM LISBOA.

Com todas as licenças neceſſarias.

Por Pedro CraesbeecK Impreffor del
Rey. Anno de 1627.

Doc. 13: *Sermão que o Doutor Sebastião do Couto da Companhia de IESV, Lente de Primajubilado da Univesrsidade de Évora, pregou no auto de Fé que se fez em Lisboa a 14 de Março de 1627.* Por mandado do Illustrissimo & Reverendíssimo Bispo Inquisidor geral Dom Fernão Martins Mascarenhas. Lisboa, por Pedro Craesbeeck, Impressor Del Rey, 1627. Res. 4293 p. Biblioteca Nacional de Lisboa, Portugal.

SERMAÕ

QUE PREGOU

Rev. 184-5ª.

O P. M. Fr. CHRISTOVAM DE SANTA MARIA,
Natural de Lisboa, Monge de Saó Jeronymo, profeſſo do
Real Moſteyro de Bellem, Lente da Univerſidade de
Coimbra, & Qualificador do SantoOfficio.

NO AUTO PUBLICO DA FEE

que ſe celebrou em o Terreyro de Saó Miguel
da Cidade de Coimbra, Domingo vinte
& ſinco de Julho de 1706.

DEDICADO AO EXCELLENTISSIMO SENHOR,

O SENHOR

DOMNVNOALVARES

PEREYRA DE MELLO

FILHO DO DUQUE DO CADAVAL, E REYTOR DA
Univerſidade de Coimbra.

EM COIMBRA *Com todas as licenças neceſſarias,*
Na Officina de JOZEPH FERREYRA Impreſſ
da Univerſidade, & do Santo Officio Año 1706.

Doc. 14: *Sermão que pregou OP.M. Fr. Christovam De Santa Maria, no Auto Publico da FEE que se celebrou em o Terreyro de São Miguel da Cidade de Coimbra, Domingo 25 de julho de 1706.* Dedicado ao Excellentissimo Senhor, o Senhor Dom Nuno Álvares Pereyra de Mello, filho do Duque de Cadaval, e Reytor da Universidade de Coimbra. Coimbra, Officina de Joseph Ferreyra, Universidade de Coimbra & Santo Officio, 1706. Reserva. Biblioteca Nacional de Lisboa, Portugal.

SYNAGOGA DEZENGANADA,

OBRA DO PADRE

JOAÕ PEDRO

PINAMONTI

DA COMPANHIA DE JESU,

Traduzida da Lingua Italiana em a Portugueza, por hum Religiozo da mesma Companhia,

OFFERECIDA

AOS SENHORES

INQUIZIDORES

DO REYNO, E CONQUISTAS DE PORTUGAL,

E impressa por mandado

DO ILLUSTRISSIMO SENHOR

D. SEBASTIAÕ

MONTEYRO DA VIDE,

Arcebispo da Bahia, do Conselho de Sua Magestade, &c.

LISBOA OCCIDENTAL,

NA OFFICINA DA MUSICA ANNO M.DCC.XX.

Com todas as licenças necessarias.

Doc. 15: *Synagoga Dezenganada*, de João Pedro Pinamonti, traduzida da Língua Italiana em a Portugueza por hum religioso da mesma Companhia de Jesu. Offerecida aos Senhores Inquisidores do Reyno, e Conquistas de Portugal e impressa por mandado do Illustrissimo Senhor D. Sebastião Monteyro da Vide, Arcebispo da Bahia, do Conselho de Sua Magestade, &c. Lisboa Occidental, na Officina da Musica, Ano MDCCXX, Col. Robbie Bachman, Lisboa, Portugal.

IMPRESSOS ANTI-SEMITAS*

1ª ed. Data	Título da obra	Autor	Formação prof./ intelec.	Grupo social
1588	– Tratado do Juízo Final	– Nicolau Dias	– Pregador	Clero
1589	– Diálogo dos quais o 3º he da Gente Judaica	– Amador Arras	– Bispo, amigo de D. Henrique [cardeal]	Clero Nobreza
1616	– Consolação Christã	– João Baptiste d'Este	– Judeu convertido	(cristão-novo)
1625	– Doutrinação Catholica p/ instrução e confirmação dos fiéis...	– Fernão Ximenes de Aragão	– Arquidiácono de Braga	Clero
1631	– La Honda de David	– Timoteo de Ciabra	– Carmelita	Clero
1649	– Discurso si es util, y justo desterrar de los Reinos de Port. a los Christianos-Nuevos convencidos do Judaismo por el Tribunal de S. Officio	– João Pinto Ribeiro	– Intendente do Arquivo Real da Torre do Tombo em Lisboa	–
1673	– Sermão do Auto-de-Fé	– Bento de S. Thomas	– Monge, do Porto	Clero
1705	– Serman do Auto-de-Fé	– Diogo da Annunciação Justiniano	– Arcebispo do Cranganor	Clero
1713	– Exhortação Dogmatica contra a perfidia judaica, feita aos Reos penitenciados no Auto Público de Fé que se celebrou na Pr. Rocio	– Francisco Pedrozo	– Grande inquisidor	Clero Inquisição
1720	– Synagoga Desenganada	– João Pedro Pinamonti	– Jesuíta	Clero

1ª ed. Data	Título da obra	Autor	Formação prof./intelec.	Grupo social
1738	– Triunfo da Fé contra a Perfídia Judaica, e obstinação Judaica...	– José de Jesus Maria	– Bispo de Patara	Clero
1748	– Invectiva Catholica contra a Obstinada Perfídia dos Hebreos	– Fr. Xavier dos Serafins Pitarra	– Franciscano	Clero
s/d	– Sobre o perdão geral, que pretendião os judeos no ano de 1625	– João de Portugal (1629)	– Bispo e membro da família real	Nobreza e Clero
s/d	– Tratado contra os Judeus	– Fulgêncio Botelho (1629)	– Prieur de S. Bernardo em Coimbra	Clero
s/d	– Tratado em que evidentemente se prova ser vindo o Messias prometido pelos Profhetas	– João de Vasconcellos (n. 1661)	– Diretor do Colégio dos Jesuítas de Braga, Coimbra e Santarém	Clero
s/d	– Catálogo dos Port. Christãos-Novos, que se hião declarar judeos a Itália, com a Relação das copiosas sommas de dinheiros que levavão	– Fernando de Goes Loureiro	– Abade, do Porto	Clero
s/d	– Tratado contra os judeus	– Alvaro Cavido	– Prof. em Lisboa e Salamanque	– (?)
s/d	– Ajuda da Fé contra os judeos	– Antonio (?)	– Doutor e Físico-Mor do Rei D. João II	(cristão-novo)
s/d	– La Concordia de las Leys, qui était sans doute destruié à prouver la conformité de l'Ancien et du Nouveau Testament	– Juan de Valladolid	– Judeu convertido	(cristão-novo)

* Os dados desse quadro são uma pequena amostra de obras pesquisadas junto a Biblioteca Nacional de Lisboa e outras citadas por Meyer Kayserling, *B.E.P.J.*, ed. cit., pp. 114 e ss. Em um total de 19 obras selecionadas, 14 foram escritas por indivíduos pertencentes ao Clero, três por judeus convertidos, uma por doutor e físico, e uma por intendente de arquivo. Em alguns casos não nos foi possível identificar o grupo social a que pertencia o escritor.

Caracteriza os cristãos-novos como cegos, incrédulos, obstinados, duros e ásperos na sua salvação. Esperando pelo Messias, andavam fazendo "mil sinaguoguas a aiuntamentos falsos enguanosos". Desculpando-se por dizer certas coisas com cólera, Machado afirma que os cristãos-novos andavam "enguanando ho povo simples, sacrificando a Moisés e iudaizando, afirmando que ho Messias non veo". Chamados de pecadores, criminosos e idólatras, os judeus convertidos são convocados a conferir sua bíblia em hebraico com a dos cristãos em latim, com o objetivo de conhecerem a verdade[417].

Dizendo-se espantado com o comportamento dos cristãos-novos, Francisco Machado procura demonstrar que estes, apesar de terem tomado a água do batismo, de conversarem e viverem com os cristãos, correm para trás como caranguejos. Enganados, cegos e obstinados, os cristãos-novos vivem "embebidos em muita ignorância a muitos errores"[418]. Considerando odioso o fato de os judeus convertidos guardarem o sábado e as festas da Lei de Moisés, o autor os chama de coitados e mesquinhos, e para seus livros de doutrina utiliza-se da expressão "livros de errores e falsidades"[419].

Em nenhum momento Machado faz referência à impureza de sangue ou tenta caracterizar o comportamento dos cristãos-novos pelo fato de pertencerem ao grupo estigmatizado e infamado dos judeus. Suas afirmações coincidem com a ideia generalizada, nessa época, de que todos os judeus convertidos eram falsos cristãos. Então, a ideia de sangue puro ainda não havia ganho força na mentalidade da população portuguesa.

Já a *Sentinella contra os Judeus* distingue-se, principalmente, pelo grande número de expressões estereotipadas utilizadas contra os judeus, comparados aos porcos e acusados de assassínios rituais, além de serem identificados com a figura do diabo. O autor chega a traçar essa imagem afirmando que

huns tem hús rabinhos, que lhes sahem de seu corpo do remate do espinhaço; outros lanção e derramão sangue de suas partes vergonhosas cada mez, como se forão mulheres; outros não podem cuspir, nem lançar humidade alguma de sua bocca; outros, em se deitando ou encosando a dormir, lhe entrão e sahem immensidade de bichos a morder a língua[420].

Os médicos judeus são acusados de portar veneno na unha do dedo: tocando com ela a língua dos doentes, eles os matavam; o veneno

---

417. *Idem*, p. 102.
418. *Idem, ibidem*.
419. *Idem*, p. 308.
420. Pe. Francisco de Torrejoncillo, *Sentinella contra os Judeus...*, Coimbra, na Oficina de Joseph Antunes da Sylva, 1730 *Apud* João Lúcio Azevedo, *op. cit.*, p. 48 (Extratos do Cap. IX, X e XI).

era lançado nas feridas de seus clientes, matando todos[421]. O aspecto físico dos judeus é extremamente deformado: podem ser reconhecidos pela forma dos seus narizes, pela barriga das pernas, pela pouca limpeza e desmazelamento geral, assim como pelas costas, por serem corcundas[422].

Essas obras antijudaicas publicadas em Portugal contra os cristãos-novos e seus descendentes, somadas à atuação do Tribunal do Santo Ofício, à política antiemigratória, à aplicação dos estatudos de limpeza, tanto no reino como em suas colônias, e às demais atividades segregacionistas mantidas pelo Estado e pela Igreja, contribuíram para que a ideia de limpeza de sangue se transformasse em mito, perpetuando-se até o século XVIII, e é bem provável que, em certas regiões e em certos grupos sociais, até os dias de hoje.

A Corrente Oposicionista à Aplicação do Estatuto de Sangue: os Opositores à Perseguição e Defensores da Eliminação do Estatuto – Vieira, Ribeiro Sanches, D. Luis da Cunha e Mathias Ayres

Alguns intelectuais lutaram publicamente contra a situação segregacionista em que se encontravam os cristãos-novos. Delatando as torturas aplicadas pelo Tribunal do Santo Ofício ou criticando o estilo aplicado por ele; colocando em evidência os privilégios usufruídos pela Nobreza em detrimento da burguesia, principalmente a cristã-nova, manifestaram-se contra a divulgação da ideologia discriminatória. Apesar da diversidade de origens e de formação profissional, a busca da conscientização dessa realidade foi o objetivo comum. Levou-os para os cárceres da Inquisição ou forçou-os a procurar asilo nos países vizinhos.

Dentre os que se pronunciaram contra o Estatuto de pureza de sangue e a favor dos cristãos-novos, publicando suas opiniões e delatando o aparelho repressivo que envolvia o Santo Tribunal, podemos citar: Padre Antônio Vieira, D. Luís da Cunha, Antônio Nunes Ribeiro Sanches e, indiretamente, Mathias Ayres. Os testemunhos desses intelectuais são de suma importância para a compreensão do período estudado, pois elucidam uma realidade histórica difícil de ser vislumbrada aos olhos dos historiadores contemporâneos.

O Padre Antônio Vieira (1608-1693)[423]está diretamente relacionado a esse tema, em função de três aspectos:

---

421. *Idem, ibidem.*
422. *Idem, ibidem.*
423. A posição de Antônio Vieira relativa aos cristãos-novos já foi várias vezes comentada por historiadores modernos, em trabalhos sobre a História de Portugal e da Inquisição, mas continua bastante incompleta. Entretanto, suas reflexões e críticas

- o fato de ser, por alguns, considerado cristão-novo, sendo atribuída ao pai a origem de sangue hebraico: o que nunca se apurou. Seus desabafos no Maranhão "infamaram-no de batizado em pé, e em todos os tempos foi contra ele explorada esta calúnia"[424];
- por ter realmente vivenciado a situação criticada, pois Vieira foi preso e processado pela Inquisição; e
- por ter tratado direta e apaixonadamente do problema da discriminação e perseguição aos cristãos-novos.

O Padre Vieira, alegando a defesa da gente da Nação, apresentou a D. João IV e ao Príncipe D. Pedro, regentes dos reinos de Portugal, uma série de críticas e sugestões. Com eloquência e paixão se refere, em seus textos, a essa "aflicta e perseguida gente [...] chamada por muitos de perversa e abominável e escandaloza"[425].

Com relação a esse tratamento, apresenta duas razões evidentes:

- que tais perversidades, abominações e escândalos nunca foram, segundo pôde constar, praticados pelos cristãos-novos. Os autos-de-fé estavam ali para comprovar; e
- que Deus havia escolhido essa Nação para se aparentar com a natureza humana: "não quis outro sangue senão o desta gente". Lembra ainda, em sua argumentação, que os maiores Santos da Igreja de Deus foram da Nação Hebreia e não gentis, como por exemplo: o grande Batista, São Pedro e São Paulo, e todos os Apóstolos e discípulos de Cristo[426].

Fazendo referências à forma de aplicação das leis de limpeza de sangue, o que considerava injusto e pecaminoso, Vieira julgou sem

---

são de primordial importância como complementação a esta parte de nosso trabalho. Sobre Vieira ver: José Aderaldo Castello, *Manifestações Literárias da Era Colonial, 1500-1808/1836,* São Paulo, Cultrix, 1960, pp. 89-97; Magno Vilela, *Uma Questão de Igualdade: Antônio Vieira e a Escravidão Negra na Bahia do Século XVII,* Rio de Janeiro, Relume Dumará, 1997; Antônio Vieira, *Sermões,* edição fac-símile organizada pelo Pe. Augusto Magne S.J. São Paulo, Editora Anchieta, 1943-1945, 12 Tomos. De Anita Novinsky: "Padre Antônio Vieira, a Inquisição e os Judeus", em *Novos Estudos CEBRAP,* São Paulo, março, 1991, pp. 172-181: "O Judaismo Dissimulado do Pe. Antônio Vieira", em *Sigila* (n.º 3), out/nov. ,pp. 93-98; Gris França; "Sebastianismo, Vieira e o Messianismo Judaico, em *Sobre os Naus da Iniciação.* São Paulo, Unesp, 1997, pp. 65-79. Ver também os recentes estudos de Anita Novinsky citados na Bi-bliografia.

424. João Lúcio de Azevedo, *História de Antônio Vieira,* Lisboa, Livraria Clássica, 2ª ed., 1931, Tomo I, p. 13.

425. "Papel do Pe. Antônio Vieira em deffença da gente da Nação e a favor do recurso que intentava ter com sua Santidade sobre a apertenção da nova mudança dos estillos do Santo Officio..." Em Pe. Antonio Vieira, *Obras,* 1644, p. 270 (mss) B.N.R.J.; *Cartas,* do Pe. Antônio Vieira recolhidas e anotadas por João Lúcio de Azevedo, Coimbra, Impresso da Universidade, 3 vols, 1925, 1926, 1928.

426. *Idem,* p. 275.

fundamento uma pessoa poder jurar que uma outra era cristã-velha, baseando-se unicamente no ato de conhecer apenas seus pais e avós[427]. As distinções entre cristãos-novos e cristãos-velhos, apoiadas por nomes como "Ferrer, Fortado, Affonso de Cartagna, Montalvo e Mario Cutello", eram, na opinião de Vieira, a causa dos constantes e crescentes ódios existentes na sociedade portuguesa, quando os "maus triunfavam e os bons padeciam"[428].

A consciência que Vieira tinha da utilização da distinção cristão-novo/cristão-velho pelas camadas elitistas da sociedade se torna evidente nos textos de suas cartas. Esse preconceito lhe ativa o raciocínio e os argumentos. Com base na realidade vivida, brotam aprofundadas análises em seus escritos. Cada frase é uma resposta aos problemas que atingem diretamente a chamada "Gente da Nação".

Dos Estatutos de pureza de sangue ao Tribunal do Santo Ofício, traça uma única reta e lembra que somente aqueles que experimentaram o estilo empregado pela Inquisição podem testemunhar até que ponto os ignorantes padecem e os culpados triunfam[429]. Todo sistema repressivo sustentado pela Igreja e pelo Estado, que tem sua melhor expressão no Tribunal, é desmascarado por Vieira, contrapondo a imagem negativa do cristão-novo à imagem positiva do cristão-velho e da nobreza. Vieira expôs aos olhos da sociedade portuguesa a corrupção que se escondia sob "a máscara da *Justiça, Verdade* e *Pureza da Fé*".

Vieira alega que os cristãos-novos presos pela Inquisição eram acusados falsamente, pressionados, sob tortura, a afirmar coisas que não fizeram, sendo muitas vezes levados à morte. E adverte que, se os ministros do Santo Ofício não mudassem o seu estilo e continuassem a castigar inocentes, acabariam por destruir a monarquia[430].

Exclamações e apelos a Deus marcaram os discursos barrocos de Antônio Vieira, em que a observação das engrenagens da máquina estatal e a denúncia do seu funcionamento são brilhantemente estruturadas para a defesa da posição do cristão-novo constantemente perseguido pelos cristãos-velhos[431].

Em 1644, apresenta a D. João IV um outro parecer, em que trata da conservação dos reinos de Portugal. Fazendo sugestões para a diminuição do poder dos inimigos, chama a atenção do Monarca para a presença de grande número de mercadores cristãos-novos portu-

427. *Idem*, p. 276.

428. *Idem*, p. 277.

429. *Idem*.

430. *Idem*, pp. 278 e 288. Sobre os conflitos de Vieira com a Inquisição ver a documentação publicada na *Defesa Perante o Tribunal do Santo Ofício*. Introdução e notas de Hernani Cidade. Salvador, Universidade da Bahia, 1957, 2 volumes; e *Autos do Processo de Vieira na Inquisição*, transcritos e editados por Adma Muhana. São Paulo, Editora Unesp; Salvador, Fundação Cultural do Estado da Bahia, 1995.

431. *Idem, ibidem*, p. 288.

gueses, que, fugindo para diversas províncias da Europa, passavam a incentivar o comércio e a indústria, deixando Portugal em péssima situação financeira.

Com argumentos vivos, Vieira procurou levar o rei a perceber que os ricos homens da Nação estavam fugindo de Portugal, se desnaturalizando do reino, por estarem sendo acusados de culpas que não tinham cometido, assim como por receio ao tratamento dado às coisas da fé pela Inquisição[432]. Cita o exemplo dos reis da França, cujas atitudes contra os hereges chegaram à destruição de cidades, mas estavam longe de expulsar de seu país os mercadores da "Nação". Pelo contrário, tanto os reis da França como os demais potentados católicos faziam questão de admitir mercadores da Nação em suas províncias[433].

Comparando os habitantes hereges holandeses e franceses em Portugal com os cristãos-novos, o jesuíta acrescenta que a diferença está em que os primeiros "vem-nos levar o dinheiro, e os outros vem-nos trazer". Lembra ainda que em uma Provisão Real, o rei D. Manuel havia prometido não fazer nenhuma ordenança e nem diferença sobre a gente da Nação como gente distinta e aparatada, e que todos seriam favorecidos e tratados como cristãos-velhos. E que D. João III, por várias vezes, serviu-se dos Homens da Nação até que D. Sebastião veio revogar a lei ou contrato que os seus antecessores haviam feito com os cristãos-novos[434].

Contudo, como lembra Raul Rego: "A lógica directa e percuciente de Vieira não conseguira abalar o Edifício"[435]. Os argumentos do jesuíta só teriam repercussão um século mais tarde, quando a Inquisição já havia eliminado da sociedade portuguesa milhares de pessoas. A discriminação contra os cristãos-novos persistiu por todo o século XVII e parte do XVIII, independentemente das críticas de Vieira.

Um século após Vieira, surgia Ribeiro Sanches com seus apelos e indignação contra a distinção cristão-novo/cristão-velho que ainda se mantinha viva em Portugal.

Antônio Nunes Ribeiro Sanches (1699-1782), um dos grandes humanistas do século XVIII, nasceu e morreu católico. Pertencia

---

432. "Parecer político, que se deu ao Senhor Rey D. João quanto ao augmento do Reyno concluydo em que se consintas nelle aos christãos novos pello venerado Pe. Vieira da Companhia de Jesus", em Pe. Antônio Vieira, *op. cit.,* p. 237. B.N.R.J.

433. "todos os Potentados Catholicos guardão o mesmo estillo com a gente da Nação, e finalmente o Summo Pontificie Vigario de Christo verdadeiramte regra de Fé, não só admitte os que chamamos Christãos Novos, entre os velhos nenhuma differença se faz na Italia, se não que dentro da mesma Roma, e em outras cidades consentem sinagogas publicas de judeos" *Idem,* pp. 241-242.

434. *Idem,* p. 249.

435. Raul Rego, "Prefácio", em Antônio Nunes Ribeiro Sanches, *op. cit.,* pp.20-24.

a uma família cristã-nova e quando contava 16 anos seu pai apresentou-se ao Santo Ofício (1715). Mais tarde, ele foi denunciado à Inquisição por um primo, Manoel Nunes Sanches, ao mesmo tempo em que seu tio era denunciado pelo capitão Henrique de Baulssay. Fugindo para Londres (1726), passou a professar publicamente a religião judaica, amparado por refugiados. Alguns anos mais tarde, voltou a professar a religião católica[436]. Sanches foi "um sábio e um especialista, ajustado ao tipo dos filósofos ilustrados". Estudou medicina e direito em Coimbra, vindo a doutorar-se em Salamanca. Viveu na Rússia durante 16 anos, na qualidade de médico militar e particular de Catarina II, voltando para Paris em 1747. Cognominado pejorativamente um estrangeirado, influenciou com suas ideias muitas das reformas do período pombalino[437].

Em 1735, Ribeiro Sanches escreveu *A Origem da Denominação de Christão Velho e Christão Novo em Portugal...*, cujo exemplar foi lançado em 1748 sob a assinatura de Phitopator. Em um breve histórico, o autor lembra que, durante o reinado de D. Manuel, o nome cristão-novo não era, ainda, obstáculo para a entrada no estado Eclesiástico nem para chegar a posições honrosas do Estado. A diferença entre os súditos portugueses e a conotação dada aos nomes cristão-novo, judeu e cristão-velho começou a existir a partir do momento em que se introduziu a Inquisição em Portugal[438].

Ribeiro Sanches mostra em sua obra que a imagem deturpada que os portugueses faziam dos cristãos-novos não se restringiu às fronteiras da Península. Chega até as páginas das gazetas de Londres, de Amsterdã e Itália. O segregacionismo imposto aos cristãos-novos chegou a sensibilizar o estrangeiro, que mal compreendia a diferença entre judeu, cristão-novo e cristão-velho. Pelo número de autos-de-fé realizados em Portugal, sentia-se a identificação, por parte dos estrangeiros, de toda a população portuguesa com os judeus[439].

Às reflexões de Antônio Vieira e Ribeiro Sanches vieram juntar-se os escritos de D. Luís da Cunha (1662-1749). Em seu *Testamento Político ao Sr. Rei D. José I*, o eminente diplomata apresenta, dentre as suas sugestões, a necessidade de se manter no Reino o elemento

---

436. *Idem, ibidem.*

437. Francisco Calazans Falcon, *op. cit.,* p. 407.

438. Comparando a Inquisição portuguesa com a italiana, Ribeiro Sanches afirma que nesta última "não celebrão autos de Fé, ainda que dellas sayhão muitos penitenciados". E ainda mais: "os estrangeiros não lem nas gazetas a relação dos penitenciados da Inquisição de Roma, nem da de Bolonha, deste modo conservão o nome de bons christãos [...]" – Antônio Nunes Ribeiro Sanches, *op. cit.,* p. 76.

439. O autor lembra que em função do número e celebridades dos autos-de-fé que se realizavam em Portugal, os estrangeiros "se persuadem que em Portugal todos são judeos [...] que há tanto judeos como habitantes [...]" – *Idem, ibidem.*

cristão-novo, que, fugindo à ação inquisitorial, buscava asilo em outros países, contribuindo para o despovoamento do reino e o total desequilíbrio do comércio português[440].

Criticando o estilo empregado pela Inquisição, considera-o como sendo a causa do grande aumento do número de cristãos-novos, ao lado das Irmandades e confrarias religiosas. Estas, através das inquirições de limpeza de sangue aplicadas àqueles que nelas desejavam entrar, acabavam por infamar de cristãos-novos muitas boas famílias[441].

Além de sugerir a alteração do método empregado pela Inquisição, D. Luís propõe um meio para se extinguir o nome de cristão-novo, o que não estava acontecendo, visto que eles se multiplicavam cada vez mais, misturando-se aos cristãos-velhos. Uma das alternativas seria decretar que os seus casamentos fossem invalidados e os filhos considerados bastardos[442]. No entanto, essa fórmula nada mais significou do que uma nova maneira de discriminação.

Propõe também que fossem abolidas as confiscações pela Coroa, fato que considerava como causa evidente da saída de inúmeras famílias de Portugal. Fugindo aos confiscos, empregavam seu dinheiro nos fundos públicos da Holanda e Inglaterra, além de incentivar o comércio desses países. Os estrangeiros também se recusavam a dar comissões para algum português, pois tinham-no por judeu e cristão-novo – temiam que, por isso, ele fosse preso e confiscado.

Outras formas para extinguir, em Portugal, o nome de cristão--novo eram, segundo D. Luís, dar aos conversos a liberdade de viver na sua verdadeira religião, do mesmo modo como se praticava quase em todas as nações da Europa, ou, no caso de ser injuriado de cristão-novo por alguma pessoa, ela deveria incorrer em pena de morte; também possibilitar aos cristãos-novos participar dos cargos da república, principalmente aqueles cujos pais a avós foram infamados de terem feito figura nos autos-de-fé[443].

Apesar de estar sugerindo a eliminação da aplicação do estatuto de limpeza de sangue para que os cristãos-novos pudessem ocupar cargos da república, o eminente diplomata conclui que, se isso realmente

---

440. A primeira edição impressa do *Testamento Político* de D. Luis da Cunha foi publicada pela Impressa Régia, em 1820. Esta se prestou para uma reedição publicada pela Seara Nova, Lisboa, 1943, sob a qual se apoiou a edição aqui utiliza-da para análise: *Testamento Político...* nota introdutória de Maná Leonzo, São Paulo, Alfa-Omega, 1976. Ver também Luís Fernand de Almeida, "A Propósito do *Testamento Político* de D. Luís da Cunha com prefácio e notas de Manuel Mendes", em *Revista Portuguesa de História*, Coimbra 1947, p. 469; verbete "D. Luís da Cunha", em *Dicio-nário de História* de *Portugal*, dirigido por Joel Serão, Porto, Livraria Figueirinhas,s/d, 2.º, p. 770-771.

441. Luís da Cunha, *op. cit.*, pp. 85-86.

442. *Idem, ibidem.*

443. *Idem*, p. 88.

acontecesse, e se o injurioso nome de cristão-novo fosse abolido, os judeus por si próprios se manteriam afastados dos cristãos. A partir do momento em que tais liberdades existissem, ricos comerciantes se estabeleceriam novamente em Portugal, instalando casas de comércio, contribuindo desta maneira para o florescimento da economia[444].

Percebemos, por trás de suas reflexões políticas e ideológicas, que D. Luís da Cunha não está diretamente preocupado em eliminar as barreiras sociais que conduzem à marginalização do cristão-novo e do judeu. Por trás de seu discurso ilustrado, percebe-se uma certa tomada de consciência, mas as suas concepções não deixam de ser, até certo ponto, superficiais e pragmáticas. Calazans Falcon, criticando o tratamento dado ao judeu por D. Luís da Cunha, nota que o judeu continua a desempenhar o papel do "outro", com suas peculiaridades e seu campo próprio de atividade[445].

Como se identifica no exemplo citado, em Roma, os judeus eram obrigados a trazer um chapéu amarelo para serem conhecidos. Esse fato resultava em duas posições: "os cristãos-novos que verdadeiramente fossem judeus, o usariam; ou então entrariam para os guetos, sem ser necessário que se lhe falasse em perdão geral ou em prisão pela Inquisição"[446].

As sugestões dos estrangeirados, Ribeiro Sanches e D. Luís da Cunha, tiveram grande influência nas atitudes assumidas pelo Marquês de Pombal, quando Ministro de D. José I. Apesar de residirem no estrangeiro, prepararam, por meio de suas obras, uma atmosfera intelectualmente propícia para as futuras transformações econômicas, políticas e sociais, que marcaram a sociedade portuguesa nos séculos XVIII e XIX. Pombal simplesmente transformou em programa político o programa intelectual e moral desses autores[447].

Comparando ideias, sugestões e críticas sobre o problema, apresentadas por Antônio Vieira (século XVII), Ribeiro Sanches e D. Luís da Cunha (século XVIII), podemos perceber vários pontos em comum:

- identificam a existência de um marcante preconceito contra o elemento cristão-novo, que, constantemente marginalizado por barreiras sociais, procura refúgio no estrangeiro;
- consideram o Tribunal do Santo Ofício e o estatuto de pureza de sangue como injustos e causadores do afastamento (ou fuga) dos elementos da Nação, geralmente ricos comerciantes dos reinos de Portugal;

444. *Idem*, pp. 89-90.
445. Francisco J. Calazans Falcon, *op. cit.*, pp. 390-391.
446. Luis da Cunha, *op. cit.*, pp. 89-90.
447. Wilson Martins, *op. cit.*, vol. I, p. 351.

- propõem a necessidade de se eliminarem os estatutos de pureza de sangue e mudarem os estilos aplicados pelo Santo Ofício, para conseguir acabar com a distinção cristão-novo/cristão-velho;
- sugerem a reformulação do Tribunal, e não a sua abolição, apesar de considerarem esta última ideal;
- identificam o cristão-novo e o judeu como elementos distintos do restante da população: consideram injusto persegui-los, mas continuam a tratá-los como um grupo à parte, capaz de solucionar os problemas financeiros de Portugal;
- propõem a permanência do elemento da Nação Hebreia no reino, com o objetivo de angariar lucros para o reino, e não de integrá-los ao restante da população cristã-velha.

Com relação a Mathias Ayres Ramos da Silva de Eça (1705-1763)[448], gostaríamos de fazer algumas referências aos seus escritos, considerando-o um intelectual "indiretamente" ligado ao problema do preconceito contra o cristão-novo em Portugal. Pertencente à escola dos grandes moralistas do século XVIII, distingue-se dos outros por não escrever por pensamentos ou "máximas", obedecendo, antes, a um plano bastante lógico, sensível e sensato[449].

Classificado por Wilson Martins, igualmente como D. Luís da Cunha e Ribeiro Sanches, como um estrangeirado, Mathias Ayres escreveu valiosa obra, *Reflexões sobre a Vaidade dos Homens*[450], na qual dedicou vários fragmentos à nobreza, submetendo-a a severas críticas.

---

448. Wilson Martins, *op. cit.*, p. 368.

449. Mathias Ayres, brasileiro nascido em São Paulo, em 27 de março de 1705, filho do português José Ramos da Silva, cavalheiro da Ordem de Cristo e Provedor da Casa da Moeda de Lisboa, e de D. Catharina de Horta, Mathias Ayres foi para Portugal, com seus pais, em 1716. Estudou Humanidade no Colégio de Santo Antão e recebeu o grau de Mestre em Artes da Universidade de Coimbra (1723). Em 1728, interrompeu seus estudos, dirigindo-se para Bayona e Paris. Aos 35 anos, ocupou o cargo de Provedor da Casa da Moeda, do qual foi deposto em 1761, vindo a falecer em 1763. Sobre Mathias Ayres temos as obras: Ernesto Ennes, *Um Paulista Insigne: Dr. Matias Aires da Silva Eça, Contribuição para o Estudo Crítico de sua Obra (1705-1763)*, Lisboa, Academia Portuguesa da História, MCMXLI; Solidonio Leite, *Clássicos Esquecidos*, Rio de Janeiro, Jacintho Ribeiro Santos, 1914; Rubens Borba de Moraes, *Bibliografia Brasileira do Período Colonial*, São Paulo, IEB, 1969, pp. 127-153; Wilson Martins, *op. cit.*, pp. 387, 368 e 372; José Verissimo, *História da Literatura Brasileira*, Rio de Janeiro, José Olympio, Coleção Documentos Brasileiros, n. 74, 1954.

450. *Reflexões sobre a Vaidade dos Homens* teve a sua primeira edição em 1752 com duas tiragens. Na tiragem B a vinheta no alto da primeira página traz a datade 1771, quando o livro foi impresso em 1752. A segunda edição de 1761, e a terceira de 1778, completamente remodelada pelo filho do autor, que alterou o texto, suprimindo frases inteiras. A quarta edição é de 1786, Rubens Borba de Moraes, *op. cit.*, pp. 127-133. A edição por nós consultada data de 1942 (6ª ed), de uma série especial de 1.500 exemplares publicada pela Biblioteca de Literatura Brasileira, São Paulo, Editora Martins.

Apesar de seu livro ter recebido total aprovação do Santo Ofício, não encontramos nele menção a Cristo ou à Igreja.

Em seus discursos moralistas, oferecidos ao rei D. José I, apesar do sentido universal que tenta dar aos seus assuntos, há, nas entrelinhas, críticas à estrutura social vigente e aos valores culturais endossados pela nobreza. Em um dos fragmentos, trata da *vaidade da origem*[451]. Essa vaidade transformou-se, na Europa, em uma espécie de seita, em que o sangue deixa de ser apenas uma entidade material, sujeita a todas as leis da hidrostática e do equilíbrio. Mathias Ayres procura demonstrar que o "sangue passou a ser a explicação para a superioridade de uns e outros". Nele a nobreza "pôs o seu assento e dali faz sair infinitas distinções, qualidades e quilates"[452]. Percebemos nesse trecho que o autor está se referindo ao "mito de limpeza de sangue", latente no comportamento da sociedade cristã-velha portuguesa do século XVIII.

Lembra que a "nobreza e a vileza são nomes diferentes, mas não fazem diferentes sangues; estes são diferentes em todos"[453]. Com base nesse raciocínio, chega à questão da "igualdade", que para os homens sempre foi uma coisa insuportável. Igualdade essa que ainda não existia na sociedade portuguesa, se relacionarmos com a época em que essa obra foi escrita. A desigualdade é vista, pelo autor, como um novo artifício forjado por aqueles que querem se distinguir.

Em um dos trechos desse fragmento, surgem algumas palavras, ricas em significado para nossas argumentações, como por exemplo os termos *infame, prova de nobreza* a *habilitação*. "Raça infame" – binômio geralmente utilizado para referir-se aos elementos da Nação Hebreia e aos cristãos-novos[454]. Comprovar que não possuía nas veias o sangue judaico era uma das formas utilizadas por aqueles que necessitavam de uma "prova de nobreza". A título de exemplo citamos o caso de D. Antonio Sotelo Prego de Montaos, Familiar do Santo Ofício da Inquisição da Galícia, cujo documento intitulado *Informacion de la Nobleza, e Limpieza de Sangre...* pode ser consultado na Biblioteca Nacional de Lisboa[455]. Um dos testemunhos – Gregorio Lopes

451. *As Reflexões sobre a Vaidade dos Homens* é composta de 163 fragmentos, sendo que este sobre a "Vaidade da Origem" aparece sob o nº 138. Diretamente relacionado com este fragmento encontramos nos trechos seguintes uma análise do "Problema do Sangue" – fragmentos ns. 139-144. Mathias Ayres, *op. cit.*, pp. 203 e ss.

452. *Idem*, Fragmento n. 138, p. 203.

453. *Idem*, p. 208.

454. O significado de infame, em pleno século XVIII, era de "deshonrado, de desacreditado, que tem perdido a reputação". Raphael Bluteau, *Vocabulário Português e Latino*, Coimbra, no Real Collegio das Artes da Companhia de Jesus, MDCCXIII,p. 120; Mathias Ayres, *op. cit.*, p. 230. Os grifos são nossos com o objetivo de evidenciar os termos citados acima: "infame", "prova de nobreza" e "habilitado".

455. *Informacion de la Nobleza e Limpieza de Sangue de D. Antonio Sotelo Prego de Montaros. Inquisições de Genere*. Res. 6 – 2074 v. Biblioteca Nacional de Lisboa.

de Prega Merino del Marquesado de Sobroso – informou sob juramento que:

conoce a las partes, y conoce al dicho don Antonio Sotelo de Montaos por persona principal, hijodalgo notorio, y descendiente de Tales, por limpio de toda mala raça de Moros, judios, mi penitenciados por el Santo Ofício de la Inquisicion. Y ansimismo sabe, que su lenage por todos su abuelos ha avido, y ay muchos Cavalleros de habitos, ani de Christo, como de Santiago, Comissarios, Familiares de la Santa Inquisicion, y Colegiales mayores de Salamanca, y Valladolid, y se le dieron los dichos habitos, Becas, y oficios, por ser tales persouas nobles, y limpios de toda mala raça[456]

Assim, encontramos, de forma bastante viva e marcante, esses valores sustentados pela elite, apoiada em dispositivos legais, no trecho da obra de Mathias Ayres que se segue:

A vaidade da Nobreza, até se desvanece com a vileza das ações; estas ainda quando são vis, infames, torpes e odiosas, nem por isso envilecem, ou *infamam* quem as faz; antes da mesma enormidade das ações se tira um novo lustre, ou nova '*prova da nobreza*': o ponto é *contar uma longa série de ilustres ascendentes* para que um nobre fique *dispensado das leis da sociedade* e formalidades civis; e também *habilitado* para que possa livremente, sem reparo perder o pejo, a honra, a verdade[457].

Essa reflexão de Mathias Ayres talvez tenha razão de ser se a relacionarmos com certos fatos que ocorreram em sua vida. Conforme afirma Alceu Amoroso Lima: "Neste livro não existe apenas a arquitetura de um sistema racional. Existe a experiência de vida e o reflexo de um caráter"[458]. Em suas entrelinhas, percebemos uma nítida simpatia por aqueles que possuíam nas veias o sangue infamado. Essa insinuação passa a ter lógica observando-se que:

• Em 1695, José Ramos da Silva, pai de Mathias Ayres, dirigiu-se para a Bahia e, mais tarde, instalou-se no Rio de Janeiro, onde foi tido como "reputado *homem de negócios*", profissão muito procurada por elementos da Nação[459].
• José Ramos da Silva, em 1716, requereu a sua admissão como "familiar" do Santo Ofício. Revelou-se, no processo de avaliação de limpeza de sangue e geração, que o nome do pai de José Ramos, avô de Mathias Ayres, oculto no assento de seu batismo, era Valério Ramos.
• O processo de Habilitação de Genere de José Ramos apresenta a cópia do seu atestado de batismo, em que ele aparece como filho de um enjeitado, com o nome de Leandro e não José.

---

456. *Idem*, p. 21.
457. *Idem, ibidem.*
458. Alceu Amoroso Lima, "Introdução", em Mathias Aires, *op. cit.,* p. 13.
459. Ernesto Ennes, *op. cit.,* p. 7.

• Nos exames de Habilitação de Genere, o pai de Mathias Ayres foi declarado, juntamente com seus ascendentes, "limpo de sangue, e geração sem raça, fama, nem ascendência de judeu, cristão-novo". Em abril de 1716, nomeado familiar do Santo Ofício, regressou a Portugal.

• Em Portugal, José Ramos tenta conseguir o hábito da Ordem de Cristo. As inquirições realizadas resultaram em *impedimento* e *falta de qualidade,* sobre as quais não possuímos outros dados. Segundo Ennes, o habilitando foi *objeto de circunstâncias* e *falsos testemunhos*[460]. Em 1721, foi dispensado, pelo rei, de todos os impedimentos, ingressando na Ordem.

• Em 1725, Mathias Ayres, como seu pai, tenta receber o hábito de Cristo, com o qual teria acesso a honras, distinções e vantagens no estrangeiro. Em 1727, foi *impedido* de recebê-lo por "não estar capaz", sob a alegação de seu pai ter sido criado de servir e depois mercador de loja aberta no Rio de Janeiro.

• Em 1728, na Corte de Madrid, Mathias Ayres foi para a cidade de Bayona, onde aprendeu a *língua hebraica* com o professor de línguas orientais Phourmond Bayona era nessa época um centro de judeus portugueses[461].

• Ennes apresenta Mathias Ayres como "amigo e patricio" de Antônio José da Silva, judeu[462].

• Em 1743, substituiu o pai, em Lisboa, no Cargo de Provedor da Casa da Moeda. A pedido do pai, *foram deferidos seus impedimentos*[463].

• Em 1761, Mathias Ayres foi deposto de suas funções por um decreto que não apresenta sequer uma justificativa para tal fato.

Como pudemos observar, a vida de tão "insigne paulista" ainda exige muitas pesquisas. Vários fatos, se analisados sob o prisma da História Nova, talvez tivessem outras explicações. Entretanto, não é esse o objetivo de nosso trabalho. Deixamos a questão em aberto para futuras pesquisas a serem realizadas. O importante é que tivemos, através de seus escritos, um expressivo registro das vaidades, razões de tantas disputas e falsas verdades[464].

---

460. *Idem*, p. 34.
461. *Idem*, p. 49.
462. *Idem*, p. 40.
463. *Idem*, p. 50.
464. Conforme registrou de Borba de Moraes, Mathias Ayres destruiu grande parte de seus manuscritos, não apresentando as razões para tal atitude. Rubens Borba de Moraes, *op. cit., p. 133.*

3. Pombal e a Eliminação Legal do Preconceito de Sangue

A SOCIEDADE PORTUGUESA NO SÉCULO XVIII E A
POLÍTICA ILUSTRADA DO MARQUÊS DE POMBAL

Ao iniciar o século XVIII, Portugal se apresenta como um país defasado quanto à ideologia, instituições e cultura, se comparado aos demais países europeus do além-Pirineus. Cristalizada em suas instituições, a sociedade portuguesa se encontra ideologicamente dominada pela Igreja Católica, responsável pela hegemonia da aristocracia sobre a sociedade civil e, do ponto de vista político, marcada pela presença de um Estado absolutista.

A conservação de uma mentalidade aristocrática foi responsável pelo atraso da secularização da sociedade e pela persistência do preconceito de sangue no contexto social do Império Colonial Português. Com o objetivo de manter essa sua posição privilegiada, ao nível das decisões de poder, a aristocracia, tendo a Igreja como o aparelho ideológico dominante, armou-se dos mais variados instrumentos, com o intuito de combater qualquer tentativa de mudança social.

Daí encontrarmos, no início do século XVIII, Portugal voltado para si próprio, avesso às novas ideias, construindo, conforme bem lembra Calazans Falcon, seus próprios fantasmas: os estrangeirados e os cristãos-novos[1]. O contato com o mundo exterior é um perigo à ordem

---

1. Francisco J. Calazans Falcon, *A Época Pombalina – Política Econômica e Monarquia Ilustrada* (*1750-1777*), São Paulo, Ática, 1982, pp. 400-405.

estabelecida e a sustentação da discriminação contra os descendentes de judeus é um freio à formação de uma burguesia economicamente inovadora[2].

As impurezas são combatidas de todas as formas pela ordem nobiliárquico-eclesiástica. Combate-se a impureza das ideias e a impureza do sangue, com o objetivo de impedir que ocorra desequilíbrio no sistema de atuação sustentado pela Igreja Católica. Ou seja, "o direito de criticar e contestar era limitado por modos especiais, exasperadores e paradoxais"[3].

Apesar de todas essas limitações, o século XVIII é considerado um período de mudanças para a sociedade portuguesa, tendo o espírito de inovação se concentrado sobretudo durante a segunda metade do século, dominada pela atuação de Sebastião José de Carvalho e Melo, o Conde de Oeiras e Marquês de Pombal[4].

O período pombalino abrange o essencial desse momento histórico: a política desenvolvida por Pombal apresenta um caráter mercantilista e ilustrado, implicando uma série de transformações do ponto de vista político, econômico e ideológico; o individualismo, o novo humanismo e o racionalismo afirmam-se com as tentativas de implantação de uma sociedade mais liberal.

Nos primeiros decênios de sua administração, Pombal desenvolveu permanentemente uma política voltada para o reforço do poder do Estado, procurando eliminar todas as formas de oposição e corrigir os abusos, modernizando, ao mesmo tempo, a estrutura administrativa.

A prática desses valores sustentados por Pombal, para a reformulação da sociedade sob novas formas de pensamento, exigiu, antes de mais nada, a eliminação do aparelho eclesiástico como participante das esferas de poder e do grupo de *status*.

---

2. Vitorino Magalhães Godinho, *A Estrutura na Antiga Sociedade Portuguesa*, Lisboa, Arcádia, 2ª ed., 1975, p. 81.

3. M. Cardoso, "Azeredo Coutinho e o Fomento Intelectual de uma Época", em *Conflito e Continuidade da Sociedade Brasileira*, ensaios, org. de H.H. Keith e S.F. Edwards, Rio de Janeiro, Civilização Brasileira, 1870, p. 90.

4. José de Carvalho e Melo (1699-1782) foi nomeado secretário de Estado de Guerra e dos Negócios Estrangeiros em agosto de 1750, durante o governo de D. José I. Cumpre lembrar aqui a constante influência, exercida sobre Pombal, de alguns estrangeirados como Alexandre de Gusmão, D. Luís da Cunha, Antônio Nunes Ribeiro Sanches e Luis Antônio Verney, com sua obra *Verdadeiro Método de Estudar*, edição organizada por Antonio Salgado Jr., Lisboa, Editora Livraria Sá Costa, 1949. Para Wilson Martins, as obras de Bluteau, Manuel de Azevedo Fontes, Jacó de Castro Sarmento, Ribeiro Sanches e Rodrigues de Abreu e Pina prepararam a atmosfera propícia ao livro de Verney (1713-1792). O Marquês de Pombal apenas transformou em programa político o que nesses autores vinha sendo, desde os fins do século anterior, um programa intelectual e moral. No caso do problema dos judeus, cristãos-novos e Inquisição, muitas das atitudes de Pombal foram inspiradas nos discursos de D. Luís da Cunha, dentre eles o *Testamento Político*. Wilson Martins, *História da Inteligência Brasileira*, ed. cit., p. 351 (vol. I). Francisco J. Calazans Falcon, cap. V, "O Ideário do

O desenvolvimento de uma política econômica mercantilista e a tentativa de reformulação do bloco de poder, em detrimento dos setores eclesiásticos e de uma parte da nobreza, levaram Pombal a favorecer uma minoria de comerciantes, proporcionando-lhes diversas formas de monopólios e privilégios nos setores comercial e industrial, associados ao aparelho estatal[5].

A eliminação do preconceito de sangue contra o grupo dos cristãos-novos fez parte dos objetivos governamentais de Pombal, na sua tentativa de desenvolvimento da política industrialista, que caracterizou o governo de D. José I e que foi posta em prática nos últimos anos da década de 1760. Entretanto, para que isso acontecesse, era necessário "criar condições para o engajamento da gente da nação"[6].

Uma série de medidas de ordem administrativa, burocrática e legal marcou essa fase política e econômica do Reino Português, preocupado com a expansão e integração dos mercados, mobilização de capitais e incentivo às manufaturas. A reformulação da Inquisição e a do sistema de ensino constaram da prática ilustrada pombalina dentre as providências tomadas com o objetivo de contestar o poder eclesiástico, de maneira geral, e de combater o jesuitismo, em particular.

A transformação do Tribunal da Inquisição em Tribunal da Coroa e o tratamento de Majestade outorgado ao Conselho do Santo Ofício representaram uma forma de defesa da ordem e da nova ideologia dominante[7]. Como instrumento secular e estatal, o Tribunal deveria estar mais preocupado em perseguir aqueles que apresentassem um raciocínio filosófico divergente da política sustentada pelo Estado absolutista, do que perseguir seguidores de uma determinada crença[8].

Pombalismo", ed. cit., vol. II, pp. 213-361. Sobre Verney ver: Clarice Nunes, "Luis Antonio Verney: Um Pensador Atrevido", em *Revista do Departamento de História. O Século XVIII.* Belo Horizonte, Pró-Reitoria de Extensão, UFMg; Departamento de História, FAFich, UFMg, 1989, pp. 47-56.

5. *Idem, ibidem,* p. 470. Dentre os privilégios concedidos por Pombal, com o objetivo de encorajar o desenvolvimento de uma rica classe comercial, podemos lembrar o fato de que aos acionistas das Companhias de Comércio monopolistas, fundadas pelo Ministro, era concedido automaticamente o estado de nobreza, desde que esses possuíssem mais de dez ações nessas ditas Companhias Carl Roger Boxer, *Império Colonial Português, op. cit.,* p. 368.

6. Fernando Novais e Francisco J. Calazans Falcon, "A Extinção da Escravatura Africana em Portugal no Quadro da Política Econômica Pombalina", em *Anais do VI Simpósio Nacional dos Professores de História.* São Paulo, 1973, Vol. L, XVIII, p. 411.

7. Alvará determinando que ao Conselho Geral do Santo Ofício se fale e requeira e escreva por Majestade. 20/05/1769. F.M.T.A. Morato, Vol. 19, Doc. 14 *apud* Francisco J. Calazans Falcon, *op. cit.,* p. 442.

8. João Lúcio de Azevedo, *História dos Cristãos-Novos Portugueses,* Lisboa, Livraria Clássica Ed., 2ª ed., 1975 (1ª ed., 1921), p. 354, e *O Último Regimento da Inquisição Portuguesa,* 1.º de setembro de 1774. Introdução e atualização de Raul Rego, Lisboa, Excelsior, 1971.

Entretanto, a perseguição aos judaizantes não cessou de um momento para o outro. Outras medidas legais foram necessárias para que, a longo prazo, o preconceito de sangue deixasse de fazer parte da mentalidade da população portuguesa.

Na tentativa de eliminar as formas de pensamento representativas do Antigo Regime e que constituíam barreiras para a prática de sua política ilustrada, Pombal procurou, antes de elaborar um novo Regimento para o Tribunal da Inquisição, suprimir legalmente o puritanismo e abolir a distinção entre cristãos-novos e cristãos-velhos[9].

POMBAL E A ELIMINAÇÃO LEGAL DO PURITANISMO

O constante ataque ao puritanismo foi uma das características da política de Pombal, na tentativa de reforçar o poder do Estado Absolutista. Constituindo um núcleo à parte da nobreza senhorial, sem deixar de fazer parte do grupo de *status*, os puritanos se faziam distinguir pelo orgulho de ser nobre e por suas atitudes de superioridade. Vangloriando-se da limpeza de seu sangue e da insuspeita de possuírem qualquer mancha que fosse de sangue mouro, hebreu ou negro, esta minoria se constituiu em obstáculo à prática do racionalismo humanista proposto por Pombal.

Com o objetivo de eliminar esse núcleo representativo do Antigo Regime, o Conde de Oeiras promulgou uma lei que ficou conhecida como *Alvará de Lei Secretíssimo*, publicado em outubro de 1768. Este não deveria ser dirigido a nenhum Tribunal e nem à Chancelaria. Ao contrário, deveria ficar oculto nos "lugares mais recônditos dos arquivos do Conselho de Estado, e da Secretaria de Estado, dos quaes não sahirá, nem se comunicará a pessoa alguma, que não seja das que nelle se achão declaradas"[10].

Esse Alvará resultou de uma Consulta enviada pelo Conde de Oeiras ao Conselho de Estado, em que apresentou um Compromisso redigido pela "Confraria da Nobreza" em 1663. Até o momento, esse compromisso se encontrara oculto na Irmandade do Santíssimo Sacramento de Santa Engracia, da qual o Rei era o Perpétuo Juiz e Protetor.

---

9. Um conjunto de leis será promulgado no período de 1766 a 1774, na tentativa de golpear um dos mais prestigiosos expoentes da nobreza senhorial – os puritanos – e eliminar a distinção entre cristãos-novos e cristãos-velhos, apoiada na pureza de sangue.

10. *Alvará de Lei Secretíssimo – Contra o Puritanismo – 05/10/1768. Col. Leg. Port.* por Antonio Delgado da Silva, Lisboa, 1844. Vol. 1763-1790, pp. 181 e 189. Este mesmo Alvará é apresentado por Antonio José Saraiva como sendo de 22 de setembro de 1768 (ver *op. cit.,* p. 311). Na realidade, este documento foi produzido em 23 de setembro sendo precedido por uma Consulta e um Parecer: Consulta que precedeu o Conselho, 03/10/1768: Parecer que o Conselho d'Estado deu e que antecedeu o Alvará; e 05/10/1768: Alvará de Lei Secretíssimo.

Na opinião de José de Carvalho e Melo, esse documento fora organizado para arruinar a monarquia, a nobreza, a honra e a fama. Nada mais era do que "um horroroso monstro ao qual impuserão o nome de *Puritanismo*"[11].

Analisando o discurso dessa Consulta, deparamo-nos com dois conceitos que merecem ser considerados: "puritanos" e "infectos", ambos decorrentes da persistência do mito de pureza de sangue. O primeiro, "Puritano", fora copiado, segundo o documento, do "infame Original de Puritanismo que na Inglaterra se tinha levantado desde o anno de 1565 ou 1569". Seus conventores tentaram persuadir os ingleses de que eles eram mais puros na religião que todos os outros seus compatriotas[12].

Colocando em suspeita todo o estado da nobreza portuguesa, o Compromisso da Confraria da Nobreza supunha a presença de hebreus entre os nobres e sustentava a existência de dois grupos distintos: os puritanos e os infectos. O primeiro partido se achava representado por um pequeno grupo da nobreza unido por esse Compromisso. Essa atitude foi considerada por Pombal, em suas origens, como resultado de uma conjuntura "maquinada" pelos jesuítas com o intuito de concitar, na Corte e na cidade, sedições e perturbar a tranquilidade pública. Sustentando a ideia de complô, "constroe" uma narrativa [antijesuítica] privilegiando um repertório de imagem e referências, segundo o conceito de mito político proposto por Raoul Girardet. A forma como os fatos são apresentados induzem o observador a imaginar que os jesuítas durante séculos, conspiraram contra o Estado português combinando plano pré-determinado com complô maléfico. Legitimadas, estas ideias contribuíram para configurar o espectro maligno da Companhia de Jesus cujos membros foram interpretados como compradores urdidos em sociedades secretas[13].

Com o objetivo de arruinar o Reino com toda segurança possível, os jesuítas eram acusados de ter, inclusive, proibido a introdução de "livros estrangeiros e até das novas publicações da Europa", para que não se conhecesse o mal que eles faziam. Além de considerar o Padre Vieira um impostor, o Conde de Oeiras, entre outras acusações, responsabiliza a Companhia de Jesus pela introdução da Seita dos Puritanos entre a nobreza.

Segundo o Compromisso, na Confraria só poderia ser recebido por distinção *"Fidalgo e Christão Velho* de tempo immemorial sem fama ou rumor em contrário verdadeira ou falsa". Excluíram dela os outros fidalgos, em quem não concorressem aquelas "esquisitas e inventadas

---

11. *Alvará de Lei Secretíssimo...* – ed. cit., p. 187.

12. *Idem*, pp. 186-187.

13. Raoul Girardet, *Mitos e Mitologias Políticas*, trad. Maria Lucia Machado, São Paulo, Companhia das Letras, 1987, pp. 32-33.

circunstâncias de serem Christãos velhos". Através dessa união, teriam os jesuítas condições para dirigir uma parte da nobreza em função de seus interesses[14].

Os jesuítas, na opinião do Conde de Oeiras, utilizaram-se de duas estratégias extraordinárias, porém nocivas:

- Estabeleceram o referido PURITANISMO por lei, utilizando-se de palavras de "diabólica malícia": "christão velho sem nunca se entender o contrário" e "sem fama ou rumor em contrário verdadeira ou falsa". Dessa forma, excluíam todas as outras famílias dessa Confraria da Nobreza, injuriando tantas Casas de Primeira Grandeza do Reino.
- Estabeleceram, pelo termo escrito no verso do Compromisso, a confirmação e proteção do Sr. Rei D. Afonso. Iriam também pedir a confirmação do Prelado, como foi com efeito pedida à Relação Eclesiástica da Corte, que a deferiu[15].

O referido Compromisso, na opinião de Pombal, colocava o Rei e todo o corpo de sua Nobreza subordinados à Relação Eclesiástica. Enumerando uma série de razões, o Ministro justifica a urgente necessidade de se debilitar esse "monstro chamado Puritanismo". Dentre as razões apresentadas, temos:

1ª razão: Nenhum Estado soberano, que vive debaixo de um governo supremo, permitiu até agora uma associação ou união de pessoas particulares, como é o caso dessa seita chamada "Puritanismo". É uma sedição punível pelas Leis de todas as nações civilizadas.

2ª razão: Certas disposições de direito se fazem mais urgentemente indispensáveis quando consta que foi dividida para o mal, "como esta seita está fazendo entre nós".

3ª razão: Alega ser "Vossa Magestade a única fonte de Nobreza da qual podem emanar as honras, as graduações, e as qualificações para os seus Vassalos". Acusa certos vassalos de se atreverem a ser os árbitros da graduação e da nobreza dos que lhes são iguais na classe da mesma nobreza.

4ª razão: Sendo o número de Puritanos tão reduzido e os "maculados" ou "infectos" tão numerosos, poderiam os estrangeiros, presentes na Corte, ficarem persuadidos de que a nobreza se compõe de um número pequeno de cristãos-velhos, e que todos os outros são judeus[16].

Mediante essas razões, o remédio sugerido ao Rei, para extinguir o "monstro do Puritanismo", foi mandar que os "Cabeças" das famílias

---

14. *Idem,* p. 187.
15. *Idem,* p. 188.
16. *Idem,* pp. 188-190.

Doc. 16: *Marquês de Pombal*. Óleo de Louis Michael Van Loo, 1766. Camara Municipal de Oeiras, Portugal.

Puritanas que estivessem por casar, ou tivessem filhos para casar, o fizessem dentro de três ou quatro meses, correndo o risco de serem privados dos bens da Coroa e Ordens. Estes não teriam os seus casamentos aprovados dentro do grêmio do Puritanismo[17].

Nessa Consulta, entretanto, não identificamos ainda, na política pombalina, uma atitude contrária à "discriminação pelo sangue". Manifesta-se mais como *reforço* à persistência da ideia de limpeza de sangue, do que como defesa à causa daqueles chamados de infectos. Os argumentos são colocados como um incentivo à contínua valorização da ideia de pureza por *toda* a Nobreza e não apenas por um pequeno grupo, como estava acontecendo. A restrição desses valores a uma minoria significava *injúria* à dita Nobreza no conceito universal da Europa. O conteúdo desse discurso é mais a favor dos nobres cristãos-velhos do que uma tentativa de eliminar o preconceito contra os descendentes dos judeus.

Percebe-se, por trás da prática ilustrada pombalina, um clima de insegurança e indecisão. Esse fato torna-se compreensível pelo próprio caráter secreto que envolveu tal documento, pois antes de mais nada é um ato de nobreza contra nobreza. As mudanças teriam que ser processadas paulatinamente e não sob a forma de ruptura total. As tradições eram ainda muito fortes para se propor novas atitudes.

17. *Idem*, p. 191.

A secretíssima Consulta, enviada pelo Ministro e Secretaria de D. José I, teve logo suas repercussões, após ter passado pela Mesa do Desembargo do Paço. A Reunião do Conselho de Estado, juntamente com a real presença de D. José, resultou em Parecer datado de 3 de outubro de 1768. Este concluía a necessidade, sem mais perda de tempo, de ser lavrado o Alvará indicado pela Consulta de 23 de setembro, e que se lhe desse a devida execução[18].

O Parecer de três de outubro ordenava que se desse execução ao seguinte conteúdo:

- a extinção e abolição do Puritanismo;
- a se obrigarem os cabeças das Casas Puritanas a casarem logo que tiverem idade seus filhos nas outras Casas por eles até agora excluídas e injuriadas como infectas;
- de se conservar, por ora, um profundo silêncio aos fatos da referida Associação e de terem os chefes do mesmo Puritanismo submetido a soberania temporal da Coroa portuguesa à Jurisdição Eclesiástica da Ordem de Lisboa com a finalidade de se fortalecerem[19].

A necessidade de se ocultarem os fatos é justificada pelo Conselho por conter "gravíssimos crimes de Lesa-Majestade de primeira cabeça". Seria um pernicioso exemplo tal Alvará deixar transparecer tais ideias, sem impor apenas o que as Leis determinavam nesses casos. Isso não seria possível, pois seriam conservadas as Casas dos descendentes dos réus sem culpas daquela natureza e que tivessem seguido o referido Puritanismo com sinceridade e fé.

Dois dias após a missão desse Parecer, foi expedido o referido Alvará de Lei, destinado a manter o "monstro do Puritanismo". O caráter camuflado que envolve essa determinação demonstra que a elite esclarecida, que procurava manipular as forças de poder, tinha plena consciência dos interesses que estavam em jogo. Tanto é que a justificativa apresentada para esse segredo foi de "parecer indecoroso fazer authenticamente pública a injúria à Minha Coroa ou Corpo da Nobreza [...] são athentados e absurdos tão estranhos na Sociedade Civil e na União Christã"[20].

Os valores preconceituosos que dirigiram durante séculos a conduta da Nobreza tradicional geram, nessa fase da política pombalina,

---

18. Estavam presentes, nesse Conselho: F. Cardeal Patriarca, Dom João Arcebispo Regedor, Marquês d'Alvito, Conde de Oeiras, Dom Luís da Cunha e Francisco Xavier de Mendonça Furtado.

19. *Idem*, p. 186.

20. Alvará de Lei Secretíssimo – ed. cit., p. 184; Francisco Calazans Falcon, *op. cit.,* pp. 400-405; Biblioteca Nacional, Coleção Pombalina, Cód. 649, *apud* J. Lúcio de Azevedo, *op. cit.,* p. 350.

conflitos ao nível de interesses do grupo dirigente. Esse Alvará de Lei Secretíssimo nada mais foi do que uma das várias parcelas que delimitam o processo de eliminação do preconceito contra os cristãos-novos.

A referência à existência de livros de genealogia, dos quais estavam excluídas várias casas de primeira grandeza do Reino, foi uma das preocupações eminentes no texto desse Alvará. Esses livros colocavam em dúvida a pureza de sangue das famílias julgadas competentemente "limpas" pelos Tribunais da Mesa de Consciência e Ordem e do Santo Ofício. Essa atitude dos Puritanos interferia, também, na liberdade de matrimônio, pois seus casamentos passaram a ser ajustados entre o pequeno grupo considerado "sem mácula de sangue hebreu"[21].

Assinado pelo Rei e pelo Conde de Oeiras, o Alvará de Lei Secretíssimo mandava que:

- fossem chamados à Secretaria de Estado os "Cabeças" das famílias puritanas que tivessem filhos em idade de casar, reprovando e condenando todos os casamentos ajustados;
- os "Cabeças" das famílias puritanas seriam intimados e teriam quatro meses para ajustar casamento para seus filhos em qualquer das famílias que até agora excluíram;
- os que não obedecessem ficariam privados de todos os foros, dignidades, honras e bens da Coroa e Ordens que tivessem, para deles não mais gozarem de modo algum[22];
- o Alvará deveria ser mantido oculto;
- intimados, os "Cabeças" das famílias deveriam ler na Secretaria do Estado o dito Alvará, e em seguida assinar um termo de notificação comprometendo-se a cumprir o que fora determinado;
- deveria ser publicado um outro Alvará dando a conhecer os referidos livros de Genealogia e os que deles fazem reprovados usos[23].

Posteriormente à publicação desse Alvará, Manoel Teles da Silva, Conde de Villa Maior, um dos "Cabeças", assinava o termo de notificação exigido por lei. Era a política pombalina colocada em prática[24].

---

21. *Idem,* p. 183.
22. Nesse caso, os foros, dignidades e proventos seriam revertidos ao soberano e novamente doados a novos beneficiários. J. Lúcio de Azevedo *op. cit.,* p. 350.
23. Essa disposição parece não se haver cumprido. Ver João Lúcio de Azevedo, *op. cit.,* p. 350.
24. Além do Conde de Villa Maior, compareceram, a partir do dia 11 de outubro de 1768, o Marquês de Valença, o de Angeja, o Monteiro-Mor, Francisco Xavier de Miranda Henriques, depois Conde de Sandomil. Biblioteca Nacional Coleção Pombalina Cód. 649, *apud* João Lúcio de Azevedo, *op. cit.,* p. 350.

O primeiro golpe ao mito de pureza de sangue estava dado, desativando parte da nobreza e incentivando certa mobilidade vertical na estrutura social portuguesa.

A ELIMINAÇÃO DA DISTINÇÃO ENTRE CRISTÃO-NOVO E CRISTÃO-VELHO

A eliminação da distinção dos cidadãos portugueses pela qualidade do sangue foi um entre os vários meios empregados por Pombal para o desenvolvimento de uma política manufatureira no seu contexto mercantilista. A escassa disponibilidade de capitais do Reino português colocou o problema cristão-novo na ordem do dia, considerando-se a capacidade empresarial e os recursos econômicos desse grupo perseguido durante séculos[25].

Os conselhos de Vieira, D. Luís da Cunha e Ribeiro Sanches encontraram eco ante a ideologia ilustrada de Pombal[26]. Uma série de providências foi tomada com o objetivo de aumentar o capital em circulação e evitar a sua imobilização. Ao lado da criação das Companhias de Comércio por ações, racionalização da política fiscal, criação de depósito público, e eliminação da discriminação entre cristãos-novos e cristãos-velhos recebeu atenção especial[27].

O processo de extinção do mito de pureza de sangue foi lento e as iniciativas legais foram bastante cautelosas, vindo somente a acontecer no segundo período de atuação de Pombal[28]. As primeiras preocupações

---

25. Fernando Novais e Francisco J. Calazans Falcon, "A Extinção da Escravatura...", ed. cit., p. 411.

26. Para Hernani Cidade e Carlos Selvagem, ao decretar a eliminação da distinção entre cristão-novo e cristão-velho, Pombal nada mais fez do que dar a sanção da lei a quanta doutrina o jesuíta Antônio Vieira havia eloquentemente pregado e escrito. Hernani. Cidade e Carlos. Selvagem, *Cultura Portuguesa*, Lisboa, Empresa Nacional de Publicidade, 1971, n. 6, p. 147.

27. Francisco J. Calazans Falcon, *op. cit.*, p. 597.

28. Pombal foi nomeado Primeiro Ministro em 1750. Somente em 1766 percebemos as primeiras preocupações a respeito do grupo cristão-novo. Mas tudo proposto com muito tato e certa insegurança, o que nos demonstra a presença de correntes oposicionistas, ao nível das decisões de poder, à eliminação da ideia de pureza de sangue. Em sua "Segunda Apologia", Pombal relata os trâmites que precederam a decisão de 25/05/1773, mostrando o dano que aquela distinção havia causado à nação portuguesa. O número de penitenciados e dos que padeceram morte de fogo poderia comprometer o Santo Ofício, indispensável para combater as heresias nos países católicos. Falcon considera essa parte do discurso como uma hesitação entre a necessidade da medida adotada à luz dos danos pretéritos, e o temor de que provoque ou anime os heréticos, por enfraquecer a Inquisição. Biblioteca Nacional Lisboa, Seção Pombalina. Cód. 695, fls. 82/5, *apud* Francisco Calazans Falcon, *op. cit.*, p. 492.

nesse sentido podem ser identificadas em 1766 e 1767, quando, em nome do Rei D. José I, foram requisitados, por certidão, ao guarda-mor da Torre do Tombo, certos documentos que tratavam da permanência dos cristãos-novos no Reino. Entretanto, o objetivo dessa requisição somente se concretizou com a publicação de duas Leis em 1773 e 1774[29].

Em 1768, um Alvará define melhor a situação. Fora promulgado com o objetivo de eliminar os Roes de Fintas dos cristãos-novos. Alega-se que violentos absurdos vinham sendo cometidos com base nessas listas reprovadas por Direito e indignas de ter o menor crédito. O fato de terem sido queimados os originais tornou impossível conferir os nomes das pessoas tributadas como gente da nação. Esses Roes acabaram por compreender pessoas que não deveriam estar ocasionando graves danos à reputação[30].

Com base nesses argumentos, o Alvará determina que:

- "os Roes de Fintas, treslados e Cópias não tinham Fé ou Crédito";
- "os que com pretexto de exemplares infamarem qualquer pessoa [...] sejão castigados";
- "nenhuma pessoa ouse conservar ou citar taes cópias";
- "quem as tiver entregar no Thesoureiro Mor"; e
- "quem as tiver citado indicar para ser riscado"[31].

Ao alegar que os Roes de Fintas imputavam origem judaica a quem não lhes pertencia, Pombal se definiu como defensor das puras linhagens, maculadas por suspeitas. Pensamento coerente para quem era familiar do Santo Ofício, com atestado de pureza de sua linhagem, mas inadequado para quem representava o pensamento ilustrado[32].

Somente em 1771 identificamos, na prática ilustrada da política pombalina, as primeiras manifestações de preocupação com a eliminação legal do preconceito de sangue. Entretanto, o assunto não é ainda tornado público, demonstrando não ser o momento propício para tal determinação. O Alvará de 1771, para suprimir a distinção cristão-novo

---

29. As requisições foram feitas através do Alvará de 14/08/1766 e do Aviso de 27/04/1767. Os documentos requisitados foram localizados no Livro 38 da Chancelaria do Sr. Rei D. Manuel (folha 47) e no Livro 4 da Chancelaria do Sr. Rei D. João III (folha 86).

30. Alvará de 22/05/1768 – *Collecção das Leis, Decretos, e Alvarás que comprehende o Feliz Reinado de D. José I, Nosso Senhor desde o anno de 1750 até o de 1777 e a pragmática do Senhor Rei D. João V do anno de 1749*, Lisboa, Officina de Antônio R. Galhardo, 1797. Tomo II, p. 382; Franciso J. Calazans Falcon, *op. cit.*, p. 405; João Lúcio de Azevedo, *op. cit.*, p. 349; Antonio José Saraiva, *op. cit.*, p. 310.

31. *Idem*, p. 382.

32. Endossamos aqui a posição de Lúcio de Azevedo, ao afirmar que Pombal se posicionou como defensor das puras linhagens, maculadas por suspeitas. João Lúcio de Azevedo, *op. cit.*, pp. 347 e 349.

e cristão-velho, deveria ser registrado e guardado no segredo dos tribunais[33].

A promulgação da Carta-Lei de 1773, eliminando a distinção entre cristãos-novos e cristãos-velhos, legalizou esse processo de luta contra uma das formas mais representativas de pensamento do Antigo Regime, profundamente arraigado na mentalidade da Nobreza portuguesa[34].

O conteúdo do discurso que compõe a Carta-Lei de 1773 pode ser analisado em oito partes distintas, considerando-se os assuntos abordados:

1ª parte – Doutrina e Disciplina da Igreja: Fazendo um retrospecto histórico, o texto legal mostra que a Igreja, na sua primitiva fundação, progresso e propagação de fiéis, recebeu gentios e judeus convertidos sem distinção alguma. Uma ideia anteriormente debatida por Vieira volta à tona: "o sangue dos Hebreos, o mesmo idêntico sangue dos apóstolos, dos Diáconos, dos Presbyteros, e dos Bispos por elles ordenados e consagrados".

A Doutrina e Disciplina da Igreja em dezoito séculos não passaram por modificações, exceto a de que "os Neophitos baptizados depois de adultos, como recentemente convertidos a Fé, se reputavão por Christãos novos; e por Christãos velhos os que por muito tempo preservavão na Fé por elles professada, quando recebiam o Sacramento do Baptismo". Como consequência dessa pregação, chama-se atenção para o fato de serem os cristãos-novos proibidos de colar Honras e Dignidades Eclesiásticas. Enquanto isso, outros ficavam inteiramente "hábeis nas suas pessoas para tudo o referido", além de transmitirem tais habilidades, e legitimamente, a todos os descendentes[35].

2ª parte – Contradição entre a Igreja Católica e a Igreja Universal: Nesta parte, a Igreja lusitana é comparada às demais Igrejas

---

33. Alvará de 24/01/1771, para suprimir a distinção cristão-novo e cristão-velho. [Manuscrito]. Coleção de Legislação Impressa e Manuscrita compreendendo os anos de 870 a 1836, compilada por F.M.T.A. Morato. Vol. 18, Doc. 141, 2 vols, 1768, *apud* Francisco José Calazans Falcon, *op. cit.,* p. 403.

34. Carta de Lei – 25/05/1773 – Constituição Geral e Edito Perpétuo abolindo a distinção entre christãos-novos e christãos-velhos – *C.L.P.,* ed. cit., p. 672; Francisco José Calazans Falcon, *op. cit.,* p. 493; João Lúcio de Azevedo, *op. cit.,* pp. 352-356; Amílcar Paulo, "Os Criptojudeus", *op. cit.,* p. 319; Ribeiro Sanches, *op. cit.,* p. 19; Charles Ralph Boxer, *op. cit.,* pp. 301-303; A. Wiznitzer, *op. cit.,* p. 147; Antonio José Saraiva, *op. cit.,* p. 311. Nota: Lúcio de Azevedo apresenta o requerimento de João Gaspar Lyder para justificação de limpeza de sangue com o pretexto para a promulgação dessa Lei. João Gaspar Lyder, filho de alemães, vindos para Portugal na comitiva da rainha D. Mariana de Áustria, fora nomeado escrivão do órgão do Fundão. Para tomar posse deveria comprovar sua limpeza de sangue. O caso foi deliberado pelo Conselho de Estado, sendo votado que a exigência contrariava a *razão* e o *direito*, assim como as leis do país. João Lúcio de Azevedo, *op. cit.,* p. 351.

35. Carta de Lei – 25/05/1773 – *Col. Leg. Port.,* ed. cit., p. 672.

particulares das nações mais católicas e à Igreja de Roma. O fato é que essas últimas sempre tiveram constante e inalterável a doutrina,

"honrando os filhos, netos e mais Descendentes dos próprios judeus, que do Gueto da Cidade de Roma, e de outras Synagogas, se converterão à Santa Fé Catholica; conferindo-lhes todos os Officios Civis; todos os Benefícios, e Dignidades Ecclesiásticas; os Bispados, Arcebispados, e Púrpuras Cardinalícias; sem excepção ou reserva alguma"[36].

3ª parte – Os judeus e os cristãos-novos antes da discriminação: Argumentando com base em textos legais, enumerando Bulas papais, Pombal teve a constante preocupação de justificar a presente lei. Retornando aos tempos do Rei D. Afonso Henriques, retoma a posição dos judeus nos ofícios públicos e civis, alegando que nessa época eles não tinham a exclusividade, como posteriormente se maquinou, contra os novos convertidos. Lembra que, em vários momentos, os judeus foram dignos da confiança real, como por exemplo o hebreu David, grande privado no reinado de D. Fernando, e o judeu D. Judas, tesoureiro-mor do Real Erário.

A conselho de seu físico-mor, Moysés, D. João I endossou as Bulas do Santo Padre Bonifácio Nono, datadas em Roma de 2/7/1389, e outra de Clemente VI, dada em Avinhão em 5/7/1247. Estas determinavam que nenhum cristão violentasse os judeus a receber o batismo; que lhes não impedissem as suas festas e solenidades; que não lhes violentassem os cemitérios e que não lhes impusessem tributos diferentes, e maiores, daqueles que pagavam os cristãos das respectivas Províncias.

Uma outra provisão é citada, do mesmo monarca, com data de 17/7/1392, na qual determinou que aos mesmos hebreus fossem pontualmente observados os referidos privilégios, seguindo nisto o exemplo da Cabeça Visível da Igreja[37].

4ª parte – O início da discriminação contra o cristão-novo: Analisando o reinado de D. Manoel, após a expulsão dos judeus ordenada em 1496, a Lei considera que a irrisão com que a plebe de Lisboa chamava cristão-novos aos conversos que tinham ficado no reino é que causou o horroroso motim que a cidade padeceu no ano de 1506.

A Lei de 1º de março de 1507, que naturalizava os novos convertidos e que determinava que fossem "havidos, favorecidos e tratados como próprios christãos-velhos", foi considerada por Pombal como a forma que D. Manoel encontrou para obviar as "divisões, e os estragos, que aquela perniciosa denominação tinha feito nos seus Vassallos". Lembra ainda que esta Lei fora endossada no reinado seguinte em 16/12/1624[38].

---

36. *Idem, ibidem.*
37. *Idem,* p. 674.
38. *Idem, ibidem.*

5ª parte – Identificação das causas da discriminação: Nessa parte da Carta-Lei, o antijesuitismo que caracteriza a política pombalina se torna evidente. A odiosa distinção entre cristãos-novos e cristãos-velhos é considerada uma "funesta maquinação tramada pelos jesuítas", com o objetivo de causar decisões populares e tumultos. Estes, além de fazerem passar a Coroa portuguesa ao domínio estrangeiro, durante o governo do Rei D. Henrique, também são acusados de dilacerarem todas as classes, ordens e grêmios do mesmo reino, com o objetivo de enfraquecê-lo.

Apesar de os jesuítas terem endossado o estatuto de pureza de sangue somente no século XVII, Pombal alega que o Estatuto da Sé de Toledo de 1449 foi apenas um pretexto para introduzirem e autorizarem a reprovada discriminação. Com base nesse pretexto, os jesuítas teriam assumido uma série de atitudes falsas endossando a ideia de pureza de sangue. Agindo em Lisboa, Madri e Roma, em comum acordo com os ministros espanhóis, os jesuítas acabaram por extorquir o Breve que se dirigiu à Universidade de Coimbra, em nome do Santo Padre Xisto V, para que os cristãos-novos não fossem providos nos benefícios dela. Através de um outro Breve, expedido em nome do Santo Padre Clemente VIII, de 18/10/1600, conseguiram ampliar a dita proibição a todas as Dignidades, Canonicatos e Prebendas das Catedrais, Colegiadas e até as Paróquias e Vigarias com Curas d'Almas.

Estabelecendo intrigas e narrativas de falsas causas, os jesuítas teriam também conseguido um outro Breve do Santo Padre Paulo V, em 10/1/1612, o qual, tomando como referência os Breves anteriores, estendia a dita "exclusiva dos chamados christãos novos para não entrarem nos empregos, e Officios de Justiça ou Fazenda Real".

A atuação dos jesuítas não ficou apenas nesse nível, segundo a argumentação pombalina. Eles teriam também conseguido oprimir até mesmo as Ordens Militares, obrigando-as a produzir estatutos exclusivos para os cristãos-novos e impetrar na Cúria Romana a configuração deles[39].

6ª parte – A ideia de pureza de sangue contrária à Cúria Romana: O fato de os jesuítas impetrarem na Cúria Romana a confirmação dos Estatutos das Ordens Militares acabou por gerar uma contradição evidente: enquanto em Portugal os irmãos e primos dos curialistas faziam os cristãos-novos inábeis e infames, na Corte de Roma e seus Estados, estes eram, com o seu mesmo sangue, considerados ingênuos e hábeis para todas as dignidades e honras eclesiásticas, políticas e civis.

Os jesuítas contrariavam o espírito e cânones da Igreja Universal, desvalorizando o trabalho por ela desenvolvido com relação aos catecúmenos e novos convertidos. O prêmio das conversões em Portugal

---

39. *Idem, ibidem.* Estudos recentes demonstram que os jesuitas, no século XVII, endossaram todas as leis discriminatórias e devem ser inscritos entres os antissemitas convictos.

era "huma perpetua inhabilidade de todas as Pessoas dos Novos Convertidos, e dos seus Descendentes". Dessa forma, desacreditava-se que pudessem haver conversões verdadeiras[40].

7ª parte – As primeiras Inquirições de Genere: Apesar da interpretação dada por Pombal para o problema jesuítico, não podemos desvalorizar a farta documentação apresentada em sua Lei. Percebe-se que pesquisas foram elaboradas em antigas Leis, Breves e Decretos. Consultou-se a Mesa da Consciência e Ordens e o Conselho Geral, guiado pelas luzes da Consulta do Desembargo do Paço.

Segundo a Mesa de Consciência e Ordens, naquele tribunal não se conheceram Inquirições de Genere até o tempo dos sobreditos Breves, introduzidos pelas Ordens Militares. A Mesa do Desembargo do Paço constatou, através de seus arquivos, que não tinha havido Inquirições de Genere anteriores aos ditos Breves. Constatou ainda que, no período que decorreu da fundação daquele Tribunal pelo Santo Padre Paulo III, no ano de 1536, até o primeiro Breve de Puritate de Xisto V, foram providos muitos Inquisidores, muitos familiares e muitos oficiais sem haver habilitações de Genere. Lembra também que no primeiro período foram raras e em pequeno número[41].

8ª parte – As determinações: Apoiadas em toda essa argumentação e justificativas, a Carta-Lei de 1773 ordena que:

- as leis do Senhor Rei D. Manuel (1º/3/1507) e as do Senhor Rei D. João III, que proibiam a distinção entre cristãos-novos e cristãos-velhos, fossem novamente publicadas, passando a fazer parte desta. Em um item à parte, chama a atenção para o fato de essas duas leis terem sido suprimidas na Compilação das Ordenações, com o objetivo de as postergar e as fazer esquecidas;[42]
- a partir de 25 de maio de 1773, somente pudessem ser tidos por inábeis e infames os que incorressem em crimes de Lesa-Majestade, Divina e Humana, e por eles fossem sentenciados e condenados, atingindo os filhos e netos que deles procedessem;
- se eliminem também para os habilitandos outros interrogatórios que não fossem de vida e costumes. Mas isso somente "quando os habilitandos ou nas suas próprias pessoas ou nas de seus Pais, e Avós não haverem inhabilidades, ou infâmia de Direito". Dessa forma, somente seriam excluídos dos cargos públicos os filhos e netos de condenados pela Inquisição, implicando na persistência da discriminação;

40. *Idem*, pp. 674-675.
41. *Idem*, p. 675.
42. Ressaltamos que a Inquisição Portuguesa foi criada durante o governo de D. João III por Bula do Papa Paulo III, em 23 de março de 1536. Há, portanto, aqui uma distorção no texto.

- todos os registros dessa distinção entre cristãos-novos e cristãos-velhos deveriam ser "trancados, cancelados, e riscados de forma que não possão ler-se";
- quem usasse da reprovada distinção, fosse por palavras ou por escrito, ou fizesse ou sustentasse discursos em conversações, ou argumentos, incorreria nas seguintes penas:
  - quando *eclesiásticos*: seriam desnaturalizados e, posteriormente, exterminados do reino, como revoltosos e perturbadores;
  - quando *nobres:* perderiam todos os graus de Nobreza que tivessem, e todos os empregos, ofícios e bens da Coroa e Ordens;
  - quando *peões:* seriam publicamente açoitados e degradados para o reino de Angola[43].

Impondo penas, observando, mandando e acusando, a Carta-Lei de 1773 significou um marco na história do racismo [tradicional] contra os descendentes de judeus em Portugal. Complementada por outra lei, em 1774, ela significou a legalização de uma situação que, durante anos, fora a principal preocupação de Antônio Vieira, Ribeiro Sanches e D. Luís da Cunha. O sentido irrevogável que se pretendeu dar à Lei de 1773 não foi compreendido por todos. A necessidade de ampliação do texto legal nos demonstra que se desfez a "suposição de que, como por encanto, ao simples sopro do texto legal, a distinção tinha desaparecido de vez"[44].

A Carta-Lei de 1774 refere-se a certos "espíritos alienados"[45] que, confundindo e distorcendo o conteúdo das determinações da Lei de 1773, ficaram entendendo ou quiseram entender que:

- os verdadeiros confitentes reconciliados com a Igreja e por ela recebidos *podiam ficar assim infames e inábeis* nas suas pessoas, e nas dos seus filhos, e netos pela via paterna;
- *ficavam incursos na perda de seus bens* para o Fisco e Câmara Real[46].

Essa interpretação é dada por errônea e absurda. Os pecadores verdadeiramente arrependidos e perdoados estavam livres de toda a mácula dos pecados, assim como seus descendentes. Expiados seus delitos, ficavam reunidos à sociedade dos outros cidadãos, sem diferen-

---

43. *Idem, ibidem*, pp. 677-678.
44. Francisco Calazans Falcon, *op. cit.,* p. 403. A discriminação realmente não desapareceu ao simples sopro do texto legal. Encontramos, no Brasil, Processos de Habilitação de Genere, elaborados após 1773, em cujos textos identificamos a distinção cristão-novo e cristão-velho.
45. Carta-Lei de 15/12/1774 – *C.L.P.*, ed. cit., p. 849. Esses espíritos alienados seriam as ordens religiosas, irmandades e confrarias. Ver também: João Lúcio de Azevedo, *op. cit.,* p. 352; e Francisco Calazans Falcon, *op. cit.,* p. 403.
46. *Idem*, p. 850. Grifo nosso.

ça alguma. Além de não ficarem maculados com as notas de infâmia, e inabilidades de fato ou de direito, também não eram considerados incursos na outra pena de perderem seus bens para o Fisco e Câmara Real. Essas penas somente teriam lugar contra os impenitentes, condenados à morte e ao fogo[47].

Ribeiro Sanches, ao comentar em seu diário a ordem régia de 1774, afirmou que "o ódio aos cristãos-novos iria crescer com a repressão pombalina e assim que o Rei morresse as vítimas desta repressão voltar-se-iam contra elles com um furor reacendido pela vingança"[48].

A eliminação da distinção entre cristãos-novos e cristãos-velhos é considerada, pelo historiador Calazans Falcon, um poderoso argumento capaz de incentivar o afluxo e a multiplicação de capitais no interior do Reino português. Essa atitude de Pombal "simbolizou o espírito ilustrado somado à visão econômica da acumulação de capital"[49].

Para Lúcio de Azevedo, a Carta-Lei de 1773 significou "a emancipação da raça perseguida", opinião que refutamos. Segundo Azevedo, as iniciativas do primeiro-ministro devem ser consideradas apenas como atos políticos, fundamentadas na utilidade e, de nenhum modo, derivadas de razões sentimentais. Nem o espírito de tolerância nem a censura do estrangeiro teriam impelido Pombal a colocar fim à perseguição dos cristãos-novos. As determinações que aboliram a distinção cristão-novo e cristão-velho, e que vedaram as investigações de sangue limpo, colocaram fim, na opinião do autor, na exploração do fato, cujos motivos para as hostilidades já se achavam atenuados e quase inexistentes[50].

Antônio Saraiva considera que a única fronteira que separava os cristãos-novos dos velhos eram as leis de limpeza de sangue, as listas de contribuintes dos perdões, as listas de condenados de autos-de-fé, e os próprios autos-de-fé. Segundo o autor, desaparecidas essas leis, queimadas as listas, abolido o espetáculo ritual, não houve mais cristãos-novos em Portugal[51].

47. *Idem*, p. 351.

48. *Diário de Ribeiro Sanches*. Biblioteca da Faculdade de Medicina, Paris, manuscrito 2015, *apud* Antônio José Saraiva, *op. cit.*, p. 65. Raul Rego refere-se também às "Reflexões", redigidas por Sanches, e citadas por Maximiano de Lemos, como existentes no "Journal de Sanches na Faculdade de Medicina de Paris". Nessas Reflexões, Sanches comenta a Lei de 1773. *Apud* Ribeiro Sanches, "Cristãos-Novos" e ed. cit., Introd. Raul Rego, p. 19.

49. Francisco Calazans Falcon, *op. cit.*, p. 403-404. Ver debate historiográfico publicado por Ronaldo Raminelli, "Fronteiras da Cristandade", em *História: Questões e Debates*, Curitiba, Associação Paranaense de História, 12 (22-23): 151-177, jun-dez. 1991.

50. João Lúcio de Azevedo, *op. cit.*, pp. 347 e 356. Lúcio de Azevedo apresenta a possibilidade de Pombal ter sido subornado por um pagamento de quinhentos mil cruzados dos hebreus. Esse fato é contado nos versos satíricos e clandestinos do poeta Antônio Lobo de Carvalho. *Idem*, p. 356.

51. Antônio José Saraiva, *op. cit.*, p. 419. Sobre autos-de-fé ver Luis Roberto Pinto Nazário, *Autos-de-fé como Espetáculos de Massa*. Dissertação de Mestrado em História Social, FFLCH/USP, 1989; Howard Wayne Norton, *Sermões Anti-judaicos Pregados nos Autos-de-fé em Lisboa de 1706 a 1705*. Tese de Doutorado em História Social, FFLCH/USP, 1980.

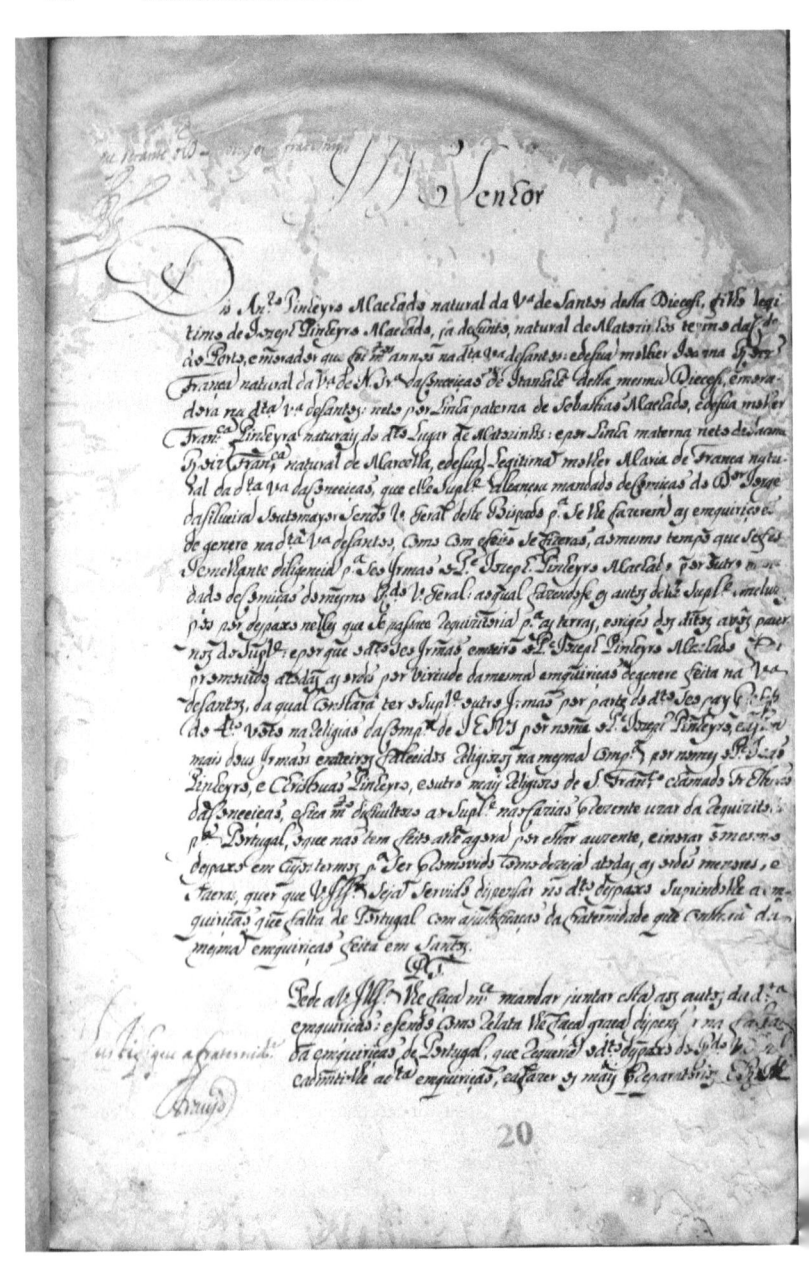

Doc. 17: Fragmento do *Processo de Habilitação de Genere de Antonio Pinheiro Macha-do*, confirmando a limpeza de sangue dos irmãos do habilitando, religiosos e refere-se a dificuldade de se buscar informações em Portugal, 1705. P.H.G.M, Est.1, Gav.2, n. 45. Arquivo da Cúria Metropolitana de São Paulo, Brasil.

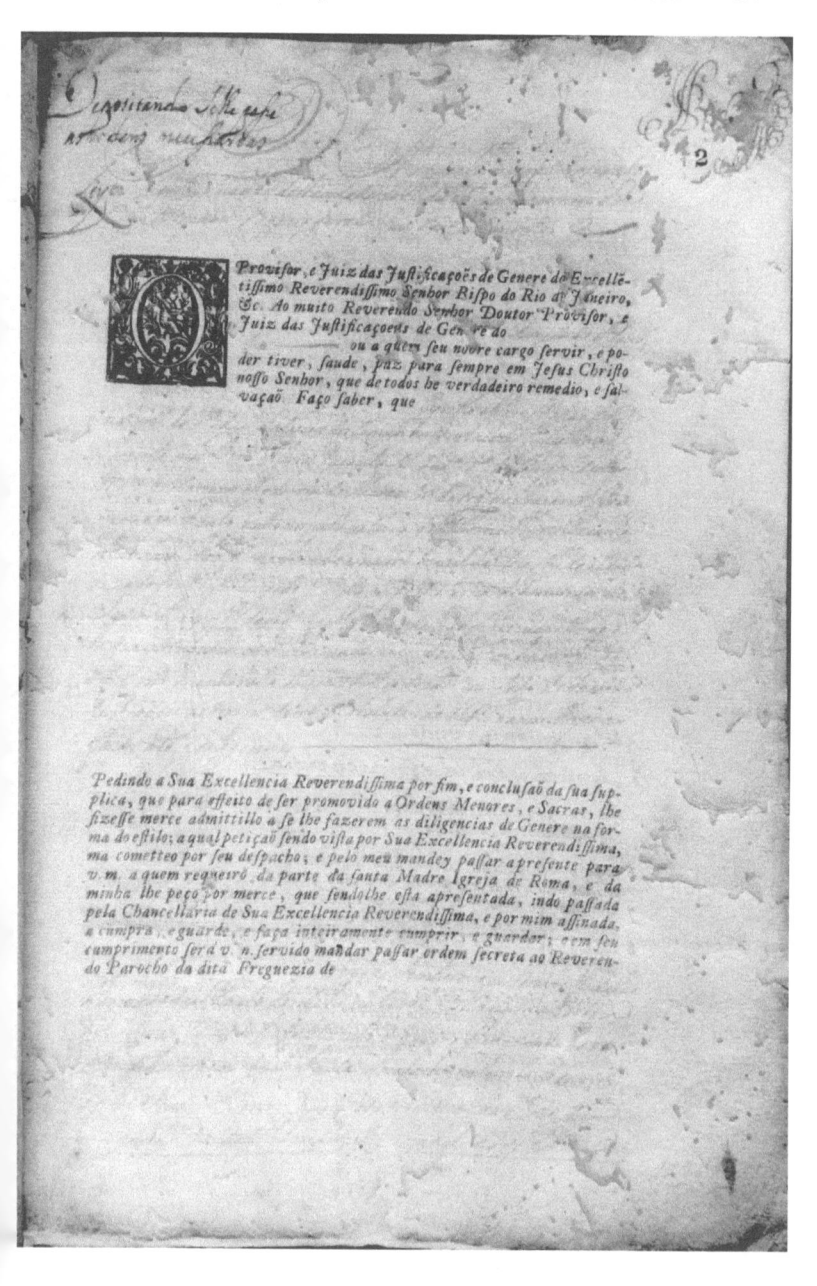

Docs. 18 a,b,c: Modelo de interrogatório (10 itens) aplicado a cada uma das testemunhas chamadas para depor a respeito da habilitação de Genere do candidato. Extraído do *Processo de Habilitação de Genere de Cyrillo Alz Paçanha*, 1749. P.H.G.M. – Est. 3, gav. 19, n. 1865. Arquivo da Cúria Metropolitana de São Paulo, Brasil.

para que per si ex officio, com todo o segredo, sem a parte nisso intervir, nem
entrem, q por ella o faça (no que gravemente lhe encarregará sua consçien-
cia) se informe em sua Paroquia, ou fóra della (sendo necessario) pelas pessoas
mais antigas, fide dignas, e sin teressadas, e Christãs velhas, q nella houver,
e que razaõ tenhaõ de saber, acerca da naturalidade, qualidade, limpeza, ou
impureza do sangue, e da geraçaõ do.

e do que achar, e souber de propria sciencia, enviará a v.m. sua particular informaçaõ por carta fechada, e jurada in verbo Sacerdotis, dentro da qual nomeará a v.m. oito ou dez testimunhas

que sejaõ da qualidade referida, que do sobredito possaõ testimunhar, e q bem
bastem para prova legitima do que dito he; e sendo assim nomeadas, será v.m.
servido mandar venhaõ á sua presença, e as inquirirá como Escrivaõ de seu
cargo ex officio secretamente; e dando a cada huma de per si o juramento dos
santos Evangelhos, sob cargo do qual lhe encarregará diga verdade, lhe perguntará: Como se chama, que officio tem, donde he natural, e morador, e de que
idade he. E depois de dizer ao costume, e cousas delle, lhe fará v.m. as perguntas pelos Interrogatorios seguintes. ¶ Se lhe fallou alguma pessoa, ou pessoas,
para que vindo a este juramento, nelle dissesse mais, ou menos da verdade, que
soubesse, ou lhe fosse perguntado, e que pessoas foraõ. ¶ Se conhece, ou conheceo o habilitando   de quem   filho, donde   natura, bautizado, e morador, que trato, ou officio tem,
que annos ha que o conhece, ou conheceo, e com que occupaçaõ, e que razaõ
tem de seu conhecimento, e noticia. ¶ Se conhece, ou conheceo a

donde   natura   bautizado, e morador, que annos ha q o conhece, com que trato, ou occupaçaõ, e que razaõ tem de seu conhecimento, e noticia. ¶ Se conhece, ou conheceo, e por quantos annos a

que trato, ou officio tem, ou teve   e que qualidade, e que razaõ te.
de seu conhecimento, e noticia

¶ Se conhece, ou conheceo, e por quantos annos a

que trato, ou officio tem, ou teve,   e que qualidade, e que razaõ do
seu conhecimento, e noticia

¶ Se o dito habilitando he filho legitimo, e neto das mesmas pessoas
acima declaradas, e se por ta esta tido, havido, e reputado, e que razaõ tem de o saber. ¶ Se tem alguma razaõ particular de amizade, odio, ou
parentesco com o dito habilitando, ou com seus progenitores, ou se tem
cousa, que declarar ao costume, e cousas delle. ¶ Se o dito habilitando he la
parte do

legitimo, e inteiro Christão velho, se raça algũa de Judeo, Mouro, Mourisco, Mulato, Christão novo, Herege, ou de outra infecta naçaõ das reprovadas em direito contra nossa S. Fé Catholica, ou descende de pessoas a ella
novamente convertidas; e se por inteiro, e legitimo Christão velho, limpo, e de limpo sangue, e geraçaõ está tido, havido, e reputado, sem ha-

Doc. 18b

ver fama, rumor, ou suspeita em contrario, e que razão tem de o saber. ¶ Se
o dito   ou algum de seus progenitores
foraõ prezos, punidos, ou penitenciados pelo santo Officio, ou incorreraõ em
pena vil, infamia pública de facto, ou de direito, ou que pagassem finta lançada á gente de naçaõ Hebrea, ou disso foraõ infamado   e que razaõ tem de
o saber. ¶ Se tudo o que tem deposto, he, e foy sempre pública voz, e fama. E
sendo assim perguntadas as testimunhas, assinaráõ com v.m. E no caso que se
ache impedido para per si fazer esta inquiriça̅ de Genere, será v.m. servido cometter suas vezes á pessoa Ecclesiastica, e de confiança, que lhe parecer; a qual em tudo guardará a fórma desta Requisitoria. E remetterá v.m.
os proprios autos, que se proccessarem, com sua extra aicial informaçaõ, assim acerca da fé, e credito, que se deve dar as testimunhas, como sobre a
limpeza do sangue das pessoas referidas, com theor dos quaes, e desta será
v.m. servido mandar passar hum Instrumento authentico em modo que faça
fé; o qual em maço fechado, cozido, e lacrado na fórma do estilo fará v.m.
remetter a esta Cidade, onde será entregue ao Escrivaõ da Camera deste Bispado, que esta sob screveo. E em v.m. assim a mandar cumprir, e guardar, fará a justiça que costuma; e eu farey o mesmo por suas semelhantes, sendo-me
da sua parte deprecadas. Dada nesta Cidade do Rio de Janeiro sob sello das
Armas de Sua Excellencia Reverendissima, e meu sinal aos

Requisitoria de Genere para o

A favor de
                                                    Sello, e final.

Doc. 18c

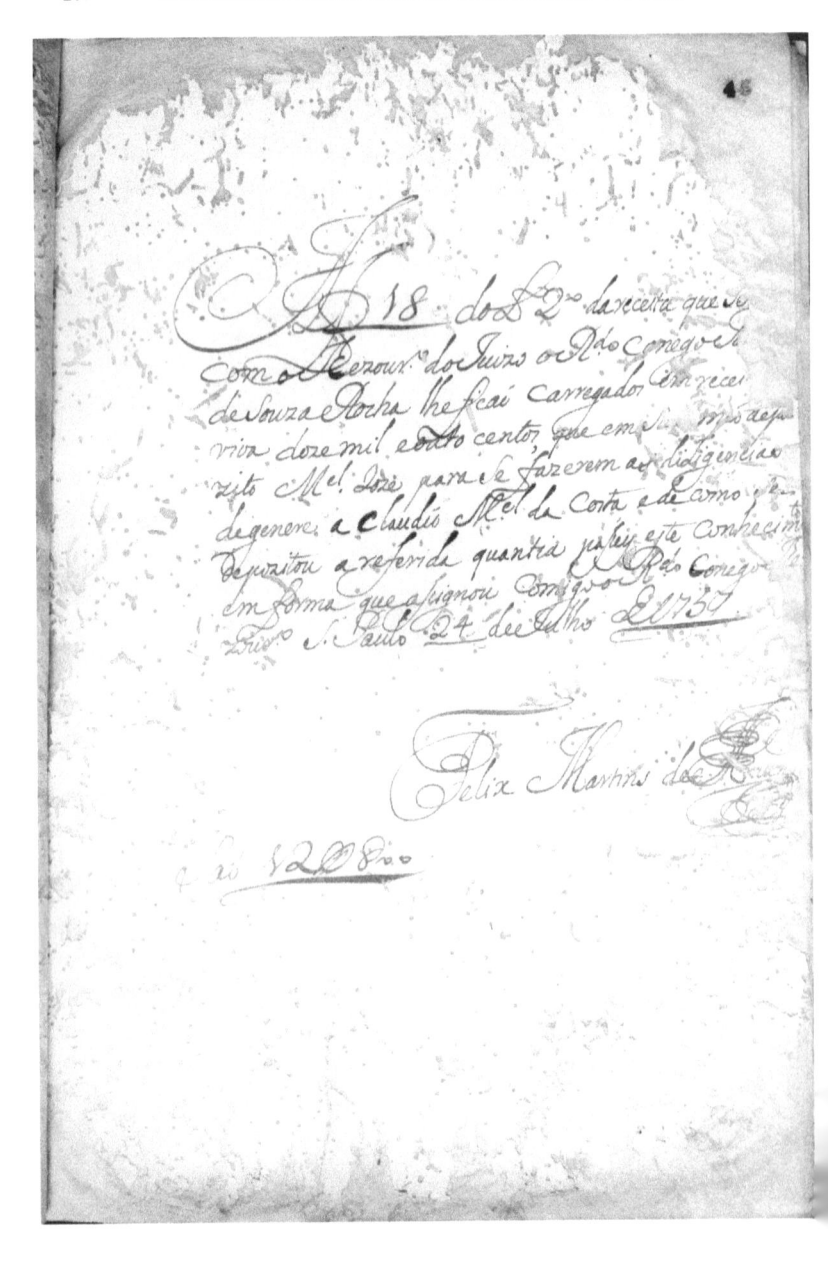

Doc. 19: Fragmento do *Processo de Habilitação de Cláudio Manoel da Costa* no qual o Tesoureiro do Juízo fica encarregado de receber doze mil e oitocentos, como depósito para efetuarem as diligências de Genere do candidato, que depositou a referida quantia, 1757. P.H.G.M. – Est. 3, gav. 19, n. 1876. Arquivo da Cúria Metropolitana de São Paulo, Brasil.

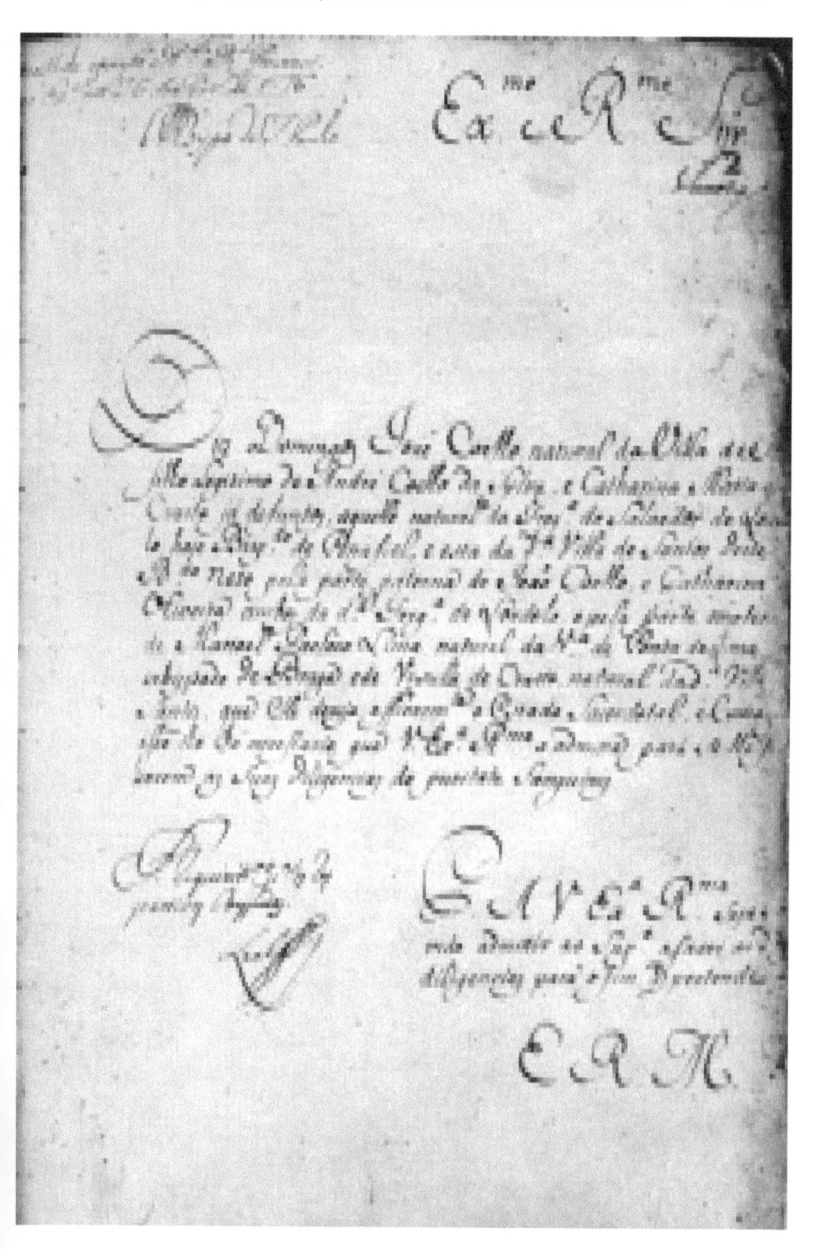

Doc. 20. *Requerimento para que se procedam as diligências de puritate sanguinis de Domingos José Coelho*, 1776. Fragmento do seu *Processo de Habilitação de Genere*. P.H.G.M. – Est. 1, gav. 53, n. 427. Arquivo da Cúria Metropolitana de São Paulo, Brasil.

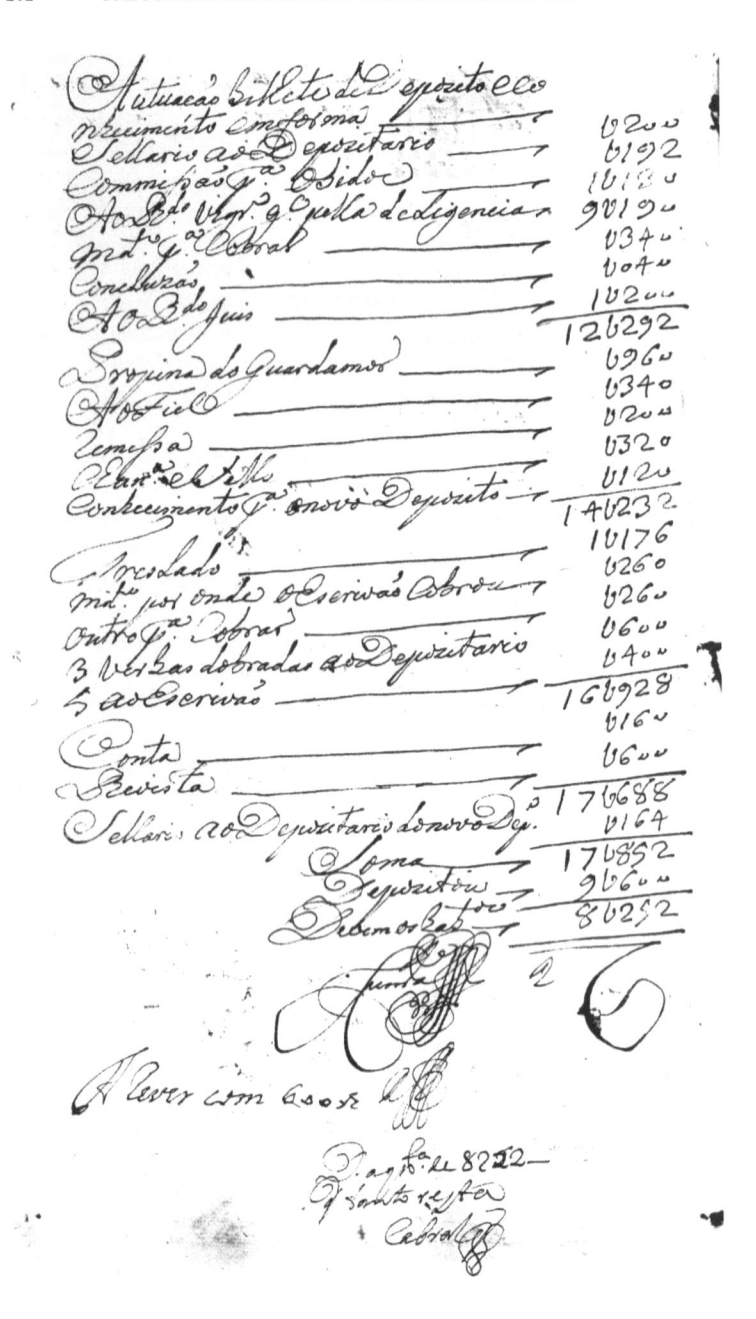

Doc. 21: Arrolamento de despesas apresentado no final do processo após terem sido efetuadas as deligências de Genere, assim como nos processos inquisitoriais. *Fragmento do Processo de Habilitação de Genere de Antonio Moreira de Carvalho.* Bispado de Pernambuco, 762/1763. C.E.L., nº 74. Arquivo Nacional da Torre do Tombo de Lisboa, Portugal.

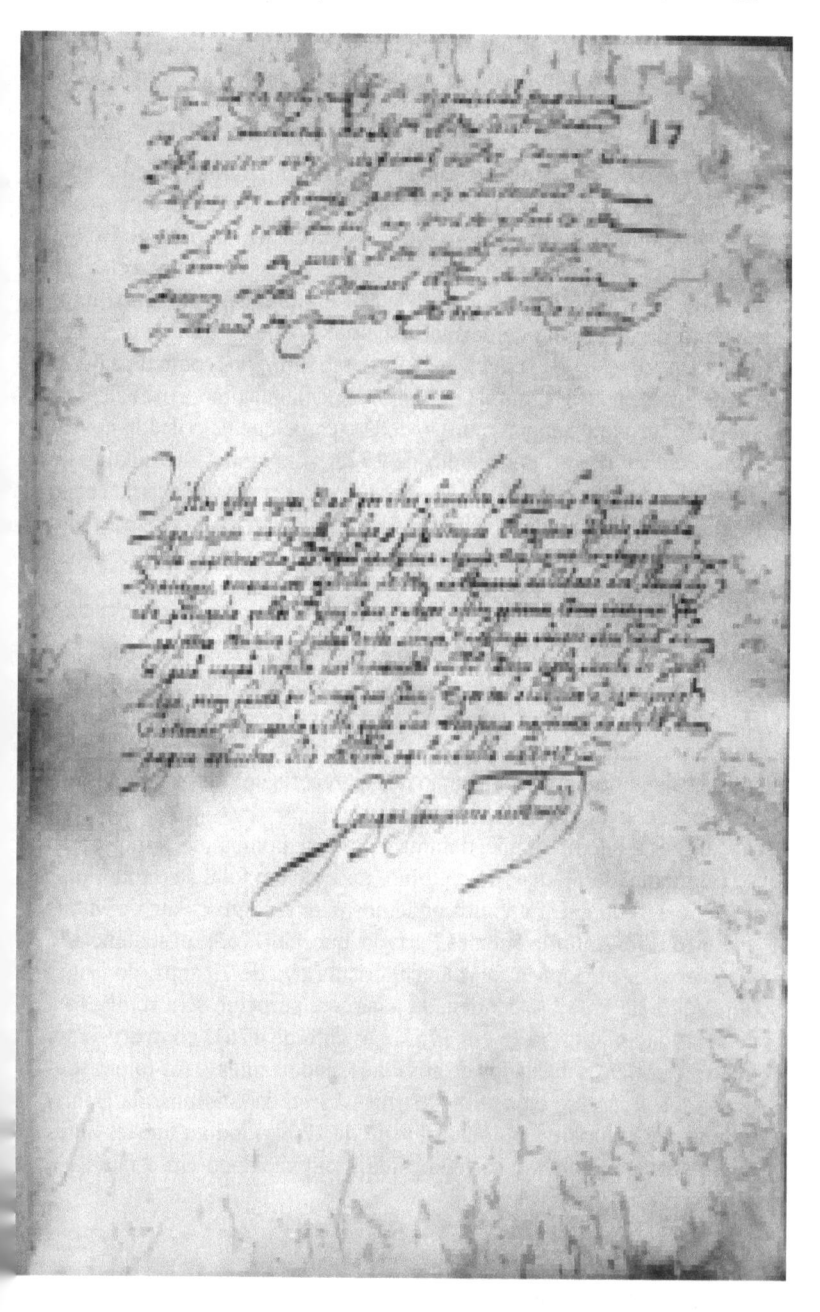

Doc. 22. Fragmento do *Processo de Habilitação de Genere de Francisco Diniz Bicudo*, *declarando serem os seus pais e avós maternos e paternos tidos por "legitítimo inteiro Christão-velho, limpo de sangue, sem raça de alguã nação infecta* [...]*., 1716*. P.H.G.M.- Est. 1, Gav.6, n.91. Arquivo da Cúria Metropolitana de São Paulo, Brasil.

Contrariando as afirmações de Saraiva, Amilcar Paulo considera que a reforma pombalina não favoreceu o desaparecimento dos cristãos-novos. Realmente, a Lei de 1773 simplesmente extinguiu a diferença de condição entre cristãos-novos e cristãos-velhos, o que não quer dizer que o preconceito tenha desaparecido. A atitude de Pombal é considerada o primeiro passo de tolerância em terras portuguesas[52].

Uma outra interpretação pode ser identificada na obra de Boxer, *O Império Colonial Português*, na qual as medidas emancipatórias são consideradas uma forma encontrada por Pombal para elevar o auto-respeito da burguesia comercial lisboeta. A libertação dos cristãos-novos e a redução dos poderes da Inquisição são vistas como uma questão de luta de poder: "Pombal não admitia nenhuma tirania para além da sua". Contestamos aqui a opinião de Boxer, de que os cristãos-novos, com o cumprimento do decreto de 1773, "deixaram imediatamente de existir, demonstrando que o terror judaico era uma criação da ação repressiva da Inquisição e das leis discriminatórias contra os cristãos-novos". Esses teriam "desaparecido quase do dia para a noite, como se nunca tivessem existido"[53].

Fazendo uma análise retrospectiva dos fatos que marcaram essa fase da política pombalina, podemos considerar que, do ponto de vista oficial, o preconceito de sangue contra os descendentes dos judeus foi realmente extinto. Entretanto, na prática, pressupomos que essa mentalidade racista continuou arraigada na população[54], pois um mito que persistiu durante séculos não desapareceria com uma simples determinação legal.

Cabe aqui lembrar que, durante o governo pombalino, a Inquisição de Évora mandou judeus ao patíbulo, fazendo um total de oito vítimas de 1756 a 1760[55]. Dentre eles podemos citar o comerciante de Minas de Serro Frio, Antônio Ribeiro Furtado, que, em 1752, foi sentenciado a cárcere e arbítrio; Maria Valença, cristã-nova de 73 anos, do Engenho Velho da Paraíba, condenada a cárcere perpétuo sem remissão e convocada ao auto-de-fé em 1756. No auto de 1761, compareceram quatro brasileiros acusados de atividades judaizantes. Três foram sentenciados a cárcere e arbítrio. Manoel Abreu de Campos, da Bahia, judaizante, compareceu ao auto-de-fé de 1769, vindo a morrer antes que a sentença pudesse ser cumprida. Foi executado em estátua, ou

---

52. Amilcar Paulo, *op. cit.,* p. 108.

53. Charles Ralph Boxer, *O Império Colonial Português,* ed. cit., pp. 301-302 e 369.

54. No Brasil examinamos processos de habilitação de Genere em cujo discurso deparamo-nos com os termos cristão-velho e cristão-novo proibidos pela lei de 1773. Anita Novinsky comprovou, em seus estudos mais recentes, que a perseguição aos cristãos-novos persistiu tempos depois da morte de Pombal.

55. João Lúcio de Azevedo, *op. cit.,* p. 348.

queimado em efígie[56]. Os casos de prisões por judaísmo não pararam por aqui. Em dezembro de 1768, temos o exemplo de duas mulheres que figuram em auto-de-fé, acusadas de práticas judaicas.

Às vésperas da promulgação da Carta-Lei de 1773, a ideia de limpeza de sangue ainda se mantinha viva na mentalidade da população portuguesa. Nessa data, foi exigido de João Gaspar Lyder a justificação de pureza, como condição para tomar posse do cargo de escrivão de Órfãos do Fundão. Essa exigência somente foi sustada após a deliberação do Conselho de Estado, em que tomava assento o Marquês de Pombal[57].

A eliminação dos termos *cristão-novo* e *cristão-velho* dos documentos oficiais dificultam a caracterização da continuidade do preconceito de sangue. A pura e simples substituição dos termos, nomenclatura que enquadrava os cristãos-novos como elementos pertencentes à raça infecta, não quer dizer que tenha se extinguido, respectivamente, a situação anterior. Tanto não se extinguiu que, em 1779, portanto após a promulgação da Carta-Lei que eliminava a distinção entre cristãos-velhos e cristãos-novos, uma ordem foi dada em nome de D. Maria I (1777-1792), para que se conferisse o grau de Doutor na Faculdade de Filosofia da Universidade de Coimbra a Francisco Antônio Ribeiro de Paiva, "apesar da impureza de sangue que lhe era atribuída". Através desse fato, constatamos que o mito da pureza não se extinguiu em 1773, como pressupõem muitos autores[58].

A partir da segunda metade do século XIX, os argumentos que davam sustentação ao racismo tradicional foram sendo substituídos por fundamentos apoiados nas pseudoteorias científicas, matrizes para a "construção" do mito ariano. Portanto, temos aqui uma ruptura. No entanto, isto não implica no total desaparecimento de certos estereótipos que, reabilitados, persistem na atualidade. Adequados à realidade político-social do século XXI prestam-se, inclusive, para explicar a crise do Oriente Médio. Esta é uma das razões que nos leva a propor

---

56. Arnold Wiznitzer, p. 146; Anita Novinsky, *Inquisição: Prisioneiros do Brasil, Séculos XVI-XIX*. Rio de Janeiro, Editora Expressão e Cultura, 2002, p. 43.

57. 16/02/1773 – Assento do Conselho de Estado. Biblioteca Nacional de Lisboa. Coleção Pombalina, Doc. 649, *apud* João Lúcio de Azevedo, *op. cit.*, p. 347.

58. 05/01/1779 – "Excellentissimo e Reverendissimo Senhor. Sua Magestade he servida que V. Excellencia Reverendissima sem perda de tempo passe as ordens necessarias para se conferir o Grao de Doutor na Faculdade de Filosofia a Francisco Antônio Ribeiro de Paiva, [...] não lhe obstando a impureza de sangue que se lhe augue, por quanto este obstáculo está prevenido pelas Leis promulgadas a este respeito [...]" – Visc. de Villa Nova da Cerveira. Senhor Bispo de Zenopoli, Reitor Reformador da Universidade de Coimbra. *Supplemento à Collecção da Legislação Portuguesa* – comp. por Antonio Delgado da Silva. Lisboa, Typografia Luiz Correa da Cunha, 1844 (vol. 1763-1790), p. 466. Para maiores informações ver de Anita Novinsky, *Inquisição: Prisioneiros do Brasil* (*Séculos XVI-XX*), Rio de Janeiro, Expressão e Cultura, 2002.

um novo conceito de antissemitismo desvinculado da ideia de pureza de sangue, conceito este ausente nos discursos veiculados pela média e pela literatura. Aliás, esta é uma das forças do antissemitismo: de renascer das cinzas e retornar disfarçado de modernidade, de se manter e se propagar conseguindo sempre novos adeptos.

4. A Transferência do Preconceito Racial contra os Cristãos-Novos para o Brasil Colônia

MANIFESTAÇÕES DO PRECONCEITO RELIGIOSO E RACIAL

O preconceito racial foi uma realidade no Brasil, durante os três séculos em que foi colônia de Portugal. Judeus, mouros, negros, mulatos, indígenas, cristãos-novos e ciganos eram considerados inaptos para participar da sociedade colonial. As origens dessa situação explicam-se em função do processo histórico que determinou a evolução social e étnica da Península Ibérica. Esses elementos herdaram de seus predecessores não apenas uma legislação que os distinguia dos demais membros da sociedade, mas também uma estrutura social organizada em função daqueles que os discriminavam, considerando-os portadores de sangue de uma raça "infecta" ou, então, qualificando-os com uma série de adjetivos, como vadios, sujos, irresponsáveis etc.

Daniel Kidder, viajante que esteve no Brasil durante o século XIX, considerou que muitos empreendimentos particulares e oficiais foram mal-sucedidos por não existir no país "uma perfeita tolerância". Na sua opinião, as "camadas mais humildes da sociedade, principalmente portugueses e seus descendentes, conservam ainda grande soma de preconceitos raciais e intolerância religiosa"[1].

---

1. Daniel P. Kidder, *Reminiscências de Viagens e Permanências no Brasil*, São Paulo, Editora Martins/Edusp, 1972, p. 249.

As manifestações de preconceito racial em relação aos cristãos-novos no Brasil foram amenizadas por uma série de circunstâncias, não chegando a assumir características de uma luta aberta, marcada por agressões públicas ou atos de violência, típicos de movimentos racistas. Foram encobertas por ideais cristãos e apoiadas em uma ordem legal a ser acionada quando os interesses o exigiam.

O processo de miscigenação, a falta de elementos humanos para o exercício de determinadas funções, a distância da Metrópole e a constante assimilação de valores culturais do branco aristocrático por aqueles que pretendiam ascender na escala social são alguns dos fatores que contribuíram para abrandar as atitudes preconceituosas. Mas a discriminação existia sustentada pela ordem legal e simbólica herdada de Portugal.

No caso dos cristãos-novos, as manifestações de preconceito foram mais evidentes sob o aspecto legal do que prático[2]. Independente do grau de intensidade, podemos considerar que a discriminação contra os descendentes de judeus gerou um clima de insegurança e desigualdade, marcado pela constante ameaça da "limpeza de sangue". As denúncias feitas aos visitadores e Comissários do Santo Ofício, que atuaram no Brasil, foram em número suficiente para levar muitos cristãos-novos às prisões de Portugal[3]. Entre esses réus encontramos muitas pessoas ricas, cujos bens foram confiscados.

Como em Portugal, cristãos-novos foram denunciados por ocupar importantes cargos públicos ou funções de confiança junto a pessoas brilhantes da sociedade colonial. Omegna, ao tentar caracterizar esse tipo de preconceito, lembra que para se diabolizar o judeu era preciso, antes de tudo, tê-lo presente, abundante, e sobretudo *competidor*. E é nessa competição que muitas das denúncias se justificaram. Como afirma o autor: "Isto ocorreu no Brasil – judeus em massa a disputar postos, investiduras, a criar fortunas, a ganhar prestígio. Tal era a capacidade ascencional deles na Colônia, que nas denunciações efetuadas em 1618, na Bahia, são repetidos os depoimentos de que 'os cristãos-novos são *gente poderosa e soberba*'"[4].

---

2. Na opinião de A. Novinsky, esse preconceito enfraqueceu por "razões de ordem prática, materiais, um espírito voltado para fins econômicos". E ainda afirma que "condições geográficas e humanas diferentes criaram novas formas de ação". A. Novinsky, *Cristãos-Novos na Bahia*, ed. cit., p. 249.

3. Jonas Finck, tipógrafo de uma expedição de missionários protestantes que passou pelo Rio de Janeiro em 1711, ao narrar suas observações sobre o país, ressaltou que "no momento em que chegavam, perto de *100 pessoas estavam sendo embarcadas para Portugal a Ordem do Santo Ofício* [...] todas acusadas de *judaísmo*". Essa narrativa foi publicada em 1718 no volume "Propagation of the Gospel in the East" – cartas remetidas à diretoria da Society for Promoting Christian Knowledge. *Apud* W. Martins, *op. cit.*, p. 294. Grifo nosso.

4. Nelson Omegna, *op. cit.*, p. 28. Grifo nosso. Sobre cristãos-novos no Brasil temos os recentes estudos desenvolvidos sob a orientação de Novinsky, sintetizados na coletânea *Ensaios sobre a Intolerância: Inquisição, Manamismo e Anti-Semitismo*, ed. cit.

Doc. 23: *O Inferno*, de um anônimo da Escola Portuguesa, primeira metade do Século XVI. Museu Nacional de Arte Antiga de Lisboa, Portugal.

O Tribunal da Inquisição não procurou atingir apenas os cristãos-novos no Brasil. Os feiticeiros, bígamos, blasfemadores e sodomitas também foram alvo de incessantes perseguições. Contudo, havia diferença nas decisões e sentenças proferidas contra os cristãos-novos, presos por crime de heresia: a) com relação aos conversos, os argumentos adquiriam conotação biológica fundamentada na origem étnica. Por exemplo: em cada processo vinha, ao lado do nome do réu, a identificação de sua origem judaica; e b) a confiscação de bens era pena aplicada com maior moderação aos demais crimes de heresia, como no caso dos feiticeiros, bígamos, blasfemadores e sodomitas; enquanto, na maioria dos réus cristãos-novos, a ordem de prisão era "com confisco de bens"[5].

Na legislação referente as colônias portuguesas, nos Estatutos das Ordens Religiosas, nos Compromissos das Irmandades de Misericórdias e nos Processos de Habilitação de Genere existentes no Brasil, encontramos uma linguagem acusatória, mesclada de estereótipos. O mito do "sangue limpo" persistiu entre nós e fez parte do cotidiano colonial brasileiro, apesar de o cristão-novo ter tido, aqui, melhores condições para fazer-se passar por cristão-velho do que na Península Ibérica, onde a vigilância do Santo Ofício era mais efetiva.

5. Anita Novinsky, *Inquisição: Prisioneiros...*, ed. cit.

A adaptação à nossa realidade social ajudou os cristãos-novos a ascenderem na hierarquia social, chegando muitos a desfrutar de certa estabilidade econômica[6].

Dentre os colonos que se alistaram para vir ao Brasil nos inícios do século XVI, encontramos grande número de degredados. Além desses, temos também homiziados, visto que D. João III concedera cartas aos donatários, permitindo que as respectivas capitanias recebessem criminosos já condenados. Somente não seria permitida a entrada daqueles enquadrados em crimes de heresia, traição, moeda falsa e sodomia[7].

Contudo, nesse início de colonização portuguesa não identificamos no Brasil manifestação de preconceito racial contra os descendentes de judeus. A preocupação era simplesmente religiosa. Inclusive, a concessão de exploração de pau-de-tinta na Colônia foi dada por D. Manuel a um consórcio de cristãos-novos chefiados por Fernão de Noronha[8].

A discriminação religiosa, característica dos países Ibéricos, aparece com a instalação do Governo Geral. Sem fazer referência específica aos representantes da raça judaica, o Regimento de Tomé de Souza determinava que a terra fosse povoada por cristãos. Aconselha, dentre outras coisas, que se dê licença para ir às capitanias somente a "pesoas que parecer que irão a bom recado e que de sua ida e trato se não seguira prejuizo allgum"[9].

Iniciativa justificada para que a "jemte dela se convertesse a nosa Santa Fée católica". Para atingir esse objetivo, o regimento recomenda que o governador procure orientar os capitães e oficiais a ensinarem a gente da terra a *ser cristão*[10].

A respeito dos degredados a serviço da Coroa, o regimento considera-os habilitados a servir qualquer ofício da Justiça ou da Fazenda,

---

6. Para Sônia Siqueira, a sociedade colonial simplesmente aceitara a presença dos cristãos-novos: "A sociedade em formação acostumara-se a contar com eles. O convívio com os hebreus, sua aceitação como integrantes das elites econômicas e administrativas foram fatores que levaram a uma plasticidade social que instalaram uma relativa tolerância específica da Colônia". Sônia Aparecida Siqueira, *A Inquisição Portuguesa e a Sociedade Colonial*, ed. cit., p. 511. Exemplos desta situação podem ser identificados nos estudos de Rachel Mizrahi Bromberg, *A Inquisição no Brasil: Um Capitão-mor Judaizante*, São Paulo, Centro de Estudos Judaicos, FFLCH/USP, 1984; Lina Gorenstein, *Heréticos e Impuros*, ed. cit.

7. P. Merea, "Solução Tradicional da Colonização do Brasil", em *História da Colonização Portuguesa do Brasil*, ed. cit., cap. IV, p. 178.

8. Carta de 03/10/1502 de Piero Rondinelli, Sevilha. *Apud* Arnold Wiznitzer, *op. cit.*, p. 152.

9. Regimento de Tomé de Souza – dezembro de 1549, *apud* P. Azevedo, "A Instituição do Governo Geral", em *História da Colonização Portuguesa do Brasil*, ed. cit., vol. III, cap. VIII, p. 347.

10. *Idem, ibidem.*

sempre que houver necessidade, com exclusão, dos degredados por furtos e falsidades[11].

Além da distinção entre cristãos e gentios da terra, encontramos referência aos mouros e infiéis. Em comum acordo com as Leis e Ordenações do Reino, determinava-se que não se dessem armas aos mouros, gentios e outros infiéis, em prejuízo dos cristãos[12].

Da mesma forma o Regimento de Tomé de Souza, não discriminava os cristãos-novos ou a outra raça, conforme o Regimento do Provedor-Mor do Governador Geral[13]. O mesmo acontece com o Regimento dos Provedores da Fazenda, que engloba o preenchimento dos cargos de almoxarifado e escrivães[14].

Um fato que nos chama a atenção, refere-se ao donatário Pedro de Campos Tourinho, a quem em meados do século XVI, coube a administração da capitania de Porto Seguro. Considerado pelos habitantes locais como blasfemador e herege, foi denunciado à Inquisição de Lisboa, em 1543[15]. O réu negou sempre essas acusações, alegando perante o Tribunal serem forjadas pelos inimigos, por tê-los proibido do convívio íntimo com as índias e os estimulado ao trabalho[16].

As primeiras diligências do processo foram elaboradas na casa do vigário de Porto Seguro, Frei Jorge de Anríac. Constaram do rol de testemunhas, além do cunhado do réu e do seu futuro genro, pessoas de certa importância na comunidade, como: juízes ordinários, tabeliães, almotacel, vereador, escudeiro e capelão[17].

Tourinho é acusado por uma das testemunhas de dizer que "Deus sayra dos judeus pois tamto hos ajudava", e de pedir que também "se

11. *Idem*, p. 349.

12. *Idem*, p. 348.

13. Regimento de Antônio Cardoso de Barros – 11/12/1548. Arquivo da Marinha, Liv. 1 de Officios de 1547 a 1602, fls. 10. Biblioteca Nacional de Lisboa.

14. Regimento dos Provedores da Fazenda del Rei Nosso Senhor nas Terras do Brasil – 17/12/1548. Arquivo da Marinha, Liv. 1 dos Officios de 1597 a 1609, fls. 151. Biblioteca Nacional de Lisboa.

15. Tourinho é apresentado por Pedro Azevedo como natural de Viana do Castelo, nobre, prudente... Foi denunciado em 13/09/1543, preso em 24/11/1546, e em 17/09/1547 assinava o termo de Residência se comprometendo a não sair de Lisboa sem primeiro comunicar ao Santo Ofício. P. Azevedo, "Os Primeiros Donatários"; F. Azevedo, *op. cit.,* cap. V, p. 203.

16. "Imquyryçam que ho vigario desta vyla de Porto Seguro tirou juntamente com ho padre Manuell Collaço e Pero Anes Vycemte", Processo da Inquisição de Lisboa, n. 8821.Arquivo Nacional de Torre do Tombo; C. Malheiros Dias, "O Regimen Feudal das Donatárias", em *História da Colonização Portuguesa do Brasil,* dir. coord. lit. de Carlos Malheiros Dias, Porto, Litografia Nacional, MCMXXIII, vol. III, cap. IV, p. 271. Nota: Esse documento se encontra transcrito no apêndice do referido capítulo. Sonia Siqueira informa não ter encontrado, em 1962, no *A.N.T.T.* tal processo; nem mesmo no Arquivo de Lisboa, Évora ou Coimbra. Sonia Aparecida Siqueira, *A Inquisição Portuguesa e a Sociedade Colonial,* ed. cit., p. 331.

17. *Idem*, p. 204.

tornasse judeu". Outros o acusavam de acreditar na "fé dos turcos ou na dos mouros"[18].

Dessa forma, percebemos que o judaísmo foi mais uma vez utilizado como argumento para atender aos interesses de uma minoria. Tourinho acabou renunciando, em 1554, à posse da capitania, a favor de seu filho, não regressando mais a Porto Seguro[19]. Estamos diante de uma típica situação de preconceito religioso[20].

Tomé de Souza, ao enviar ao Rei notícias da visita que realizou às costas do Brasil, faz comentários sobre o caso de Campos Tourinho. Mencionando a situação das capitanias em geral, sugere ao monarca mandar que os próprios donatários residam em suas terras, ou então que coloquem "pessoas de que V.A. seya contente". Referindo-se, em seguida, à genealogia dos responsáveis pelas terras, afirma que os que agora servem "não os conhece a may que os pario". Exemplificando sua observação, cita o caso da capitania de Ilhéus, de onde tirou o lugartenente do donatário Jorge Figueiredo, que também foi preso pela população[21].

Com relação ao donatário de Ilhéus, afirma Tomé de Souza, "tirey... *por ser christão-novo e acusado pella santa inquisição*". Em seu lugar colocou "*hum homem honrado e abastado* he de *boa casta*". Seu nome: Joham Gonçallvez Dormundo que "*he fisallgue* e *da cota darmas per hûa provisão de V.A.*"[22].

A deposição de Jorge Figueiredo do cargo de capitão da capitania de Ilhéus deve ser analisada sob um prisma diferente do de Campos Tourinho. Sob a alegação de ser cristão-novo, colocou-se em dúvida sua capacidade para ocupar o cargo de donatário. Como o próprio Tomé de Souza afirma: "que se ponham *gente apta* a regê-los"[23].

As origens de Jorge Figueiredo foram negligenciadas ante os padrões impostos por aqueles que representavam as facções dirigentes. Em contraposição ao *cristão-novo*, identificamos a *honra*, a *fidalguia*, a *boa casta* etc. É uma nova situação que desponta para ganhar forças no Século XVII, apoiada no mito da pureza de sangue.

18. "Imquyryçam que ho vigario...", *op. cit.*, p. 272.

19. Carlos Malheiros Dias, "O Regimen Feudal das Donatárias", em *História da Colonização Portuguesa do Brasil*, ed. cit., p. 245; Chancelaria de D. João III, Livro, fls. 243, *apud* P. Azevedo, *op. cit.*, p. 205.

20. Gostaríamos de esclarecer que Tourinho não foi processado pela acusação de ser cristão-novo. Esse termo não aparece em nenhum momento no processo. Há referências às crenças judaicas e muçulmanas, caracterizando o caso como heresia e blasfêmia.

21. Carta de Tomé de Souza, 1º/06/1553, em P. Azevedo, *op. cit.*, Apêndice, p. 365.

22. *Idem, ibidem.*

23. *Idem*, p. 338.

Os cristãos-novos intensificam sua presença no Brasil, durante o século XVII, chegando, muitos deles, à Colônia com o objetivo de resguardarem-se das perseguições inquisitoriais e procurarem melhores oportunidades econômicas.

Apesar das sucessivas leis proibindo a emigração para a América, muitos cristãos-novos chegaram aqui desterrados. Portugueses foram enviados pela Inquisição para cumprir degredo, pois desde 1535 se adotara a prática de deportar criminosos para o Brasil. Com a introdução da Inquisição em Portugal, essa pena atingiu também os judaizantes[24].

Do ponto de vista legal, a América deveria ser monopolizada e explorada, de modo exclusivo, por católicos cristãos-velhos. Baroja caracteriza os expedientes de limpeza para ir às Índias como uma pura farsa econômica, citando o caso de um judaizante, do começo do reinado de Felipe IV, que se vangloriava de tê-la conseguido. Sustentava, inclusive, que havia muitos judeus no Novo Mundo praticando judaísmo em segredo[25].

A expulsão dos cristãos-novos da Península Ibérica coincidiu com o descobrimento da América, que passou a ser considerada pelos conversos como um "Novo Mundo cheio de promessas"[26]. Muitos acreditam que, do lado de cá do Atlântico, teriam oportunidades de enriquecimento e de construírem uma outra identidade, longe do olhar vigilante da Inquisição. Triste ilusão! Mal podiam imaginar até onde chegaria a ganância dos visitadores do Santo Ofício guiados pelas notícias de que os cristãos-novos alcançavam sucesso econômico em terras das Américas, portuguesa e espanhola. Segundo a historiadora Yara Monteiro, os refugiados de origem judaica chegaram a disputar através de um comércio clandestino, "espaço nas praças hispano-americanas com o comércio oficial, além de formarem núcleos dinâmicos e prósperos com contatos na Espanha, Lisboa e Amsterdã". Lembramos que em 1570 o Tribunal do Santo Ofício foi oficialmente instalado na América espanhola com poder sustentado por medidas de exceção e prerrogativas especiais[27].

No Brasil, os cristãos-novos ocuparam as mais diversas profissões, vindo muitos deles a exercer importantes funções na vida política e social da Colônia, apesar das imposições de limpeza de sangue. Donos de grandes propriedades e vivendo do comércio do açúcar, muitos se

---

24. Arnold Wisnitzer, *op. cit.,* p. 10.

25. *Idem,* pp. 339-340.

26. Júlio Caro Baroja, *op. cit.,* p. 340.

27. Yara Nogueira Monteiro, *A Presença Portuguesa no Perú em Fins do Século XVI e Princípios do XVII.* Dissertação de mestrado em História Social, FFLCH/USP, 1979; "Economia e Fé: A Perseguição Inquisitancial aos Cristãos-novos Portugueses no Vice-Reino do Perú", em Lina Goreinstein e Maria Luiza Tucci Carneiro, *Ensaios...,* ed. cit., pp. 65-96.

enriqueceram rapidamente e adquiriram numerosos escravos, imóveis e objetos de valor[28].

Encontramos também roceiros, lavradores, homens de negócios, contratadores, mercadores, tratantes, mineiros, advogados, juízes de fora, tabeliães, médicos, militares, capitães de ordenança, tenentes, coronéis, sacerdotes, tendeiros e vendeiros. Identificamos, em menor número, caixeiros, curtidores, capitães-mores, boticários, aguardenteiros e meirinhos[29]. Houve os que enveredaram pelo sertão como bandeirantes, satisfazendo seu espírito aventureiro e a esperança de riqueza fácil.

Rio de Janeiro, Minas Gerais, Bahia, Pernambuco e Paraíba foram as regiões onde encontramos maior número de cristãos-novos procurados pela Inquisição. Temos notícias também de conversos em São Paulo e Sergipe. Nas Minas de Goiazes viveram o Doutor Antônio Ferreira Dourado e José Pinto Ferreira, ambos judaizantes e presos pela Inquisição portuguesa em 1761. Segundo o historiador Adalberto G. Araújo Junior[30], Dourado (1713-1784) era homem de negócios, autor de *América*, a primeira obra literária escrita em Goiás, e proprietário de uma rara biblioteca jurídica com aproximadamente setenta volumes. Nascido em Tomar, vila do Ribatejo, diplomou-se pela Universidade de Coimbra em 1736 atuando em Lisboa até 1738, ano em que se transferiu para o Rio de Janeiro, onde casou-se com a cristã-nova Isabel Ventura. Em 1742, estabeleceu-se em Vila Boa onde, além de advogar, ocupou na Câmara inúmeros cargos de honra: inquiridor, contador, distribuidor e juiz de órfãos.

Burlando as regras instituídas pelo Regimento do Auditório Eclesiástico, Dourado ocupou o cargo de Promotor de Juízo Eclesiástico da Prelazia de Goiás, reservado apenas aos clérigos e cristãos-velhos. Da mesma forma, Dourado conseguiu participar da irmandade de São Miguel e Almas, considerada como a primeira confraria de homens brancos das Minas de Goiazes, criada em 9 de janeiro de 1733. A participação em uma organização modelada pelo "espírito cristão" além de garantir-lhe prestígio social, dava-lhe uma certa segurança diante do olhar vigilante da Inquisição, ainda que temporária. A confraria, como tantas outras, ostentava em uma cláusula do seu Compromisso

28. Com o objetivo de ilustrar essa situação, temos o exemplo de Agostinho Paredes, natural e morador da cidade do Rio de Janeiro, preso em 1714 pela Inquisição. Segundo seu inventário, era advogado e senhor de engenho de fazer açúcar com todas as fábricas necessárias. Possuía também vários escravos e outros bens. Anita Novinsky, *Inquisição: Inventários...*, ed. cit., p. 25.

29. Anita Novinsky, Inquisição: Inventários..., p. 18.

30. Adalberto G. Araújo Júnior, *Cristãos-novos e a Inquisição no Século do Ouro de Goiáz*, Dissertação de Mestrado em História Social, FFLCH/USP, 1998; " A Biblioteca de um Cristão-novo nas Minas de Goiás", em Lina Gorenstein e Maria Luiza Tucci Carneiro, *Ensaios...*, ed. cit., pp. 319-337.

que refutava o ingresso de cristãos-novos[31]. Esta mesma situação privilegiada foi usufruida por José Pinto Ferreira que, durante 23 anos, ocupou cargos honrados na Irmandade das Almas dentre os quais os de Juiz (1776) e de Irmão de Mesa (1782). No Espírito Santo alguns grupos se concentraram nos inícios do século XVII, mas não temos informações sobre eles em fases posteriores[32]. Varnhagem confirma que, até nos sertões e Minas de Goiás, a Inquisição mandou "buscar gente para lhe dar trato em Lisboa". E por uma exclamação adverte: "Naturalmente esperaria que acumulassem lá primeiro o ouro para o fisco ser de mais regalo!"[33].

No Nordeste, nos séculos XVII e XVIII, a maioria dos cristãos-novos dedicou-se à agricultura, mantendo ativo comércio com a Europa. A troca de mercadorias era facilitada pela presença de membros de suas famílias em diferentes pontos do comércio europeu, principalmente Hamburgo. Em Pernambuco, por exemplo, o cristão-novo David Sênior Coronel (ou Duarte Saraiva) adquiriu o Engenho da Torre –conhecido também como Engenho Rosário, numa homenagem à padroeira da Capela Nossa Senhora do Rosário – propriedade a seis quilômetros do centro de Recife, por 7.275 florins à vista. David Sênior possuía também o Engenho Bom Jesus, no Cabo, com produção anual de dez mil arrobas de açúcar; o Engenho São João. Nesta região, inúmeras famílias de marranos ascenderam socialmente, onde quer que se destacaram como homens de posses, sendo indicados para ocupar cargos de confiança nas Câmaras e nas Misericórdias[34]. Trocando de nome e manipulando

31. "Compromisso que hade servir na irmandade das Santas Almas instituída na Igreja Matriz de Sra, Santa Anna em as Minas dos Guaizes" apud Adalberto G. Araújo Junior, *Ensaios sobre a Intolerância*. Instituto de Pesquisa e Estudos Históricos-Brasil Central, IPEH-BC, pp. 322-323.

32. Sobre os cristãos-novos no Brasil podem ser consultadas as seguintes obras: Anita Novinsky, *Cristãos-Novos, na Bahia*, ed. cit.; *Inquisição; Inventários...*, ed. cit.; José Gonçalves Salvador, *Cristãos-Novos, Jesuítas e Inquisição*, ed. cit.; *Cristãos-Novos, Povoamento e Conquista do Solo Brasileiro*, ed. cit.; Arnold Wiznitzer, *Os Judeus no Brasil Colonial*, ed. cit.; Sônia Aparecida Siqueira, *A Inquisição Portuguesa e a Sociedade Colonial: Ação do Santo Ofício na Bahia e Pernambuco na Época das Visitações*, ed. cit.; Lina Gorenstein, *O Sangue que lhes Corre nas Mãos: Mulheres Cristãs-novas do Rio de Janeiro, século XVIII*. Tese de doutorado em História Social, FFLCH/USP, 1999 (mimeo). Lina Gorenstein, *Heréticos e Impuros*, ed. cit., Lina Gorenstein e Carlos Eduardo Calaça, "Na cidade e nos Estaus: cristãos-novos do Rio de Janeiro (séculos XVII-XVIII); Fernanda Mayer Lustosa, "Marranismo na Paraiba: Adaptação e Resistência"; Suzana Maria de Souza Santos "Uma Familia Cristã-nova Portuguesa na Bahia Setecentista"; Norma Marinovia Doro, "Recife: Morada de Hereges". Artigos publicados em Lina Gorenstein e Maria Luiza Tucci Carneiro (orgs.), *Ensaios...*, ed. cit., pp. 99-200.

33. F.A. de Varnhagem, *RIHGB*, Rio de Janeiro, tomo V, 3ª ed., 1885, p. 106.

34. Ocupar um cargo no Senado da Câmara ou na Santa Casa de Misericórdia significava prestígio do ponto de vista social e político. Boxer considera essas instituições como os "pilares gêmeos da sociedade colonial portuguesa desde o Maranhão até

sua genealogia, os descendentes de judeus procuraram ocultar seus costados sefarditas. Esta constatação nos remete ao estudo de Evaldo Cabral de Mello que procurou reconstituir as "tramoias" que viciaram o processo de habilitação de Filipe Pais Barreto a Cavaleiro da Ordem de Cristo. O historiador constatou que o "sangue converso" corria nas veias de vários troncos que haviam povoado Pernambuco entre 1535 e 1630[35]. Tudo começou quando o sargento-mor Filipe Pais Barreto, senhor do engenho Garapu na freguesia do Cabo, foi feito Cavalleiro da Ordem de Nosso Senhor Jesus Cristo, em 1700. Mas, para tomar posse deste título que lhe garantiria uma renda de doze mil réis anuais de pensão efetiva, Barreto deveria comprovar sua limpeza de sangue. A investigação, realizada segundo os Estatutos da Ordem de Cristo, durou muitos anos. Descobriu-se que Filipe Pais Barreto tinha

"casta de cristão-novo por sua mãe D. Maria de Albuquerque e sua avó materna D. Brites de Albuquerque, filha de um Antônio de Sá Maia, bisavô materno do justificante, cujo pai, Duarte de Sá, trisavô de Filipe, viera do Reino para Pernambuco, A prova estava no fato de que Antonio havia pago uma finta ou imposto especial cobrado dos cristãos--novos, ao El-Rei de Castela, na época rei de Portugal"[36].

Em 30 de março de 1707, a Mesa da Consciência e Ordens de Lisboa concluiu que Filipe era "infamado de cristão-novo por parte de sua avó materna [...] tida e reputada por cristã-nova, por ser filha de Antônio de Sá Maia, que algumas testemunhas depõem pagara para a finta dos cristãos-novos". Com base neste parecer, Filipe foi julgado inábil para ingressar na Ordem de Cristo. O golpe da infâmia havia sido dado: sua honra estava comprometida pelo sangue infecto da família Sá Maia[37].

Assim como Filipe Barreto, Miguel Telles da Costa, português nascido na vila de Troncoso, tinha seu sangue comprometido por suas origens cristãs-novas e por ser filho de penitenciados pelo Santo Ofício. Como tantos outros " infamados" refugiados nos trópicos coloniais, Miguel Telles conseguiu burlar a " burocracia do sangue" e projetar-se no cenário político-social e econômico do Brasil setecentista

Macau". Seus membros, provenientes de estratos sociais idênticos ou comparáveis, constituíam, até certo ponto, as elites coloniais. A partir dessa concepção, podemos considerar que um cristão-novo, ocupando determinado cargo e usufruindo dos privilégios decorrentes de tais funções, somente poderia acarretar inveja e ódio naqueles que se consideravam limpos de sangue. Charles Ralph Boxer, *op. cit.*, p. 305.

35. Processo de Habilitação de Genere de Filipe Pais Barreto à Ordem de Cristo (HOC), maço 28, n.5 *apud* Evaldo Cabral de Mello, *op. cit.*

36. *Idem*, p.24.

37. *Idem*, p. 25.

até o momento em que amigos e membros de sua família foram presos pelo Santo Ofício de Lisboa[38].

Na colônia viveu "confessando e comungando e fazendo todos os atos de cristão, como rezas e os mandamentos da lei de Deus e as da Santa Madre Igreja", postura que lhe garantiu, por alguns anos, a fachada de *cristão limpo de sangue*. Considerado como "sem impedimentos" foi designado capitão-mor de Parati pelo rei D. Pedro II. Telles da Costa exerceu seu poder mantendo sob suas ordens oficiais de Guerra e da Justiça. O posto lhe garantia um soldo razoável além do gozo "de todas as honras, privilégios, preheminencias, ysenções e liberdades que em rezão delle lhe tocarem"[39]. Concomitante as suas funções oficiais de capitão-mor, Telles negociava todo o tipo de mercadorias para a região das minas além de engordar suas rendas com a exploração de bens imóveis. No entanto, tal posto e regalias tiveram que ser abandonadas diante da notícia de que um grande número de amigos e membros de sua família haviam sido presos em Lisboa.

A fortuna acumulada por este capitão-mor certamente atraiu inveja, atiçou conflitos e alimentou a desconfiança do Santo Ofício que funcionava como uma espécie de "guardião da memória da pureza de sangue". Daí a constante atualização da sessão de genealogia do arquivo inquisitorial, fonte de consulta para os tradicionais atestados de habilitação de Genere. Em 23 de novembro de 1709 foi expedida a ordem de prisão contra Miguel Telles da Costa que, após ter abandonado o posto de capitão-mor, havia se radicado na região das minas. Acusado de ser judaizante por seu irmão Francisco Mendes de Castro e por seu primo Jorge Mendes Nobre, o ex-capitão-mor de Parati acabou por ser encaminhado aos cárceres do Santo Ofício, onde iniciou seu depoimento em outubro de 1710[40].

O inventário constante do inquérito de Miguel Telles da Costa arrolado pela Inquisição de Lisboa – documento este detalhadamente analisado por Mizrahi – o distinguia como "pessoa de posses", pro-

---

38. Rachel Mizrahi. *A Inquisição no Brasil: Um Capitão-mor Judaizante*, ed. cit. Esta dissertação inspirou partes do romance de Moacyr Scliar, *A Estranha Nação de Rafael Mendes*. Porto Alegre, L&PM Editores, 1983.

39. Importante ressaltar que, na primeira década do século XVIII, o porto de Parati funcionava como eixo de ligação em direção às minas de ouro acolhendo homens do sertão e do litoral, homens de negócios e da mineração. Em 1703 Parati havia sido escolhida, assim como a vila de Santos, para abrigar uma das casas de registro de ouro, sedes responsáveis pelo fluxo e o pagamento das obrigações fiscais e, em especial do quinto. "Carta do Governador de 5 de outubro de 1705". *Coleção Governadores do Rio de Janeiro*. LXIV-A, fls. 482 V. Documentos Interessantes. São Paulo, Arquivo do Estado, vol. 51, 1930, p. 311 Apud Rachel Mizrahi, *op.cit.*, pp. 72-73.

40. *Processo Inquisitorial nº 6515 de Miguel Telles da Costa*, 1710; *Processo Inquisitorial nº 1571 de Francisco Mendes de Castro, 1707*. ANTT-Lisboa Apud Rachel Mizrahi, *op. cit.*, pp.92-93.

prietário de escravos negros, cavalos e imóveis localizados nas regiões de Parati, Vila Rica e Rio das Mortes. Seus bens foram confiscados em benefício do Tribunal do Santo Ofício e da Coroa. No dia 28 de julho de 1711 saiu em procissão no Auto Público de Fé recebendo a sentença de Cárcere e Hábito Penitencial Perpétuo. Obrigado a usar sambenito, Telles da Costa tornou-se mais um entre outros tantos infamados pela intolerância da Igreja católica que, durante séculos, interessou-se pela preservação do mito da pureza de sangue: a prática da exclusão por meio da infâmia lhe rendia gordos dividendos. O que, entretanto, não os impediu de muitas vezes serem denunciados aos Visitadores do Santo Ofício, presos e transferidos para Portugal[41]. Em 1545, Duarte Coelho desembarcou no Brasil para povoar terras doadas pelo Rei D. João III e que, num total de cinquenta léguas, formavam a Capitania de Pernambuco. Com ele vieram inúmeros cristãos novos refugiados das perseguições inquisitoriais na península Ibérica.

As manifestações de preconceito racial contra os descendentes de judeus começaram a se manifestar, de forma efetiva no Brasil, após a união das Coroas espanhola e portuguesa (1580) e com a instalação das Visitações do Santo Ofício da Bahia (1591-1593) e de Pernambuco (1593-1595). Ao primeiro contato com a população de Salvador, o Visitador Furtado Mendonça leu o Edito de Fé, no qual acautelava os "homens contra os falsos arautos de seitas heterodoxas, *contra a maldade dos criptojudeus*"[42].

A presença da Visitação do Santo Ofício na Bahia não amedrontou os cristãos-novos portugueses, que continuaram a buscar refúgio em terras brasileiras. O número crescente desses elementos na Colônia, a partir do Século XVII, chamou a atenção da Coroa portuguesa, preocupada em zelar pela conservação da fé católica e ao mesmo tempo interessada em povoar as novas terras. A necessidade de atender a ambos os interesses levou o monarca a tomar uma série de atitudes legais, restritivas aos cristãos-novos, acompanhadas de uma certa tolerância[43].

Em 21 de setembro de 1593 chegava àquela região o Visitador do Santo Ofício Heitor Furtado de Mendonça, que não tardou em cumprir sua missão. As denúncias e confissões de Pernambuco registram o quanto a capitania estava povoada por cristãos-novos judaizantes. Instalado em Olinda (1594-1595), o representante da Inquisição voltou seu olhar intolerante para essa vila e para o povoado de Recife. Dois autos-de-fé, que tiveram como cenário a matriz de Olinda, trouxeram para a cena pública vários "Diogos" cristãos-novos: Diogo Henrique,

---

41. Como exemplo, temos o processo do Governador de Itanhaém, Miguel Telles da Costa e outros. Rachel Mizrahi, *op. cit.*, "Miguel Telles da Costa: O Capitão-mor Judaizante de Paraty", em Lina Gorenstein e Maria Luiza Tucci Carneiro (orgs.), *Ensaios sobre a Intolerância...*, ed. cit., pp. 201-214.

42. Sônia Aparecida Siqueira, *op. cit.*, p. 388.

43. Ver Anita Novinsky, *Os Cristãos-Novos na Bahia*, ed. cit.

mameluco e converso; Diogo Lourenço, mercador e natural do Porto; Jorge de Souza, filho de Fernão de Souza e de Andresa Jorge, esta neta de Branca Dias; Diogo Nunes Correia, lavrador, além de Rodrigo Fidalgo, Cristóvão Marlus, alfaiate[44].

O fato de elementos de origem judaica virem a ocupar cargos nas igrejas ocasionou a publicação, em 1603, de uma Carta Régia, ordenando ao Bispo da Bahia que somente provesse, em tais cargos, indivíduos cristãos-velhos[45].

A repressão contra o grupo cristão-novo se repetiu em 1618, com a segunda Visitação do Santo Ofício à Bahia, reforçando o clima de tensão e a constante preocupação em que viviam os descendentes de judeus aqui refugiados. Essa situação provocou movimentos migratórios de cristãos-novos, que, amedrontados, fugiram para a região do Prata[46].

Em 1624, os rigores da Coroa aumentaram: aos homens de negócios da Nação Hebraica foi negada licença para irem às conquistas e venderem suas fazendas[47]. Essa ordem repercutiu no Brasil, onde Domingos de Andrade chegou a fazer denúncia ao solicitador do fisco contra os homens da Nação que haviam vendido suas fazendas[48].

A preocupação com a presença de descendentes de judeus em cargos públicos foi uma constante na vida da colônia durante o século XVII.D. Luís de Souza, ex-governador do Brasil, em 1624, foi acusado de prover Belchior Roiz no ofício de escrivão da alfândega e da devassa geral dos oficiais de justiça. Conforme a sindicância, esse homem era cristão-novo, "não podendo como tal ter ofícios públicos"[49].

Em 1640, a ideia de pureza de sangue também já faz parte da vida colonial brasileira. O Frei Gaspar da Madre de Deus demonstra essa situação quando descreve a confirmação das origens de Pedro Leme e sua irmã Lucrécia Leme, netos de Pedro Leme, um dos primeiros colonos que vieram ao Brasil; ela foi dada pelo Ouvidor Geral da Repartição do Sul, o licenciado Simão Álvares de la Penha, em São Paulo, que declarou que os suplicantes deveriam ser "havidos, tidos e conhecidos" por nobres, e "fidalgos *limpos de toda a raça de mácula de judeu,* ou outra qualquer mácula, de nobre, e *limpo sangue*"[50].

44. Heitor Furtado de Mendonça, *Denunciações de Pernambuco, 1593-1595.* São Paulo, 1929; *Confissões da Bahia, 1591-1592,* com prefácio de Capistrano de Abreu. Rio de Janeiro, 1935; *Denunciações da Bahia.* São Paulo, 1925.

45. C.R. 04/02/1603 – *C.C.L.P., op. cit.,* vol. I, pp. 4-5; José Gonçalves Salvador, *op. cit.,* p. 63.

46. Elias Lipiner, *Os Judaizantes nas Capitanias de Cima,* São Paulo, Brasiliense, 1969, p. 24.

47. C.R. 17/07/1624 – *C.C.L.P., op. cit.,* vol. III, p. 124.

48. "Livro Primeiro do Governador do Brasil", Rio de Janeiro, Ministério das Relações Exteriores, 1958, *apud* Elias Lipiner, *op. cit.,* p. 25.

49. *Idem, ibidem,* p. 25. Grifo nosso.

50. Frei Gaspar da Madre de Deus, (1715-1800), *Memórias para a História da Capitania de S. Vicente,* Belo Horizonte, Itatiaia; São Paulo, Edusp, 1975, p. 71.

Grande parte dos cristãos-novos procurava esconder suas origens, fazendo-se passar por cristãos-velhos, assumindo atitudes adequadas à ideologia vigente. Como exemplo, podemos citar Luis de Matos Coutinho, preso em Vitória em 1675. Apesar de judaizante, ele sempre procurou mostrar-se como "temente a Deus" e, segundo suas testemunhas, "assistia a todos os ofícios divinos com grande pontualidade e cumpria com todas as obrigações próprias de cristãos"[51].

A "Grande Inquirição" feita na Bahia, em 1646, identificou muitos desses descendentes de judeus que não foram poupados pelos denunciadores. O número de denúncias feitas, fundamentadas ou não, demonstrava que a aversão ao elemento cristão-novo vivia na mentalidade de uma parte do povo[52]. As denúncias recaíam, principalmente, sobre elementos de projeção na vida administrativa e social, cuja posição era decorrente de uma situação financeira privilegiada[53].

As facções dominantes tinham interesse em mantê-los nos cargos proibidos por lei, deixando-os mesmo passar por fidedignos cristãos-velhos, sendo a constante insegurança em que viviam alimentada por uma espécie de pressão social. Dessa forma, os elementos de origem judaica constantemente contribuíam com donativos para a defesa da cidade, sustento de soldados, ou com a doação de barcos, fato constatado durante o ato de expulsão dos holandeses da Bahia. Há, inclusive, um certo preconceito histórico de que apenas os judeus se posicionaram como colaboradores dos holandeses. No entanto, documentos recentes comprovam a fidedignidade dos cristãos-novos aos portugueses que defenderam o território brasileiro, com planos, armas, barcos e donativos. Imagens deste episódio foram reconstituídas por Juan Bautista Maino, reconhecido pintor de Escola Espanhola do século XVII, em seu quadro *Recuperacion de Bahia de Brasil* (Museu do Prado)[54].

51. Inquisição de Lisboa, Proc. 7394, *apud* José Gonçalves Salvador, *op. cit.*, p. 176.

52. Podemos citar, aqui, o caso de Diogo Lopes Ulhoa, conhecido senhor de engenho da Bahia denunciado à Inquisição de 1646 por *65 testemunhas*. Anita Novinsky, *op. cit.*, p. 80.

53. Varnhagem, ao fazer referência às inquirições que identificavam a presença de sangue judaico, lembra que tal sangue não era crime entre os miseráveis ou necessitados. Entretanto, bastava um comerciante honrado levantar a cabeça para atrair contra si a inveja. Então, "exigiam-lhe os pergaminhos da quarta geração [...] Ai dele, se o sangue não era puro!". Francisco Adolfo de Varnhagem, *História Geral do Brasil*, São Paulo, Melhoramentos, 6ª ed., 1959, tomo IV, p. 28. Ver também Katia Mattoso, "Inquisição: os cristãos-novos da Bahia no século XVII", em *Ciência e Cultura*, n. 4, v. 30, abril, 1978, pp. 415-427.

54. Mateus Lopes Franco, arrendador de dízimos na Bahia, cooperou com donativos para a defesa da Bahia contra os invasores holandeses. Juntamente com outro cristão-novo, Diogo Lopes Ulhoa, conselheiro do Governador Diogo Luis de Oliveira, contribuiu com lanchas para os mesmos fins. Diogo Muniz Teles, cristão-novo, participou da construção dos trabalhos de cerco da Bahia em 1638. Simão de Leão aparece nas Atas da Câmara emprestando dinheiro para o socorro contra o gentio. Outro

Em muitos lugares, as exigências sobre a limpeza de sangue não encontraram condições de observação e cumprimento à risca. A falta de elementos brancos e alfabetizados para exercer certas atividades foi uma constante nos vários setores administrativos das comunidades. Também a presença de elementos de origem judaica em cargos de importância, seja nas Câmaras, nas Misericórdias ou nas Ordens Religiosas, facilitava a penetração de elementos pertencentes ao mesmo grupo, providos de falsos atestados de Genere[55]. Mas, como lembra Boxer, "se tais exceções chegavam ao conhecimento público, servia apenas para aumentar o preconceito já existente com relação a eles"[56].

A manipulação de uma ordem simbólica e legal pela Nobreza pode ser identificada na barreira social erguida contra aqueles que eram classificados como portadores do sangue judaico. O conceito "cristão-novo" estava constantemente associado às atividades comerciais, em grande parte exercidas por elementos desse grupo. Homens de negócios, impuros de sangue e cristãos-novos eram palavras afins, tanto em Portugal como aqui na Colônia.

A exclusão dos cargos públicos de homens ligados à profissão mercantil pode ser ilustrada por uma situação narrada por Sebastião da Rocha Pita, em sua obra publicada no século XVIII. O autor ressalta o fato de a nobreza pernambucana não permitir que, no Senado da Câmara de Olinda, entrassem pessoas de outra esfera social. Aos homens ricos, que o trato mercantil tornara poderosos, era vedado o ingresso em cargos da governança e da república[57].

Os ouvidores, em suas visitas à Vila de São Paulo, também pedem aos senhores oficiais, em vários momentos, que tenham o maior cuidado no preenchimento dos cargos públicos, "não permitindo se metesse na República cristãos-novos nem servirem parentes huns dos outros"[58].

Uma constante nas Atas da Câmara de São Paulo são as provisões passadas com o objetivo de dar a posse de determinados cargos

cristão-novo, Duarte Álvarez Ribeiro, comprometeu-se com Mateus Lopes Franco, também descendente de judeus, a pagar cinco vinténs por caixa de açúcar exportado para ajudar a sustentar soldados. Anita Novinsky, *op. cit.*, pp. 79-86.

55. Boxer menciona essa dificuldade de controle das exigências a respeito de pureza de sangue como um problema comum a outras colônias portuguesas, como S. Tomé, Benguela e Macau. Charles Ralph Boxer, *op. cit.*, p. 300.

56. *Idem, ibidem.*

57. Sebastião da Rocha Pita nasceu na Bahia em 1660 e faleceu em 1738. Senhor de engenho em sua terra natal, escreveu uma famosa obra, publicada em Lisboa em 1730, com o título de *História da América Portuguesa desde o Ano de 1500 do seu Descobrimento até 1724*. Importante fonte impressa do século XVIII, traz em sua linguagem "barroca" detalhes sobre a vida e costumes da época, valores culturais e importantes passagens sobre a invasão holandesa no Brasil. S. da Rocha Pita, *História da América Portuguesa*, Belo Horizonte, Itatiaia; São Paulo, Edusp, 1976, p. 248.

58. *Atas da Câmara de São Paulo*, ed. cit., 1654, vol. IV, p. 181. Arquivo do Estado de São Paulo.

a indivíduos da região. Nelas, frases-padrão demonstram a preocupação em informar que se conhecia as qualidades que dignificavam o habilitando para o exercício da referente função. Exemplificando: foi o caso de João Vieira Sarmiento. Diogo Botelho, capitão geral da capitania, alegou possuir "informações dele e de suas partes e qualidades"[59]. Sebastião Peres Calerio foi provido ao cargo de ouvidor da Capitania de São Vicente, por se saber que havia "respeito as partes e qualidades"[60].

A intranquilidade vivenciada pelo cristão-novo foi comum no Brasil, atingindo também aqueles que se diziam cristãos-velhos. Os descendentes de judeus se viam, muitas vezes, obrigados a mudar de residência pelo simples fato de saberem seus parentes presos em Portugal. Por esse motivo, Luís de Matos Coutinho, residente no Rio de Janeiro, mudou-se para o Espírito Santo, juntamente com sua mulher e prima. Não tardou a ser descoberto e preso em 1675, por ordem do Santo Ofício[61].

O tratamento pessoal era marcado por valores estereotipados e representativos de uma situação racista. Rocha Pita, referindo-se a elementos importantes da sociedade nordestina, utiliza-se de qualificativos característicos dessa fase, quando as pessoas valem mais pelo sangue herdado do que pelos seus atos. Afonso Furtado de Mendonça foi caracterizado como "ilustre por esplendor de sangue"; Jerônimo de Mendonça Furtado desprezava as pessoas que por "nascimento e fidelidade" lhes mereciam diferente tratamento; Antônio Luís Gonçalves da Câmara Coutinho, capitão general, era "herói insigne e ilustríssimo no sangue"; D. Lourenço de Almeida, "esclarecido por nascimento", continuando a glória do próprio "ilustríssimo sangue e apelido"[62].

Manoel de Azevedo foi reprovado no exame de Genere efetuado pelo Santo Ofício e acusado de possuir sangue "manchado de negro e judeu", pelo fato de seu pai, Antônio Mendes de Oliveira, cristão-novo, ter-se ligado a uma negra[63].

Os cristãos-novos, apesar de tentarem criar uma imagem positiva, consciente ou não, ante a população, não escaparam de ser denunciados como judaizantes, blasfemadores e até mesmo como inimigos políticos[64]. Essa imagem do cristão-novo pode ser percebida na frase

---

59. *Ibidem*, vol. II, p. 501. Grifo nosso.
60. *Ibidem*, p. 154. Grifo nosso.
61. José Gonçalves Salvador, *op. cit.*, p. 118.
62. Sebastião da Rocha Pita, *op. cit.*, pp. 174, 179, 201 e 286.
63. Anita Novinsky, *Cristãos-Novos na Bahia*, ed. cit., p. 83.
64. Mateus Lopes Franco, apesar de suas contribuições, foi preso em 1619 e denunciado como "judeu" na Grande Inquirição de 1646. A mesma coisa aconteceu a Diogo

de Sebastião da Rocha Pita (que de morador em Pernambuco passou à Bahia de Todos os Santos, quando a cidade de Salvador estava ocupada pelos invasores holandeses):

> Mas vendo os Holandeses com a luz da manhã o silêncio que havia na cidade, a falta de gente nos muros, e *certificados por alguns cristãos-novos degradados (que pouco antes do amanhecer se tinham passado para o seu exercício)* de que os moradores se haviam naquela noite ausentado"[65].

A vila de São Paulo foi também refúgio dos cristãos-novos, caracterizada pela sua posição isolada no planalto, quase independente da Colônia e da Metrópole. Entretanto, o seu isolamento não foi bastante para permitir que os descendentes dos judeus sempre pudessem levar uma vida em igualdade de condições com o restante da população. Discriminados como "homens da Nação Hebreia", os cristãos-novos foram ameaçados, em vários momentos, por instrumentos de ordem legal. A finta foi um deles, assim como a ameaça dos Visitadores do Santo Ofício. Por trás de cada ameaça encontramos o espírito do preconceito e a classificação dos cidadãos em "bons" e "infectos"[66].

Em 1614, o ouvidor da vila de São Paulo, Francisco Sotil de Siqueira, promulgou uma provisão ordenando que se arrecadasse dos judeus da região a importância de duzentos mil-réis[67]. Essa questão foi discutida em uma reunião da Câmara, durante a qual Jorge Neto Falcão disse em altas vozes que *"avia de fintar este povo em a finta dos*

Lopes Ulhoa, conselheiro do governador, mordomo e oficial da Confraria do Corpo Santo, denunciado em 1646. Na mesma data, foram denunciados os cristãos-novos: Antônio Mendes de Oliveira, tesoureiro de rendas da Coroa; Jorge Lopes da Costa, procurador da Câmara e tesoureiro da Misericórdia; Rui de Carvalho Pinheiro, escrivão da Câmara da Bahia, capitão, escrivão dos órfãos e sargento-mor; e muitos outros. *Idem*. Como inimigo político podemos citar os cristãos-novos que, após a invasão dos holandeses na Bahia em 1624, passaram a ser apontados não apenas como hereges, mas também como "inimigos da Pátria e colaboradores dos invasores". *Idem*, p. 117.

65. Sebastião da Rocha Pita, *op. cit.*, p. 112. Grifo nosso

66. "Finta era uma contribuição extraordinária ou encargo pecuniário proporcional ao rendimento de quem é fintado. Derrama parochial". A.C. Figueiredo, *Novo Dicionário da Língua Portuguesa*, Lisboa, 3ª ed., Sociedade Editora, 1920, 1922, vol. II, p. 879. Pode ser considerada também como um "rateio entre os cristãos-novos de uma certa quantia destinada para pagar o perdão requerido em benefício de todos". Elias Lipiner, *Santa Inquisição: Terror e Linguagem*, ed. cit., p. 72.

67. A importância geral da finta era estabelecida no Reino e distribuída a seguir pelas regiões ou terras de conquista onde houvesse gente da nação dos cristãos-novos. O administrador eclesiástico deveria apoiar moralmente a cobrança da finta, apesar de não estar diretamente envolvido. Salvador cita o caso da Capitania de S. Vicente, que deveria fintar uma cota de 200$000, bastante elevada. Essa quantia nos leva a pressupor que eram numerosos os elementos de origem judaica na região. A data provável desse lançamento é dada como sendo 1606 (?). José Gonçalves Salvador, *Povoamento e Conquista do Solo Brasileiro, op. cit.*, p. 66.

spãos novos "e que ele os averia de botar a todos os que lhe parecesse que fosem spãos velhos quer não"[68].

A atitude de Jorge Neto Falcão levou o procurador Francisco Jorge a se pronunciar, alegando que tal iniciativa lhe "pareseo muito mal e prejuízo da república". Nessa opinião nota-se o conceito negativo que carregava consigo a palavra "cristão-novo", pois o fato de se classificar todo o povo como tal significava um "grave perigo".

Esse assunto alastrou-se por vários anos, voltando a ser notícia nas Atas da Câmara ou no Registro Geral. Em 1618, Diogo Pinto, ao ser incluído entre os fintados, chegou a abrir um processo com o objetivo de comprovar que não era descendente de judeus nem de cristãos-novos. Ao contrário, "pertencia a uma das mais ilustres famílias de Portugal"[69]. Por trás dessa preocupação de Diogo Pinto em comprovar suas origens percebemos a presença, lado a lado, dos dois mitos: limpeza de sangue e honra.

A cobrança da finta chegou a ser efetuada, pois em 1624 voltou a ser notícia na reunião da Câmara. O fintador Gaspar Gomes foi chamado a declarar quais os judeus que estavam em dia com o pagamento. A declaração não pôde ser completada, pois o livro de lançamentos não se encontrava de posse do encarregado. Assim mesmo foram lembrados os nomes de Rodrigues Fernandes, Tomás Freire e Francisco Vaz Coelho[70].

Por outro lado, completando o quadro de manifestações de preconceito nos mais variados setores da sociedade colonial, deparamo-nos com os exames de comprovação de Genere exigidos pelas associações religiosas, e que funcionam como instrumento seletivo, por meio do qual os indivíduos são qualificados com base em suas origens[71].

---

68. *Atas da Câmara de São Paulo*, São Paulo, 1915, vol. 50, pp. 363-364. Citado também por Belmonte, *No Tempo dos Bandeirantes*, São Paulo, Melhoramentos, 4ª ed., s/d, p. 154. Arquivo do Estado de São Paulo. José Gonçalves Salvador, *op. cit.*, p. 66. Grifo nosso.

69. *Registro Geral da Câmara da Vila de São Paulo*, vol. I, p. 272. Arquivo do Estado de São Paulo. A preocupação de Diogo Pinto pode ser justificada pelo fato de serem os réis de finta uma fonte segura para a identificação dos cristãos-novos em Portugal. Inclusive em 1768, Pombal, com o objetivo de eliminar a distinção entre cristãos-novos e cristãos-velhos, mandou que fossem destruídas todas as relações de fintas existentes no Reino. Muitas vezes por vingança, se incluía o nome de autênticos cristãos-velhos.

70. *Atas da Câmara de São Paulo* (1624), *op. cit.*, vol. IV, p. 181. Arquivo do Estado de São Paulo.

71. Por ser o assunto principal de nossa análise referente ao Brasil, trataremos em capítulo à parte.

A FORMALIZAÇÃO DA IDEIA DE PUREZA DE SANGUE NOS ESTATUTOS DAS ORDENS RELIGIOSAS

A atuação da Igreja no Brasil, amplamente caracterizada pelo trabalho missionário, fez-se marcar pela presença das Ordens Regulares, das Ordens Terceiras e das associações religiosas, representadas pelas irmandades e confrarias. Portadoras de uma cultura expressamente europeia, as Ordens Religiosas – que aqui chegaram, no início do período colonial – transladaram para o Brasil valores culturais representativos do grupo dominante, do qual eram membros atuantes[72].

O sistema simbólico imposto pela Igreja, em comum acordo com a nobreza portuguesa, se organizou com base em um corpo coordenado de signos, cujo significado era muito relativo. Formalizaram-se normas de comportamentos, sendo que aos olhos do público e da Inquisição todos eram católicos. Entretanto, por trás de cada expressão, poderiam estar presentes os mais convictos pensamentos judaicos ou os mais escrupulosos rituais fetichistas africanos e muitas outras superstições que povoavam as mentes dos colonizadores.

Qualquer gesto poderia levantar suspeitas de heresia, superstição, feitiçaria, bruxaria e até mesmo depor contra a tão cobiçada pureza de sangue. O fato de um cristão-novo usar frases que não coincidiam com as formas impostas pela Igreja Católica poderia levá-lo a ser considerado herege ou um criptojudeu. Por exemplo: dizer ou escrever "Rogo à Glória Maria Senhora Nossa e Mãe do Meu Senhor Jesus Cristo", no lugar de "rogo à Glória Virgem Maria Senhora e Mãe de Deus", poderia gerar dúvidas sobre o seu comportamento como cristão[73].

Para muitos, o catolicismo se transformou em uma religião de verniz: comparecer às missas, ir às procissões, dar esmolas, pronunciar corretamente as orações ou as invocações ortodoxas, era sinônimo de bom cristão. Ser "bom cristão", pelo menos formalmente, significava ser aceito pela sociedade. Para alguns, oferecia a possibilidade de as-

---

72. Sobre a influência das ordens religiosas na cultura brasileira, existe extensa bibliografia, dentre a qual cumpre citar a clássica obra de Fernando de Azevedo, *A Cultura Brasileira*, São Paulo, Melhoramentos/Edusp, 5ª ed., 1971; Nelson Werneck Sodré, *Síntese da História da Cultura Brasileira*, 2ª ed., 1972; C. Coimbra, *Fenomenologia da Cultura Brasileira*, São Paulo, Lisa-Livros Irradiantes, 1972. Ressalto ainda os estudos desenvolvidos por Caio César Boschi, *Os Leigos e o Poder: Irmandade, Lugar e a Política Colonizadora em Minas Gerais*, São Paulo, Ática, 1986; Carlos Fernando Filgueiras de Magalhães, Comunicação "Confrarias Religiosas como expressão artística nos séculos XVIII e XIX nas Minas dos Goiazes. Irmandades de Brancos, Preto e Mulatos, em *Congresso América 92. Raízes e Trajetórias*. São Paulo, Edusp; Rio de Janeiro, Expressão e Cultura, 1992.

73. Nunes Marques Pereira, *Compêndio Narrativo do Peregrino da América*, Rio de Janeiro, 2.ª ed., Lisboa, Antonio Vicente da Silva, 1760; *História da Igreja no Brasil*, coord. Enrique Hoonaert, Petrópolis, Vozes, 1977, tomo II, p. 327.

cender na hierarquia social, quando a cor da pele não o discriminasse (como era o caso dos cristãos-novos identificados com o grupo branco). Ingressar em uma Ordem Religiosa ou fazer parte de uma Irmandade era também uma forma de comprovar a limpeza de sangue perante os olhos daqueles cujos valores exigiam atestados de Genere para julgar a capacidade e dignidade de um cidadão.

Dentre as Ordens Religiosas regulares que atuaram no Brasil durante o período colonial podemos citar os Franciscanos, Jesuítas, Carmelitas, Beneditinos e a dos Mínimos, cuja presença só se fez sentir no século XVIII. Todas elas foram, até certo ponto, fiéis representantes dos anseios, interesses e projetos dos colonizadores. Estiveram também entre nós os Agostinianos e os Capuchinhos, atuando nas mais diferentes regiões brasileiras. Os Dominicanos não se estabeleceram na América Colonial Portuguesa.

Os leigos se organizaram em associações religiosas representadas por meio das Ordens Terceiras e das Confrarias ou Irmandades[74]. As Ordens Terceiras estavam vinculadas às Ordens Religiosas dos Carmelitas, Franciscanos e Dominicanos, sendo as duas primeiras as de maior atuação no Brasil[75]. As Irmandades, marcadas por seu caráter religioso e devocional, consistiram em uma forma de sobrevivência das antigas corporações de artes e ofícios. Caracterizadas pela participação do leigo no culto católico e pela devoção específica a um Santo, as Irmandades tinham o seu Estatuto aprovado pelo Rei de Portugal, como grão-mestre da Ordem de Cristo[76]. A única Irmandade que manteve um caráter nitidamente social foi a da Misericórdia, cujos objetivos eram concomitantemente religiosos e assistenciais. Dentre as Irmandades ou confrarias religiosas, podemos citar a do Santíssimo Sacramento e a de Nossa Senhora do Rosário, uma das mais antigas do Brasil colônia. A Irmandade de Misericórdia mais antiga do Brasil é a de Santos (1543), seguida pela do Rio de Janeiro (1582) e a de São Paulo (1599).

Ao nível dos símbolos religiosos, o mito de pureza de sangue fez parte de todos os estatutos ou compromissos dessas organizações religiosas. Ordens seculares, leigas ou confrarias foram portadoras, durante todo o período colonial, de atitudes racistas, impondo cons-

74. Sobre as Ordens Religiosas ver *História da Igreja no Brasil*, ed. cit., pp. 54 e ss.; Venâncio Willeke, *Missões Franciscanas no Brasil* (1500-1975), Petrópolis, Vozes, 1975; Serafim Leite, *História da Companhia de Jesus no Brasil*, Rio de Janeiro, 1938.

75. A Ordem Terceira da Penitência foi introduzida no Brasil durante o século XVI, sendo Olinda seu primeiro reduto. Em 1615 instalaram-se em São Paulo e em seguida no Rio de Janeiro (1619) e Bahia (1635). Nesse mesmo século, instalou-se em Santos a Ordem Terceira do Carmo que, no século seguinte, chegou a Salvador (1636) e no século XVIII a Mariana. Em 1723 organizou-se na Bahia a Ordem Terceira de S. Domingos. *História da Igreja no Brasil*, ed. cit., pp. 234 e ss.

76. *Idem*, pp. 234-235.

tantemente um programa segregacionista aos negros, mulatos, índios, mouros, judeus e cristãos-novos.

A repercussão da ideia de limpeza de sangue da metrópole para a colônia foi mais do que evidente, sustentando durante séculos um preconceito racial baseado na cor da pele e no sangue. Trazendo de Portugal toda uma forma de representação racista e elitista, apoiadas em uma legislação francamente discriminatória, essas ordens religiosas elaboraram seus estatutos sob os mesmos moldes, transladando para a colônia um clima de insegurança e intranquilidade. Aqueles que desejassem entrar para uma dessas organizações deveriam submeter-se ao exame de limpeza, correndo o risco de serem considerados indesejáveis pela mácula de judeu, negro ou mouro.

Os jesuítas, cuja atuação por meio da catequese e educação não podemos minimizar, também carregavam forte marca desse preconceito, sendo, ao mesmo tempo, portadores do espírito de dominação que caracterizou os colonizadores brancos portugueses. Para eles, o fato de muitos elementos nascidos no Brasil serem *mulatos* ou *índios*, e não brancos, trazia dificuldades para a vida religiosa. O leite das amas mulatas que alimentavam os meninos brancos era pior que o da *negra*. Alegavam também que os *mestiços* eram pouco aptos para a "abnegação estável da vida religiosa", pelo seu temperamento irrequieto. Quanto àqueles que provinham "das classes das artes mecânicas, tornavam-se inconvenientes"[77].

O pretendente à Companhia de Jesus poderia ser excluído por ser herege, homicida, ter vestido hábito religioso de outra ordem, estar ligado por vínculo de matrimônio ou de escravidão, ou ser infame. Este último caso significava comprovar se o habilitando possuía ou não nas veias o sangue da "raça dos judeus"[78]. Segundo os Estatutos da Companhia de Jesus, as investigações deveriam ser feitas até o quinto grau[79]. Desde as primeiras Constituições, redigidas pelo Padre Simão Rodrigues, para os jesuítas portugueses, determinou-se a não admissão de *cristãos-novos* na Ordem[80].

Na opinião de Boxer, a Ordem Religiosa com exigências raciais mais rígidas era a dos Carmelitas Descalços de Santa Tereza, que se fixou em Olinda, em 1686. Além de recrutar seus "membros entre indivíduos nascidos na Europa", e educados principalmente em Portugal, na região do Porto, recusavam-se a admitir noviços nascidos no Brasil, por *mais puros* que fossem[81].

77. Documento elaborado por alguns jesuítas na segunda metade do século XVII, em que escreveram oito causas que dificultavam no Brasil a vida religiosa. Serafim Leite, *op. cit.*, vol. VII, pp. 232 e 235.

78. *Idem*, tomo I, p. 10.

79. Mendes dos Remédios, *op. cit.*, p. 59.

80. F. Rodrigues, *História da Companhia de Jesus na Assistência de Portugal*, Porto, 1931-1950; tomo II (1938), pp. 338, 346 e ss.

81. Charles Ralph Boxer, *op. cit.*, p. 291.

O preconceito de sangue pode ser também identificado no Estatuto da Província de Santo Antônio do Brasil, instalada na Cidade de Recife (PE) e publicado em 1708. Determinava que, para se admitir noviços à profissão, dever-se-ia, antes de mais nada, fazer que "conste sua limpeza" por três testemunhas autênticas, pelo menos, "que conheçam os pais, avós paternos e maternos"[82].

Ao ser efetuada a investigação de Genere, deveria ficar provado ser o noviço de "boa geração", ou seja: não poderia ser descendente de *judeus, hereges, mouros*, ainda que convertidos, e nem de *gentios* dentro do quarto grau inclusive[83]. No caso de haver alguma *fama* por "mais remota & confusa" que fosse, o Estatuto alerta para que nem sequer se apurasse se o indivíduo era ou não de tal descendência, não chegando portanto a se apurar inquirição jurídica. As determinações são imperiosas com relação aos descendentes de judeus. Afirmam: "não queremos que nenhum seja admitido ao nosso hábito". Com relação às demais linhagens, com base nos Decretos Apostólicos, considera-se que os "seus descendentes são inhabeis"[84].

As testemunhas inquiridas deveriam opinar se o habilitando e seus descendentes eram "limpos de toda *raça de judeus*, mesmo que seus corpos e estátuas não tivessem sido condenados pelo Santo Offício"[85].

A Ordem Franciscana expressou, como todas as outras, seu preconceito contra *negros, mouros* e *judeus*. Utilizando-se de uma linguagem estereotipada, formalizou nos seus Estatutos a ideia da pureza sanguínea. Os Estatutos Municipais da Província da Imaculada Conceição do Brasil, aprovados em 1717[86], estipulava que seus noviços deveriam possuir, dentre outras qualidades, a de "*não ser maculado por algua infamia vulgar*, nem descenda destes dentro no 4º grau"; ser de boa geração e não ser descendente de *judeus*. Se houvesse fama, por remota ou confusa que fosse, ou qualquer voz, rumor ou opinião de tal linhagem, já era razão suficiente de impedimento. Não seriam também aceitos descendentes de *mouros*, ainda que convertidos, nem de *hereges* e *gentios*. Todos esses eram considerados *inábeis* para a profissão religiosa, da mesma forma que os criminosos, os filhos sacrílegos, os adulterinos e os ilegítimos[87].

82. *Estatutos da Província de Santo Antônio do Brasil*, Lisboa, na Officina de Manoel & Joseph Lopes Ferreira. MDCCIX, cap. 1, § 1, p. 1. (manuscrito.)

83. "Da Qualidade dos Noviços". *Ibidem*, § 5, p. 2.

84. *Ibidem*, § 6, p. 2.

85. *Ibidem*, § 10, p. 4. Grifo nosso.

86. O conteúdo desse Estatuto foi retirado de vários outros da Ordem e aceitos em 07/04/1710, no Convento de Santo Antônio do Rio de Janeiro. O segundo capítulo somente foi aprovado três anos depois, em 25/03, submetido à aprovação de dois qualificadores do Santo Ofício em 1715 e 1716, foi encaminhado ao Paço e liberado para ser impresso em 1717.

87. *Estatutos Municipais da Província da Immaculada Conceyção do Brasil*, Lisboa, Officina de Joseph Lopes Ferreyra, Impressos de Sereníssima Rainha, MDCCXVII. (Documento impresso.) Grifo nosso.

A Venerável Ordem Terceira da Penitência de N. Seraphico Patriarcha S. Francisco, de Vila Rica, teve seu primeiro Estatuto elaborado em 1756, já em tempos de Pombal. Copiado na íntegra dos Estatutos que regiam a Ordem Terceira da Penitência do Rio de Janeiro, estipulava em seu primeiro capítulo que a admissão de *mulatos* ou *cabra* e de *"judeu, mouro* ou *herege* e seus descendentes até a 4ª geração era proibida"[88].

A preocupação em averiguar a limpeza de sangue de seus candidatos pode ser notada em uma carta, datada de 1758, enviada à Mesa da Ordem, na qual os irmãos requerem que se mande, com todo o segredo, informações acerca da limpeza de sangue e mais requisitos de Antônio Félix Pereira de Araujo, natural e morador de Vila Rica[89].

O preconceito racial contra os descendentes de judeus não ficou restrito apenas a essas ordens. Alastrou-se e ganhou forças, dividindo a sociedade mineira em cristãos-novos e cristãos-velhos. O Estatuto da Venerável Ordem Terceira de Nossa Senhora do Monte do Carmo, da Vila de S. João Del'Rei, selecionava seus membros baseando-se em três critérios: a pele, o sangue e a honra. Foi ao mesmo tempo uma organização de homens *brancos, cristãos-velhos, limpos de geração*; e uma Irmandade de comendadores, doutores, funcionários, banqueiros, sacerdotes, fazendeiros etc[90].

Requisitos semelhantes a esses eram exigidos pela Ordem Terceira de São Francisco de Mariana (MG). Para ser admitido como seu membro, o indivíduo deveria comprovar seu "nascimento *branco, legítimo,* sem qualquer boato ou insinuações de *sangue judeu, mourisco* ou *mulato,* ou de *carijó,* ou de qualquer outra *raça contaminada"*. Aqueles que se casassem com "mulher de cor" ou com "sangue de cristão-novo" eram expulsos[91].

Os cristãos-novos conseguiram burlar os Estatutos, utilizando-se de falsas habilitações de Genere e falsas reverendas para entrar nas Ordens[92]. Muitas vezes, a falta de religiosos no Brasil forçou as Ordens a aceitarem indivíduos de origem duvidosa. Esse problema se estendeu por todo o século XVIII, possibilitando muitos descendentes de judeus assumirem o hábito religioso. O Padre Provincial, Frei Francisco de Santo Antônio, da Província de Santo Antônio do Brasil, da Capitania

---

88. R. Trindade, *São Francisco de Assis de Ouro Preto,* p. 23. Grifo nosso.

89. *Idem,* pp. 465-466.

90. J. Paz Lopes, "A Presença de Escravos Negros em uma Corporação Religiosa durante os Séculos XVIII e XIX". Fontes primárias, em *Anais do VI Simpósio Nacional dos Professores Universitários de História,* São Paulo, USP, 1973, vol. II, p. 325.

91. Charles Ralph Boxer, *op. cit.,* p. 325.

92. Reverendas eram cartas de apresentação do habilitando a ser ordenado, dirigidas ao Bispo. Essas cartas somente eram emitidas após a conclusão do processo de habilitação, que seguia como anexo: José Gonçalves Salvador, *Cristãos-Novas, Jesuítas e Inquisição,* ed. cit., p. 19.

da Bahia, alega que a Província se acha em total decadência "pela grande falta qᵉ hã de Religiosos, pᵃ o culto Divino, Exercícios de Púlpito, Conficionário". Afirma que na Província só existem 120 religiosos, e a maior parte "são descrentes e inábeis pelas suas ideias e moléstias"[93].

A mesma situação é alegada em 1781 pelo abade Geral da Congregação de São Bento, que recebeu permissão da rainha para aceitar trinta noviços para os conventos do Brasil, considerando-se a falta com que se acham para promoverem o culto divino, administrar sacramento etc[94].

A infiltração de cristãos-novos, fazendo-se passar por cristãos-velhos, foi fato constante tanto na América portuguesa e espanhola, como em Andaluzia, Madri e certas zonas de Castela[95]. Contudo, o preconceito manifestado legalmente contra eles gerou tal clima de insegurança, que muitos procuraram a Província do Prata com o objetivo de ali conseguir ordenar-se padre, utilizando-se de disfarces e índios para orientá-los pelos caminhos do sertão. Essa situação é discutida pelos oficiais da Câmara de São Paulo, que, por volta de 1602, prosetaram contra essa infiltração[96]. No ano seguinte, voltam os oficiais da Câmara a pedir que "nenh~ua pessoa de qualquer calidade e cõdição que seja não vá ao sertão cõ pena de vinte mil rs aplicados pera obras do cõselho e acuzados em dous anos de degredo pera fortaleza do Rio Grande"[97].

José Gonçalves Salvador considera que a falta de Bispo no Brasil, durante o período de 1649 a 1672, as facilidades encontradas para se ordenar em terras da Coroa de Castela e a presença dos Visitadores do Santo Ofício no Brasil foram algumas das razões que levaram grande número de cristãos-novos à região do Prata[98].

Em um Alvará, o rei determinou ao Bispo D. Marcos Teixeira que "não seja por nenhum caso em nenhum grau por remoto que seja cristão-novo". Pedindo que se façam "exames e inquirições mui clarificadas", determina que não se nomeie nos ditos cargos eclesiásticos

---

93. "Representação que fez o Pe. Francisco Antônio, procurador geral da Província de Santo Antônio do Brazil sobre a total decadência e consternação da sua Ordem pela grande falta que há de religiosos", (fins do século XVIII), Doc. n. 9.367 do *Catálogo da Exposição de História do Brasil*, 1-31, 28, 36 (manuscrito). Biblioteca Nacional do Rio de Janeiro.

94. "Provizão pela qual a Rainha N. Sra. Autorizou o D. Abade do Mosteiro de São Bento", 1781, 2º, Doc. n. 423 do *Catálogo da Exposição de História do Brasil*, II, 34, 5, 68 (manuscrito). Biblioteca Nacional do Rio de Janeiro.

95. Júlio Caro Baroja, *op. cit.*, p. 335.

96. *Atas da Câmara de São Paulo*, ed. cit., 24/12/1622, vol. II, p. 494. Arquivo do Estado de São Paulo.

97. *Idem*, 1º/04/1623, vol. III, p. 29.

98. O autor cita os casos de Pedro de Aviz Lobo, do jesuíta Duarte Mendes, Brás Galvão e Manuel Nunes, cristãos-novos portugueses que se ordenaram em Tucumã. José Gonçalves Salvador, *op. cit.*, pp. 13 e 19; Yara Nogueira Monteiro, *op. cit.*

pessoas que tenham "suspeita de cristãos-novos"⁹⁹. A mesma ordem foi dada ao Padre Mateus da Costa Aborim, em 1625, para que não se nomeassem cristãos-novos em nenhum caso em grau, por mais remoto que fosse. Determinou que "*nem por suspeita ou fama* se nomeie este tipo de pessoa"¹⁰⁰.

As Irmandades de Misericórdia também se mostraram racistas em seus Compromissos, vindo a se constituírem em uma oligarquia autoperpetuadora, mantida por uma aristocracia rural de senhores de engenhos. Somente a partir de 1700 encontramos mercadores em seus quadros na Bahia, intensificando-se a partir de 1730 essa admissão¹⁰¹.

Como nas Ordens Religiosas, as Irmandades de Misericórdia só admitiam, entre seus membros, elementos puros de sangue, sem qualquer mácula de origem *judaica* ou *moura*. Apesar das restrições impostas, os cristãos-novos conseguiram ingressar também nas Misericórdias, o que lhes aumentava a segurança.

A casa de recolhimento de mulheres honestas da Bahia, contígua à Casa da Santa Misericórdia, instalada após 1714, durante o reinado do Vice-Rei D. Pedro Antônio de Noronha, estipulava em seu Compromisso que somente se recebessem donzelas e *cristãs-velhas*. Esse Regimento era cópia autêntica do Regimento das Recolhidas de Lisboa, reforçando nos inícios do século XVIII o mito de pureza entre nós¹⁰².

As Constituições Primeiras do Arcebispado da Bahia, propostas em 1708, apesar de se constituírem em legislação sinodal e não conciliar, foram adotadas em todo o Brasil¹⁰³. Sob o título "da primeira tonsura, e quatro Ordens Menores", determinam que não se admitam ao sacerdócio sujeitos indignos dele e que mais servem para desencaminhar as almas do que as levar a Deus. Em primeiro lugar, deveria ser tirada informação secreta da limpeza de sangue-extrajudicial, vida e costumes, do habilitando e da limpeza de sangue de seus pais e

---

99. Alvará 19/04/1622, Ordem de Cristo, Livro 22, fl. 197. Arquivo Nacional da Torre do Tombo; José Gonçalves, *op. cit.,* p. 54.

100. Alvará 21/09/1625 que o Rei passou em Lisboa para o Pe. Mateus da Costa Aborim. Arquivo Nacional da Torre do Tombo; José Gonçalves Salvador, *op. cit.,* p. 24. Grifo nosso.

101. C.R. Boxer, *O Império Colonial Português,* ed. cit., pp. 322-323. Sobre as Irmandades de Misericórdias, ver cap. II, item 3.1 b.

102. Sebastião da Rocha Pita, *op. cit.,* p. 270.

103. As Constituições foram redigidas pelo Arcebispo Dom Sebastião Monteiro Vide, propostas e aceitas no Sínodo Diocesano, realizado em 12 de junho de 1707, o único celebrado durante o período português. Na opinião de Enrique Hoornaert, essas constituições devem ser vistas como uma tentativa de formar um Brasil mais independente de Portugal. Entretanto, as constituições estiveram subordinadas à rigidez da Inquisição portuguesa, que não permitia nenhuma inovação, controlando totalmente a impressão de livros. E as exigências a respeito da pureza de sangue continuaram. E. Hoornaert, "A Cristandade durante a Primeira Época Colonial", em *História da Igreja no Brasil,* ed. cit., p. 276.

avós, das Freguesias, e terras, Bispados de onde são naturais e moradores, e também de onde trazem suas origens[104].

A Irmandade de São Miguel e Almas consta como a primeira confraria religiosa das Minas de Goiazes. Oficializada por uma provisão do Arcebispo do Rio de Janeiro, D. Fr. Antônio de Guadalupe em 9 de janeiro de 1733, esta Irmandade trazia em uma cláusula do seu Compromisso sua refutação aos cristãos-novos, negros e mulatos[105]. Segregacionista, estava aberta apenas aos homens brancos, tanto homem como mulheres. Identificados apenas pela cor de pele, o cristão-novo José Pinto Ferreira conseguiu burlar as regras vindo a ocupar importantes cargos até 1760 quando foi preso e enviado ao Tribunal do Santo Ofício de Lisboa. O advogado Ferreira teve confiscados todos os seus bens e ficou vários meses nos cárceres secretos do Santo Ofício. Reconciliado, recebeu como sentença o hábito penitencial no auto-de-fé de setembro de 1761[106].

Portanto, baseando-nos na documentação apresentada, podemos considerar que:

- o preconceito de sangue se manifestou nas Ordens Religiosas e Irmandades sob a forma de um racismo camuflado, desde os inícios do século XVI, fortalecendo-se no XVII e estendendo-se até a segunda metade do século XVIII;
- o judeu, o mulato, o negro e o mouro são considerados "raças contaminadas", maculadas pelo sangue infecto que as torna inábeis para o exercício da profissão religiosa;
- o gentio, elemento da terra, em contraposição ao colonizador europeu (português), é considerado raça inábil e incompetente;
- é um racismo argumentado em termos teológicos e biológicos, sem fundamentação científica, apoiado apenas na "fama", boatos e insinuações;
- a maioria das Ordens e Irmandades exigia que as investigações de Genere se estendessem até o quarto grau;
- o fato de o cristão-novo conseguir ingressar nas Ordens e Irmandades não elimina o preconceito, pois utilizam falsos atestados de Genere para conseguir romper as barreiras impostas; E, se ele necessita de tais provas para ser habilitado, é porque elas têm um significado simbólico endossado pelo grupo que não o aceita como realmente é;

104. *Constituições Primeiras do Arcebispado da Bahia,* São Paulo, 1853, Livro I, Tit. L e VI, pp. 76 e 87.

105. Compromisso que hade servir na Irmandade das Santas Almas…, ed. cit.

106. Ver Adalberto G. Araújo Júnior, *op. cit.,* p. 171-2.

- a partir do momento em que o cristão-novo se faz passar por cristão-velho, encobrindo suas origens judaicas, ele se transforma em um elemento conivente com o sistema imposto, reforçando o mito de pureza de sangue.

A DISCRIMINAÇÃO CONTRA OS CRISTÃOS-NOVOS ATRAVÉS DOS PROCESSOS DE HABILITAÇÃO DE GENERE

O exame de habilitação de Genere era, como vimos no capítulo anterior, um dos principais requisitos exigidos àqueles que desejassem ingressar nas Ordens Sacras e Menores e Irmandades ou Confrarias Religiosas[107]. As diligências de *puritate sanguini*, expressão latina encontrada em alguns manuscritos, podem ser consideradas, conjuntamente aos Estatutos ou Compromissos dessas organizações religiosas, como a mais importante documentação a ser estudada por aqueles que se interessam pela comprovação de racismo manifestado no Brasil durante o período colonial.

As informações a respeito das gerações do habilitando eram conseguidas a partir da aplicação de um formulário, respondido oralmente pelo candidato e redigido por um funcionário da Igreja. De uma testemunha para a outra mudava, quando muito, o nome, local de origem, idade e profissão. Também os estereótipos se repetem, expressando-se através de uma linguagem acusatória. Os processos têm, por conseguinte, características padronizadas.

Os processos de habilitação de Genere envolviam, de um lado, as minorias étnicas discriminadas pela cor ou pelo sangue; de outro lado, os elementos participantes do "grupo de *status*", manipuladores das convenções impostas e responsáveis pela divulgação de uma imagem deturpada do cristão-novo. Assim, para que um processo de habilitação de Genere se realizasse e chegasse à sentença final, várias pessoas eram convocadas pela máquina administrativa, que envolvia cada um dos Arcebispados. Portanto, era necessário que certos cargos e funções fossem bem definidos e ocupados por elementos representativos do grupo dominante: Juiz das Justificações de Genere, escrivão e o provisor.

- *Juiz das Justificações de Genere:* nomeado pelo Arcebispo através de uma petição. Tinha como função receber a petição do habilitando e informar-se, pelos párocos, acerca da limpeza de sangue do interessado,

---

107. Para a realização desse estudo, consultamos os processos de habilitação de genere da Cúria Metropolitana de São Paulo, uma amostragem dos processos encontrados na Arquidiocese de Belém do Pará, e no Arquivo Nacional da Torre do Tombo em Portugal que nos permitiram traçar um estudo comparativo.

de sua vida, de seus costumes e da limpeza de sangue de seus pais e avós de ambas as partes. Cabe a ele também mandar passar mandado de Segredo e Legitimidade do Habilitando, quando fosse o caso, de seus pais e avós, e inquerir sete ou oito testemunhas cristãs-velhas[108].

• *Escrivão:* eram vários os cargos de escrivão delegados pelo Arcebispado: Escrivão da Câmara, da Chancelaria, da Visitação e o da Vara e Armas. Segundo o Regimento Eclesiástico, esse cargo "é de tanta confiança que se requer para ele, pessoa de muito crédito, fiel e legal; porquanto é ordenado em direito, para que em Juízo houvesse pessoa pública, que fielmente escrevesse todos os atos judiciais, e que se dê inteira fé, e crédito, pois sua fé e autos que escreverem, pende a justiça das partes e havendo clérigo idôneo, será mais conveniente"[109].

As "diligências de Genere, e mais diligências das Ordens, Patrimônios, matrículas, e Cartas dellas, de Moribus et Vita" ficariam ao encargo do Escrivão da Câmara. Este, para exercer tal função, deveria ser pessoa eclesiástica "de *Ordens Sacras, ou Secular, limpo de sangue,* de boa consciência, experiência, e muito segredo e talento, e que ainda saiba escrever, e saiba Latim"[110].

Dentre as suas funções deveria levar e buscar, com o Provisor ou Juiz de Inquirições, os papéis a serem despachados; inquirir as testemunhas segundo convier às partes, de manhã ou à tarde, ou conforme for mais acomodado para as testemunhas; escrever nas inquirições tudo o que as testemunhas disserem clara e distintamente pelas mesmas palavras, devendo em seguida efetuar em voz alta a leitura do que foi dito[111].

• *Provisor:* como as matérias de que trata "são graves e de muita importância", este cargo deveria ser provido por um sacerdote, *limpo de sangue,* pelo menos com trinta anos de idade e graduado em Direito Canônico. Deveria ter gravidade, prudência e inteireza, com mais virtudes e letras[112].

O ofício de Provisor foi instituído e ordenado para "mais breve e comodamente se despacharem os negócios e causas mais graves pertencentes ao governo espiritual e jurisdição voluntária"[113].

Podemos perceber que, paralelamente à afirmação *limpo de sangue,* uma série de adjetivos se interligam, envolvendo alta dose de valores positivos. A imagem de um grupo se forma acarretando, legalmente, a marginalização de todos os outros. Aqueles que possuem o

---

108. *Regimento do Auditório Eclesiástico,* São Paulo, 1853, Tit. VI. "Do Juiz das Justificações de Genere e formas que nellas deve guardar", p. 77, n. 348.

109. Tit. "Dos Escrivães de nosso Auditório, e do que a seu Officio Pertence", n. 524.

110. *Idem,* n. 470, p. 105, n. 459, p. 102. Grifo nosso.

111. *Idem,* Tit. XVII, n. 466.

112. *Idem,* § 1, "Do Provisor, e do que a seu Officio Pertence", p. 6.

113. *Idem, Ibidem.*

sangue limpo são os únicos dignos *de confiança, de boa consciência e de crédito.*

As testemunhas, chamadas a informar acerca da naturalidade, qualidade e limpeza de sangue do habilitando, variavam em número de oito a dez de cada paróquia onde se fizesse necessário buscar informações[114]. Inúmeros são os casos em que a investigação estendeu-se do Brasil até Portugal com o objetivo de buscar as raízes genealógicas do candidato interessado em ser promovido a Ordem Menores e Sociais. Junto ao Arquivo Nacional da Torre do Tombo em Lisboa, milhares de processos de habilitação de Genere em nome de brasileiros ou portugueses radicados na colônia testemunham esta prática. Por exemplo, em 1765, o doutor Antônio Pereira de Castro – responsável pela Santa Sé de Olinda, Provisor e Juiz de Genere em todo o Bispado de Pernambuco – requereu em nome do Bispo D. Francisco Xavier Aranha, do mesmo Bispado, que se procedesse junto ao Patriarcado de Lisboa as investigações de Genere de Antônio José de Brito, Francisco Antônio de Brito, e Joseph Francisco de Brito, naturais da Freguesia de São Francisco Pedro Gonçalves.

No requerimento, o solicitante informou que estes eram filhos legítimos de Francisco de Brito, natural da Freguesia do Santíssimo Sacramento do Patriarcado de Lisboa e que sua mulher, D. Anna Izabel, era natural da Freguesia de Santo Amaro de Jaboatão, também daquele Bispado. Eram netos por parte paterna de Timotheo de Britto, natural da Freguesia de Nosso Senhor dos Martyres, do Patriarcado de Lisboa; e pela parte materna eram netos de Francisco Barros Pessoa da Freguesia de Santo Amaro de Jaboatão e de sua mulher D. Anna Maria de Mendonça, natural da Freguesia de São Pedro, ambos daquele Bispado de Pernambuco. A partir destas informações solicitava-se de "se lhe fazerem as diligências de genere na fórma do estilo"[115].

Dentre inquisições de Genere em Portugal, sendo as despesas por conta do interessado, citamos:

• Antônio Moreira de Carvalho, solicitada pelo Arcebispado de PE, C.E.L. Habilitação de Genere, 7.º, p. 8;

• José Teixeira Camargo e seus Irmãos Thomas Teixeira Camargo e Joaquim T. Camargo, da Freg. de Nossa Senhora de Pitangui. As investigações passara pela mão do Cardeal Patriarca de Lisboa que, após avaliação, encaminhou para o Vigário da Vila de Cascaes, da região de Nossa Senhora da Conceição de Congonhas do Campo, feitos no Patricardo de Lisboa a pedido do Bispado de Mariana, 1763, C.E.L. Habilitação de Genere, 74.º 303, p. 28;

---

114. As paróquias geralmente equivaliam ao local de nascimento e moradia do habilitando, de seus pais e avós maternos e paternos.

115. (P.H.G.M. de Antonio Josê de Brito, 1765. C.E.L., 4.º 73, Pasta 35. A.T.N.F.)

• Ignácio Cardoso de Mattoz, 1761, C.E.L.H. de Genere, 310, p. 5;
• Luiz Delgado Ferreira, natural do Rio de Janeiro (Brasil), 1755. C.E.L.M. 363. Outros tantos pedidos de investigação encaminhados à Laurentino Moreira de Carvalho, natural de Recife, 1763. C.E.L. – M. 74, p. 8.

Deveriam ser moradores do local, fidedignos e desinteressados cristãos-velhos. A palavra de cada uma dessas pessoas era digna de crédito, correspondendo à verdade, mesmo quando fundamentada em "rumores" ou "ouvir dizer".

A realização desse ato inquisitorial envolvia o escrivão, o inqui-ridor e o meirinho eclesiástico, encarregado de chamar a testemunha e de fazer constar alguns dados pessoais: nome completo, seu ofício, naturalidade, local de moradia e idade[116]. Todo interrogatório se fazia sob grande segredo, atitude comum à Igreja em geral: os termos "or-dem secreta" e "com todo segredo" são empregados várias vezes no decorrer do processo[117].

Esse fato oferece muita semelhança com os processos inquisi-toriais, em que não somente o réu jurava segredo, como também os deputados, meirinhos, inquisidores e advogados do Santo Ofício. Inclusive, "a violação do segredo do Santo Ofício era equiparado ao crime de heresia, e como tal consta do edital de fé publicado todos os anos"[118].

Entre os critérios para a seleção das testemunhas, não se encontra o da profissão, pois há uma constante diversificação nos processos analisados[119]. Entretanto, em alguns inquéritos, chamou a nossa aten-ção o fato de a maioria das testemunhas ser de formação religiosa, o que nos leva a crer que certos processos eram desenvolvidos num

116. Testemunha 7: "Alferes João Garcia Cordeiro morador da Vila de São Francisco das Chagas de Taubaté, homem cazado e natural desta mesma vila de idade que disse ter de sessenta e seis anos, ordinário desta vila, testemunha jurado nos Santos Evangelhos livro em que pos sua mão direita, para dizer a verdade do que soubesse e perguntado lhe fosse [...]". Habilitando Manuel Serafim dos Anjos, 1787, Est. L, Gav. 62, n. 485, p. 43 verso (manuscrito). A.C.M.S.P., *P.H.G.M.*

117. O segredo envolvia a testemunha e o processo, como podemos observar nesses trechos retirados de dois inquéritos: "se lhe fallou alguma pessoa, ou pessoas, para que vindo a este juramento, nelle dissesse mais, ou menos a verdade que soubesse, o ou lhe fosse perguntado, e que pessoas forão". Habilitando Cyrillo Al^z. Paçanha, 1749, Est. 3, Gav. 19, n. 1865, p. 3. A.C.M.S.P., *P.H.G.M.,* "em seu cumprimento será V.M. servido mandar passar *ordem secreta* ao Reverendo Parocho da dita Freguesia de para que per si exofficio, com *todo o segredo,* sem a parte nisso intervir, nem outrem". *Idem*, pp. 2-3. Grifo nosso.

118. Antonio José Saraiva, *op. cit.,* p. 99.

119. Dentre as profissões encontramos: tenentes de milícias, major reformado, professor de retórica, negociante de taberna, estabelecidos em lavoura, mestres de alfaiate, alferes das milícias etc.

círculo fechado de pessoas, o que garantia, de antemão, a aprovação do habilitando[120].

Outro critério era a idade: os selecionados como testemunhas deveriam estar entre os mais antigos moradores do local, visto que a inquirição poderia se estender até o quarto grau ou quinto inclusive, conforme o Estatuto da Ordem[121]. As pessoas jovens não teriam condições para fazê-lo. Contudo, o caráter formal e superficial desses processos torna-se mais marcante quando deparamos com testemunhos de pessoas que não ultrapassam 47 anos[122].

Em uma petição enviada ao Reverendo Vigário da Freguesia de Santa Anna de Campina, no Pará, com a finalidade de colher novas informações, o Cônego Antônio José de Souza Loureiro pede-lhe, por escrito, sua informação particular, declarando os ofícios e *Alcunhas* do habilitando. Essa preocupação se constitui em um caso isolado entre os vários processos analisados. Talvez, em um contexto mais amplo, possamos relacionar esse critério com o fato de muitos cristãos-novos mudarem o seu sobrenome com o objetivo de encobrir suas origens judaicas[123].

O Regimento do Auditório Eclesiástico da Bahia prevê essa situação, determinando que quando houver algum erro na genealogia do habilitando a "respeito de sua origem, nome, ou appellido de algum descendente ou seja com malícia, ou sem ella, provar-se ha com testemunhas, ou escripturas, e se prosseguirá a inquirição segundo a sua origem, nomes ou appellidos verdadeiros". No caso de o habili-

---

120. Como exemplo temos o caso do Rev. Vig. da Freguesia de Santa Anna de Campina, no Pará. "Faço saber ao Muito R.do Cura da Freguesia da Sé que na petição me enviou a dizer Manoel Antônio da Silva, *provincista do Seminário* [...] que elle pretendia ser promovido ao Estado Sacerdotal para o que queria habilitar-se de Genere. Dentre as testemunhas encontramos: M.mo R.do Raymundo Severino de Mattos, *Presbytero Secular Chaustre da Catedral;* Bernardino Henriquez Diniz, *Presbytero Secular, Conego da Catedral;* João Rodrigues de Castro Goes, *Presbytero Secular, Conego da Catedral;* Severino Euzebio de Mattos Cardozo, *Clerigo* nesta Misericórdia, sub chaustre da Catedral; Francisco Pinto Moreira, *Presbytero Secular, Conego* Honorário da Catedral e Cura collado na Freguesia da Sé". A.A.B.P., *P.H.G.M.,* Habilitando Manoel Antônio de Souza e Silva, Belém, 1844, pp. 2, 6-9 versos 12-13. Grifo nosso.

121. Conforme o Auto de Habilitação de Manoel Antônio de Souza e Silva "se informe na sua paróquia das pessoas *mais antigas* e *fidedignas* que achar [...] nomearão até ou nove testemunhas da qualidade referida". *Idem,* p. 2. Grifo nosso.

122. Algumas idades retiradas de vários processos podem aqui ser identificadas: testemunha Simão José Pereira de Carvalho (45 anos); Antônio Pereira de Carvalho (42 anos); Prudêncio J. das Mercês Tavares (38 anos); Raymundo Severino de Mattos (47 anos); Henrique Diniz (33 anos) e José Manoel Rangel de Carvalho (32 anos). Habilitando José Ferreira Cantão, Belém, 1844, p. 6; e Antônio Joaquim da Conceição, Belém, 1825, pp. 9 e 11 (Manuscrito). A.A.B.P., *P.H.G.M.*

123. Habilitando Manoel Antônio de Souza e Silva, Belém, 1844, p. 2 (manuscrito). A.A.B.P., *P.H.G.M.*

tando mudar o apelido ou origem de algum descendente, depois de principiadas as inquirições e se naquela parte houver má fama, nota ou suspeita dela, deveria ser verificado até encontrar provas ou razões verossímeis[124].

Os processos de habilitação de Genere desenvolviam-se a partir de um interrogatório englobando dez itens, que deveriam ser respondidos pelas testemunhas, logo após terem elas de "dizer ao costume e cousas delle"[125].

O segundo item referia-se diretamente ao habilitando e seu relacionamento com o interrogado: "se conhece, ou conheceo o habilitando [...] de quem é filho, donde [...] natural, bautizado, e morador, que trato, ou officio tem, que annos ha que o conhece, ou conheceo, e com que ocupação, e que razão tem de seu conhecimento, e notícia"[126].

Às terceira, quarta e quinta perguntas, a testemunha deveria fornecer dados sobre os pais e avós maternos e paternos do candidato, dentro dessa mesma fórmula anterior. Observa-se em todos os processos respostas bastante padronizadas, consequência de toda uma estrutura burocratizada e convencional.

O sexto item diz respeito à legitimidade de filiação do habilitando, impedimento a ser considerado em função do Estatuto de cada Ordem religiosa. Em todos os itens, observa-se a preocupação de se informar os inquisidores sobre as razões de tal afinidade da testemunha com o habilitando ou seus progenitores[127].

O próximo interrogatório refere-se aos sentimentos da testemunha para com o habilitando e seus progenitores, procurando identificar laços de amizade, ódio ou parentesco entre as partes. Bastaria a afirmação "ter ouvido falar" ou "por fama ou por rumor" que o habilitando era impuro de sangue ou que descendia de cristãos-novos, para que uma série de dúvidas recaísse sobre o mesmo. Tal situação foi identificada no processo de habilitação de Genere de Francisco de Arruda de Sá, filho legítimo de Arruda e Sá e de Maria de Quadros, morador da Vila de São Paulo, no que a testemunha afirmou "haver entre eles rumor de cristãos-novos porém não sabia"[128].

Inquirida a outra testemunha, Antônio Pedroso Leite, a resposta identifica-se com a afirmação da testemunha anterior:

---

124. *Regimento do Auditório Eclesiástico*, ed. cit., Tit. "Do Juiz das Justificações de Genere e formas que nellas deve guardar", p. 78.

125. Habilitando Cyrillo Al^z Paçanha, 1702, Est. 3, Gav. 19, n. 1865; p. 3 (manuscrito). A.C.M.S.P., *P.H.G.M.*

126. *Ibidem.*

127. *Ibidem.*

128. Habilitando Francisco de Arruda e Sá, 1702, Est. I, Gav. 2, n. 39, p. 6 (manuscrito). A.C.M.S.P., *P.H.G.M.*

diz que seus avós paternos *não conhecia* mas ouvira dizer publicamente ser *christãos velhos limpos de sangue* e pela parte materna disse que também *não conhecia* os ditos seus avós maternos, mas que *corria rumor* de que eram *cristãos-novos* e que por certeza não sabia mais que por sua *fama serem muito limpos*"[129].

A mesma resposta deu Francisco de Camargo com relação à geração de Francisco de Sá. Afirmou que:

> toda a sua vida *ouvira dizer* que pela geração dos Quadros *havia rumor de christãos novos* e que isto ouvira por fama, que ouvira aos seus antepassados, e que o dito seu pai Francisco de Arruda foi *tido por christão-velho* conhecido por tal, e disse mais que não sabia do procedimento do dito Francisco Arruda"[130].

João Roiz de Lima, setenta anos, lavrador e morador na Vila de São Paulo, confirmando as afirmações anteriores testemunhou que:

> conheceu o dito seu avô Bertholomeu de Quadros, e a sua mulher Izabel Bicuda, a qual foi tida por christão velho *sem raça alguma de christão-novo nem de outra nação*, e disse mais que pelos QUADROS *ouvira sua fama de christão-novo*, por *rumor* que corria porém não sabia com que fundamento"[131].

Contradizendo todas essas afirmações, Lourenço Castanho Taques, de 73 anos, também morador na Vila de São Paulo, afirmou: "que seus avós maternos e paternos foram dados *christãos-velhos inteiros limpo e de limpo sangue sem raça alguma de judeu, mouro, mourisco, mulato, ou christão-novo*"[132].

A mesma testemunha, com o objetivo de comprovar o que estava dizendo, citou como exemplo o fato de existir na família do habilitando várias pessoas que já haviam se ordenado clérigos, como o caso do irmão legítimo de Francisco de Arruda e Sá, pai do habilitando, e ainda por parte materna o Padre João de Souza, Padre Joseph de Castilho e o Padre Bernardo de Quadros.

Todas essas contradições dificultaram o andamento rápido do processo. A maior dúvida girava em torno da limpeza de sangue por parte do avô materno, Bernardo de Quadros, que não coincidia com a notícia de o suplicante ter vários primos como sacerdotes do cabido de São Pedro. Afirmava-se que por parte dos Quadros havia rumor de cristãos-novos, ao mesmo tempo que outros elementos da família já eram sacerdotes, o que pressupunha terem aqueles sido aprovados nos exames de limpeza de sangue.

Novas testemunhas foram inquiridas e finalmente concluiu-se que Francisco de Arruda de Sá, filho legítimo de Francisco e Sá, natural

---

129. *Idem*, p. 7 verso.
130. *Idem*, p. 8. Grifo nosso.
131. *Ibidem*. Grifo nosso.
132. *Idem*, p. 13. Grifo nosso.

da Vila de Ribeira Grande da Ilha de São Miguel, Bispado de Angra, e de sua mulher Isabel Bicuda, natural de São Paulo, e que todos os seus pais e avós eram cristãos-velhos inteiros, sem fama nem rumor em contrário. Confirmou-se que *todo o rumor* que havia por parte do avô materno, Bernardo de Quadros, *"era sem fundamento, sem causa e ignorando-se a causa deste, como depõem as testemunhas, e passa o dito rumor a ser falso"*. O fato de o Padre Bernardo de Quadros ter sido julgado naquele mesmo juízo como "cristão-velho de limpo sangue sem fama e rumor em contrário", jurado por pessoas antigas e de sã consciência, favoreceu a aprovação do habilitando Francisco de Arruda. A confirmação de que a família Quadros tinha realmente fama de cristãos-novos, obrigaria as autoridades a reconhecerem erros anteriores[133].

A ideia de limpeza de sangue era muito forte: ter na família um elemento do clero significava muito em termos sociais e políticos. A comprovação da limpeza de um indivíduo poderia "abrir as portas" do sacerdócio para muitos outros da sua família. Vestir a indumentária da religião que o perseguia significava, para o cristão-novo, romper as barreiras preconceituosas erguidas pela Igreja Católica.

Numerosos foram os clérigos de origem cristã-nova que conseguiram assumir o hábito. Considerado como pessoa "fidedigna e de confiança", eram isentos do pagamento da finta e se transformavam em servidor do governo, com um subsídio garantido; e, adquirindo conhecimentos fora do alcance do restante da população, passavam a fazer parte da elite cultural da terra. Com entrada em todas as camadas sociais, o religioso era um personagem respeitado e, até mesmo, temido. Poderia ser alçado à categoria de capelão e conselheiro dos governadores e de outras autoridades. Conforme afirma o autor: "O carisma da ordenação lhe infundia poderes espirituais, tornando-o instrumento de Deus para abençoar ou para castigar"[134].

Romper as barreiras impostas por um estatuto de *Puritates Sanguinis* significava passar legalmente do grupo discriminado para o grupo dos discriminadores, manipuladores da verdade.

A oitava pergunta traz, na sua extensão e conteúdo, profundas características racistas: conforme a resposta dada, o habilitando seria

---

133. A conclusão do processo de Francisco de Arruda justifica bem essa situação, argumentando que na família já existia um grande número de sacerdotes ordenados, por seus instrumentos, por cristãos-velhos como o "Pe. Ivaí de Souza, Vigário da paróquia de Cotia, filho de sua irmã, do ditc Bertholomeu Quadros e o Pe. Joseph de Quadros, primo do irmão da mãe do justificante; o Pe. Domingos de Abreu da Cia. de Jesus, cuja mãe era prima do dito Bertholomeu de Quadros, donde se mostra *nos ascendentes não teve rumor algum, nem fama na dita geração* dos Quadros e que este *rumor foi levantado por Francisco Velho e com maldizente de todas gerações por discenções que teve* com os Quadros, como jurarão algumas testemunhas". *Idem*, p. 28. Grifo nosso.

134. José Gonçalves Salvador, *op. cit.*, p. 96.

[manuscript heading in cursive handwriting]

AO Muito Reverendo fenhor Doutor Provifor, e Juiz das Juftificaçoens *de genere* do *Patriarchado de Lisboa*, ou a quem feu muito nobre cargo fervir, e podêr tiver, faude, e paz em Jefus Chrifto noffo Senhor, que de todos he o verdadeiro remedio, e falvaçaõ.

O DOUTOR *[cursive handwritten paragraph spanning multiple lines, largely in manuscript]*

pedindo a Sua Excellencia Reverendiffima por fim, e concluſaõ de fua fupplica, que, para effeito de fer promovido a Ordens Menores, e Sacras, lhe fizeſfe mercê admitillo a fe lhe fazerem as diligencias *de genere* na fórma do eftilo. A qual petiçaõ fendo vifta por Sua Excellencia Reverendiffima, ma commetteo por feu defpacho: e pelo meu mandei paffar a prefente para V. m., a quem requeiro da parte da Santa Madre Igreja de Roma; e da minha lhe peço por mercê que, fendo-lhe efta aprefentada, indo paffada pela Chancellaria de Sua Excellencia Reverendiffima, e por mim affignada, a cumpra, e guarde, e faça inteiramente cumprir, e guardar: e em feu cumprimento ferá V. m. fervido mandar paffar ordem fecreta ao Reverendo Paroco da freguezia *do Sacram de N.ª dos Martyres*, *donde ſe diz ſerem n.º os juſtificantes Pais*, para que por fi ex officio, com todo fegredo, fem a parte niffo intervir, nem outro, que por ella

Doc. 24: Fragmento do *Processo de Habilitação de Genere de Antonio Jozê de Brito*, 1765. Arquivo Nacional da Torre do Tombo de Lisboa, Portugal.

Doc. 25: Declaração encaminhada por José Teixeira Camargo e seus Irmãos... *Deligências de Genere feitas no Patriarcado de Lisboa por Requisitória do Bispado de Mariana*, 30 de dezembro de 1761. Arquivo Nacional da Torre do Tombo de Lisboa, Portugal.

classificado entre os puros ou os impuros de sangue. A testemunha deveria informar se o dito habilitando era

legítimo e inteiro CHRISTÃO-VELHO, s~e raça alg~ua de *judeo, mouro, mourisco, mulato, christão-novo, herege* ou de *outra infecta nação* das reprovadas em direito contra nossa S. Fé Catholica, ou descende de pessoas a ella novamente convertidas; e se por inteiro, e legitimo *christão-velho, limpo* e de *limpo sangue e geração* será tido, havido e reputado, sem haver *fama, rumor* ou *suspeita* em contrário"[135].

A resposta vinha redigida formalmente nos seguintes termos, tomando como exemplo a testemunha Antônio Luís Peyxoto, informante do Exame de Genere de Joaquim da Cunha Lobo, em 1749:

É ao oitavo disse que nem o dito habilitando nem nenhum de seus progenitores cometteo *crime de heresia* nem foi preso punido e *penitenciado pelo Santo Officio* nem incorreo em *infamia* vil de fato ou de direito e muito menos *pagou finta* lançada a gente da nação hebrea por que disso *nunca foram nem são infamado*[136].

Para finalizar, as testemunhas deveriam confirmar se o que havia deposto "he, e foi sempre pública voz, e fama", e assinar juntamente com o inquiridor e o escrivão. O documento manuscrito deveria ser "fechado em forma de maço, cozido e lacrado na forma do estilo". Independente da paróquia onde o inquérito fosse realizado, tal documento deveria ser enviado por ordem secreta à Câmara do Bispado à qual ele estivesse subscrito.

Cada processo de habilitação de Genere possui várias partes, variando quanto ao número de páginas. Todos possuem, no início, um *termo de abertura,* seguido pelo *pedido do habilitando* dirigido ao Bispo, à Câmara e à Requisitoria, solicitando que se proceda na "forma de estilo" às diligências de Genere nas próprias origens. Consta dessa parte o nome do habilitando, local de origem, filiação e naturalidade dos progenitores (pais e avós), finalidade da abertura do processo e pedido para que se procedesse nas investigações[137].

---

135. Habilitando Joaquim da Cunha Lobo, 1749, Est. 1, Gav. 21, n. 204 (manuscrito). Grifo nosso. A.C.M.S.P., *P.H.G.M.*

136. *Idem*, p. 18 verso. Grifo nosso.

137. Como ilustração de nossa afirmação, selecionamos o início do Processo de Manuel Serafim dos Anjos, em que ele pede para que se procedesse às investigações: "Manuel Serafim dos Anjos, natural da Villa de Sorocaba desse Bispado, filho legítimo do Guardamor Ignácio José Francisco Coutinho, natural da Freguesia de Santo André de Marrecos, Bispado de Penafiel, e de Maria Magdalena de Jesus, natural da vila de S. Francisco das Chagas de Taubaté deste mesmo Bispado, neto pella parte paterna de Thomas Francisco, e sua mulher Clara Nogueira, ambos naturais da Freguesia de Santo André dos Marrecos do Bispado de Penafiel [...] etc., deseja se ordenar as Ordens Menores e Sacras. Como não pode conseguir sem ser primeiro admitido por V. Ex.ª R.ᵐᵃ, havendo por bem que se procedam as suas deligencias de genere nas próprias

Na mesma folha, abaixo do pedido, segue o despacho dado pelo Provisor do Palácio Episcopal e pelo Bispo. Ambos mandavam que se procedesse nas diligências de Genere, "na forma de estillo", sendo que o primeiro determinava que se depositassem e pagassem as ordens necessárias. A responsabilidade pelas custas do processo ficava a cargo do habilitando. O relatório dos gastos, como nos processos da Inquisição, é encontrado nas últimas folhas do documento, onde estão indicados os pagamentos a serem feitos, discriminados em parcelas e no total. Era depositada uma quantia para os gastos iniciais com pessoal e material empregados no interrogatório: escrivão, provisor, papel etc. O candidato, sendo uma pessoa de poucas posses e não dispondo de tal garantia, poderia dirigir-se ao Provisor e pedir dispensa do pagamento[138].

Um indivíduo poderia ser impedido de ingressar nas Ordens Sacras e Menores sob vários pretextos. Os que nos chamam mais atenção são: o da *infâmia* e *conversão recente* do habilitando. O primeiro de origem canônica e civil e o segundo de origem canônica, combinados, alcançaram em

> "Portugal os pais e quatro avós, praticamente todos os antepassados do habilitando, assim infame. Principalmente em razão da política religiosa do Rei, de converter à força os mouros e judeus (D. Manuel), deixando margem às dúvidas de sua sinceridade, e exasperadamente castigar os avós nos netos pela infâmia"[139].

O candidato, estando impedido de habilitar-se às Ordens por motivo infame, poderia encaminhar ao Papa um pedido de dispensa. Esse direito fora concedido por Paulo III ao Bispo de Goa, por um prazo de 25 anos e estendido por pontífices posteriores a outros bispos[140].

---

origens [...]" Habilitando Manuel Serafim dos Anjos, 1787, Est. 1, Gav. 62, n. 485,p. 2 (manuscrito). A.C.M.S.P., *P.H.G.M.*

138. Esse caso foi identificado no processo de Manoel Serafim dos Anjos, nos seguintes termos: "Manuel Serafim dos Anjos, natural da Villa de Sorocaba [...] que me foi admitido por V. Ex.ª R.ᵐᵃ a se faserem suas deligencias de genere nas proprias origens de seus progenitores [...] o qual sejas necessário a presenciar V.M. que o *suplicante é pobre*, e por ora não tem para *fazer depósito* [...]". Esse pedido foi atendido, seguido pelo despacho dado pelo Rev. Bispo para se iniciasse o processo: "[...] que *fique substada a Cláusula do depósito*, que por ora só se pagasse necessária requisitoria atendendo a sua notória pobreza". *Ibidem*, p. 3. Grifo nosso.

139. (Mons.) Lourenço Castanho de Almeida, "Clero Secular Brasileiro Setecentista", em *Anais do Congresso Comemorativo do Bicentenário de Transferência da Sede do Governo do Brasil da Cidade de Salvador para o Rio de Janeiro*, Rio de Janeiro, Instituto Histórico Geográfico Brasileiro, Departamento de Imprensa Nacional, 1963, p. 75.

140. Em 1561, Pio IV concedeu aos Bispos do ultramar a absolvição de faltas reservadas à Santa Sé. Essas, por mais graves que fossem, poderiam ser dispensadas. Em 1568, Pio V estendeu esses direitos, concedendo a dispensa até nos casos de direitos canônicos. Fortunato de Almeida, *op. cit.*, tomo III, parte I, p. 139; José Gonçalves Salvador, *op. cit.*, p. 12.

Clemente VIII, em 1598, considerou que seria mais interessante aprovar o interessado cristão-velho "do que seguir um longo e oneroso caminho", que só conduziria à deturpação da verdade.

Gonçalves Salvador cita vários casos de religiosos ordenados no Brasil, de origem judaica, que foram dispensados de tais impedimentos. Entre eles, o Cônego Manuel Afonso, filho dos judeus Mestre Afonso e Maria Lopes; Baltazar Ribeiro, proprietário de engenho em Matoim; Padre João de Paredes Barros; Padre Antônio Teles de Almeida, de sangue israelita por seu avô paterno, Gonçalo Homem de Almeida etc[141].

Mais comum do que o pedido de dispensa era a apresentação de falsas habilitações e reverendas, com as quais removiam as dúvidas acerca da limpeza de sangue.

Receberam impedimento por impureza de sangue: Garcia Roiz, neto de Garcia Roiz Velho e Catarina Dias, e materno de Geraldo Betim e de Custódia Diniz (Dias); o Padre Bertolomeu Ferreira Lagarto e o Padre Domingos Gomes de Albernaz. Estes últimos não assumiram a prelazia no Rio de Janeiro, no século XVII, por duvidosa etnia[142].

Outro tipo de impedimento era o fato de o indivíduo ser "filho de pais incógnitos". Nesse caso, o habilitando "deveria mencionar isto e as perguntas seriam adequadas". Refutamos essa afirmação feita por Monsenhor Luís Castanho de Almeida, com relação às "perguntas adequadas", pois observamos vários processos de habilitandos cujos pais eram incógnitos, e em nenhum as perguntas foram alteradas. O conteúdo e o objetivo destas eram os mesmos encontrados nos demais processos.

Um caso de impedimento merece nossa especial atenção: o de Cláudio Manoel da Costa, reconhecido personagem da Inconfidência Mineira. O seu processo de habilitação de Genere foi iniciado em 13 de novembro de 1757 e encerrado um mês depois. Apesar de as testemunhas afirmarem que o habilitando, seus pais e avós eram legítimos e inteiros "christão velho, sem raça de nação infecta, nem de judeu, mouro, mourysco, mulato, christão novo, herege nem de outra qualquer infecta, nem das reprovadas em direito contra nossa Sancta fé catholica", no final do processo, encontramos um texto *indeferindo* o seu pedido para ingressar nas Ordens Sacras. Pelo fato de estar o texto ilegível, não conseguimos identificar a causa do impedimento[143].

Luís Castanho de Almeida, ao fazer uma breve análise desses tipos de impedimentos, apesar de não apresentar as fontes de informação, chamou nossa atenção para dois fatos importantes:

---

141. José Gonçalves Salvador, *op. cit.,* pp. 10 e 13.
142. *Idem,* pp. 17 e 51.
143. Habilitando Cláudio Manoel da Costa, 1757, Est. 3, Gav. 19, n. 1876 (manuscrito). A.C.M.S.P., *P.H.G.M.*

- refere-se aos filhos *espúrios de clérigos,* que são ordenados com dispensa, mas que as Constituições e o Regimento não entram em pormenores;
- por não contar do rol das perguntas, não se evidencia a preocupação com o elemento *caboclo* ou *índio.* Como o próprio autor afirma: "o que não é perguntado não é respondido". No Brasil, ou houve dispensas que não constam dos autos (talvez incluídas na sentença final favorável), ou foi desprezada a notícia de avós mais afastadas, mulatos ou índios[144].

Confirmando a afirmação do autor, não encontramos realmente, no formulário de inquirição de Genere, nenhuma pergunta referente a esse assunto. Não só com relação ao formulário, como também não identificamos caso algum de dispensa de indivíduos descendentes de indígenas ou caboclos[145].

Como já citamos anteriormente, também não encontramos nenhum caso em que o indivíduo tenha sido impedido de ingressar na carreira religiosa por ter sido considerado infame ou por ser filho de pais incógnitos. Tomando como base uma afirmação feita por Castanho de Almeida, podemos pressupor que, quando tais casos eram identificados e de conhecimento público, ou o processo nem chegava a ser aberto, ou então forjavam-se testemunhas e argumentos com vistas a atender interesses particulares. Essa afirmação está voltada para o fato de se realizar um "interrogatório extrajudicial" antes da abertura do processo de inquirição de Genere e de *Vita et Moribus*[146].

As Constituições Primeiras do Arcebispado da Bahia, de 1707, determinam também que não se admitam ao sacerdócio sujeitos indignos dele. Para isso deveria ser efetuada, primeiramente, uma "informação secreta da limpeza de seu sangue, vida e costumes […] e havendo delle boas informações será admittido a exame"[147].

O habilitando, ao fazer a petição declarando-se de quem era filho, se de legítimo matrimônio, nome e naturalidade dos pais e avós, de onde eram moradores e de onde traziam suas origens, deveria encaminhá-la ao Juiz das Justificações. Este, *antes de lhe mandar* fazer as diligências,

---

144. Lourenço Castanho de Almeida, *op. cit.,* p. 75.

145. Poucos foram os descendentes de negros e mulatos que exerceram tal profissão. Podemos citar o Pe. Marcelino Nunes Ferreira, de Itabera do Mato Dentro, ordenado a 18 de abril de 1848, e de cor preta. Idem o Pe. Manuel de Jesus, fundador de Rio Pomba, filho de João Antunes, português, e de Maria, africana. Por carta régia de 20/10/1771 foi feito vigário colado. (Con.) R. Trindade, Arquidiocese de Mariana – Ed. 1955, vol. II, pp. 156 e 158. Informação conforme carta do Arcebispo de Mariana D. Gaspar de Oliveira de 28/02/1978 [corresp. pessoal].

146. Lourenço Castanho de Almeida, *op. cit.,* p. 76.

147. *Constituições Primeiras do Arcebispado da Bahia,* ed. cit., p. 87.

se informará pelos parochos, d'onde os sobreditos forem naturaes, *secretamente da limpeza de sangue do habilitando*, vida e costumes, e da *limpeza de sangue de seus pais, e avós* o que fará por carta sua, que enviará aos Parochos encommendando-lhe brevidade, e que o informem por carta cerrada com verdade, e segredo, tomando informação com as pessoas que lhe parecer[148].

No caso de não haver suspeitas na limpeza de sangue do habilitando, bastaria fazer as diligências no lugar de sua origem, e de seus pais e avós. Se houvesse suspeita, a verdade deveria ser procurada "até o último lugar de origem que se alcançasse", mesmo que essa pessoa fosse parente em remotíssimo grau[149].

Analisando os processos de habilitação de Genere, nos deparamos com um conjunto de frases e palavras estereotipadas, caracterizando aqueles elementos considerados inferiores relativamente ao sangue e à cor da pele. A palavra *cristão-novo* aparece sempre em oposição a cristão-velho, dando a ideia de uma sociedade dividida em *limpos de sangue* e *infectos*.

Os termos *cristão-novo* e *cristão-velho* são encontrados em todos os processos elaborados até, aproximadamente, 1773. A partir dessa data, conforme lei promulgada por Pombal, durante o governo de D. José I, extinguiu-se a distinção aparente cristão-novo/ cristão-velho. O aspecto central dessa determinação é que não se empregassem mais os termos cristãos-novos e cristãos-velhos, "*como se nunca houvessem existido, e que os registros delles sejão trancados, cancellados, e riscados em forma, que mais não possão ler-se*"[150].

Determinava ainda que todas as pessoas, de qualquer estado, qualidade ou condição, que usassem de tal distinção, seja por palavra ou por escrito, fossem desnaturalizadas e perpetuamente exterminadas do Reino e domínios de Portugal, além de serem consideradas como revoltosas e perturbadoras do sossego público[151].

Um preconceito como esse, mantido por séculos, não se elimina com uma simples determinação real. Suas raízes eram muito mais profundas do que se imaginava, deixaram lastro e atravessaram os anos. Mas, se a distinção não deveria existir mais, pelo menos no papel, por que persistiram as investigações de Genere? Não existiam de direito; no entanto, de fato, eles se estenderam pelos séculos XVIII e XIX. Eliminou-se a "palavra", mas a situação continuou insegura e intranquila para os descendentes de judeus. *Cristão-novo* tornou-se termo proibido, mas as testemunhas continuam fazendo uso de tal expressão nos seus depoimentos.

---

148. *Regimento do Auditório Ecclesiástico*, ed. cit., Livro I, Tit. L, p. 87; Livro I, Tit. VI, p. 76. Grifo nosso.

149. *Ibidem.*

150. *Coleção da Legislação Portuguesa*, ed. cit., vol. 1750/1762, p. 672. Grifo nosso.

151. *Ibidem.*

-384-

ANEXO 8: ESTATUTOS DA PROVÍNCIA DE S.ANTONIO DO BRASIL - (RECI-
FE) - 1709 - Reprodução das p. 1 à 8.

CAPITULO I.

De quem pòde receber Noviços.

 OR quanto (fegundo á noffa Regra) fó os Miniftros Ge-
raes, Provinciaes, & Vigarios Provinciaes tem authoridade
ordinaria de receber Noviços. Determinamos que os Miniftros Provinciaes não poffam commetter a Guardião; ou
Religiofo algum faculdade para receber Noviços, & os que
receberem os Provinciaes, não poderão fer admittidos à
Profiffaõ, fem que primeyro confte de fua limpefa com toda a evidencia por tres
teftemunhas ao menós authenticas, que conheçam aos paes, avós paternos, &
maternos do Noviço fobpena de nullidade, & de dous a nos de privação dos
actos legitimos ao Prelado, que fem eftas condições lhe fizer Profiffaõ.

2 Advertimos fegundo o Decreto Apoftolico, que não podem os Miniftros
Provinciaes receber Noviço algum, fem primeyro lhe conftar q̃ vem à Ordem
movido fó por fervor do efpirito, & devoção, & não por refpeytos humanos.

CAPITULO II.

Da qualidade dos Noviços.

O Que vier receber o habito a efta noffa Provincia de Santo Antonio, feja (como enfina a Regra) fiel Catholico; & de nenhum erro
fufpeytofo:

2 Não feja ligado por matrimonio, mas o que tiver contrahido matrimonio rato, & não confummado, (como determina o Concilio Tridentino por de
fé) pòde entrar em Religião approvada, & profeçar nella.

3 Se o que vier à Ordem, houver confummado matrimonio, poderà fer admittido nefta Provincia, & profeçar nella com as condições, que a Regra, & fa-
grados Canones difpõem.

4 Tenha animo prompto, feja liberto, livre de condição, & não feja nota-
lado por alguma infamia vulgar, nem defcenda deftes dentro nó quarto gráo, &
tenha primeyro recebido o Sacramento da Confirmação. Para o Coro (pelo
menos) tenha dezaffeis ãnos de idade, & para Leygo nem menos de vinte, nem

           A   mais

Doc. 26a, b: Estatutos da província de S. Antonio do Brasil. Recife, 1709.

mais de trinta, exceptuando ſempre aquellas peſſoas, de cuja recepção reſultar edificação grande ao povo.

5 Seja de boa geração, convem a ſaber, que naõ ſeja deſcendénte de Judeus, porque dos taes naõ ſómente não queremos que nenhum ſeja admittido ao noſſo habito, mas ainda que ſe naõ proceſſe inquirição juridica para ſimpeſa da tal linhagem, havendo algũa fama, por remota, & confuſa que ſeja, de algum ſugeyto, que pretenda o noſſo habito: porque havendo qualquer voz, rumor, ou opiniaõ da tal linhagem, naõ ſómente naõ queremos que proſeça em noſſo habito, mas que nem ainda ſe chegue juridicamente á apurar o ſeu, ou naõ ſer da tal deſcendencia. Não ſejam tambem deſcendentes de Mouros, ainda que convertidos, nem de hereges, por remotos que ſejam, nem de gentios modernos dentro no quarto grao incluſivé.

6 Porque (ſegundo os Decretos Apoſtolicos) os deſcendentes das linhagẽs ſobredittas até ó quarto grao incluſivé ſaõ inhabeis para receber o noſſo habito, & proſeçar em noſſa Religiaõ, & a Profiſſaõ que fizerem he irrita, & nulla. E por quanto parece á Provincia que houveſſe mais reſtricção, reformaçaõ, & aperto ſobre eſte particular, queremos que em tudo ſe guarde inviolavelmente o proteſto, que fazem os Noviços quando proſeçam, o qual vay poſto no Capitulo ſettimo deſtes Eſtatutos.

7 Por tanto todas as vezes que conſtar haver ſeyto algum Profiſſaõ cõtra o conteudo no ditto proceſſo em eſte Eſtatuto, ſeja logo expulſo, & lançado da Ordem. Para o que ſe manda que antes da Profiſſaõ ſe faça a todos os Noviços o ſobreditto proteſto, como ſe dirá em ſeu lugar.

8 Tambem haõ de ſer tidos por inhabeis, & por taes os declaramos, ſegundo os Decretos Apoſtolicos, todos os criminoſos conteudos em os meſmos Decretos.

9 Que o que deſejar ſer recebido ao noſſo habito ſeja livre de dividas, & de dar contas de bens alheyos, porque o que aſſim naõ eſtiver, eſtá dado, & havido por inhabil pelos meſmos Decretos Apoſtolicos.

10 Por tanto advertimos aos que admittem á Profiſſaõ a algum dos dittos inhabeis; convem a ſaber, os manchados na linhagem a ſima ditta, os culpados, ou ſuſpeytoſos em delictos, ou obrigados a dar contas; ſaybam que por iſſo incorrem em perpetua privação de voz activa, & paſſiva, dos officios, graos, honras, & dignidades da Religiaõ, & que tambem ſaõ tidos por inhabeis para os que ao diante podiam ter, & ſegundo diſpõem os ſobredittos Decretos Apoſtolicos.

11 Seraõ tambem ſaos do corpo, eſpecialmente de infirmidades contagioſas, porque ſegundo declaram os Summos Pontifices, & os Eſtatutos da Ordem, de nenhuma maneyra haõ de ſer admittidos os que tiverem as publicas, ou ſecretas infirmidades contagioſas, & ſua recepçaõ, & Profiſſaõ ſerá irrita, & nulla, ſe ſendo perguntados, como he coſtume, negarem a verdade.

J2 Os

Um ano após a publicação da Carta-Lei de 1773, que eliminava a distinção cristão-novo e cristão-velho, encontramos no processo de habilitação de Genere de Manoel Alves de Carvalho, lavrado em 1774, uma afirmação que comprova que o preconceito se mantinha vivo. Disse a testemunha Francisco de Lima Pais: "o avô do habilitando por parte materna *nunca teve fama, nem rumor da infecta nação* [...] e que foram tidos e havidos por *limpos de sangue, sem notícia alguma de judaísmo*"[152].

Outra testemunha, cujo nome está ilegível, nesse mesmo processo, afirmou que: "a dita família sempre fora tida e havida por *legítima christã-velha*, sem nunca haver em tempo algum nota da *infecta nação*"[153]. O mesmo caso encontramos no processo de José Gomes da Silva, elaborado às vésperas de 1800, no qual o escrivão da Câmara Episcopal do Rio de Janeiro requisita, do Reverendo da Freguesia de Nossa Senhora de Itu, a informação da naturalidade, "qualidade, pureza e impureza da geração do habilitando". Pede que ele se informe pelas pessoas "mais antigas, fidedignas christãs-velhas"[154].

No processo de Serafim dos Anjos, na petição enviada pela Câmara Episcopal de São Paulo ao Reverendo Pároco da Igreja Matriz de Nossa Senhora de Taubaté, novamente aparece a palavra cristão-velho, cujo significado pressupõe, imediatamente, relação com a ideia de limpeza de sangue. A pedido da Câmara Episcopal, o pároco deveria tomar informações em sua Paróquia, ou fora dela, pelas pessoas "mais antigas, *fidedignas christãs-velhas*"[155].

É importante ressaltar que, a partir de 1773, após a promulgação da Carta-Lei, a formulação dos itens para interrogatório das testemunhas foi alterada, considerando-se que, por determinação real, não se poderia mais utilizar a distinção "christão-novo e christão-velho". Suprimiu-se do sétimo item a referência aos grupos étnicos discriminados. Cristão-novo, judeu, mourisco e mulato foram substituídos por *herege* ou *apóstata da Nossa Santa Fé Católica*. No oitavo item, a testemunha deveria informar se "os Pays do Habilitando ou seus avós maternos cometeram crime de Lesa Magestade Divina e Humana pelo qual foram sentenciados e condenados com as penas impostas pelas leis deste Reino". E, no nono item, se ela sabe se o habilitando incorreu em "infâmia pública, ou pena vil de facto ou de direito"[156].

Como dá para perceber, nos itens acima foram eliminadas as frases "gente da nação hebréa" ou "disso forão infamadas", "penitenciadas

152. Habilitando Manoel Alves de Carvalho, 1774, Est. 1, Gav. 53, n. 425, p. 12 (manuscrito). A.C.M.S.P., *P.H.G.M.* Grifo nosso.

153. *Ibidem*, p. 18. Grifo nosso.

154. Habilitando José Gomes da Silva, 1779, Est. 3, Gav. 74, n. 1959, p. 5 (manuscrito). A.C.M.S.P., *P.H.G.M.*

155. Habilitando Manuel Serafim dos Anjos, 1787, Est. 1, Gav. 62, n. 485, p. 30 (manuscrito). A.C.M.S.P., *P.H.G.M.* Grifo nosso.

156. *Idem*, p. 34.

pelo Santo Officio" e "se he inteiro e legítimo christão-velho". A discriminação vai aos poucos perdendo força, do ponto de vista legal e formal. O preconceito vai se esvanecendo, mas não desaparece por completo. Brasileiros, até fins do século XVIII, continuam sendo presos e enviados a Portugal. E o mito de sangue, apesar de enfraquecido, ainda persiste na mentalidade da população, que continua a testemunhar nos processos que o habilitando é limpo de sangue e fidedigno cristão-velho.

Os processos de habilitação de Genere se estenderam até as quatro primeiras décadas do século XX[157]. Os primeiros processos do século XIX, quanto ao seu conteúdo e forma, mantêm ainda as mesmas características daqueles posteriores a 1773. Entretanto, com o desaparecimento da Inquisição portuguesa, em 1821, o problema da perseguição ao cristão-novo foi também chegando ao seu final, diluído nas transformações políticas, econômicas e sociais do século XIX. Paralelamente, os processos de habilitação de Genere também vão relativamente se esvaziando, com relação aos seus propósitos iniciais[158].

Analisando os processos de habilitação de Genere a partir do século XIX, notamos que as formas das diligências, no sentido da coleta de informações sobre as gerações passadas dos habilitandos, continuam as mesmas. A petição, o interrogatório, testemunhas e demais itens característicos de todos os processos anteriores continuam existindo. Entretanto, cada vez mais perdem as características discriminatórias, passando a demonstrar preocupação, maior, com relação à formação religiosa e cultural do habilitando.

Podemos notá-la na constante presença de frases alusivas às atividades católicas, que provavelmente teriam envolvido o habilitando desde o seu nascimento. As testemunhas não se apegam mais a vagos rumores ou "ouvi dizer". Juntam-se aos processos certificados, comprovando data, local, e testemunhas de batismos, crismas e casamentos religiosos dos pais e avós do habilitando[159].

No processo de habilitação de Genere de Mariano Joaquim de Paula Simões, em 1854, a testemunha, Tenente-Coronel Francisco das Chagas, natural e morador da cidade de Taubaté, 63 anos, após ter jurado nos Santos Evangelhos na forma de estilo, afirma que:

conhecia o habilitando e que deve ser natural desta Parochia e n'ella *baptizado* e filho de Joaquim do Espírito Santo [...] que conhece a Maria Joaquina, e natural e *baptizada* nesta Parochia e que vive do seo trabalho... (que Maria Joaquina) é filha *legítima* de

157. O último processo arquivado na Cúria Metropolitana de São Paulo data de 1938, em nome de Nelson Norberto de Souza, Processo n. 2366 (manuscrito).

158. Esses objetivos já foram analisados quando tratamos dos processos anteriores a 1773.

159. No caso do habilitando são anexados ao processo apenas os comprovantes de batismo e crisma.

Luís Monteiro de Queirós, e de Maria Ramos de Jesus que esta lhe parece com alguma certeza ser *baptizada* e nascida em Villa de Lorena[160].

A ausência de termos estereotipados e de referências a grupos étnicos, considerados incapazes com base na cor da pele ou no sangue, depõe contra o conteúdo dos Exames de Habilitação de Genere realizados até o início do século XIX. As respostas dadas às primeiras perguntas do interrogatório são as que contêm maiores dados informativos. Nos demais itens, observamos esvaziamento total, o que dá ao processo caráter puramente burocrático.

A presença da resposta *nada* chama a atenção, principalmente com relação aos três últimos itens do interrogatório. Essa discrepância se torna mais evidente quando comparada com as respostas dadas por testemunhas de processos de habilitação de Genere anteriores a 1773[161]. As expressões de preconceito contra o cristão-novo, judeu, negro, mulato e mouro desaparecem, restringindo-se a um breve "nada consta" ou "nada havia"[162].

Em fins do século XIX, nos últimos quatro decênios, sentimos a necessidade cada vez maior de o habilitando comprovar o batismo e casamento religioso de seus pais e avós, fato este que não foi observável nos processos anteriores ao século XIX[163]. Exemplo bastante expres-

160. Habilitando Mariano Joaquim de Paula Simões, 1854, Est. 2, Gav. 86, Proc. n. 1540, p. 8, verso (manuscrito). A.C.M.S.P., *P.H.G.M.*

161. Ver o quadro em que se encontram analisados os processos anteriores a 1773, infra p. 216.

162. Complementando essa ideia, encontramos, no Regimento do Auditório Eclesiástico da Bahia, uma pequena referência a esse assunto. Procurando orientar o escrivão da Câmara na escritura das inquirições e processos, manda que "quando a testemunha disser *nada* a todos os artigos, os Escrivães o declarem assim, dizendo juntamente: Perguntada por todos, e cada um dos artigos disse nada: e quando disser a algum dos artigos alguma cousa, e a outras nada, escreverá o escrivão o que disser a testemunha aos artigos, e se disser nada a muitos continuados, dirá: E perguntado por tal, e tal amigo, disse nada: e não escreverá sobre cada um artigo separadamente" *Regimento do Auditório Ecclesiástico,* ed. cit., Tit. XVII: dos escrivães do nosso auditório, e do que a seu officio pertence, n. 569, p. 120.

163. "Certifico que vendo o livro 25 a fls. 1 dos assentos de baptismo desta parochia de Taubaté encontrou-se o seguinte: [...] No dia primeiro de novembro de mil oitocentos sessenta e quatro nesta Matriz o Vigário Callado José Pereira da Silva Barros baptizou e passou os Santos Oleos a José de quarenta e cinco dias filho de José Marianno de Araújo Marcondes e sua mulher D. Anna Fausta Marcondes; forão padrinhos Antônio Leite de Oliveira representado por Marcelino Gomes de Araújo e D. Anna Justina Marcondes [...] Taubaté, 5 de julho de 1887." *P.H.G.M.*, Habilitando José Pedro de Araújo Marcondes, Est. 3, Gav. 5, n.° 1646, p. 4 (manuscrito) A.C.M.S.P. Nos mesmos termos do documento anterior, seguem anexados os comprovantes de batismo da mãe e do pai de José Marianno de Araújo Marcondes. O primeiro passado em 1804 e o segundo em 1838. Comprovando o casamento religioso dos pais do habilitando encontramos o seguinte documento: "Certifico que revendo a fl. 82 dos assentos de cazamentos de pessoas livres desta Parochia de Taubaté encontrou-se o seguinte:

sivo dessas exigências é o processo do Diácomo José Pedro de Araújo Marcondes que, não conseguindo comprovar através de certidões o batismo do avô paterno e avós maternos, e ainda o casamento dos avós maternos, redige uma petição pedindo dispensa das ditas certidões. Para isso foi obrigado a anexar as certidões negativas enviadas pelo vigário de Taubaté, comprovando tal fato[164]. Esse acontecimento prejudicou totalmente o andamento do processo iniciado em 1887. O habilitando, mediante a paralisação das investigações, viu-se obrigado a requerer em 1888 a conclusão das mesmas[165].

Com relação aos processos de habilitação de Genere efetuados durante as quatro primeiras décadas do século XX, eles apresentam pequenas diferenças quanto ao conteúdo, comparativamente àqueles do século anterior. Encontramos, em anexo aos processos, não apenas o assentamento de casamentos religiosos dos pais e avós do habilitando, como também uma preocupação muito grande em demonstrar e comprovar a formação cultural do habilitando. As investigações da vida do indivíduo não estão mais baseadas apenas em informações vagas apresentadas por algumas testemunhas.

Entre as primeiras páginas dos processos encontramos o certificado de conclusão dos estudos do curso primário e médio, atestado de batismo, atestado de saúde, pedido para ter ensino gratuito no seminário, atestado de ter sido o habilitando "coroinha" com ótimos procedimentos, atestado de aproveitamento em Teologia durante o curso no Seminário e atestado de Crisma[166].

Notamos que nos últimos processos as respostas dadas pelas testemunhas se apresentam bastante resumidas, baseando-se em *afirmações* e *negações,* conforme a pergunta do formulário. Este continua nos

---

Aos vinte e oito de novembro de mil oitocentos sessenta e três nesta Matriz de Taubaté dispensados de todas as diligências [...] em presença do Pe. Antônio Moreira e das testemunhas Jordão P. Barros e Ant. Feliciano de Barros receberão em matrimônio os contrahentes José Marianno de Araújo Marcondes com D. Anna, aquelle filho legítimo de Antônio Leite de Araújo e sua mulher, D. Ignês Marcondes, aquella filha legítima do finado João Damasceno Marcondes e D. Maria Eufrazia Marcondes [...] Taubaté, 5 de julho de 1887." *Ibidem*, p. 7.

164. Essa petição foi redigida em 3 de abril de 1888 pelo próprio habilitando que alega: "desejando ordenar-se e *não podendo* canonicamente por *falta de três certidões*, sendo uma de baptismo de avô paterno, outra de baptismo de avós maternos e uma outra de casamento de avós maternos, como prova-se pelas certidões negativas mandadas pelo vigário da Parochia de Taubaté, pede a V. Exm.ª Rev. *se digne dispensá-lo* das ditas certidões". *Idem*, p. 9. Grifo nosso.

165. O pedido aparece nos seguintes termos: "O subdiácono José Pedro de Araújo Marcondes [...] vem reverentemente pedir a V. Ex.ma Ver.ma se digne mandar de novo proceder as deligencias *de genere*, iniciada *ex vi* do Reverendo despacho de V. Ex.ma Ver.ma de 16 de setembro do anno passado e não concluidas por maior contratempo. O supplicante. São Paulo, 12 de março de 1888". *Idem*, p. 15.

166. *P.H.G.M.*, Habilitando Paulo Rolim Loureiro, 1933, Est. 15, Gav. 63, n. 2154, pp. 2-9 (manuscrito). A.C.M.S.P.

mesmos termos e com o mesmo conteúdo dos formulários posteriores a 1773[167].

O pedido de "segredo" pode ser observado em todos os processos, desde o século XVII até o século XX. E justamente em função desse item, em alguns processos do século XX chamou a nossa atenção o fato de o responsável pela paróquia onde se realizava o inquérito preocupar-se em comunicar ao povo as pretensões do habilitando, em plena missa[168].

Divergindo também dos processos dos séculos anteriores, encontramos, nas últimas páginas dos processos do século XX, um juramento escrito pelo próprio punho do habilitando, em que ele justifica não ter sido a sua atitude "resultado de nenhuma coação ou vigilância nem por quaisquer termos". Declara ser um ato espontâneo e que "quer livre e plena vontade, visto como me sinto realmente chamado por Deus". Certifica, ainda, que conhece as obrigações que resultam da lei do celibato[169].

Podemos, portanto, observar, por meio dessa análise comparativa dos processos de habilitação de Genere, que uma grande diferença existe com relação ao conteúdo e forma em que foram redigidos. As transformações identificadas em cada período, cronologicamente determinado, são uma amostra bastante representativa dos valores culturais presentes em toda a evolução e formação da sociedade brasileira.

Com base na cronologia a que submetemos nossa análise, pudemos classificar os processos de habilitação de Genere em três fases distintas:

1.º fase: em que todo o conteúdo dos processos *anteriores a 1773* expressa a posição social e política ocupada pela Igreja durante o período colonial. Portadora de valores racistas e elitistas, seleciona seus

---

167. Essas afirmações ou negações aparecem nos seguintes termos: "*Sabe que foi chamado para depor no processo de Genere*", "*Conhece o habilitando desde que este era coroinha na Igreja de Santa Ephigenia*", "*Conhece os paes Francisco Vieira e Malvina de Souza Vieira elle comerciante e ella prendas domésticas, ambos falecidos*", "*não conhece os avós paternos nem maternos*", "*Sabe que é filho legítimo, sendo assim reconhecido por todos*", "*Sempre catholico nada constando em contrário, não incorreu em nenhuma infâmia pública de direito e de facto, nem foi condenado*", "*Nem seus avós e paes incorreram em tais penas*". P.H.G.M., Habilitando Nelson Norberto de Souza Vieira, Est. 1, Gav. 19, n. 2366, p. 7 (manuscrito). A.C.M.S.P. Grifo nosso.

168. Em plena missa foi lido o seguinte comunicado: "À estação da missa paroquial *li e espliquei ao povo* os proclamas do seminarista Paulo Rolim Loureiro, que este ano pretende receber ordens Sacras em São Paulo. Procurei sindicar escrupulosamente se, por origem e feito, ou crime, existe algum impedimento, que torne o ordenado Paulo Rolim Loureiro *inábil*, ou indigno das Ordens Sacras, fiz concenciosa *indagação sobre os bons costumes e procedimento do mesmo*. Diante de Deus, posso afirmar que não encontrei nenhum impedimento… 15 de fevereiro de 1934". P.H.G.M., Habilitando Paulo Rolim Loureiro, *op. cit.*, p. 17. A.C.M.S.P.

169. *Idem*, pp. 25 e 31.

membros entre elementos portadores de "limpo sangue", sem mancha do sangue das "raças infectas": negros, mouros, judeus, cristãos-novos, mulatos e indígenas são considerados inábeis para o exercício do sacerdócio.

O cristão-novo é constantemente agredido por leis e estatutos que, através de uma linguagem estereotipada e acusatória, classificam-no como membro de uma "raça infecta", maculada pela presença do sangue judeu. Exigindo a comprovação da limpeza de sangue, a Igreja se autovalorizava, justificando, ao mesmo tempo, o *status* de seus membros como participantes do grupo dominante. A conservação da ideia de pureza de sangue era a garantia para o usufruto dos privilégios e benefícios, honrarias e dignidades, aos quais apenas os limpos de sangue tinham direito.

Com falsos atestados de Genere, o cristão-novo endossa e reforça a ideologia cristã vigente, tornando-se conivente com o regime. Apesar de conseguir vencer legalmente as barreiras erguidas contra seu grupo, o cristão-novo não se integra totalmente na sociedade colonial. Um clima de insegurança perdurou até os inícios do século XIX, interferindo no comportamento e nos hábitos daqueles que se faziam passar por "legítimos cristãos-velhos".

2.ºfase: posterior a 1773, estendendo-se até os primeiros decênios do século XIX. No início indicam apenas mudança de vocabulário, mas não de objetivos. A Igreja ainda mantém em suas mãos as forças do poder[170]. O inimigo objetivo da Igreja continua a ser, até inícios do século XIX, o portador de uma religião diferente. Em fins do século XVIII, a Inquisição ainda atua e prende aqueles que defendem doutrinas diferentes do catolicismo[171].

Castanho de Almeida afirma que a "lei que aboliu a distinção absurda entre cristãos-velhos e cristãos-novos, habilitando estes para os empregos, teve aplicação imediata no processo de Genere, eliminando-se aquelas perguntas sobre infecta nação".

As mudanças de atitudes não se processam através da simples promulgação de um ato institucional. Elas são parciais. As Constituições Primeiras do Arcebispado da Bahia, impressas em Lisboa no ano de 1719 e em Coimbra em 1720, são amostras concretas dessa situação. Nessas edições, os termos pejorativos, com relação ao cristão-novo, são evidentes. Inferiorizado como membro de uma "raça infecta", ele

---

170. Conforme lembra Cruz Costa: "Até 1868 a filosofia espiritualista, católica e eclética não tinha sofrido a mais insignificante oposição; a autoridade das instituições monárquicas o menor ataque sério por qualquer classe do povo". João Cruz Costa, *Contribuição à História das Ideias no Brasil,* Rio de Janeiro, Civilização Brasileira, 2ª ed., 1967, p. 97.

171. Depois de 1774 não aparece no Brasil perseguição por judaísmo. Somente em Portugal.

é discriminado com base no sangue, o que gerou o antijudaísmo, e essa discriminação o relegou a uma posição ideologicamente inferior na estrutura social do Brasil Colônia[172].

Na edição de 1853, portanto posterior à promulgação da Carta-Lei de 1773, não identificamos alteração alguma com relação ao emprego dos termos que distinguem os cristãos-novos dos cristãos-velhos. O apêndice para mostrar em que a Constituição do Arcebispado da Bahia e Regimento do Auditório Eclesiástico se acha alterada, revogada pelas Leis do Império e modificada pelos usos e costumes, não chama a atenção para essa mudança[173].

Gerando mesmo certa incoerência com os processos de habilitação de Genere, continua válido, no Regimento do Auditório Eclesiástico, que as testemunhas "sejão pessoas antigas, fidedignas e *cristãs-velhas*"; que o promotor de justiça "sendo leigo, que seja *christão-velho*"[174].

As manifestações contra o cristão-novo irão minando aos poucos, influenciadas pelas transformações filosóficas, políticas e econômicas, características dos fins do século XIX.

3.° fase: aproximadamente, da década de 1830 até o início do século XX, englobando os primeiros quarenta anos. Nessa fase, o conteúdo dos processos de habilitação de Genere se esvazia totalmente com relação às manifestações racistas. O problema cristão-novo agoniza, confirmando uma situação detectada na fase anterior. Da Inquisição sobram apenas os processos como lembranças de torturas, prisões e mortes. Da preocupação com a pureza de sangue, restaram os Exames de Habilitação de Genere. A linguagem e a forma de tratamento identificadas nos processos perderam a conotação de superioridade racial divulgada pelos órgãos representativos da Igreja.

Já não encontramos referências a "raças infectas" ou aos "limpos de sangue". As diligências de Genere continuaram a existir até os inícios do século XX, mas apenas como um ato *pro forma*, envolvido de uma minuciosa burocracia, típica dos tempos modernos, que culmina com a apresentação de certidões negativas, atestados e diplomas. O indivíduo passa a ser valorizado pela sua formação religiosa e cultural, e não mais como "elemento de limpo sangue".

---

172. Lourenço Castanho de Almeida, *op. cit.,* p. 92.

173. No apêndice, frases como essas são comuns, procurando determinar as situações legais que foram revogadas. Por exemplo: "*Não subsiste mais* a pena de prisão"; "*Não subsiste mais* esta doutrina entre nós [...]"; "*Está alterado* na parte que impõem"; "*Nem existe mais* a multa pecuniária [...]"; "*Tem cahido em desuzo* a prohibição". Entretanto, em nenhum momento se faz referência à eliminação da distinção entre cristão-novo e cristão-velho. "Appendice para se mostrar", em *Regimento do Auditório Ecclesiástico do Arcebispado da Bahia,* ed. cit., pp. 152-161. Grifo nosso. *Idem,* p. 161.

174. *Idem,* p. 161.

Na opinião de Cruz Costa, a Igreja perdera o prestígio que a caracterizara nos séculos anteriores. A situação decadente do Clero nacional derivara dos erros e abusos que ele cometera, contribuindo para afastar de suas fileiras os representantes mais esclarecidos da cultura intelectual da época. No entanto, mais por hábito do que por tradição, continuava a elite a reverenciar o culto católico, que era o oficial[175].

Essa explicação vem de encontro aos processos de habilitação de Genere do século XIX, inclusive com os nomes de José Bonifácio de Andrada, Antônio Carlos de Andrada e Martim Francisco de Andrada entre aqueles que queriam ingressar para as Ordens Sacras[176].

A chegada de novas correntes do pensamento filosófico, como o positivismo, o evolucionismo e demais modalidades do pensamento europeu do século XIX, cooperara para a formação de uma atitude anticlerical, que influenciou cada vez mais na desmoralização do Clero. A Igreja passou a um segundo plano e, conforme lembra Oliveira Torres, "a imagem da Igreja era a mais melancólica possível: prestes a desaparecer, voltava às catacumbas de onde havia saído. O Papa, seguido de seus fiéis amigos, grupo sem poder, volvia ao ponto de partida [...] O problema era guardar a Fé, e enfrentar dignamente a crise final"[177].

O advento do liberalismo durante o século XIX coopera também para essa crise da Igreja. Hostilizando claramente a religião, notadamente a católica, os liberais defendiam o "princípio da tolerância e liberdade de consciência, cada qual podendo procurar a verdade onde a achasse. A Igreja, ao contrário, considerando-se detentora da verdade, não aceitava compromissos com o erro"[178].

Até fins do século XVIII, considerando-se na posse da verdade e das formas de poder, a Igreja cooperou para a formação de uma imagem deturpada do cristão-novo e, consequentemente, para a manifestação de atitudes racistas contra esse grupo, constantemente perseguido em vários momentos da História.

---

175. João Cruz Costa, *op. cit.,* p. 79.

176. O Processo de Habilitação de Genere e Moribus dos Irmãos Andradas encontra-se arquivado na Cúria Metropolitana de São Paulo, estando bastante danificado pelo tempo, o que torna difícil a leitura do documento (manuscrito). Ressalto que, José Bonifácio de Andrada foi denunciado a Inquisição como "ateu" e "subversivo" (Informação fornecida por Novinsky, 2004).

177. J.C. Oliveira Torres, *História das Ideias Religiosas no Brasil,* São Paulo, Grijalbo Ltda., 1968, pp. 110-111.

178. Esse tipo de preconceito deu lugar ao aparecimento, na Europa, do anti-semitismo moderno, resultante das transformações ocorridas na sociedade a partir do século XVIII. Esse anti-semitismo representa, segundo Hannah Arendt, as origens do totalitarismo: Hannah Arendt, *As Origens do Totalitarismo: O Anti-Semitismo, Instrumento de Poder,* Rio de Janeiro, Documentário, 1975 (I).

ALTERAÇÕES DE CONTEÚDO DOS PROCESSOS DE HABILITAÇÃO DE GENERE

Item do interrogatório	Pergunta	Resposta
Anterior a 1773 8º	"– Se o dito habilitando pela parte de seus pais e avos é *legitimo e inteiro Christão-Velho, se raça alguã de judeo, mouro, mourisco, mulato, Christão-novo, herege,* ou de outra *infecta nação* das reprovadas em direito contra a Nossa Sancta Fé Catholica, nem descendente de pessoas novamente convertidas ?"¹	"– Disse que o dito habilitando tanto pela parte de seus pais e avós paternos quanto maternos he *legitimo e inteiro christão-velho* sem raça alguma de judeu, mouro, mourisco, mulato, *christão-novo, herege* ou de outra *qualquer infecta nação* das desaprovadas em direito contra nossa Sancta Fé Catholica, nem descendente de pessoas novamente convertidas, é por inteiro e legitimo christão-velho de *limpo sangue e geração,* tido e havido e depurado *sem fama, humor ou suspeita* em contrário o que tudo se sabe por público e notório e mais não disse deste"².
Posterior a 1773 (século XVIII) 6º	"– Se tem alguma razão de amizade ou parentesco com alguma das referidas pessoas?"³.	"– Dice que não he nem amigo e nem inimigo de alguma destas pessoas, que sim parente espiritual do habilitando por seu *Pudrinho de chrisma*"².
7º 8º	"– Se sabe de que o habilitando he ou foi *herege* da nossa Sancta Fé Catholica. Se sabe se os pays do habilitando ou seus avós maternos, cometeram *crime de Lesa Majestade Divina e Humana* ou se foram setenciados, condenados com as penas impostas por este Reino?"⁴.	"– Disse que não sabe de defeito algum do dito habilitando ou que tivesse incorrido em alguma *heresia ou apostasia* da nossa Sancta Fé [...] Disse que nunca soube que os pays maternos do habilitando Manoel Serafim dos Anjos houvessem commetido *crime de Lesa Majestade Divina ou Humana,* pelo qual fossem sentenciados e condenados com as penas da ley do Reino"⁵.
9º	"– Se sabe que o habilitando *incorreu em infâmia pública ou pena* vil de fato ou de direito?"⁶.	"– Disse ao nono que também lembre não consta que o habilitando tivesse incorrido [...] em *infâmia ou pena vil de fato ou de direito* e muito antes tem ouvido muito bem de seus *costumes*"⁷.

Item do interroPeríodo	gatório	Pergunta	Resposta
Séculos XIX e XX	7º	"– Se sabe ou lhe consta que o habilitando ou algum dos seus descendentes são ou forão *hereges* ou *apóstatas* da nossa Sancta Fé Catholica, ou pessoas novamente convertidas".	"– Dice que *nada havia* a declarar deste artigo"[9].
	8º	"– Se finalmente sabe ou lhe consta que as mesmas incorreram em *infâmia pública* ou *pena vil* de fato ou de direito, ou comettessem *crime de Lesa Majestade Divina ou Humana* pelo qual fossem condemnadas com a pena de lei"[10].	"– Dice elle testemunha que *nada havia* sobre o que declarar deste artigo"[11].

1. A.C.M.S.P., *P.H.G.M.*, Habilitando Cyrillo Alz Paçanha 1749, Est. 3, Gav. 19, n. 1865, p. 2.

2. A.C.M.S.P., *P.H.G.M.*, Habilitando Joaquim da Cunha Lobo, 1749, Est. 1, Gav. 21, n. 204.

3. A.C.M.S.P., *P.H.G.M.*, Habilitando Mariano Joaquim de Paula Simões, 1854, Est. 2, Gav. 86, n. 1540, p. 8 verso.

4. A.C.M.S.P., *P.H.G.M.*, Habilitando Manoel Serafim dos Anjos, 1787, Est. 1, Gav. 62, n. 485.

5. *Ibidem*, p. 44.

6. *Ibidem*, p. 34.

7. *Ibidem*, p. 44.

8. A.C.M.S.P., *P.H.G.M.*, Habilitando J. Pedro de Araújo Marcondes, 1887-1888, Est. 3, Gav. 5, n° 1646, p. 16 verso.

9. A.C.M.S.P., *P.H.G.M.*, Habilitando Mariano Joaquim de Paula Simões, *op. cit.*

10. A.C.M.S.P., *P.H.G.M.*, Habilitando J. Pedro de Araújo Marcondes, *op. cit.*

11. *Idem, ibidem.*

ELEMENTOS DO VOCABULÁRIO RACISTA: O LÉXICO E A IDEOLOGIA DOMINANTE

A ideologia sustentada por um determinado grupo pode ser identificada pelo estudo do léxico, o que nos fornece não apenas as diretrizes de seu conteúdo, mas também de suas contradições. As possibilidades de relacionar o estudo do léxico com as estruturas econômicas e sociais de uma determinada época são imensas. Não nos propomos aqui a desenvolver um estudo específico de linguística, mas, através das técnicas que os linguistas nos fornecem, temos condições para analisar os discursos sob o prisma histórico[179].

A utilização de palavras e frases estereotipadas por um determinado grupo transforma-se em dados indicativos de uma situação que, no caso deste estudo, comprova a persistência de um racismo na mentalidade, voltado contra os homens de origem judaica, assim como de outras etnias.

Alf Sommerfelt considera que a divisão de uma sociedade em classes ou em castas produz diferenças de vocabulário, de gramática, de fonética e fonêmica, e de estilo[180]. Considerando-se esse ponto de vista, o grupo dirigente, representado pela Igreja e Nobreza, manipulando as formas de comunicação existentes na época, lançou mão de um conjunto de palavras cujo sentido nos fornece, hoje, a visão de mundo sustentada por aqueles elementos. Regine Robin propõe que o vocabulário seja uma "espécie de etiqueta fixada sobre cada grupo político", ou seja, "seu vocabulário bastaria para defini-lo, para designar-lhe um lugar específico no tabuleiro político"[181].

Os estudos sincrônicos e diacrônicos das palavras utilizadas nos processos de habilitação de Genere, nos estatutos das Ordens e Irmandades religiosas, nas obras antijudaicas, nos sermões pregados pelos padres nos púlpitos das igrejas ou nos autos-de-fé, assim como nos processos inquisitoriais, fornecem-nos condições de penetrar na

---

179. Como método de trabalho, propomo-nos a elaborar o estudo do léxico, relacionando-o com a estrutura econômica e social do Brasil Colonial. A partir das considerações de Jean Dubois de que o "meio influencia o léxico", consideramos os processos de habilitação de Genere como um tipo de documento que não apenas reflete um determinado momento de nossa história, mas também reflete a mentalidade da época. Ver J. Dubois, *Le vocabulaire politique et social en France de 1869 a 1872*. A travers les oeuvres de ecrivains, les revues et les jornaux. Paris, Larouse, 1962; Erdna Perugine, *A Palavra Indústria na Revista: O Auxiliador da Indústria Nacional* (1833-1843), dissertação de Mestrado em História Social. FFLCH./USP, 1978.

180. Alf Sommerfelt, "Structures linguistiques et structures des groupes sociaux", em *Revista Diogene*, Paris, 51:191, 1965.

181. Regine Robin, *História e Linguística*, São Paulo, Cultrix, 1977, p. 44.

consciência dos homens, explicar sua conduta e as relações que mantêm com os demais grupos sociais[182].

A linguagem nos revela os papéis assumidos pelos indivíduos ou pelo grupo, transformando-se em uma forma de representação mental[183]. Através de um conjunto de palavras pejorativas, a Igreja e o Estado sustentaram uma situação racista encoberta por argumentos religiosos e por justificativas de preocupações com o bem-estar do povo. O cristão-novo tornou-se, na boca desse povo e nos documentos oficiais, o responsável pelos males que atingiam os países ibéricos e, consequentemente, o Brasil.

As palavras se caracterizam pela deformação fonética e ortográfica, sendo utilizadas como um instrumento de doutrinação, interferindo nas formas de comportamento dos indivíduos que, quando são chamados a testemunhar sobre a limpeza de sangue, endossam o vocabulário divulgado pelo grupo dominante[184].

Esse vocabulário, empregado contra o grupo cristão-novo, fazia parte de todo sistema simbólico e legal sustentado por aqueles que tinham interesse em impedir o enfraquecimento do Antigo Regime e em dificultar a participação de um maior número de homens nas esferas de poder.

A partir de um estudo diacrônico, podemos classificar o tipo de linguagem empregada nos processos de habilitação de Genere sob dois ângulos bem distintos:

Quanto à sua disposição no tempo: considerando-se que a estrutura linguística é um reflexo da estrutura social, podemos ponderar que, com problemas e mudanças sociais, observaremos também a criação de novas expressões linguísticas, compreendendo as novas necessidades[185].

Do ponto de vista diacrônico, podemos observar que existe grande diferença entre a linguagem empregada nos processos anteriores e nos posteriores à promulgação da Carta-Lei de 1773. Os anteriores empregam abertamente termos racistas contra os judeus, mouros, mouriscos,

---

182. Desse conjunto de documentos selecionamos apenas os processos de habilitação de Genere, por permitirem a elaboração de um estudo sistemático no campo lexical do ponto de vista diacrônico e sincrônico, como também por serem um tipo de documentação de fácil acesso e manuseio, e rico em conteúdo.

183. Dupront nos lembra que "não há linguagem inocente ou neutra; que tudo fala, que tudo é significante, o pleno como o vazio, e sobretudo o silêncio inconsciente ou voluntário". A. Dupront, "Langage et Histoire", Comunicação no XIII Congresso Internacional das Ciências Históricas, Moscou, 16/23 de agosto de 1970, pp. 43-44. *Apud* Regine Robin, *op. cit.,* p. 82.

184. Lipiner, em *Inquisição: Terror e Linguagem,* considera que antes da fogueira do Santo Ofício ou da câmara de gás da Alemanha nazista, a palavra foi uma arma que moldou a opinião pública, anestesiando-a paulatinamente diante do crime planejado pelos detentores do poder. Elias Lipiner, *op. cit.,* p. 3.

185. Alf Sommerfelt, *op. cit.,* p. 192.

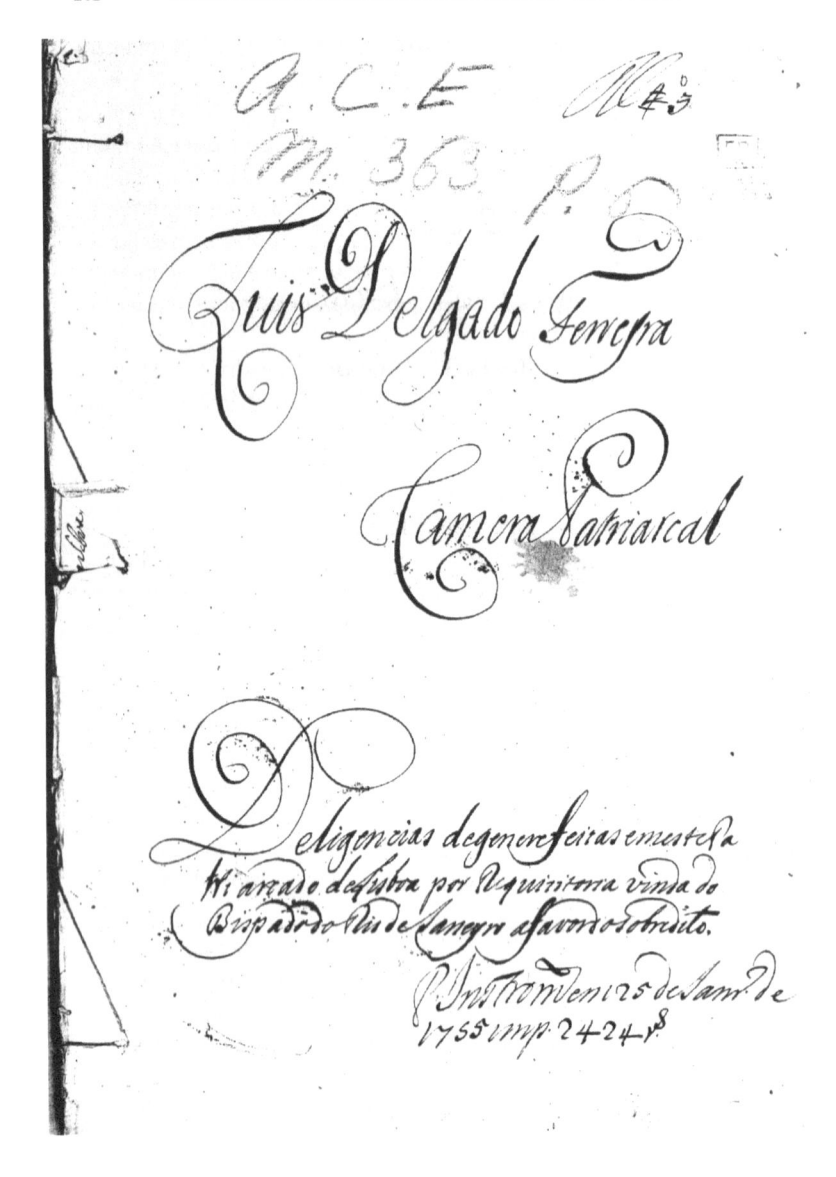

Doc. 27: *Deligências de Genere feitas neste Patriarcado de Lisboa por requisitória vinda do Bispado do Rio de Janeiro a favor de Luis Delgado Ferreyra.* Câmera Patriarcal de Lisboa, 1755. A.C.E., Maço 363, P. 6. Arquivo Nacional da Torre do Tombo de Lisboa, Portugal.

mulatos e cristãos-novos; o termo cristão-velho é colocado ao lado, em contraposição ao termo cristão-novo.

Em decorrência dessa classificação elaborada com base no conceito de pureza de sangue, um conjunto de outras palavras é empregado com o objetivo de caracterizar os descendentes dos judeus, negros e mouros como pertencentes a uma raça infecta.

Após 1773, as expressões cristão-novo e cristão-velho tendem a desaparecer, sendo substituídas por herege, infamado e infiel. Uma ou outra vez, como já foi analisado anteriormente, uma testemunha deixa escapar a expressão cristão-velho, o que significa que ela ainda era usada na linguagem popular, apesar de eliminada na parte formal do processo. A maior diferença está, portanto, no emprego dos termos, mas não nos objetivos. Continua-se procurando nas origens dos indivíduos as provas "legítimas de que ele era limpo de sangue". Não se fala mais em cristão-novo, mas sim em herege: um era símbolo do outro. As expressões racistas dos processos vão desaparecendo a partir do século XIX, tornando-se praticamente inexistentes no século XX.

Quanto ao seu significado: mediante um inventário cronológico das palavras, identificamos que seus significados variavam em função da ideologia mantida pelo grupo discriminador. Jean Dubois considera que o léxico diverge segundo o grupo social a que o indivíduo pertence e que cada pessoa adota seu vocabulário conforme o meio onde se encontra colocada. A mentalidade de uma época pode ser delimitada baseando-se no estudo do léxico. Conforme afirma o autor: "as mudanças sociais se traduzem pelas mudanças na estrutura linguística"[186].

Dentre as palavras selecionadas nos processos de habilitação de Genere podemos enumerar aquelas que possuem maior carga depreciativa, caracterizando o preconceito racial contra o grupo cristão-novo. Com base nos dicionários do século XVIII, delimitamos que a maioria desses conceitos depreciativos empregados no discurso assume um significado específico em função da existência do mito de pureza de sangue e da divisão da sociedade em dois grupos distintos: os limpos e os impuros de sangue.

Os dicionários constituem, na opinião de Dupront, endossada por Regine Robin, a primeira pista que marca a evolução da história dos signos, ou seja, da semântica histórica. Uma segunda pista seriam as sondagens, que atestam os mais diversos empregos dessas palavras, seguidas das traduções reveladoras da "liberdade social do sentido"[187].

---

186. Jean Dubois, *op. cit.,* p. 2.
187. A. Dupront, *op. cit. Apud* Regine Robin, *op. cit.,* p. 79.

Dentre essas "palavras-chave", temos: *infecto, judeu, apóstata, cristão-novo* e *cristão-velho, herege* e *heresia, infame* e *infamado, limpeza, nação, negro* ou *preto,* e muitas outras.

Infecto era um termo empregado, nos séculos XVII e XVIII, a todos aqueles que descendiam de pais mouros ou judeus. A herança é feita através do sangue, daí identificarmos em vários processos a expressão "infecto de sangue". Ser infecto significava ter ascendência judia ou moura[188]. Na primeira década do século XIX, segundo o vulgo, sangue infecto é o dos "christãos-novos, ou dos que têm casta de mouros"[189]. Em 1836, ser infecto era estar contaminado. A família poderia estar infecta por Crime de Lesa-majestade, manchando dessa forma o seu sangue. Ou ser infecto era todo aquele que tinha nas veias o sangue do mouro ou judeu[190].

Decorrente dessa conceituação, encontramos no século XX infecto como sinônimo de corrupto ou do que lança mau cheiro, pestilento. Entretanto, desapareceu qualquer referência a alguma das raças anteriormente depreciadas[191].

Encontramos uma referência interessante a respeito da palavra *judeu* em um dicionário do século XVIII. Os judeus, conforme a crença dos maometanos, estão no inferno, em um lugar *abaixo dos cristãos.* Segundo um judeu apóstata, chamado Samuel Ben Iehuda, espanhol, a razão desse castigo se explica pelo fato de que os "judeos tem falsificado muytos lugares da Sagrada Escritura"[192].

Em decorrência da palavra judeu, utiliza-se também o termo *juderega,* que significava, em fins do século XVIII, o tributo que os judeus pagavam por cabeça, "como lembrança de haverem vendido Cristo, por outros tantos". Empregava-se também a palavra *judenga,* "para este vergonhoso tributo"[193]. No século XIX judeu é definido apenas

188. Raphael Bluteau, *Vocabulário Portuguez e Latino,* autorizado com o exemplo dos melhores escritores portugueses e latinos e oferecido a El Rey de Portugal, D. João V. Coimbra, no Real Collegio das Artes da Companhia de Jesus. Com todas as licenças necessárias. MDCCXIII, p. 122. Nota: D. Raphael Bluteau (1638-1734) foi clérigo regular, doutor na Sagrada Theologia, Pregador da Rainha da Inglaterra Henriqueta Maria de França, e qualificador do sagrado Tribunal da Inquisição de Lisboa (1638-1734).

189. *Diccionário da Língua Portuguesa,* recopilado dos vocabulários impressos até agora, e nesta 2ª ed. novamente emendado, e muito acrescentado por Antônio de Moraes Silva, oferecido ao muito alto, e muito poderoso Príncipe Regente N. Senhor, Lisboa, Typographia Lacerdina, 1813, Tomo II, p. 157.

190. *Novo Dicionário Crítico e Etimológico da Língua Portuguesa,* precedida de uma introdução gramatical por F.S. Constâncio, Paris, s/d, p. 624. Nota: F.S. Constâncio (1777-1846). A introdução da obra aparece com data de 1836.

191. *Novo Dicionário da Língua Portuguesa,* por Antônio Cândido de Figueiredo (1846-1925), Lisboa, Portugal Brasil. Ed., 3ª ed., 1920/22, p. 1066.

192. Raphael Bluteau, *op. cit.,* p. 213.

193. Francisco Joaquim de Santa Rosa Viterbo, *Elucidário das Palavras, Termos e Frases que em Portugal Antigamente se Usaram e que Hoje Regularmente se Ignoram: Obra Indispensável para Entender sem Erro os Documentos mais Raros e Preciosos que*

como sendo aquele indivíduo que segue a lei de Moisés, por inteiro, e os ritos e costumes judaicos[194].

Essa conotação depreciativa que a palavra judeu carregava consigo se alastrou até os dias de hoje. Em pleno século XX, um dicionário explica o termo judeu como sendo "relativo à palavra *judeia*: homem de má fama"[195]. O judeu é sempre apresentado como um indivíduo falso, traidor e de má índole[196].

As palavras *apóstata* ou *apostasia* mantiveram o mesmo significado do século XVIII ao XX, referindo-se sempre àquele indivíduo que se afastou da "Nossa Santa Fé Católica, negando tudo o que ela ensina". As outras seitas são colocadas como sendo "falsas" ante a religião católica. E, nesse caso, o cristão-novo era considerado um apóstata, generalizando-se a ideia de que todos os cristãos-novos eram "falsos cristãos"[197].

Jean Dubois, ao analisar o vocabulário político da França entre 1869-1872, chama nossa atenção para uma série de oposições sociais entre classes e partidos, e que vem registrada e refletida no vocabulário da época. O autor insiste na ideia de que "um nome não será analisado sem aquele que é o seu contrário". A antonímia é, a seu ver, um traço persistente[198].

Esse fato foi identificado também nos sistemas léxicos por nós analisados, sendo os termos *cristão-novo* e *cristão-velho* o símbolo da antonímia. A distinção entre *cristão-novo* e *cristão-velho* se estendeu até fins do século XVIII, apesar de as leis pombalinas proibirem o emprego dessas expressões. Rafhael Bluteau, definindo ambos os termos em 1713, afirmou ser *cristão-novo* "o que naceo de Pays, & avos, convertidos do judaísmo à fé de Christo". E *cristão-velho* "o que naceo de Pays & avos de um & outro sexo, que nunca professarão a ley de Moysés"[199].

O termo *cristão-novo* assume significado pejorativo quando associado a outras expressões, como infecto, impuro, maculado ou manchado. Ser classificado como cristão-novo significava ao mesmo tempo ser "impuro de sangue", manchado pela presença do "sangue judeu", o sangue de uma raça "infecta".

---

entre Nós se Conservam. Edição crítica baseada nos manuscritos e originais de Viterbo por Mário Fiuza, Lisboa, Livraria Civilização, 1962 (1ª ed. 1798/1799, 2ª ed. 1865), p. 338. Viterbo foi religioso professo na Santa Real Provincia da Conceição dos Menores Observantes Reformados do Reino de Portugal.

194. *Diccionário da Língua Portuguesa*, ed. cit., p. 192.

195. *Novo Dicionário da Língua Portuguesa*, ed. cit., vol. II, p. 17.

196. Nesse mesmo dicionário do século XX, judia significa "mulher ou rapariga de má índole, muito travessa ou escarninha" – *idem*.

197. Raphael Bluteau, *op. cit.*, p. 437.

198. Jean Dubois, *op. cit.*, p. 53.

199. Raphael Bluteau, *op. cit.*, p. 302.

DICCIONARIO

DA

LINGUA PORTUGUEZA ,

EM QUE SE ACHARÁ‘O DOBRADAS PALAVRAS DO
que traz Bluteau, e todos os mais Diccionariſtas juntos : a ſua
propria ſigniſicação : as raizes de todas ellas : a‘ accentua-
ção : e a ſelecçaó das mais uſadas, e polídas : a Gram-
matica · Philoſophica , e a Orthographia Racional
no principio, è as explicaçoens das abbreviaturas
no fim deſta Obra.

OBRA DA PRIMEIRA NECESSIDADE PARA TODO
aquelle , que quizer falar , e eſcrever com acerto a lingua
Portugueza ; por ſer impoſſivel , que pelos Livros atégó-
ra impréſſos poſſa algum ſaber a terça parte do idio-
ma Portuguez.

COMPOSTO

POR

BERNARDO ·DE LIMA ,

E ME‘LO BACELLAR,

PRIOR NO ALENTEJO &c.

LISBOA:

Na Offic. DE JOZE‘ DE AQUINO BULHOENS.

· ANNO DE MDCCLXXXIII ·

Com licença da Real Meſa Cenſoria.

Doc. 28: *Vocabulário Portuguez e Latino*, por Raphael Bluteau, autorizado como exemplo
dos melhores escritores portugueses e latinos e offerecido a El Rey de Portugal, D. João
V. Coimbra, no Real Collegio das Artes da Companhia de Jesus. Com todas as licenças
necessárias, M.DCC.XIII. Biblioteca Nacional de Lisboa,Portugal.

Cristão-velho aparece como o antônimo de cristão-novo, caracterizado por qualificativos positivos à sua imagem. Ser cristão-velho significava ser "puro de sangue ou de linhagem", sem casta de mouro ou judeu. A oposição entre esses dois termos é mais uma prova de que os conflitos sociais se encontram refletidos no campo léxico.

Após a Carta-Lei de 1773, os termos *cristão-novo* e *cristão-velho* desapareceram dos dicionários, assim como não encontramos mais referências à limpeza de sangue. Reencontramos o termo nos inícios do século XIX, quando ser limpo de sangue significava o que "não tem casta de christão novo, mouro, ou mulato. Limpeza de sangue se diz do que descende de nobres, e que não tem casta de judeo, mouro ou mulato"[200].

Podemos perceber nessa definição que o termo "limpeza de sangue" continua associado ao conceito de nobreza, e que o mulato se sobressai ao lado dos demais grupos discriminados pelo sangue. Em um outro dicionário do século XIX, o conceito de limpeza vem complementado pela ideia de que o indivíduo limpo de sangue é também limpo de consciência, de culpa, de pecado e de vícios[201].

No século XX, a expressão "limpo de sangue" desaparece dos dicionários, comprovando, ao mesmo tempo, a perda de seu significado mediante a ordem simbólica vigente na época. A ideia de "limpeza" não diz respeito às purezas raciais, e sim a tudo que se refere a asseio, puro, limpo e perfeito[202].

As palavras *infame* e *infamada* vêm sempre associadas à ideia de raça, referindo-se ao grupo dos cristãos-novos e judeus, sendo empregada com frequência nos documentos anteriores a 1773. O judeu e o cristão-novo fazem parte de uma raça "desacreditada, desonrada e que perdeu a reputação"[203]. Esse termo reaparece nos inícios do século XIX, com o mesmo sentido pejorativo, mas ficando apenas nos dicionários. Inclusive, o exemplo para ilustrar a definição do verbo *infamar* é a de que "os judeus infamarão o nome Christão com a gentilidade"[204].

No decorrer do século XIX, paralelamente ao enfraquecimento do preconceito de sangue, o conceito não se refere mais a um grupo racial específico. Ser *infamado* significava não ter crédito, ser vil, vergonhoso e desonrado, estendendo-se esses significados até o século XX[205].

---

200. *Diccionário da Língua Portuguesa*, ed. cit., p. 227.

201. *Novo Dicionário Crítico e Etimológico da Língua Portuguesa*, ed. cit., p. 658.

202. *Novo Dicionário da Língua Portuguesa*, ed. cit., vol. II, p. 63.

203. Raphael Bluteau, *op. cit.*, p. 120.

204. *Dicionário da Língua Portuguesa*; ed. cit., p. 155.

205. *Novo Dicionário Crítico e Etimológico da Língua Portuguesa*, ed. cit., p. 623; *Novo Dicionário da Língua Portuguesa*, ed. cit., p. 1065.

O termo *nação,* desde os primeiros tempos de monarquia em Portugal, vinha associado à palavra judeu, pelo fato deste ser considerado um grupo à parte, vivendo em judiarias ou judarias. A expressão "Gente da Nação Hebreia", e por elipse de linguagem "Gente da Nação", continuou a ser empregada mesmo após a conversão forçada dos judeus em 1497 como referência aos cristãos-novos[206].

Nos processos de habilitação de Genere, a palavra *nação* aparece sempre com sentido pejorativo, qualificada pelo termo *infecta.* Assim, é comum encontrarmos a seguinte expressão: "o habilitando é christão-velho sem raça alguma de judeu, mouro, mourisco, mulato, christão-novo, herege ou de outra *qualquer infecta nação das desaprovadas* em Direito contra nossa Sancta Fé Catholica"[207].

Ainda no século XIX, encontramos referência nos dicionários ao termo *gente da Nação* como sendo os "descendentes de judeu e cristãos-novos". É empregado também como sinônimo de raça, casta e espécie, independente das expressões *infecta nação, raça infame* etc.

No século XX, Cândido de Figueiredo define *nação* como "o conjunto de habitantes de um território, ligados por interesses comuns, e considerados como pertencentes a uma mesma raça". Essa mudança de significado é, antes de mais nada, a expressão de uma nova estrutura mental e de novos valores culturais[208].

Por este estudo diacrônico do léxico, podemos concluir que a persistência das atitudes racistas e o enfraquecimento do preconceito de sangue estão diretamente relacionados ao nascimento, desaparecimento, etapas de percurso e continuidade do uso das palavras anteriormente relacionadas[209].

As palavras estereotipadas, representativas de um preconceito racial contra os grupos de judeus, cristãos-novos, negros, mouros e mulatos, nada mais são do que o reflexo de uma política segregacionista mantida pela Igreja Católica e pela Nobreza durante os séculos XVI, XVII e XVIII no Brasil.

Um estudo sincrônico dos termos empregados nos processos de habilitação de Genere permite-nos identificar um momento específico da história do racismo contra os cristãos-novos no Brasil. Esse momento histórico pode ser localizado entre o século XVII e fins do século XVIII, sendo caracterizado por uma multiplicidade de qualificativos que nos permitem identificar uma situação de antagonismos sociais, marcada por manifestações de preconceito racial.

206. Elias Lipiner, *op. cit.,* p. 77.

207. Esse tipo de expressão é comum em todos os processos de habilitação de Genere analisados até 1773. Ver cap. III.

208. *Novo Dicionário da Língua Portuguesa,* ed. cit., p. 234.

209. Robin sugere que o historiador desenvolva uma história de signos em sua vida linear, ou seja, a semântica histórica em seus primeiros passos. Regine Robin, *op. cit.,* p. 79.

No discurso de cada processo de habilitação de Genere podemos observar que os termos são empregados com determinadas conotações, em função do grupo ao qual se referem. Devemos considerar, primeiramente, que esses processos eram redigidos por indivíduos representantes do grupo dominante, portadores de valores racistas e classistas, e mantenedores da ordem social e simbólica vigentes.

A ideia de grupos opostos é bastante marcante pela presença de termos depreciativos que atribuem determinadas qualidades aos indivíduos alheios ao grupo de *status*. Apoiados em uma argumentação racista e religiosa, os manipuladores das forças de poder se fazem caracterizar pelo emprego de adjetivos que cooperam para a formação de uma imagem positiva de seu grupo[210].

A partir desse ponto de vista, identificamos dois conjuntos léxicos referentes: o primeiro, ao grupo *discriminador* e, o segundo, aos grupos *discriminados*. A seleção dos termos foi elaborada com base nos seguintes critérios:

- termos que se referem diretamente ao "sujeito" ou aos "grupos sociais" (discriminados e discriminadores) – substantivos;
- termos que caracterizam "adjetivamente" esse "sujeito" ou grupos sociais, induzindo determinadas qualidades, sem comprovação científica dos fatos;
- termos que conferem determinados atributos ao "sujeito" ou "grupos sociais", complementando as qualidades que os classificam em um ou outro grupo.

Com base nessa seleção de vocabulário, percebemos que os elementos classificados como pertencentes ao grupo discriminador (Quadro 1) fazem parte de uma parcela do grupo dominante. Em sua maioria são religiosos, fato que se justifica por se tratar de uma documentação representativa do setor burocrático da Igreja Católica. Alguns termos se referem a elementos com funções específicas na hierarquia religiosa, como por exemplo: Bispos, Cônegos, Cura d'almas etc. Outros são escrivães, provisores ou sacerdotes de uma maneira geral.

O Santo Ofício, como "sujeito", assume uma importância fundamental no discurso, deixando transparecer, pelo signo que representa, a realidade da época. Aparece sempre como a entidade responsável pela conservação da verdadeira Fé Católica, da ordem pública, e como o perseguidor de hereges e apóstatas. Ter sido preso ou ter parentes presos

---

210. Dubois ressalta, em seu trabalho, a importância dos termos pejorativos para identificação dos antagonismos sociais. Afirma o autor que: "La violence des luttes politiques et sociales entraîne une importante extension du vocabulaire affectivement motivé. [...] L'affectivité se traduit linguistiquement par l'existence dans le vocabulaire politique et social de substituts pejoratifs". J. Dubois, *op. cit.*, pp. 93 e 96.

e castigados pelo Santo Ofício era o requisito básico para transformar o indivíduo em um elemento pertencente ao grupo dos discriminados (Quadro 2).

Os elementos do grupo discriminador são caracterizados ou se fazem caracterizar por qualidades positivas, representadas por adjetivos qualificativos, como por exemplo: dignos de confiança, fidedignas, desinteressadas, bons cristãos, honrados, hábeis etc. Essas qualidades são justificadas por expressões cujo sentido está assentado geralmente no conceito de pureza de sangue. O indivíduo é digno de confiança por "ser inteiro e limpo de sangue"; ou é de bons costumes por "não possuir raça alguma de judeu, mouro ou mulato" (Quadro 1).

Dentre os elementos classificados como pertencentes ao grupo dos *discriminados*, identificamos aqueles que se diferenciavam do primeiro grupo por pertencer a uma outra "raça" ou "nação" (judeus, cristãos-novos, mouros, mouriscos e mulatos) e aqueles que eram discriminados por suas atitudes contrárias aos dogmas da Igreja Católica (hereges, infiéis, apóstatas e blasfemos).

Os adjetivos empregados pelo grupo discriminador, ao se referir àqueles elementos, são a expressão evidente do antagonismo entre cristãos-velhos e cristãos-novos. Esses signos contribuem para a formação de uma imagem negativa desse grupo, que se transforma em um antônimo do grupo discriminador (Quadro 1 oposto ao Quadro 2). São pessoas reprovadas pela ordem social e legal, inábeis, infames, indignos de confiança e crédito. Essas qualidades, fortemente estereotipadas, lhes são atribuídas pelo fato de serem "impuros de sangue", ou por "correr rumor de que eram cristãos-novos ou de outra nação infecta".

Dessa forma, podemos dizer que os processos de habilitação de Genere, referentes ao século XVII e primeira metade do Século XVIII, são a amostra legal da existência de racismo institucionalizado na Igreja Católica no Brasil. A linguagem se apresenta como testemunho de uma situação racista, fundamentada em falsos argumentos biológicos e apoiada em uma ordem legal e simbólica, sustentada pelo grupo dominante ou discriminador. Se os inquiridores buscavam provas para comprovar a perversidade permanente dos judeus e seus descendentes, eles as obtiveram através das habitações de Genere, ainda que forjadas. Alimentando-se da conjuntura política e da tradição construída, o mito da pureza de sangue garantiu, ao longo dos séculos, a excitação dos espíritos favorecendo o ódio antissemita calcado em fantasias coletivas milenares.

QUADRO 1 – GRUPO DISCRIMINADOR

Sujeito ou elementos do grupo	Adjetivos ou expressões de qualidade	Traços pertinentes
• Pessoa eclesiástica • Testemunhas* • Exm.º Sr. Bispo • Escrivão eclesiástico • Sr. Cônego • Sacerdotes • Cura d'almas • Provisor • Escrivão • Santo Ofício	• dignos de confiança • fidedignas • de bons costumes • de boa consciência • não são infamadas • desinteressadas • católicos • bons cristãos os mais antigos e fidedignos • honrada(o) • habilitada(o)	• inteiros e de limpo sangue • sem raça alguma de judeu, mouro, mourisco, mulato ou outra nação dos reprovados em direito • não cometeu crime algum • sempre tido e havido por cristão-velho • dito rumor é sem fundamento, ignorando-se a causa deste • cristãos-velhos inteiros sem fama, ou rumor em contrário • nascido entre fiéis • não pagou finta lançada à gente da Nação Hebreia • não cometeu crime de Lesa-Majestade e Humana • limpo de sangue, sem notícia alguma de judaísmo • geração sem haver fama, rumos ou suspeita em contrário

* O "sujeito" testemunha foi classificado como elemento do grupo discriminador, considerando-se que o requisito necessário para se depor a favor ou contra a limpeza de sangue era ser cristão-velho.

QUADRO 2 – GRUPO DISCRIMINADOS*

Sujeito ou elementos do grupo	Adjetivos ou expressões de qualidade	Traços pertinentes
• Judeu • Cristão-novo • Mouro • Mourisco • Mulato • Herege • Punidos e penitenciados pelo Santo Ofício • Neto de infiéis e judeus • Descendentes de judeus • Descendentes de cristãos-novos • O apóstata	• de nação infecta • da nação das reprovadas • defeito de sangue • infame ou infamado • infiel • apóstata • impuro de sangue • inábil ou inabilitado • indigno de confiança • vexado ou sombrado pelo demônio • desonrado	• impureza de sangue • por ter sido reputado e penitenciado pelo Santo Ofício • cometeu infâmia pública de direito ou de fato • pagar finta (ou pagou finta) • de nação hebreia ou disso foram infamadas • por haver entre eles rumor de cristãos-novos ou corria rumor de que eram cristãos-novos • mistura de algumas nações infectas • cometeu crime de heresia • apóstata de nossa Santa Fé • cometeu alguma infâmia pública • há rumor de cristãos-novos cuja testemunha poderá jurar à dita inquirição de Genere

* Os termos citados em ambos os quadros foram redigidos mantendo a forma em que são encontrados nos processos de habilitação de Genere (séculos XVII e XVIII), formando determinadas expressões e frases, repetidas formalmente na maioria dos discursos. Apenas atualizamos a escrita ortográfica. Não identificamos, nos Exames de Genere examinados, nenhuma referência aos ciganos, feiticeiros, indígenas e blasfemos.

A PERSISTÊNCIA DO MITO DA PUREZA DE SANGUE: ESTUDO DE VOCABULÁRIO

Pala-vras	1713 D. Rafhael Bluteau	1781 Anônymo	1798/ 1799 Fr. J. Viterbo	1813 Ant. de Moraes e Silva	1836 (introd.) s/d Franc. Solano Constâncio	1920/ 1922 Ant. Cand. Figueiredo
Apóstata	deriva-se de hum verbo grego, que val o mesmo, q apartarse. Apóstata he o que se aparta da nossa St.ª Fé, negando tudo, o que ella ensina (pág. 437) APOSTASIA – o apartarse da crença, ou religião, que se tem abraçado, & toma-do a sua conta para seguir & defender. Apostasia da Religião Catholica para huma Seyta Falsa	os que desampa-rão a sua profis-são. (pág. 16) APOSTASIA – apartamento da Fé, ou da Religião	q. cahio em apostasia como adjetivo "uma alma apóstata", em corpo religioso (pág. 158) APOSTASIA – deser-ção da Fé, que se pro-fessava § deserção da comunidade ou Casa Religiosa			APOSTASIA – mudança de religião, ab-juração. Acto de abandonar um partido ou uma opinião (pág. 158)
Christão	CRISTEMPOROS – he o nome de certos hereges, que affectavão serem Christãos & erão inimigos de Christo (pág. 303) CHRISTAN NOVICE – Christavelhice – são palavras formadas para distinguir os christãos novos, dos christãos ve-lhos. Poderás chamar a christão-novice (pág. 302) CHRISTÃO NOVO – o que naceo de Pays & avoz, convertidos do judaismo à fé de Christo CHRISTÃO VELHO – o que naceo de Pays & avôs de hum & outro sexo, que nunca professarão a ley de Moysés (pág. 302)			CHRISTÃO – que crê no q. Jesu Christo disse, e ensinou, que confesso a sua Divindade, e espera salvar-se pelos seus merecimentos (pág. 392) CHRISTIANIZADO – tolerado, ou approvado por christãos	(Cristão novo/ velho não aparece no dicion. Só Christão-christan) aquele que apostatou	CHRISTÃO – que professa o christianis-mo. Relativo ao Christian. Sectário da religião de Christo. CHRISTAN VELHICE – qualidade de christão velho, em oposição a christão novo ou judeu batizado (pág. 444)

Pala-vras	1713 D. Rafhael Bluteau	1781 Anónymo	1798/1799 Fr. J. Viterbo	1813 Ant. de Moraes e Silva	1836 (introd.) s/d Franc. Solano Constâncio	1920/1922 Ant. Cand. Figueiredo
Heresia *Herege*	*HEREGE* – o que defende proposições heréticas, o que segue doutrina condenada pela Igreja (pág. 22) *HERESIA* – erro fundamental na Fé, com persistência, & obstinação. Toda doutrina contrária às decisões da Igreja Catholica. Peccado contra Fé (pág. 22)			*HEREGE* – pessoa, que de certa sciência defende doutrina contrária aos dogmas, com adhesão e pertinácia *HERESIA* – erro do entendimento a com pertinância em pontos de Fé, ou dogmáticos (pág. 115) *HERESIA* – mulher que cahiu em heresia, e que a sustenta (pág. 114)	*HEREGE* – o que adopta, segue heresias *HERESIA* – opinião arraigada, doutrina contrária a Igreja Catholica *HERESIARCA* – autor, fautor de heresia (pág. 717)	*HEREGE* – o que professa doutrina contrária aos dogmas da Igreja. Aquelle que tem idéias contrárias à geralmente recebidas Homem impio, que não pratica o culto externo (pág. 1000/1001) *HERESIARCHA* – pessõa que fundou uma seita herética
Infamado *Infame*	INFAME – desacreditado INFAME – deshonrado. Desacreditando. Que tem perdido a reputação (pág. 120)			INFAME – sem fama, crédito, nem reputação boa *INFÁMIA* – má fama, mao nome, ignominia, deshonra, descrédito *INFAMAR* – tirar a reputação, desacreditar. Os judeus infamarão o nome Christão com a gentilidade. Infamar-se, desacreditar-se com sua deshonra *INFÁMIA DE FACTO* – a que resulta de acção infame e torpe, 2.º opinião dos bons *INFÁMIA DE DIREITO* – a que a Lei irroga a quem comete certos delictos, ou faltas. Dito contra a fama, ou crédito, e reputação de alguém (pág. 155)	INFAME – sem fama, sem crédito, vil vergonhoso. Homem, vida infame por crimes *INFAMATÓRIO* – que tira a fama, o crédito, que difama, deshonra (pág. 623)	INFAME – que tem má fama. Torpe. Que pratica actos objetos. Bandalho

Pala-vras	1713 D. Rafhael Bluteau	1781 Anônymo	1798/1799 Fr. J. Viterbo	1813 Ant. de Moraes e Silva	1836 (introd.) s/d Franc. Solano Constâncio	1920/1922 Ant. Cand. Figueiredo
Infecto	infecto de sangue chamamos a quem descende de Pays mouros, ou Judeos. Porque he herdado como o infecto de sangue (pág. 122)	infeccionado (pág. 125)		diz o vulgo ser o dos christãos-novos, ou dos que têm casta de Mouros dos quaes quem pode asseverar, quem tem algumas gotas? *INFECTUOSO* – que traz ou causa infecção, q. poe mancha, nodo (pág. 156)	(lat. *Infectus*, pp de inficio, ere, ectum, manchas, radjoedo, are, contaminar) infeccionado, contaminado. Familia infecta por crime Lesa Majestade, que tem essa mancha *SANGUE* – chama o vulgo aos que na sua geração tem sangue de mouro ou judeo (pág. 624)	corrupto. Que lança mau cheiro. Pestilento (pág. 166)
Judaísmo (o)Judeu(o)	*JUDEO* – aquelle, q. nasceo de pays judeos, ou que professa a ley dos judeos. Aos hebreos ou israelitas, ou filhos de Israel, ficou o nome de judeos, pq. depois de apartados os outros dez tribus, so remaneceo de Judá com alguns Levitas & o tribu de Benjamin Misturados, & depois no cativeiro babilônico, só os do ditto tribu de Judá se restituirão com festiva solenid/ a Pátria. Segundo a crença dos Mahometanos, no Inferno estão os Judeos em lugar mais baixo qos Christãos: hum judeo apóstata chamado Samuel Hen Iehuda Hefpanhol diz que a razão deste castito he, que os judeos tem falsificado muytos lugares da Sagrada Escritura	*JUDAÍSMO* – a religião dos antigos judeos, qd.º era a verdadeira & única religião (pág. 213)	*JUDEREGA* – tributo que os judeos pagavam por cabeça, para lembrança e pena de haverem vendido Cristo por outros tantos. Também se chamou judenga este vergonhoso tributo (pág. 338)	*JUDEU* – o que segue lei de Moisés por inteiro, e os ritos, e costumes judaicos (pág. 192)	*JUDEO(U)* – habitante da antiga Judéa, o que professa a lei judaica *JUDIAR* – fazer chacota Ex.: está judiando comigo *JUDAISAR* – guardar as leis e os ritos judaicos. De ordinário diz-se dos judeos ue a intolerância dos governos obrigão a professar o christianismo *JUDERECA* – capitação de 30 dinheiros que pagavão em Portugal os judeos tolerados *JUDEREGO* – siza a que pagavão os judeos tolerados em Portugal (pág. 641)	*JUDEU* – relativo a judéia ou aos judeus. Aquelle que era nat. da Judéia. Aquelle que segue a rel. dos judeus (pop.). Homem de má indole *JUDIA* – mulher de raça judaica... (fig.). Mulher ou rapariga de má indole, muito travessa ou escarninha (vol. II, pág. 17)

Pala-vras	1713 D. Rafhael Bluteau	1781 Anónymo	1798/ 1799 Fr. J. Viterbo	1813 Ant. de Moraes e Silva	1836 (introd.) s/d Franc. Solano Constâncio	1920/ 1922 Ant. Cand. Figueiredo
Limpeza	do sangue. Pureza de linhagem. Limpo *LIMPO DE SANGUE* – diz se de hum christão-velho, sem casta de mouro, nem judeo. Puro sanguine genitus (pág. 134)			*LIMPO DE SANGUE* – o que não tem casta de Christão-novo, ou mouro, ou mulato *LIMPESA DE SANGUE* – se diz do que descende de nobres, e que não tem casta de judeo, mouro, mulato (pág. 227)	*LIMPEZA* – do sangue, diz-se da pessoa que não descende de judeo, mouro ou mulato (pág. 657) *LIMPO DE CONSCIÊNCIA* – de culpa, pecado, innocente, limpo de vicios, justificado, absolvido – de crime, accusação, purificado *LIMPO DE SANGUE* – sem mistura do de judeo, mouro, preto ou mulato (pág. 658)	Nítido, puro. Que não tem mistura. Aperfeiçoado bem feito... *LIMPEZA* – qualidade de limpo, de asseado, de puro. Perfeição... (vol. II, pág. 63)
Mouro	Homem de Mourama (Reg. da Afr. & parte Occid. De Berberia) *ADÁGIOS PORTUGUESES DO MOURO* – quem poupa seu mouro, poupa seu ouro. Vinho, nem mouro não he thesouro. A mouro morto, gram lançado Nunca de Bom Mouro, Bom Christão. Servir como hum Mouro (pág. 613)			*MOURO* – Natural de Mourama. Ficar mouro, muito assanhado, irado (pág. 324)	*MOURO* – natural de Mourama, fig. Assanhado, enfurecido. Escravo mouro (pág. 707) *MOURISCO* – concernente a Mouros *MOUREJAR* – trabalhar muito, como fazião os mouros nas Hespanhas. Este termo bastaria para provar do qt.°, os Mouros erão laboriosos; e com effeito só à força de trabalho podião pagar muitos tributos com que nós os vexávamos (pág. 706)	
Mulato				filho ou filha de preto com branca, ou as avessas até certo grao. O filho do cavalo, e burra (pág. 327)	filho ou filha de páis, hum branco e outro preto; it. ant. Mulo mula *LIMPO* – que não tem impurezas ou manchas.	aquelle que procede de pai branco e mãe preta ou vice-versa. Aquelle que é escuro ou trigueiro – o mesmo que mula. Mula-fêmea do mu. Pop. Pessoa ruim, que tem mas manhas (pág. 219)

Pala-vras	1713 D. Raphael Bluteau	1781 Anônymo	1798/1799 Fr. J. Viterbo	1813 Ant. de Moraes e Silva	1836 (introd.) s/d Franc. Solano Constâncio	1920/1922 Ant. Cand. Figueiredo
Nação	(não aparece este termo com o sentido de *gente da*)			GENTE DE – descendentes de judeos, christãos-novos (pág. 711)	GENTE DA NAÇÃO – descendentes de judeo, christãos-novos. Raça, casta, espécie (pág. 332)	gados por interesses comuns, e considerados c/o pertencentes a uma mm. Raça Raça, origem, nascimento: a que elle sujeito é ruim de nação (ouvido em Turquel) PL em linguagem bíblica, os gentios ou pagãos (pág. 234)
Preto Negro	PRETINHO – tb. Vale o mesmo que pequeno escravo	NEGRO – infausto. Desgraciado. Homem da terra dos negros ou filho de pays negros (pág. 703)		PRETO – homem, hum preto huma preta, negro, negra. Africano negro (pág. 800) NEGRO – homem de cor negra. Este engenho de assúcar emprega cincoenta negros (pág. 715)	PRETO – negro, homem preto, forro ou cativo (pág. 501) NEGRO – homem preto. "Comprei um negro" (pág. 340) NAÇÃO – conj. dos habit. de um território, li-	PRETO – habit. Negro da África. Escravo preto (pág. 487) NEGRA – mulher negra. Escrava mulher trabalha muito NEGRO – indivíduo de raça negra, preto. Escravo. Sombras (vol. II, pág. 245)

Nota: Esse estudo foi realizado com base nos seguintes dicionários abaixo relacionados (conforme a numeração nos quadros):

1. *Vocabulário Português e Latino*, pelo P.e Rafhael Bluteau, Coimbra, no Real Collegio das Artes da Cia. de Jesu. Anno Domini MDCCXIII.
2. *Dicionário Exegético*, por hum Anônymo, Lisboa, Officina Patriarcal de Franc. Luiz Ameno, 1781.
3. *Elucidário das Palavras, Termos e Frases*, edição crítica baseada nos manuscritos e originais de Viterbo, por Mário Fiúza. Lisboa, Livr. Civiliz. Porto, 1798/1799 (1.ª ed.), 1865 (2.ª), 1962 (ed. crítica).
4. *Dicionário da Língua Portuguesa*, recopilado por Antônio de Moraes e Silva, Lisboa, Typographia Lacerdina, 1813.
5. *Novo Dicionário Crítico e Etimológico da Língua Portuguesa*, por Francisco Solano Constâncio, Paris, s/d (Obs.: a introdução data de 1886).
6. *Novo Dicionário da Língua Portuguesa*, por Antônio Cândido de Figueiredo, Lisboa, Port./ Brasil Ltda. Socied. Ed., 1920/ 1922.

Considerações Finais

O preconceito racial contra os cristãos-novos foi fato evidente tanto em Portugal como no Brasil, manifestando-se com maior ou menor intensidade de acordo com as necessidades e interesses do grupo manipulador das forças de poder. Tanto em Portugal como na sociedade colonial brasileira, esse preconceito assumiu características racistas, apoiado na teoria de pureza de sangue, que gerou uma legislação amplamente discriminatória e justificou medidas de segregação racial e social, impostas aos cristãos-novos, judeus, mouros, negros, mulatos, ciganos e indígenas.

Controlando os meios de comunicação e propaganda, manipulando leis e convenções e utilizando-se de falsos argumentos étnicos e religiosos, as facções dirigentes, representadas pela Igreja Católica e pela nobreza, sustentaram durante séculos a ideia de que aquelas minorias étnicas pertenciam a uma raça inferior, inabilitando-as a receber títulos honoríficos, a frequentar universidades e a ocupar cargos públicos e religiosos.

A ordem simbólica imposta por aqueles que ocupavam posição privilegiada junto aos órgãos estatais e eclesiásticos transformou, tanto os descendentes de judeus como os demais grupos étnicos, em elementos estigmatizados, obrigando-os, muitas vezes, a mudar seus hábitos e costumes, e a endossar a ideologia vigente, com o objetivo de fugir à morte ou às perseguições empreendidas pelo Tribunal da Inquisição.

Os signos adotados por aqueles que sustentavam o mito de pureza de sangue transformaram os cristãos-novos em verdadeiros párias, forçando-os a viver sob uma dupla identidade, sem condições de optar por um estilo específico de vida.

Durante um longo período, observamos o processo de metamorfose do judeu que, assumindo a posição de converso, se fez herdeiro de todas as acusações tradicionais portadas por seu grupo. Com o objetivo de fugir às perseguições empreendidas pelo Santo Ofício ou de ingressar na carreira pública e religiosa, os cristãos-novos geralmente assumiram o modelo de indivíduo ditado pela ideologia católica. Através de casamentos mistos, subornos e falsos atestados de Genere, para comprovar perante a sociedade sua limpeza de sangue, os descendentes dos judeus tornaram-se coniventes com o sistema legal imposto, o que para muitos significou uma relativa integração e assimilação aos valores vigentes.

Muitas vezes, ocultando sua origem judaica, os cristãos-novos foram acumulando títulos, honrarias e testemunhos, dando aos seus descendentes condições favoráveis de vida. A limitação de oportunidades obrigou-os a procurar outras terras, o que explica, em muitos casos, sua presença no Brasil Colonial.

Como consequência dessa situação, a aplicação efetiva do Estatuto de pureza de sangue, representada pelas inquirições de Genere, expressou em toda sociedade colonial portuguesa o pensamento segregacionista e racista, sustentado pelo Estado e pela Igreja Católica.

As manifestações de preconceito racial contra os cristãos-novos no Brasil foram amenizadas por uma série de circunstâncias, sendo mais evidente sob o aspecto legal do que prático. Independente do grau de intensidade, o mito de limpeza de sangue persistiu entre nós e fez parte do nosso cotidiano colonial. A abertura de processos de habilitação de Genere e a ação do Tribunal do Santo Ofício, através das Visitações, são os exemplos mais evidentes de manifestações racistas.

As exigências sobre a limpeza de sangue nem sempre encontraram condições de serem cumpridas à risca, tanto em Portugal como no Brasil, fato que explica a presença de muitos descendentes de judeus em importantes cargos públicos e religiosos, principalmente nas Misericórdias, Câmaras Municipais e Ordens Militares.

De um lado, essa situação foi decorrente da manipulação da ordem legal por aqueles que pertenciam ao grupo dominante ou agiam de comum acordo com ele. De outro, a pressão social, exercida por todo um mecanismo especialmente organizado para favorecer uma minoria, forçou o cristão-novo a apresentar falsos atestados de Genere.

Tratados como seres perniciosos e inferiores, os conversos foram transformados, de conformidade com a versão oficial dos fatos, no "inimigo objetivo", identificado pela origem de seu sangue, quando não pelo seu caráter ou pela sua cultura.

A partir do reinado dos Felipes, o preconceito contra os descendentes de judeus ganhou forças dia a dia. A Igreja tornou-se cúmplice da aristocracia que, valendo-se do conceito de pureza, fortaleceu sua posição de grupo de *status*. A burguesia cristã-velha uniu-se ao grupo dirigente, cooperando para a segregação racial do cristão-novo, atendendo cada facção aos seus interesses particulares. Sob a alegação de que os descendentes de judeus eram falsos cristãos, essa luta se processou no plano religioso. E o Clero, manipulando a gente oprimida pelo povo, transformou o converso no ponto de fixação de descontentamentos e frustrações.

A partir do século XVI, o estabelecimento do Tribunal do Santo Ofício, o alastramento do conceito de pureza de sangue, a aplicação de uma política antiemigratória, a divulgação de obras antijudaicas e a aplicação de legislação discriminatória cooperaram para o fortalecimento desse tipo de racismo.

Os exames de habilitação de Genere, ante toda essa conjuntura social, funcionaram como instrumento seletivo, através do qual os indivíduos eram qualificados com base em suas origens. Romper as barreiras impostas pelo Estatuto de *Puritate Sanguinis* significava passar legalmente do grupo discriminado para o dos discriminadores.

Classificado como membro de uma raça infecta, maculada pela presença do sangue judeu, o cristão-novo foi constantemente agredido através das leis e estatutos, nos quais identificamos, da mesma forma que nos processos de habilitação de Genere, uma linguagem acusatória, fortemente marcada por estereótipos.

A política ilustrada de Pombal e consequentemente a promulgação da Carta-Lei de 1773 são marcos importantes para a história do racismo em Portugal e no Brasil. Dessa vez, as exigências de pureza de sangue deixaram de ter valor do ponto de vista legal, e a eliminação da distinção entre cristão-novo e cristão-velho se fez constar como lei. Após essa data, esse preconceito foi aos poucos se esmaecendo, persistindo ainda durante alguns anos na mentalidade da população. Adormeceu, por assim dizer, mas não desapareceu. Ressurgiu, nos séculos posteriores, em outros lugares, sustentado por novas ideologias e formas diferentes de expressão.

Fontes

Atas
- *Atas da Câmara de São Paulo*, 1654, vol. IV, p. 181.Publicação do Arquivo do Estado de São Paulo, 1915.
- *Registro Geral da Câmara da Vila de São Paulo*, vol. 1, p. 272. Arquivo do Estado de São Paulo.

Breves e Bulas
- *Bula do Papa Paulo III criando o Tribunal da Inquisição em Portugal*, de 23 de março de 1536.
- *Breve Dudum Charissimi*, de 25 de janeiro de 1588, Liv. (manuscito), 863, p. 32v. Coleção Moreira. Biblioteca Nacional de Lisboa.
- *Petri, Breve In Beati*, de 18 de janeiro de 1612. Corpo Diplomático, Tomo XII, p. 166 e segs, 138-139 em Fortunato de Almeida, *op. cit.*

Cartas
- *do Cardeal Luno da Cunha,* Presbytero Cardeal, Familiar do Santo Ofício, nomeando Francisco de A.C. de Carvalho, Familiar do Santo Ofício, 1737 (manuscrito A 36). B.M.M.A./SP
- *do Pe. Antônio Vieira*, recolhidas e anotadas por João Lúcio de Azevedo. Coimbra, Impresso da Universidade, 3 vols., 1925, 1926, 1928.
- *de Piero Rondinelli*, de 3 de outubro de 1502. Sevilha. Apud Wiznitzer, p. 152.
- de Tomé de Souza, 1 de junho de 1553, em *História da Colonização Portuguesa do Brasil*, Dirigida e coordenada por Carlos Malheiros Dias., Porto, Litografia Nacional, MCMXXIII.
- *do Governador de 5 de outubro de 1705*. Coleção Governadores do Rio de Janeiro, LXIV-A, fls 482V. *Documentos Interessantes*. São Paulo, Arquivo do Estado, vol.51, 1930, p. 311.

– *do Santo Ofício pedindo denúncia dos judeus que tivessem se ausentado de Portugal, pelos Inquisidores Apostólicos Dl. Francisco de Menezes e Rui Fernandes de Saldanha.* Coimbra, 20 de novembro de 1613. *Res.. 1388, 5 A.* Biblioteca Nacional de Lisboa.

Cartografia
– *Amsterdã, 1648,* de Cornelius Golijath [Com indicação do cemitério judeu de Amsterdã (*Ioden Kerkhof*)]

Coletâneas de documentos
AMARAL, Caetano do. *Para a História da Legislação e Costumes de Portugal,* Porto, Livraria Civilização, Série Miscelânia, s/d.
BURGOS, Francisco Cantera. *Judaizantes Del Arzobispado de Toledo Habilitados por la Inquisición em 1495 y 1497.* Madri, Universidad de Madrid, Facultad de Filosofia Y Letras, 1969.
Documentos para a História do Açúcar. Rio de Janeiro, Instituto do Açúcar e do Álcool, 1954 , vol. I, legislação: 1534 a 1596.
FERNANDES, Luis Suarez. *Documentos Acerca de la Expulsion de los Judios.* Valladolid, 1964.
PALMA, Ricardo. *Anais da Inquisição de Lima.* Trad. Cláudio Giordano. São Paulo, Edusp, 1992.
FIGUEIREDO, J.A. de. *Synopsis Chronologica.* Lisboa, 1790, Tomo I, pp. 148 e ss.
Documentos para a História do Açúcar. Rio de Janeiro, Instituto do Açúcar e do Álcool, 1954, vol. I (Legislação: 1534 a 1596).
NOVINSKY, Anita. *Inquisição 1. Inventário de Bens Confiscados a Cristãos-novos: Fontes para a História de Portugal e do Brasil.* Lisboa, Casa da Moeda, Livraria Camões, s/d.
_____. *Inquisição. Rol dos Culpados: Fontes para a História do Brasil, Século XVIII).* Rio de Janeiro, Expressão e Cultura, 1992.
_____. *Inquisição: Prisioneiros do Brasil (Séculos XVI– XIX).* Rio de Janeiro, Expressão e Cultura, 2002.
PALMA, Ricardo. *Anais da Inquisição de Lima.* Trad. Cláudio Giordano, São Paulo, Edusp, 1992.
VIEIRA, Antonio (Pe.). *Obras Escolhidas,* vol. IV, *Obras Várias* (II): "Os Judeus e a Inquisição". Lisboa, Livraria Sá da Costa Editora, 1951.
_____. *Defesa perante o Tribunal do Santo Ofício.* Introdução e notas de Hernani Cidade. Salvador, Universidade da Bahia, 1957, 2 vols.
_____. *Autos do Processo de Vieira na Inquisição,* transcritos e editados por Adma Muhana. São Paulo, Unesp; Salvador, Fundação Cultural do Estado da Bahia, 1995.

Coletâneas de Leis:
Appendix das Leis Extravagantes, Decretos, Avisos que se tem publicado do anno de 1747 até o anno de 1760, a que se ajuntão as referidas Leys....insertas na Ordenações do Reino, no feliz Reynado da Augusta Majestade O Fidelíssimo Rey D. Joseph I Nosso Sr., Lisboa, 1760. B.F.D.S.F/USP.
Collecção das Leis, Decretos e Alvarás que compreende o Feliz Reinado de D. José I, Nosso Senhor desde o anno de 1750 até o de 1777 e a Pragmática do Senhor Rei D. João V do anno de 1749, Lisboa, Officina de Antônio R. Gallardo, 1797, Tomo II.B.F.D.S.F./USP.

Colleção Chronologica das Leis Extravagantes, Coimbra, 1819, vol. I, Tomo II, p. 85.

Colleção Chronológica da Legislação Portuguesa, compilada e annotada por José Justiniano de Andrade e Silva, 1640-1647. Lisboa, Imprensa J.J.A. Silva, 1854. B.F.D.S.F/USP.

Colleção da Legislação Portuguesa, compilada e anotada por Antônio Delgado da Silva, Lisboa, vol. 1763-1790, vol. VIII, 1824, 1844.. B.F.D.S.F/USP. /USP.

Colleção de Legislação Impressa e Manuscrita compreendendo os anos de 870 a 1836. Compilada por F.M.T.A. Morato, vol. 18, Doc. 141, 2 vols., 1768.

Constituições Primeiras do Arcebispado da Bahia. São Paulo, 1853, Livro I, Tit. L e VI, pp. 76 e 87.

Leis Extravagantes Collegiadas e Relatadas pelo Licenciado Duarte Nunes Lião per Mandado do Rei D. Sebastião, Coimbra, Imprensa da Universidade, 1796 (1. ed., Lisboa, 1569). In: *C.L.A.M.R.P.*, pp. 197-198. B.F.D.S.F./USP.

Legislação Antiga e Moderna de Portugal, Parte II, Por Resolução de S. Magestade de 2/set./1786, Livro II, Tit. XLI, p. 21. B.F.D.S.F./USP.

Ordenações do Senhor Rey D. Manuel, Coimbra, na Real Imprensa da Universidade, 1781. In: *C.C.L.P.*, compilada por José Justiniano de Andrade e Silva, 1640-1647, Lisboa, Imprensa J.J.A. Silva, 1854. B.F.D.S.F./USP.

Ordenações Afonsinas. In: C.L.A.M.P. , Livro II, Tit. 74, § 14. . B.F.D.S.F./USP.

Ordenações do Sr. Rey D. Manuel. In: *C.L.A.M.R.P.* , Parte I, Liv. I, Tit. I, p. 1.

Ordenações e Leys do Reyno de Portugal confirmadas e estabelecidas pelo Sr. Rey D. João IV. Lisboa, 1747. Colecção II dos Decretos e Cartas. B.F.D.S.F./USP.

Ordenações Filipinas. Ordenações e Leis de Portugal. Recopilada por Mandado D'El Rei D. Filipe, o Primeiro. Texto com Introdução, Breves Notas e Remissões Redigidas por Fernando H. Mendes de Almeida, vol. 1. São Paulo, Saraiva, 1957.

Compromissos

Compromisso da Santa Casa de Misericórdia de Lisboa, 1516 em J.R. Russell--Wood, *op. cit.*, p. 158.

Dicionários

- *Diccionário da Língua Portuguesa*. Recopilado dos vocabulários impressos até agora, e nesta 2. ed. Novamente acrescentado por Antônio de Moraes e Silva, oferecido ao muito alto, e muito poderoso Príncipe Regente N. Senhor, Lisboa, Typographia Lacerdina, 1813, Tomo II.B.F.D.S.F./USP.

- *Elucidário das palavras, Termos e Frases que em Portugal antigamente se usaram e que hoje regularmente se ignoram: obra indispensável para entender sem erro os documentos mais raros e preciosos que entre nós se conservam.* Edição crítica baseada nos manuscritos e originais de Viterbo por Mário Fiúza, Lisboa, Livraria Civilização, 1962 (1. ed. 1798/1799, 2. ed. 1865).

- *Novo Dicionário Crítico e Etimológico da Língua Portuguesa*. Precedido de huma introdução gramatical de F.S. Constâncio, Paris, s/d. (c. 1836). Biblioteca Nacional de Lisboa.

- FIGUEIREDO, Antônio Cândido. *Novo Dicionário da Língua Portuguesa*. Lisboa, 3. ed., Portugal-Brasil Editora, 1920/1922. B.F.D.S.F./USP.

- FERREIRA, A.B. Holanda. *Pequeno Dicionário da Língua Portuguesa*. Rio de Janeiro, Civilização Brasileira, 1957.
- BLUTEAU, Raphael. *Vocabulário Portuguêz e Latino*. Autorizado como exemplo dos melhores escritores portugueses e latinos e oferecido a El Rey de Portugal, D. João V.. Coimbra, no Real Collégio das Artes da Companhia de Jesus, MDCCXIII. Biblioteca Nacional de Lisboa.

Definições e Estatutos

Definições e Estatutos dos Cavalheiros da Ordem de Nosso Senhor Jesus Christo, de 7 de abril de 1620. In: *C.C.L.P.*, vol. III, p. 203-207. B.F.D.S.F/USP.

Definições e Estatutos dos Cavaleiros e Freires da Ordem de Nosso Senhor Jesus Cristo, Lisboa, 1746 (reedição das regras de 1628,1717) A.N.T.T.

Regras da Cavallaria e Ordem Militar de S. Bento de Aviz. Lisboa, 3 de setembro de 1630, C.C.L.P., p. 310.

Regras, Estatuto, Definições e Reformação da Ordem de Cavalaria de Santiago da Espada. 30 de maio de 1627, Definição III, C.C.L.P., vol. IV, p. 37. Biblioteca Nacional de Lisboa.

Regras e Statutos da Ordem de Santiago da Espada. Compilación de los Estabelecimentos. Res. 133. Biblioteca Nacional de Lisboa.

Estatutos da Ordem de Santiago da Espada. Compilación de los Estabellecimientos (*V-Regras e Statutos*), Res.33; ou (Luis y Estabelecimientos. V– (D. Juan) Fernandes de la Gama. Res. 453 v. Biblioteca Nacional de Lisboa.

Estatutos da Província de Santo Antônio do Brasil, Lisboa, na Officina de Manoel & Joseph Lopes Ferreira, MDCCIX (manuscrito). Arquivo do Convento de Santo Antônio, Rio de Janeiro.

Estatutos Municipais da Província da Immaculada Conceyção do Brasil, Lisboa, Offficina de Joseph Lopes Ferreira, Impressos de Sereníssima Rainha, MDC-CXVII (impresso).

Estatutos da Universidade de Coimbra. Confirmados por el Rei Dom Phelippe, primeiro deste nome, nosso Senhor. Livro II, Tit. IIII da Eleição do Rector, em anno de 1591. Coimbra, Com Licença do Ordinário da Sactã Inquisição, Impresso por Antonio de Barreira, Impressor da Universidade, 1. ed., 1593. Biblioteca Nacional de Lisboa.

Estatutos da Universidade de Coimbra, confirmados pelo Rei Dom Phelippe. Coimbra, Universidade de Coimbra, impresso por Antonio de Barreira, 1591 (1. ed.), 152 fls.. *Res. 1046 v.* Biblioteca Nacional de Lisboa.

Estatutos da Universidade de Coimbra, confirmados por el Rey Nosso Snor Dom João o 4º, 1653, impressos por andado e ord~e do Manoel de Saldanha... Coimbra, Officina de Thomé Carvalho, 1654, Res. 733v. Biblioteca Nacional de Lisboa.

Estatutos da Ordem de São Francisco confirmados por um Breve de S. Santidade Paulo IV (1555-1559). Liv. Ms 863-13-16-13 (ant), F.G. (novo), p. 184. Col. Moreira. Biblioteca Nacional de Lisboa.

Denunciações

Heitor Furtado de Mendonça, Denunciações de Pernambuco, 1593-1595. São Paulo, 1929.

Confissões da Bahia, 1591-1592, com prefácio de Capistrano de Abreu. Rio de Janeiro, 1936.

Denunciações da Bahia, São Paulo, 1925.

Éditos

Édito de Expulsão dos Judeus da Espanha, de 31 de março de 1492. In: Luis Suarez Fernandez, *Documentos. Acerca de la Expulsion de los Judios*, Valladolid, 1964.

Edito Real de 1 de março de 1507. Ver Cecil Roth, p. 63; Mendes dos Remédios, p. 320.

Legislação: Alvarás, Cartas Régias, Circulares, Consultas, Decretos, Éditos, Leis. Biblioteca da Faculdade de Direito São Francisco, Universidade de São Paulo

Alvarás
- 20 e 24 de abril de 1499 , Ordenações Manuelinas, Livro I, Tit. 82.
- 13 de março de 1507. Ver Monteiro, *História da Inquisição...*, p. 7. Renovado em 21 de abril de 1512; confirmado em Évora, por D. João III, em 16 de dezembro de 1524.
- 5 de abril de 1604, *C.C.L.P.* , vol. I, pp. 42, 69 e 71.
- 21 de novembro de 1616, *C.C.L.P.* , Liv. III (1777-1790), p. 64.
- 5 de abril de 1618, *Ordenações de Leys do Reino de Portugal. Leis Extravagantes*. Lisboa, 1747, Col. I, Livro I, tit. 67, n. 7, p. 383. B.F.D.S.F./USP.
- 19 de setembro de 1625, *Ordem de Cristo*, Livro 22, fl. 197. A.N.T.T.
- 21 de setembro de 1625, *que o Rei passou em Lisboa para o Pe. Mateus da Costa Aborim*. A.N.T.T.
- 13 de abril de 1636, *C.C.L.P.*, vol. I, Tomo I, pp. 68-69. B.F.D.S.F./USP
- 22 de outubro de 1640, *C.C.L.P.*, vol. V, p. 253. B.F.D.S.F./USP.
- 5 de maio de 1605, *C.C.L.P.,* vol. I, p. 129.
- 31 de agosto de 1587, publicado na Chancelaria-Mor em 1 de outubro de 1587, em *Documentos para a História do Açúcar*, p. 325.
- 4 de julho de 1659, *C.C.L.P.,* vol. IX, p. 243.
- 11 de outubro de 1666, *C.C.L.P.,* vol. IX p. 276.
- 22 de junho de 1671, *C.C.L.P.*, vol. VIII, p. 191
- 16 de agosto de 1671, *C C.L.P.,* vol. VIII, p. 192; *Leis Extravagantes,* vol. III, Tomo II, p. 5 [Cf. determinações expostas nas Cartas Régias de 13 de abril de 1656 e 25 de julho de 1640]
- *de Lei Secretíssimo – Contra o Puritanismo..*, C.L.P. , Liv. II (1763-1790), pp. 181-189; Biblioteca Nacional, Coleção Pombalina, Cód. 649.
- 14 de agosto de 1766. Livro 38 da Chanceleria do Sr. Rei D. Manuel (Folha 47).
- 22 de maio de 1768. *Collecção das Leis, Decretos...* p. 382.
- 20 de maio de 1769. *Alvará determinando que o Conselho Geral do Santo Ofício se fale e requeira e escreva por Majestade.* F.M.A. Morato, vol. 19, Doc. 14.
- 24 de janeiro de 1771, para suprir a distinção cristão-novo e cristão-velho [Manuscrito]. *Coleção de Legislação Impressa e Manuscrita...* vol. 18, Doc. 141.

Avisos:
- 30 de julho de 1609. *Ordenações a Leys do Reyno de Portugal, Colleção de Leys Extravagantes.* Lisboa, 1747, Tit. 42, n. 1, pp. 98-99.
- 12 de fevereiro de 1610, ao Bispo, Inquisidor Geral, Reverendo. Madrid, 12 de fevereiro de 1610. *C.C.L.P.,* vol. 1, p. 290.
- 16 de junho de 1744. *Ordenação e Leys do Reyno de Portugal,* Col. II, Livro I, Tit. 9, n. 14, § 3, p. 442.
- 27 de abril de 1767. *Livro 4 da Chancellaria do Sr. Rei D. João III* (folha 86).

Carta de Lei:
- 25 de maio de 1773. Constituição Geral e Edito Perpétuo abolindo a distinção entre Christãos-novos e Christãos-velhos – *C.L.P.,* p. 672.
- 15 de dezembro de 1774. *C.L.P.,* p. 849
- 5 de janeiro de 1779, para conferir Grão de Doutor na Faculdade de Filosofia a Francisco Antônio Ribeiro de Paiva... Suplemento *à C.L.P.*, p. 466.

Cartas Régias:
- 1 de março de 1507. *C.C.L.P.*, vol. 1750-1762, pp. 178-180, § 11.
- 29 de maio de 1600. vol. II, pp. 205.
- 9 de fevereiro de 1603. *C.C.L.P.,* vol. IV, p. 307; vol. 1, p. 10.
- 28 de fevereiro de 1604. *C.C.L.P.,* vol. 1, p. 67.
- 23 de março de 1604. *C.C.L.P.,* vol. 1, p. 69.
- 5 de abril de 1604. *C.C.L.P.,* vol. I, p. 305.
- 24 de maio de 1605. *C.C.L.P.*, vol. 1, p. 128.
- 2 de outubro de 1607. "Leis Extravagantes do Reino de Portugal", p. 188. Ver Meyer Kayserling, p. 254.
- 13 de junho de 1611. *C.C.L.P.,* vol. I, p. 305.
- 7 de outubro de 1613. *C.C.L.P.*, vol. II, p. 103.
- 10 de novembro de 1613. *C.C.L.P.*, vol. II, p. 67.
- 19 de abril de 1616. *C.C.L.P.,* vol. II, p. 200.
- 7 de outubro de 1614. *C.C.L.P.*, vol. II, p. 104.
- 3 de maio de 1618. *C.C.L.P.*, vol. II, p. 11.
- 19 de fevereiro de 1619. *C.C.L.P.*, vol. II, p. 347.
- 7 de maio de 1620. *C.C.L.P.,* compilada e annotada por José Justiniano de Andrade e Silva, Lisboa, Imprensa JJ.A. Silva, 1854, vol. III (1620-1627).
- 29 de maio de 1620. *C.C.L.P.,* vol. II, p. 10.
- 10 de novembro de 1621. *C.C.L.P.*, vol. III, p. 57.
- 26 de novembro de 1623. *C.C.L.P.,* vol. III, p. 123; vol. IV, p. 146.
- 17 de julho de 1624. *C.C.L.P.*, vol. III, p. 124.
- 2 de fevereiro de 1625. *C.L.P.*, vol. III, p. 134.
- 31 de outubro de 1629. *C.C.L.P.*, vol. IV, p. 139.
- 9 de fevereiro de 1633. *C.C.L.P.* , vol. IV, p. 307; vol. 1, p. 10.
- 9 de julho de 1636. *C.L.P.*, vol. V, p. 85.
- 8 de abril de 1639. *C.C.L.P.,* vol. V, p. 190.
- 13 de abril de 1636. *Leis Extravagantes,* vol. I, 2º tomo, pp. 68-69.
- 25 de julho de 1640. *Leis Extravagantes,* vol. I, 2º tomo, p. 85.
- 5 de agosto de 1683. *C.C.L.P.*, vol. IX, p. 91.

- 16 de agosto de 1671. *C.C.L.P.*, vol. VIII, p. 192.
- 25 de maio de 1773. *C.L.P.*, p. 672.
- 15 de dezembro de 1774. *C.L.P.*, p. 672.

Circular:
- *Circulare ai soci N.1.* Canottieri. Trieste, 21 de novembro de 1938.

Consultas:
- 13 de março de 1629. *C.C.L.P.*, vol. IV, p. 146.
- 3 de março de 1668. *C.C.L.P.*, vol. IX, pp. 115-116.

Leis:
- *Acerca de La Expulsion de Los Judios.* Valladolid, 1964, Doc. 177, pp. 391-395.
- 21 de abril de 1521. Ver Cecil Roth, p. 63.
- 14 de junho 1532. Ver J.A. Figueiredo, Tomo I, pp. 345-346; Meyer Kayserling, p. 161.
- 14 de junho de 1535. Ver J.A. Figueiredo, Tomo I, p. 355; *Documentos para a História do Açúcar,* p. 27; Meyer Kayserling, pp. 175-176.
- 15 de junho de 1547. *Documentos para a História do Açúcar,* p. 41; Meyer Kayserling, p. 213.
- 30 de junho de 1567. *Leis Extravagantes Collegiadas e Relatadas pelo Licenciado Duarte Nunes Lião per Mandado do Rei D. Sebastião*, Coimbra, Imprensa da Universidade, 1796 (1. ed., Lisboa, 1569). In: *C.L.A.M.R.P.*, ed. cit., pp. 197-198. B.F.D.S.F.
- 21 de maio de 1577. *Documentos para a História do Açúcar, op. cit.*, p. 273.
- 18 de janeiro de 1580. Ver *Documentos para a História do Açúcar,* ed. cit., p. 311; J.A. Figueiredo, *op. cit.,* Tomo II, p. 194.
- 6 de setembro de 1583. Ver Meyer Kayserling, *op. cit.*, p. 235.
- 26 ou 27 [?] de janeiro de 1587. *Documentos para a História do Açúcar,* p. 319.
- 17 de novembro de 1629. *C.C.L.P.*, ed. cit., p. 348; Meyer Kayserling, *op. cit.,* p. 253.
- 15 de setembro de 1935. *Leis Raciais de Nuremberg*, Alemanha. Institut für Zeitgeschichte, Munique.

Petição:
Da Gente da Nação. Cód. 1509, Inq. (Cópia). Arquivo Nacional de Lisboa.

Portaria:
- 30 de maio de 1497, proibindo as autoridades de tirar inquirições sobre a vida dos judeus convertidos por um período de 20 anos, por D.Manuel. Ver Kayserling, p. 123; Mendes dos Remédios, p. 200.

Provisões:
- 29 de maio de 1610, *C.C.L.P.*, vol. II, p. 250. B.F.D.S.F./USP.
- 15 de março de 1568 e Apostilha de 20 de março de 1568. Ver J.A. Figueiredo, Tomo II, p. 132; *Documentos para a História do Açúcar,* p. 219.
- de 2 de junho de 1573, publicada na Chancelaria-Nor, em Évora a em 6 de junho de 1573. J.A. Figueiredo, Tomo II, pp. 169-170; *Documentos para História do Açúcar,* p. 257.

– 13 de março de 1610. *C.C.L.P.,* vol. IV, p. 158. Ver Arnold Wisnitzer, p. 30 (Provisão citada na CR de 17 de novembro de 1629).
– 23 de maio de 1610. *C.C.L.P.,* vol. II, pp. 205-206. B.F.D.S.F./USP.
– *Provizão pela qual a Rainha N. Sra. Autorizou o D. Abade do Mosteiro de São Bento,* 1781, 20., Doc. N 423. Catálogo da Exposição de História do Brasil, II, 34, 5, 68 (manuscrito). Biblioteca Nacional do Rio de Janeiro.

Resoluções
– 18 de dezembro de 1632. *Ordenações e Leys dos Reyno de Portugal*...Livro I, Tot. 35, n. 2, p. 455.

Listas de Autos-de-Fé
Listas de pessoas que sairão, condenações que tiverão e sentenças que se lerão no Auto-de-Fé público, Igreja de São Domingos, Lisboa, 16 de outubro de 1746.
Relacion del Auto Particular de Fé, Tribunal da Inquisição de Granada, Mosteiro de São Gerônimo, 30 de maio de 1722.

Literatura filojudaica e antissemita
ARAGÃO, F.X. de. *Doutrina Cayholica para Instrução e Confirmação dos Fiéis, Extinção das Seitas Supersticiosas, e em Particular do Judaísmo,* dedicados a D. Fernando de Mascarenhas, Bispo de Argarve, Lisboa, Cresbeek, 1625 (*Extinção do Judaísmo, e mais Seitas Superticiosas, e Exaltação da Só Verdadeira Religião Christãa dad por Deos aos Homens para Ella por Serem Salvos.* Lisboa, Cresbeek, 1628). B.E.P.J.
AYRES, Mathias. *Reflexões Sobre a Vaidade dos Homens.* 6. ed., Introdução de Alceu de Amoroso Lima, Editora Martins, Biblioteca de Literatura Brasileira, 1942. (1. ed. 1742).
COSTA, J.A. da. *Discurso sobre a pregunta que si lhe fez...* Lisboa, Pasc. da Silva, 1721. B.E.P.J.
CUNHA, D. Luis da. *Testamento Político ou Carta Escrita pelo Grande D. Luís da Cunha ao senhor Rei. D. José I antes de seu governo, o qual foi do Conselho dos Senhores D. Pedro II e D. João V...,* escrito em 1747 (1. ed. 1820, opúsculo). Nota Introdutória de Nanci Leonzo, São Paulo, Alfa Omega, 1976 (*Série Testemunhas da História, 49*).
BARRIOS, Daniel Levi de. *Triunfo Del Govierno Popular, e de la Antiguedad Holandesa.* Dedicado em el Año de 5443 a los muy Ilustres Señores Parnasim, y Gabay Del Kahal Kados Amsterlodamo, Bibliotheca Rosenthaliana. Amsterdan.
D´ESTE, João Baptista. *Consolação Christã, e Luz para o Povo Hebreo sobre os Psalmos do Real Profeta David.* Lisboa, Pedro Cresbeek, 1616, Res. 188-V. Biblioteca nacional de Lisboa.
_____. *Diálogo entre Discípulo e Mestre cathequeizante, onde se resolvem todas as dúvidas que os judeus obstinados costumão fazer contra a verdade da Fé Cathólica, com efficacíssima razones, assi dos profhetas sanctos, como de seus mesmos Rabbinos.* Lisboa, G. da Vinha, 1621 (2. ed. J. da Costa, 1674).

_____. *Sumário de Todas as Páscoas, Festas e Cerimônias Judaicas, assim da Lei escrita, como do seu Talmud e mais Rabinos*, cf. transcrição de Mendes dos Remédios, vol. II, pp. 302-302.

DIAS, Nicolau. *Tratado Del Juízo Final*. Salamanca, 1588 (1. ed.); Madri, 1595 (2. ed.); Valladolid, 1599 (3. ed.). B.E.P.J.

MACHADO, Francisco Loureiro. *Espelho de Christãos Novos*. Offerecido ao Cardeal D. Henrique. Lisboa, 1567. Fundo Geral, MS 6747. Biblioteca Nacional de Lisboa. (Traduzida para o latim, sob o título *Veritatis Repertorium Editum in Hebraeos Quos Vulgus Novos Vocitat Christanos*).

MAGALHAENS, J. de. *Perfídia Rabbinica Convencida*, 1690. B.E.P.J.

MARIA, J. de Jesus. *Triunfo da Fé contra a Perfídia Judaica*, s/d. B.E.P.J.

MATTOS, V. de Costa. *Breve Discurso contra a Herética Perfídia do Judaísmo*. Lisboa, 1622 (2. ed. e 3. ed. *Honras Christãas nas Afrontas de Jesus Christro e a 2ª. parte do 1º. Discurso contra a Herética Perfídia*. Lisboa, 1625 e 1634). B.E.P.J.

_____. *Discurso Contra os Judios*. Trad. do português para o castelhano por Diego Galvan, 1631.

MERTOLA, L. de. *Demonstracio Evangélica y Distierro de Ignorâncias Judaicas*. Lisboa, Pinheiro, 1631. B.E.P.J.

MONTEIRO. *História da S. Inquisição do Reyno de Portugal*. Lisboa, 1750, II, 7. Biblioteca Nacional de Lisboa.

NOBREGA, A.I. *Discurso Catholico no qual hum Christão Velho zeloso de nossa Fé falla com os Judeos convencendo-os dos erros em que vivem para...* Lisboa, Sylbiana da Academia, 1738. B.E.P.J.

PAIM, Roque Monteiro. *Perfídia Judaica*, Madri, 1671.

PINAMONTE, João Pedro. *Synagoga Dezenganada*. Trad. da Língua Italiana em a Portuguesa, por hum religioso da mesma Companhia de Jesu. Offerecida aos Senhores Inquisidores do Reyno, e Conquistas de Portugal e impressa por mandado do Illustrissimo Senhor D. Sebastião Monteyro da Vide, Arcebispo da Bahia, do Conselho de Sua Magestade, &c. Lisboa Occidental, na Officina da Musica, Anno M.DCC.XX. Biblioteca Particular de Robbie Bacman. Lisboa.

PITARRA, F.X.S. *Inventiva Catholica Contra a Obstinada Perfídia dos Hebreos*. Lisboa, Manoel da Silva, 1748. B.E.P.J.

SANCHES, Antônio Nunes Ribeiro. *Denominação de Christão-Velho, e Christão--Novo, em Portugal*. Porto, Livraria Paisagem, 2. ed., s/d.

_____. *Diário*. Biblioteca da Faculdade de Medicina, Paris (manuscrito 2015).

TORREJONCILLO, Francisco de. *Sentinella contra os Judeus...*Offerecida à Virgem. Coimbra, Na Officina de Joseph Antunes da Silva, Impressor da Universidade de Coimbra, 1730. Biblioteca Nacional de Lisboa.

_____. *Sentinella Contra os Judeus*. Trad. por Pedro Lobo Correa. Lisboa J. Galvão, 1684 (Coimbra, Silva, 1710; Lisboa, Ferreira, 1748). Biblioteca Nacional de Lisboa.

VERNEY, Luis Antônio. *Verdadeiro Método de Estudar*. Edição organizada por Antonio Salgado Jr., Lisboa, Editora Livraria Sá Costa, 1949.

VIEIRA, Antônio (Pe.). "Os Judeus e a Inquisição", vol. IV, *Obras Várias* (II). In: Vieira, Antônio (Pe), *Obras Escolhidas*. Lisboa, Livraria Sá da Costa, 1951.

Manual
Manual dos Inquisidores. Seleção e Comentários do Frei Nicolau Emérico. Lisboa, Edições Afrodite, 1972. (Versão reproduzida da revista *Nouveau Commerce*, Cahier 17, Automme, 1970).

Memórias e Descrições de Viagens
KIDDER, Daniel P. *Reminiscências de Viagens e Permanências no Brasil*, reedição. São Paulo, Martins; Edusp, 1972.
Madre DE DEUS, Gaspar (Frei). *Memórias para a História da Capitania de S. Vicente.* Belo Horizonte, Itatiaia; São Paulo, Edusp, 1975.
PEREIRA, Nunes Marques. *Compêndio Narrativo do Peregrino da América.* Rio de Janeiro, 2. ed., Lisboa, Antonio Vicente da Silva, 1760.
PITA, S. da Rocha. *História da América Portuguesa.* Belo Horizonte, Itatiaia; São Paulo, Edusp, 1976.

Parecer
Parecer político, que se deu ao Senhor Rey D. João, quanto au ardumento do Reyno concluindo em que se consintas nelle aos christãos novos pello visto venerado Pe. Antônio Vieira da Cia. de Jesus, anno de 1664 (manucristo). XX. Seção de Manuscritos, I-15,3,5. Biblioteca Nacional do Rio de Janeiro.

Processos Inquisitoriais
No. 6515, de Miguel Telles da Costa, 1710. A.N.T.T. Lisboa.
No 1571, de Fernando Mendes de Castro, 1707. A.N.T.T. Lisboa.

Processos de Habilitação de Genere: investigações, declarações (manuscritos)
Investigações:
– *Declaração encaminhadas por José Teixeira Camargo e seus irmãos... Diligencias de Genere feitas no Patriarcado de Lisboa por requisitória do Bispado de Mariana, 30 de dezembro de 1761.* A.N.T.T..
– *Deligencias de Genere feitas neste Patriarcado de Lisboa por Requisitória vinda do Bispado do Rio de Janeiro a favor de Luis Delgado Ferreyra.* Câmera Patriarcal de Lisboa, 1755. *A.C.E., Maço 363*, p. 6. A.N.T.T.
– *Informacion de la Nobleza e Limpieza de Sangue de D. Antonio Sotelo Prego de Montaros. Inquisições de Genere.* Res. 6–2074 v. Biblioteca Nacional de Lisboa.
– *Processo de Habilitação à Ordem de Cristo de Filipe Pais Barreto à Ordem de Cristo (HOC)*, Maço 28, n.5. A.N.T.T.
– *Imquyryçam que ho vigário desta vyla de Porto Seguro tirou juntamente com ho padre Manuell Collaço e Pero Anes Vycente.* Processo da Inquisição de Lisboa, n. 8821. A.N.T.T.
– *Relação de Despesas. Deligencias de Genere feitas neste Patriarcado de Lisboa por Requisitória vinda do Bispado de Pernambuco a favor de Antonio Moreira de Carvalho. Câmera Patriarcal de Lisboa, 1755. A.C.E., Maço 363,* p. 6. A.N.T.T.

Processos de Habilitação de Genere et Moribus:
– de *Antônio Joaquim da Conceição. Belém, 1825,* 865. Arcebispado de Belém do Pará.
– de *Alexandre de Gusmão.* 1722, Est. 1, Gav. 8, n. 118. A.C.M.S.P.
– de *Carlos Correa de Toledo.* 1760, Est.1, Gav. 41, n. 343. A.C.M.S.P.

- de *Cláudio Manoel da Costa.* 1757, Est. 3, Gav. 19, n. 1876. A.C.M.S.P.
- de *Genere de Cyrillo Al^z Paçanha.* 1749, Est. 3, Gav. 19, n. 1865. A.C.M.S.P.
- de *Francisco de Arruda e Sá.* 1702, Est. 1, Gav. 2, n. 39. A.C.M.S.P.
- de *Francisco de Monte Carmelo (Frei).* 1722, Est.1, Gav, 48, n. 1140. A.C.M.S.P.
- de *Jeronymo de Arruda.* 1766, Est. 3, Gav. 74, n. 1955. A.C.M.S.P.
- de *Joaquim da Cunha Lobo.* 1749, Est. 1, Gav. 21, n. 204. A.C.M.S.P.
- de *João Antônio de Viveiros Figueira.* 1797, Est. 1, Gav, 75, n. 597. A.C.M.S.P.
- de *José Bonifácio de Andrada, Antônio Carlos de Andrada e Martim Francisco de Andrada* (manuscrito, danificado). A.C.M.S.P.
- de *José Gomes da Silva.* 1779, Est. 1, Gav. 21, n. 425, A.C.M.S.P.
- de *Antonio Jozê de Brito.* A.N.T.T.
- de *José Pedro de Araújo Marcondes.* 1779, Est. 3, Gav. 5, n. 1646. A.C.M.S.P.
- de *José Ferreira Cantão.* 1844, Arcebispado de Belém do Pará.
- de *Luiz do Rosário, Antônio da Consolação, Manoel da Piedade e Francisco Xavier Soares (avós de Borba Gato).* 1721, Est. 1, Gav.8, n.116. A.C.M.S.P.
- de *Manoel Antônio de Souza e Silva.* Belém, 1844, Arcebispado de Belém do Pará.
- de *Manoel Alves de Carvalho.* 1779, Est. 3, gav. 53, n.425. A.C.M.S.P.
- de *Mariano Joaquim de Paula Simões.* 1854, Est. 2, Gav. 86, n. 1.540. A.C.M.S.P.
- de *Manuel Serafim dos Anjos.* 1787, Est.L, Gav. 62, n. 485.A.C.M.S.P.
- de *Nelson Norberto de Souza Vieira.* Est. 1, Gav. 19, n.2366. A.C.M.S.P.
- de *Paulo Rolim Loureiro.* 1933, *Est.15, Gav. 63, n.2154. A.C.S.P.*
- de *Patrício Manoel, José Bonifácio, Bonifácio José, Antônio Carlos e Martim Francisco de Andrada.* 1779, Est. 1, Gav. 55, n. 436. A.C.M.S.P.
- de *Simão Alvarez Rõiz.* 1718, Est. 3, Gav, 88, n. 2085. A.C.M.S.P.

Regimentos do Santo Oficio da Inquisição dos Reinos de Portugal

1552 (com artigos adicionais em 1554). Publicado por António Baião, em *Archivo Histórico Portuguez.*

1570. Confirmado por Alvará de D. Sebastião em 15 de março, Évora.

1613. Lisboa, por Pedro Carsbeeck.

1640. Lisboa, por Manoel da Sylva.

Regimento do Santo Offício da Inquisição dos Reynos de Portugal – Ordenado por Mandado do Ilmo. e Rmo. Snor. Bispo Dom Francisco de Castro, Inquisidor Geral do Conselho d'Estado de S. Magde., Lisboa, par Manoel da Sylva, M.DC.XL. – Livro II, Tit. VI, § 2.

1774. Lisboa, pela Officina de Miguel Manescal da Costa; ou *O Último Regimento da Inquisição Portuguesa,* Introdução e Atualização de Raúl Rego, Lisboa, Edições Excelsior, 1971.

Regimentos

- *do Auditório Eclesiástico.* São Paulo, 1853, Tit. VI. " Do Juiz das Justificações de Genere e formas que nellas deve guardar, p. 77, n. 348; " Dos Escrivães de nosso Auditório, e do que a seu Officio Pertence", n. 524.
- *do Governo Geral do Brasil.* Treslado do Regimento que levou Francisco Geraldles que S. Majestade ora mandou por Governador do Estado do Brasil, em 8 de março de 1588. *Documentos para a História do Açúcar, op. cit.,* p. 363.

- *Regimento de Thomé de Souza.* Dezembro de 1549, em História da Colonização Portuguesa do Brasil, p. 347.
- *Regimento de Antônio Cardoso de Barros.* De 11 de dezembro de 1548. Arquivo da Marinha, Livr. 1 de Officios de 1547 a 1602, Fls. 10. Biblioteca Nacional de Lisboa.
- *dos Juízes das Confiscações.* De 10 de julho de 1620. *Leis Extravagantes,* ed. cit., Cap. I e XIII, pp. 284 e 290.
- *Regimento dos Provedores da Fazenda del Rei Nosso Senhor do Brasil.* De 17 de dezembro de 1548. Arquivo da Marinha, Livr. 1 dos Officios de 1597 a 1609, fls. 151. Biblioteca Nacional de Lisboa.
- *Livro Primeiro do Governador do Brasil.* Rio de Janeiro, Ministério das Relações Exteriores, 1958.

Representação:
Representação que fez o Pe. Francisco Antônio, procurador geral da província de Santo Antônio do Brazil sobre a total decadência e consternação da sua Ordem pela grande falta que há de religiosos, c. fins do Século XVIII, Doc. No. 9.367. *Catálogo da Exposição de História do Brasil,* 1-31, 28, 36, (manuscrito). Biblioteca Nacional do Rio de Janeiro.

Sermões
- Livro do Vinde, e Vede, e do Sermam do Dia do Juízo Universal em que se chama a todos *os Viventes para Virem, e Verem Humas Leves Sombras do Último Dia o mais Tremendo, e Rigoroso do Mundo.* Offerecido ao Sereníssimo Senhor D. Pedro Infante de Portugal pelo seu mais humilde criado Angelo de Sequeira, Pobre Missionário Apostólico, e Prothonotario de Sua Santidade, do Habito de S. Pedro e, natural da Cidade de S.Paulo. Lisboa, na Officina de Antonio Vicente da Silva, Anno de MDCCLVIII.
- *Sermões,* do Pe. Antônio Vieira, Edição fac-símile organizada pelo Pe. Augusto Magne S.J. São Paulo, Anchieta, 1943-1945, 12 Tomos.
- *Serman do Auto de Fé,* realizado em Lisboa a 6 de setembro de 1705, de Diogo da Annunciação Justiano. Lisboa, 1705 (2. ed. 1723 ou 1724). Biblioteca Nacional de Lisboa.
- *Exhortação Dogmática Contra a Perfídia Judayca. Judayca seyta aos Reos penitenciados no Auto de Fé, que se celebrou na praça do Rocio...,* proferido pelo Inquisidor Francisco Pedrozo. Lisboa, Officina de Miguel de Manescal, 1713. Res. 3539, 16 p. Biblioteca Nacional de Lisboa.
- *Sermão de Auto-de-Fé realizado em Coimbra na 5ª. Quaresma a 12 de março de 1673,* proferido por Bento de S. Thomas. Coimbra, Manoel Dias, 1673. Biblioteca Nacional de Lisboa.
- *Sermon para la Traicion de Judas. Sermon para los mistérios de la sed que Christo Nuestro Redentor padecio en la Cruz.* Lisboa, Lorenço Craesbeeck, 1633, 36 fls. Res. 3537, 19 p. Biblioteca Nacional de Lisboa.
- *Sermão que o Doutor Sebastião do Couto da Companhia de IESV, Lente de Primajubilado da Univesrsidade de Évora, pregou no auto de Fé que se fez em Lisboa a 14 de Março de 1627.* Por mandado do Illustrissimo, & Reverendíssimo Bispo Inquisidor Geral Dom Fernão Martins Mascarenhas. Lisboa, por Pedro Craesbeeck Impressor Del Rey, 1627. *Res. 4293 p.* Biblioteca Nacional de Lisboa.

– *Sermam de Auto-de-Fé, que se celebrou na Praça do Rocio o Pe. Francisco de Santa Maria,* anno de 1706. Lisboa, na Officina de Manoel & Joseph Lopes Ferreyra, 1706.

– *Sermão que pregou OP.M. Fr. Christovam De Santa Maria, no Auto Publico da FEE ue se celebrou em o Terreyro de São Miguel da Cidade de Coimbra, Domingo 25 de julho de 1706.* Dedicado ao Excellentissimo Senhor, o Senhor Doom Nuno Álvares Pereyra de Mello, filho do Duque de Cadaval, e Reytor da Universidade de Coimbra. Coimbra, Officina de Joseph Ferreyra, Universidade de Coimbra & Santo Officio, 1706. Reserva. Biblioteca Nacional de Lisboa.

ACERVOS E BIBLIOTECAS

A.C.M.S.P. – Arquivo da Cúria Metropolitana de São Paulo, Brasil.

A.A.B.P. – Arquivo do Arcebispado de Belém do Pará, Brasil.

A.E.S.P. – Arquivo do Estado de São Paulo, Brasil.

A.N.T.T. – Arquivo Nacional da Torre do Tombo, Lisboa, Portugal.

Arquivo do Convento de Santo Antônio, Rio de Janeiro, Brasil.

Arquivo da Ordem Terceira de São Paulo, Brasil.

Biblioteca da Faculdade de Direito da Universidade de São Paulo, Brasil.

Biblioteca Nacional do Rio de Janeiro. Brasil.

Biblioteca Municipal Mário de Andrade de São Paulo, Brasil.

Bibliotheca Rosenthaliana. Amsterdan, Holanda.

Biblioteca (Particular) de Robbie Bacman. Lisboa, Portugal.

Biblioteca (Particular) de Anita Novinsky, São Paulo, Brasil.

Institut für Zeitgeschichte, Munique, Alemanha.

Museu Boymans Van Beugnine, Rotterdam, Holanda.

Museu do Prado, Madrid, Espanha.

Bibliografia

Obras Gerais e Específicas

ALBORNOZ, C. Sánchez. *España: Um Enigma Histórico*, vol. II. Buenos Aires, 1962.

ALCALÁ, Angel (ed.). *The Spanish Inquisition and the Inquisition Mind.* New Jersey, Social Science Monographs, Boulder, Colorado, Columbia University Press, 1987.

ALMEIDA, Fortunato de. *História da Igreja em Portugal.* Coimbra, s.e., 1917-1924.

AMADOR DE LOS RIOS, J. *História Social y Religiosa de los Judios de Espana y Portugal.* Buenos Aires, Bajel, 1943.

AMARAL, Antonio Caetano do. *Para a História da Legislação e Costumes de Portugal.* Porto, Livraria Civilização, Série Miscelânea, s/d.

AMILCAR, Paulo. *Os Criptojudeus*, Porto, Alhena, s.d.

ARENDT, Hannah. *Origens do Totalitarismo I. Anti-semitismo, Instrumento de Poder.* Trad. Roberto Raposo; introdução Celso Lafer. Rio de Janeiro, Documentário, 1975.

AZEVEDO, João Lúcio. *História dos Cristãos-Novos Portugueses.* 2. ed. Lisboa, Livraria Clássica, 1975 (1. ed. 1921).

_____. *História de Antônio Vieira.* 2. ed. Lisboa, Livraria Clássica, 1931, 2 Tomos.

BAIÃO, Antônio. *Episódios Dramáticos da Inquisição Portuguesa.* 3. ed. Lisboa, Seara Nova, 1973 (vol. I, 2. ed. 1972).

BAROJA, J.C. *Los Judios en la España Moderna y Contemporânea.* Madri, 1962.

BARON, S.W. *Social and Religious History of the Jews.* 2. ed. Nova Iorque, 1957, vol. V.

BARYLKO, Jaime. *Judio, El Ser en Crisis.* Buenos Aires, Editorial Planeta, 1995.

BAUER, A. *História Crítica de los Judios.* Buenos Aires, Ciências Del Hombre, 1971.

BAUER, Y. *A History of the Jews in Christian Spain.* 1. ed. Filadelfia, The Jewish Publication Society of America, 1961, vol. II.

BELMONTE. *No Tempo dos Bandeirantes*, São Paulo, Melhoramentos, s/d. AESP.

BENNASSAR, Bartolomé. *L'Homme espagnol, attitudes et mentalités du XVIème au XIXème Siècle*, Paris, 1975.

BERLINCK, M.T. *Marginalidade Social e Relações de Classes em São Paulo.* 2. ed., Petrópolis, Vozes, 1977.

BÖHN, Günter. *Los Sefardies em los Domínios Holandeses de América del Sur y del Caribe (1630-1750).* Frankfurt, Vervuert, 1992.

BOSCHI, Caio César. *Os Leigos e o Poder: Irmandade Lugar e a Política Colonizadora* em Minas Gerais. São Paulo, Ática, 1986.

BOURDIEU, Pierre. *O Poder Simbólico.* Trad. de Fernando Tomaz, Lisboa, Difel; Bertrand Brasil, 1989.

_____. *Economia das Trocas Simbólicas.* São Paulo, Perspectiva, 1976 (Coleção Estudos, 20)

BOXER, Carl Ralph. *Relações Raciais no Império Colonial Português.* Rio de Janeiro, Tempo Brasileiro, 1967.

_____ *Império Colonial Português: Textos de Cultura Portuguesa.* Lisboa, Edições 70, 1969.

CANETTI, Elias. *A Consciência das Palavras.* Trad. Márcio Suzuki e Herbert Caro, São Paulo, Companhia das Letras, 1990.

CARDOSO, M. "Azeredo Coutinho e o Fomentop Intelectual de uma Época". In: KEITH, H.H. & EDWARDS, S.F. (orgs.), *Conflito e Continuidade na Sociedade Brasileira.* Rio de Janeiro, Civilização Brasileira, 1970.

CARNEIRO, Maria Luiza Tucci. *Holocausto, Crime contra a Humanidade.* São Paulo, Ática, 2002 (Coleção História em Movimento).

_____. *O Veneno da Serpente. Reflexões sobre o Anti-semitismo no Brasil.* São Paulo, Perspectiva, 2003 (Coleção Khronos, 21)

_____. *O Anti-semitismo na Era Vargas.* 3. ed. São Paulo, Perspectiva, 2002.

CARVALHO, Laerte Ramos de Carvalho. *As Reformas Pombalinas da Instrução Pública.* São Paulo, Saraiva; Edusp, 1978.

CASSIRER, Ernst. *Linguagem e Mito.* Trad. J. Guinsburg e Miriam Schnaiderman, São Paulo, Perspectiva, 1972.

CASTELO, José Aderaldo. *Manifestações Literárias da Era Colonial (1500-1808/1836).* São Paulo, Cultrix, 1960.

CASTRO, Américo. *La Realidad Histórica de España.* México, 1982.

CIDADE, Hernani & SELVAGEM, Carlos. *Cultura Portuguesa.* Lisboa, Empresa Nacional de Publicidade, 1971, n. 6.

COIMBRA, C. *Fenomenlogia da Cultura Brasileira.* São Paulo, Lisa-Livros Irradiantes, 1972.

COHN, Norman. *Histoire d'um mythe: La "conspiration" juive et les Protocoles dês Sages de Sion.* Trad. Léon Poliakov, Paris, Gallimard, 1967.

COMARMOND, Patrice de & DUCHET, Claude (orgs.). *Racisme et sociètè.* Paris, Maspero, 1969.

COMAS, Juan. et al. "Os Mitos Raciais". In: *Raça e Ciência I*. São Paulo, Perspectiva, 1970, pp. 11-35 (Coleção Debates, 25).

CRUZ COSTA. *Contribuição à História das Ideias no Brasil*. 2. ed. Rio de Janeiro, Civilização Brasileira, 1967.

DUBOIS, J. *Le vocabulaire politique et social em France de 1869 a 1872 atravers les oeuvres de ecrivains, les revues et les journaes*. Paris, Larousse, 1962.

DUNN, L.C. et al. *Raça e Ciência II*. Trad. Fernando dos Santos, São Paulo, Perspectiva; Unesco, 1960 (Coleção Debates, 56).

ELIADE, Mircea. *Mito e Realidade*. São Paulo, Perspectiva, 1972.

ELLIS, A. *Populações Paulistas*. São Paulo, Editora Nacional, 1936.

ENNES, E. *Um Paulista Insigne: Dr. Matias Aires da Silva da Eça. Contribuição para o Estudo Crítico de sua Obra (1705-1763)*. Lisboa, Academia Portuguesa de História, MCMXLI.

FALCON, Francisco J. Calazans. *A Época Pombalina (Política Econômica e Monarquia Ilustrada), (1750-1777)*. São Paulo, Ática, 1982 (Ensaios 83).

FEITLER, Bruno. *Inquisition, juifs et nouveaux-chrétiens au Brésil*. Paris, Leuven University Press, 2003.

FERNANDES, Florestan. *A Integração do Negro na Sociedade de Classes*. São Paulo, Dominus, 1965.

FONTETTE, F. de. *O Racismo*. Trad. de Santos do Vale. Lisboa, Bertrand 1976.

FOUCAULT, Michel. *As Palavras e as Coisas*. São Paulo, Martins Fontes, 1966.

_____. *A Ordem do Discurso*. 4. ed. Trad. de Laura Fraga de Almeida Sampaio. São Paulo, Edições Loyola, 1998.

FRANCASTEL, Pierre. *A Realidade Figurativa: Elementos Estruturais de Sociologia da Arte*. São Paulo, Perspectiva; Edusp, 1973.

FREYRE, Gilberto. *Casa Grande & Senzala- Formação da Família Brasileira sob o Regime de Economia Patriarcal*. Rio de Janeiro, José Olympio, 1969.

_____. *Interpretação do Brasil: Aspectos da Formação Social Brasileira como Processo de Amalgamento de Raças e Culturas*. Rio de Janeiro, José Olympio, 1947.

FREYRE-MAIA, N. *Brasil: Laboratório Racial*. Petrópolis, Vozes, 1973.

GIRARDET, Raoul. *Mitos e Mitologias Políticas*. Trad. Maria Lúcia Machado, São Paulo, Companhia das Letras, 1987.

GODINHO, Vitorino Magalhães, *Estrutura da Antiga Sociedade Portuguesa*, 2. ed. Lisboa, Arcádia, 1975 (*Coleção Temas Brasileiros*)

GOFFMAN, Erving. *A Representação do Eu na Vida Cotidiana*. São Paulo, Vozes, 1988.

_____. *Estigma- Notas sobre a Manipulação da Identidade Deteriorada*. 3. ed. Rio de Janeiro, Zahar Editores, 1980.

GORENSTEIN, Lina & CARNEIRO, Maria Luiza Tucci. *Ensaios sobre a Intolerância. Inquisição, Marranismo e Anti-semitismo. (Homenagem a Anita Novinsky)*. São Paulo, Humanitas; Fapesp, 2002.

GORENSTEIN, Lina. *Heréticos e Impuros- A Inquisição e os Cristãos-novos no Rio de Janeiro, século XVIII*. Rio de Janeiro, Secretaria Municipal de Cultura, Departamento Geral de Documentação e Informação Cultural, Divisão de Editoração, 1995.

GRAMSCI, Antonio. *A Formação dos Intelectuais.* México, Grijalbo, 1972 (Coleção 70).

HERCULANO, Alexandre. *História da Origem e Estabelecimento da Inquisição em Portugal.* Porto, Bertrand, 1907.

HERSON, Bela. *Cristãos-Novos e seus Descendentes na Medicina Brasileira (1500-1850).* São Paulo, Edusp, 1997.

HOBSBAUWM, Eric & RANGER, Terencer. *A Invenção das Tradições.* 2. ed. Rio de Janeiro, Paz e Terra, 1997.

HOLANDA, Sérgio Buarque de. *Raízes do Brasil.* Rio de Janeiro, José Olympio, 1948 (1. ed. 1936).

HORCH, Rosemarie. *Sermões Impressos nos Autos-de Fé.* Bibliografia. Rio de Janeiro, Biblioteca Nacional, 1969.

IANNI, Octávio. *Raças e Classes Sociais no Brasil.* 2. ed. Rio de Janeiro, Civilização Brasileira, 1972.

_____. *Escravidão e Racismo.* São Paulo, Hucitec, 1978.

JONES, James M. *Racismo e Preconceito.* Trad. Dante Moreira leite. São Paulo, Blücher, 1973.

KAISERLING, Meyer. *Historia dos Judeus em Portugal.* São Paulo, Pioneira, 1971.

KAPLAN, Yosef. *Les noveaus-juifs D´Amsterdam, essais Sur L´histoire sociale et intelectuelle du judaisme séfarade au XVIIe Siècle,* Paris, Chandeigne, 1999.

KLINEBERG, Otto. *As Diferenças Raciais.* São Paulo, Nacional, 1966.

KOSSOY, Boris & CARNEIRO, Maria Luiza Tucci. *O Olhar Europeu. O Negro na Iconografia Brasileira do Século XIX.* 2. ed., São Paulo, Edusp, 2002.

KUPERMAN, Diane (orgs.). *Ibéria-Judaica: Roteiros da Memória.* São Paulo, Edusp; Rio de Janeiro, Expressão e Cultura, 1996.

LEITE, Dante Moreira. *O Caráter Nacional Brasileiro.* São Paulo, Pioneira, 1976.

LÉVI-STRAUSS, Claude. *Raça e História.* Lisboa, Presença, 1952.

LIPINER, Elias. *Os Judaizantes nas Capitanias de Cima.* São Paulo, Brasiliense, 1969.

_____. *Santa Inquisição: Terror e Linguagem.* Rio de Janeiro, documentário, 1977.

MACEDO SOARES, J.C. de. *Fontes da História da Igreja Católica no Brasil.* Tese apresentada ao Congresso Interamericano de História e Arte Religiosa em Buenos Aires/São Paulo, 1954.

MATTOS, Maria Augusta de. *Dispersão e Memória no Quotidiano.* São Paulo, Martins Fontes, 1998.

MAYER, Arno J. *A Força da Tradição, A Persistência do Antigo Regime, 1848-1914.* Trad. Denise Bottmann, São Paulo, Companhia das Letras, 1987.

MECHOULAN, Henri (org.). *Les juifs d´Espagne: histoire d´une diaspora, (1492-1992),* Paris, Liana Levi, 1992.

MELLO, Evaldo Cabral de. *O Nome e o Sangue. Um Fraude Genealógica no Pernambuco Colonial.* São Paulo, Companhia das Letras, 1989.

MELLO, José Antônio Gonsalves de. *Gente da Nação: Cristãos-Novos e Judeus em Pernambuco, (1542-1654).* Recife, Fundaj, Massangana, 1989 (Estudos e Pesquisas n. 65).

MELLO e SOUZA, Laura de. *Inferno Atlântico. Demonologia e Colonização, Séculos XVI-XVIII.* São Paulo, Companhia das Letras, 1991.

_____. *O Diabo na Terra de Santa Cruz. Feitiçaria e Religiosidade Popular no Brasil Colonial.* São Paulo, Companhia das Letras, 1986.

MEREA, M.P. *Resumo das Lições de História do Direito Português.* Coimbra, Coimbra Editora, 1925.

MESGRAVIS, Laima. *A Santa Casa de Misericórdia de S.Paulo – (1599-1884).* São Paulo, Conselho Estadual de Cultura, 1976 (Coleção Ciências Humanas, 3).

MILGRAN, Avrahan. *Os Judeus do Vaticano. A Tentativa de Salvação de Católicos Não Arianos da Alemanha ao Brasil através do Vaticano, 1939-1942.* Rio de Janeiro, Imago, 1995.

MIZRAHI, Rachel. *A Inquisição no Brasil: um Capitão-Mor Judaizante.* São Paulo, Centro de Estudos Judaicos, FFLCH/USP, 1984.

MOMIGLIANO, Arnaldo. *De Paganos, Judíos y Cristianos*, México, Fondo de Cultura Econômica, 1992 (Breviários, 518).

MORENO, Humberto Baquero. *Exilados, Marginais e Contestatários na Sociedade Portuguesa Medieval.* Lisboa, Presença, 1990.

MORENO-CARVALHO, Alberto Dines & FALBEL, Nachman (coord.). *A Fênix ou O Eterno Retorno, 460 Anos da Presença Judaica em Pernambuco.* Brasília, Ministério da Cultura, Publicações Monumenta, 2001.

NOVAIS, Fernando Antonio. *Estrutura e Dinâmica do Antigo Sistema Colonial (Século XVIII).* São Paulo, Cadernos Cebrap, 1974.

_____. *Portugal e Brasil na Crise do Antigo Sistema Colonial (1777-1808).* São Paulo, Hucitec, 1979 (Coleção Estudos Históricos).

NOVINSKY, Anita. *Os Cristãos-novos na Bahia, (1624-1654).* 2. ed. São Paulo, Perspectiva/Edusp, 1972.

_____ & CARNEIRO, Maria Luiza Tucci (orgs.). *Inquisição: Ensaios sobre Mentalidade, Heresias e Arte.* Rio de Janeiro, Expressão e Cultura; São Paulo, Edusp, 1992.

_____ & KUPERMAN, Diane (orgs.). *Ibéria-Judaica: Roteiros da Memória.* São Paulo, Edusp; Rio de Janeiro, Expressão e Cultura, 1996.

OLIVEIRA TORRES, J.C. de. *História das Ideias Religiosas no Brasil.* São Paulo, Grijalbo, 1968.

OMEGNA, Nelson. *Diabolização dos Judeus: Martírio e Presença dos Serfardins no Brasil Colonial.* Rio de Janeiro, Distribuidora Record, 1969.

ORTIZ, Domingos. *Los Judeos Conversos em España y América.* Madrid, Istmo, 1971 (Collección Fundamentos, 11).

PALMA, Ricardo. *Anais da Inquisição de Lima.* Trad. Cláudio Giordano. São Paulo, Edusp, 1992.

PAULO, Amilcar. *Os Criptojudeus.* Porto, Alhena, s/d.

POLIAKOV, Léon. *O Mito Ariano-Ensaios sobre as Fontes do Racismo e dos Nacionalismos.* Trad. Luiz João Gaio, São Paulo, Perspectiva, 1974 (Coleção Estudos, 34).

_____. *A Causalidade Diabólica 1. Ensaios sobre a Origem das Perseguições.* Trad. Alice Kyoko Miyashiro, São Paulo, Perspectiva; Associação Universitária de Cultura Judaica, 1991.

_____. *De Maomé aos Marranos. História do Anti-semitismo II.* São Paulo, Perspectiva, 1984 (Coleção Estudos, 64).

PINHO, R.R. *História do Direito Penal Brasileiro: Período Colonial.* São Paulo, Bushatsky; Edusp, 1973.

POLIANO, L.M. *Ordens Honoríficas do Brasil – História, Organização Padrões, Legislação,* Rio de Janeiro, Imprensa Nacional, 1943.

RABELO DA SILVA. *História de Portugal nos Séculos XVII e XVIII.* Lisboa, Imprensa Nacional, 1867.

REMÉDIOS, J. Mendes dos. *Os Judeus em Portugal.* Coimbra, Coimbra Editora, 1928.

REVAH, I.S. *La Censure Inquisitoriale Portugaise au XVIe. Siécle.* Lisboa, Instituto de Alta Culture, 1960.

RIBEIRO, José (Jr.). *Colonização e Monopólio no Nordeste Brasileiro: A Companhia Geral de Pernambuco e Paraíba (1759-1780).* 2. ed. São Paulo, Hucitec, 2004 (1. ed. 1976)

RIOS, J. Amador de los. *História Social y Religiosa de los Judios de España y Portugal.* Buenos Aires, Bajel, 1943, vol. II.

RIGG, Bryan Mark. *Os Soldados Judeus de Hitler.* Trad. Marcos Santarrita, Rio de Janeiro, Imago, 2003.

ROBIN, Regine, *História e Linguística.* São Paulo, Cultrix, 1977.

RODRIGUES, F. *História da Companhia de Jesus na Assistência de Portugal.* Porto, 1931-1950, Tomo II, 1938.

ROMERO, Silvio. *História da Literatura Brasileira.* 6. ed. Rio de Janeiro, José Olympio, 1960.

ROTH, Cecil. *Historia de los Marranos.* Buenos Aires, Editorial Israel, s/d.

RUSSELL-WOOD, A.J.R. *Fidalgos na Philanthropits – The Santa Casa da Misericórdia of Bahia (1550-1755),* University of California Press, 1968.

SALVADOR, José Gonsalves. *Cristãos-Novos, Jesuitas e Inquisição.* São Paulo, Pioneira, 1973.

_____. *Os Cristãos-Novos: Povoamento e Conquista do Solo Brasileiro (1530-1680).* São Paulo, Pioneira; Edusp, 1976.

_____. *Os Cristãos-Novos e o Comércio no Atlântico Meridional.* São Paulo, Pioneira, 1978.

SANTOS FILHO, Licurgo. *Pequena História da Medicina Brasileira.* São Paulo, Buriti, 1966.

_____. *História da Medicina no Brasil.* 2 vols. São Paulo, Brasiliense, 1947.

SARAIVA, Antonio José. *Inquisição e Cristãos-Novos.* Porto, Editora Inova, 1973, 1969.

SARTRE, Jean Paul. *Reflexões sobre o Racismo.* São Paulo, Difel, 1968.

SCHWARTZ, Stuart B. *Burocracia e Sociedade no Brasil Colonial. A Suprema Corte da Bahia e seus Juizes, 1609-1751.* Trad. Maria Helena P. Martins. São Paulo, Perspectiva, 1979 (Coleção Estudos, 50).

SCLIAR, Moacyr. *A Estranha Nação de Rafael Mendes.* Porto Alegre, L&PM, 1983.

SEGURADO, S. *O Direito no Brasil.* São Paulo, Bushatsky; Edusp, 1973.

SERAFIM LEITE. *História da Companhia de Jesus no Brasil.* Rio de Janeiro, 1938.

SICROFF, Albert. *Les controvers des status de pureté de sang em Espagne du XVe. Au XVIIe. Siécle*. Publicado com o auxilio do Centro Nacional de Pesquisa Cientifica e da Universidade de Princeton. Paris, Libraire Marcel Didier, 1960.

SIQUEIRA, Sonia Aparecida. *A Inquisição Portuguesa e a Sociedade Colonial – Ação do Santo Ofício da Bahia e Pernambuco na Época das Visitações*. São Paulo, Ática, 1978.

SODRÉ, Nelson Werneck. *Síntese da Cultura Brasileira*, 2. ed., 1972.

SOLIDÔNIO LEITE. *Clássicos Esquecidos*. Rio de Janeiro, Jacintho Ribeiro Santos, 1914.

STAROBINSKI, Jean. *As Máscaras da Civilização*. (Ensaios). Trad. Maria Lúcia Machado. São Paulo, Companhia das Letras, 2001.

SZASZ, T.S.A. *A Fabricação da Loucura: Um Estudo Comparativo da Inquisição e o Movimento de Saúde Mental*. São Paulo, Zahar Editores, 1976.

TAGLIEFF, Pierre-André. *Les Protocoles des Sages de Sion: Introduction à l'êtude des Protocoles un faux et ses usages dans le siècle*. Paris, Berg International, 1992.

TODOROV, Tzvetan. *Nós e os Outros. A Reflexão Francesa sobre a Diversidade Humana 1*. Trad. Sergio Góes de Paula. Rio de Janeiro, Jorge Zahar Editores, 1993.

_____. *A Conquista da América. A Questão do Outro* 2. ed. Trad. Beatriz Perrone Moisés. São Paulo, Livraria Martins Fontes Editora, 988.

TUBERVILLE, A.S. *La Inquisición Española*. México, Fondo de Cultura, 1971.

VAINFAS, Ronaldo. *Trópico dos Pecados. Moral, Sexualidade e Inquisição no Brasil*. Rio de Janeiro, Campus, 1988.

VARNHAGEM, A.R. *História Geral do Brasil*. 2. ed. São Paulo, Melhoramentos, 1959.

VILELA, Magno. *Uma Questão de Igualdade: Antônio Vieira e a Escravidão Negra na Bahia do Século XVIII*. Rio de Janeiro, Relume Dumará, 1997.

WHENDALL, K. *Comportamento Social – Problemas Fundamentais e Importância Social*. Rio de Janeiro, Zahar, 1976.

WILLEKE, Venâncio (Frei). *Missões Franciscanas no Brasil (1500-1975)*. Petrópolis, Vozes, 1975.

WIZNITZER, Arnold. *Os Judeus no Brasil Colonial*. São Paulo, Pioneira; Edusp, 1966.

XIMENES, Martine. *As Teorias da Exclusão. Para uma Construção do Imaginário do Desvio*. Trad. José Gabriel Rego. Lisboa, Instituto Piaget, 1993.

YERUSHALMI, Yosef Haïm. *Assimilation and Racial Anti-semitism: The Iberian and the German Models*. Nova Iorque, The Leo Baeck Memorial Lecture 26, 1982.

Anais

ALMEIDA, Lourenço Castanho de (Mons.). "Clero Secular Brasileiro Setecentista". In: *Anais do Congresso Comemorativo do Bicentenário de Transferência da Sede do Governo do Brasil da Cidade de Salvador para o Rio de Janeiro.* Rio de Janeiro, I.H.G.B., Departamento de Imprensa Nacional, 1963, p. 75.

DUPRONT, A. "Langage et Histoire". In: *Comunicação no XIII Congresso Internacional das Ciências Históricas.* Moscou, 16/23 de agosto de 1970, pp. 43-44.

LOPES, J. Paz. "A Presença de Escravos Negros em uma Corporação Religiosa Durante os Séculos XVIII e XIX". Fontes Primárias. In: *Anais do VI Simpósio Nacional dos Professores de História.* São Paulo, USP, 1973, vol. II, p. 325.

NOVAIS, Fernando Antonio & FALCON, Francisco J. Calazans. "A Extinção da Escravatura Africana em Portugal no Quadro da Política Econômica Pombalina". In: *Anais do VI Simpósio Nacional dos Professores de História.* São Paulo, 1973, vol. L, XVIII, p. 411.

NOVINSKY, Anita. "Impedimentos ao Trabalho Livre no Período Inquisitorial e as Respostas à Realidade Brasileira". In: *Anais do VI Simpósio Nacional dos Professores Universitários de História – Trabalho Livre e Trabalho Escravo.* São Paulo, 6 de setembro de 1971, Col. *Revista de História,* 1973, vol. I, XLIII, pp. 232 e 234.

_____. "Um Novo Conceito de Marranismo: o Patrimônio Judaico Português". In: *Anais do I Colóquio Internacional: o Patrimônio Judaico/ Português.* Lisboa, Associação Portuguesa de Estudos Judaicos, 1006, pp. 48-49.

Artigos

ABREU, Eduardo de. " A Fisicatura-mor e o Cirurgião-mor dos Exércitos do Reino de Portugal e Estado do Brasil". *Revista do IHGB,* Rio de Janeiro, 1901, vol. LXIII, I, p. 165.

ALMEIDA, L.F. "A Propósito do Testamento Político de D. Luis da Cunha". *Revista Portuguesa de História,* Coimbra, 1947.

ARAÚJO JUNIOR, Adalberto G. "Biblioteca de um Cristão-novo nas Minas de Goiás". In: Lina Gorenstein e Maria Luiza Tucci Carneiro (org.)., *op. cit.,* pp. 319-337.

AZEVEDO, Pedro de. Estudo "Irregularidades da Limpeza de Sangue dos Familiares de Vila Real". *Arquivo Histórico Português,* Tomo X, p. 19.

BAIÃO, Antônio. "A Inquisição em Portugal e Brasil". In: *Arquivo Histórico Português,* vol. 5, Lisboa, Edição Arquivo Histórico Português, 1921.

CASTILHO, Miguel de. "Lês Officiants de la Mort". *Temps Modernes,* fev, 1968, n. 261, pp. 1337-1372.

DIAS, C. Malheiros (dir.). "O Regimen Feudal das Donatárias", in: *História da Colonização Portuguesa do Brasil.* Porto, Litografia Nacional, MCMXXIII.

DORO, Norma Marinovic. "Recife: Morada de Hereges". In: GORENSTEIN, Lina & CARNEIRO, Maria Luiza Tucci (orgs.), *Ensaios sobre a Intolerância,* ed. cit.; pp. 175-199.

DUNN, L.C. "Raça e Biologia". In: *Raça e Ciência II,* ed. cit. Trad. Fernando dos Santos, São Paulo, Perspectiva, 1960, pp. 7-56.

DUTRA, Francis A., "Membership in the Order of Christ in the Seventeenth Century: Its Righs, Privileges and Obligations". *The Americas*, 1970, 27, pp. 3-25.

FRANÇA, Gris. "Sebastianismo, Vieira e o Messianismo Judaico em *Sobre as Naus da Iniciação*. São Paulo, Unesp, 1997, pp. 65-79.

GORENSTEIN, Lina & CALAÇA, Carlos Eduardo, "Na Cidade e nos Estaus: Cristãos-Novos do Rio de Janeiro (Séculos XVII-XVIII)". In: GORENSTEIN, Lina & CARNEIRO, Maria Luiza Tucci (orgs.), *Ensaios sobre a Intolerância*, ed. cit.; pp. 99-132.

GLASER, E. "Invitation to Intolerance. A Study of the Portuguese Sermons Preached at Auto-da Fé". In: *Hebreu Union College Annual*, Cincinnati, vol. XXVI, 1956, pp. 327-385.

GLICK, Thomas F. "O Mundo Científico da Espanha". In: Anita Novinsky & Diane Kuperman (orgs.), *Ibéria-Judaica: Roteiros da Memória*. São Paulo, Edusp; Rio de Janeiro, Expressão e Cultura, 1996, pp. 61-84.

KRIEGEL, Maurice. "Questão dos Cristãos-novos e Expulsão dos Judeus: a Dupla Modernidade dos Processos de Exclusão na Espanha do Século XV". In: Anita Novinsky & Diane Kuperman (orgs.), *op. cit.*, pp. 33-58.

LAFER, Celso (prefácio). In: Hannah Arendt, *Origens do Totalitarismo. Anti--semitismo, Instrumento de Poder*. Trad. Roberto Raposo. Rio de Janeiro, Editora Documentário, 1975, pp. 1-8.

LANGERMANN, Y. Tzvi. "A Ciência Judaica na Ibéria Medieval". In: Anita Novinsky & Diane Kuperman (orgs.), *op. cit.*, pp. 101-113.

LEIRIS, Michel. In: "Raça e Civilização". *Raça e Ciência I*, ed. cit., p. 197.

LITTLE, Kenneth L, "Raça e Sociedade", em *Raça e Ciência I,* ed. cit., pp. 57-109

LUSTOSA. Fernanda Mayer. "Marranismo na Paraíba: Adaptação e Resistência". In: GORENSTEIN, Lina & CARNEIRO, Maria Luiza Tucci (orgs.), op. cit.; pp. 133-144.

MAGALHÃES, Carlos Fernando Filgueiras de. "Confrarias Religiosas como expressão artítica nos século XVIII e XIX nas Minas dos Goiazes. Irmandades de Brancos, Pretos e Mulatos". Comunicação in: *Congresso América 92. Raízes e Trajetórias*. São Paulo, Edusp; Rio de Janeiro, Expressão e Cultura, 1992.

MELLO e SOUZA, Laura de. "Revisitando o Calundu". In: Lina Gorenstein & Maria Luiza Tucci Carneiro (orgs.), *Ensaios sobre a Intolerância. Inquisição, Marranismo e Anti-semitismo*, ed. cit., pp. 293-317.

MEREA, M.P. "Solução Tradicional da Colonização do Brasil". In: *História da Colonização Portuguesa do Brasil,* dirigida e coordenada por Carlos Malheiros Dias, Porto, Litografia Nacional, MCMXXIII, vol. III.

MIZRAHI, Rachel. "Miguel Telles da Costa: O Capitão-mor Judaizante de Paraty". In: Lina Gorenstein & Maria Luiza Tucci Carneiro, *op. cit.,* pp. 201-214.

MONTEIRO, Yara Nogueira. "Economia e Fé: a Perseguição Inquisitorial aos Cristãos-novos Portugueses no Vice-reino do Peru". In: Lina Gorenstein & Maria Luiza Tucci Carneiro (orgs.), pp. 65-97.

MORENO, Humberto Baquero. "Tensões e Conflitos na Sociedade Portuguesa em Vésperas de 1492". In: Anita Novinsky & Diane Kuperman (orgs.), *Ibéria-Judaica: Roteiros da Memória*, ed. cit., pp.117-139.

MOTT, Luiz Carlos. "Filhos de Abraão & de Sodoma: Cristãos-Novos Homossexuais nos Tempos da Inquisição". In: Lina Gorenstein & Maria Luiza Tucci Carneiro (orgs.), *op. cit.*, pp. 23-64.

MUNANGA, Kabengele. "Preconceito de Cor: Diversas Formas, um mesmo Objetivo". In: *Revista de Antropologia*, São Paulo, USP, 1978, vol. 21, pp. 146-147.

MURAKAWA, Clotilde de A. Azevedo. "Inquisição Portuguesa – Vocabulário do Direito penal". In: Anita Novinsky e Diane Kuperman (orgs.), *op. cit.*, pp. 151-161.

NETANYAHU, Benzion. "Américo Castro and His View of the Origins of the Pureza de Sangre". In: *American Academy for Jewish Research, Jubilee* vol. II, Jérusalem, 1980, pp. 397-457.

NAZARIO, Luiz Roberto Pinto. "Diversão e Terror: dos Autos-da Fé ao Cinema Nazista". In: Lina Gorenstein & Maria Luiza Tucci Carneiro, *Ensaios sobre a Intolerância*, ed. cit., pp. 37-420.

_____. "Economia e Fé: a Perseguição Inquisitorial aos Cristãos-novos Portugueses no Vice-reino do Peru". In: Lina Gorenstein & Maria Luiza Tucci Carneiro (orgs.), *op. cit.*, pp. 65-97.

NOVINSKY, Anita, "A Inquisição no Brasil: Judaizantes ex-alunos da Univesridade de Coimbra. In: *Universidade(s), História, Memória. Perspectivas.* Congresso de História da Universidade de Coimbra. Comissão Organizadora do Congresso, Ata 4, 1991, pp. 131-327.

_____. "Estudantes Brasileiros 'Afrancesados' da Universidade de Coimbra. A Perseguição de Antônio de Morais e Silva (1779-1806)". In: Osvaldo Coggiola (org.). *Simpósio Internacional "A Revolução Francesa e o seu Impacto na América Latina"*, 1989. São Paulo, Nova Stella; Edusp; CNPQ, 1990, pp. 357-370.

_____. "Juifs et Nouveaux-Chrétiens du Portugal". In: Henri Mechoulan (org.), *Les Juifs d´ Espagne: Histoire d'une Diaspora, 1492-1992*, Paris, Liana Levi, 1992, pp. 75-105.

_____. "Os Regimes Totalitários e a Censura". In: Maria Luiza Tucci Carneiro (org.). *Minorias Silenciadas. História da Censura no Brasil.* São Paulo, Edusp; Fapesp, 2002, pp. 25-35.

_____. "O Papel dos Judeus nos Grandes Descobrimentos". In: *Revista Brasileira de História.* São Paulo, n. 21, v.11, pp. 65-75, set./fev., 1990/91.

_____. "Pe. Antonio Vieira, a Inquisição e os Judeus". In: *Novos Estudos CEBRAP.* São Paulo, n. 29, pp. 172-181, mar. 1991.

_____. "O Judaismo Dissimulado do Pe. Vieira e o Messianismo Judaico. *Sigila* (no. 3), out/nov., 93-98.

_____. "Um Novo Conceito de Marranismo: o Patrimônio Judaico Português". In: *Anais do I Colóquio Internacional: o Patrimônio Judaico/ Português.* Lisboa, Associação Portuguesa de Estudos Judaicos, 1996, pp. 48-49.

NUNES, Clarice. "Luis Antonio Verney: Um Pensador Atrevido". *O Século XVIII.* In: Revista do Departamento de História. Belo Horizonte, Pró-reitoria de Extensão, UFMg; Departamento de História, FAFich, UFMg, 1989, pp. 47-56.

ORTIZ, Domingos. "Gil Gonzales de Ávila et les status de Pureté de Sang", by I.S. Revah, "Studia Hispanica in Honoré", R. Lapesa, vol. II, Madri, 1974, 493-518. *The American Sephardi, Journal of the Sephardic Studies Program of Yeshiva University*, 1978, IX, p. 199.

PONTE, R.X. "Árabes e Judeus: A Unificação Ideológica dos Opostos". In: *Reunião Anual do CERU*; Universidade Federal do Pará, 1976.

RAMINELLI, Ronaldo. "Fronteiras da Cristandade". In: *História: Questões e Debates*. Curitiba, Associação Paranaense de História, 12, (22-23): 151-177, jun-dez, 1991.

REGO, Raul. "O Marquês de Pombal, os Cristãos-Novos e a Inquisição". In: SANTOS, Maria Helena Carvalho (org.), *Pombal Revisitado*. Lisboa, Estampa, 1984, vol. 1, pp. 307-337.

ROSE, Arnald. "A Origem do Preconceito". In: *Raça e Ciência II,* ed. cit. pp. 161-194.

ROTH, Cecil. "Marranos and Racial Antisemitism, a Study in Parallels". In: *Jewish Social Studies. A Quartely Journal Devoted to Contemporary and Historical Aspects of Jewish Life.* Edited for Conference on Jewish Relations. Filadelfia, July, vol. II (7), n.3, 1940, pp. 239-248.

SALOMAN, A.H.P. & RYAN DE HEREDIA, T.L. "The Jewish Problem During the Reign of Dom Manuel". *The American Sephardi, Journal of the Sephardic Studies Program of Yeshiva University.* Nova Iorque, 1978, vol. IX. Por Fernando Felipe Portugal, Armas e Troféus. *Revista de História, Heráldica, Genealogia da Arte.* III série, vol. IV, n. 3, out.-dez., 1975, 310.

SANTOS, Suzana Maria de Sousa. "Uma Família Cristã-Nova Portuguesa na Bahia Setecentista". In: GORENSTEIN, Lina & CARNEIRO, Maria Luiza Tucci (orgs.), *Ensaios sobre a Intolerância,* ed. cit. pp. 145-174.

SIQUEIRA, Sonia Aparecida. "O Cristão-Novo Bento Teixeira: Criptojudaísmo no Brasil Colonial". In: *Revista de História,* vol. XLIV, n. 90, 1972, pp. 404-405, 417; *A Inquisição Portuguesa e a Sociedade Colonial – Ação do Santo Ofício da Bahia e Pernambuco na Época das Visitações.* São Paulo, Ática, 1978, p. 345.

SHEPARD, S. "Crypto-Jews in Spanish Literature". In: *Judaism.* Published by the American Jewish Congress, vol. 1, n. 1, 1970, pp. 100-112.

SOMMERFELT, Alf. "Structures Linguistiques et Structures des Groupes Sociaux". In: *Revista Diogene,* Paris, 51:191, 1965.

UCHMANY, Eva Alexandra. "De Algunos Cristianos Nuevos en La Conquista y Colonización de La Nueva Espana". In: *Estúdios de Historia Novo Hispana,* vol. VIII, México, 1985, pp. 265-318 (Separa)

VEIGA E COIMBRA, A. da. "Ordens Militares de Cavalaria de Portugal". In: *Revista de História,* São Paulo, FFLCH; Departamento de História; USP, vol. XXVI, n. 53, 1963, 23.

WEBER, Max. "Classe, Status, Partido". In: *Ensayos de Sociologia Contemporânea,* sellecion e introduccion de H. Gerth e C. Wright Mills, Barcelona, Martinez Roca, 1972, pp. 230 e 232.

_____. "Estamentos, Clases y Religión". In: *Sociologia de la Religión,* Madri, Ediciones Istmo, 1997, pp. 138-190.

Teses e Dissertações

ARAUJO JUNIOR. Adalberto G. *Cristãos-Novos e a Inquisição no Século do Ouro em Goiáz*. São Paulo, dissertação de Mestrado em História Social, FFLCH/USP, 1998 (mimeo).

COSTA, Carlos Eduardo Calaça. *Anti-semitismo na Universidade de Coimbra (Cristãos-Novos do Rio de Janeiro: 1600-1730)*. São Paulo, tese de Doutorado em História Social, FFLCH/USP, 2003 (mimeo).

GORENSTEIN, Lina. *O Sangue que lhes corre nas veias: Mulheres Cristãs-novas no Rio de Janeiro, Século XVIII*. São Paulo, tese de Doutorado em História Social, FFLCH/USP, 1999 (mimeo).

MONTEIRO, Yara Nogueira Monteiro. *A Presença Portuguesa no Peru em Fins do Século XVI e Princípios do XVII*. São Paulo, dissertação de Mestrado em História Social, FFLCH/USP, 1979 (mimeo).

LIBERMAN, Maria. *O Levante de 1648 – Um Judeu Cabeça de Motim Manoel Beckman*. São Paulo, dissertação de Mestrado em História Social, FFLCH/USP, 1981 (mimeo).

NAZARIO, Luiz Roberto Pinto. *Autos de FÉ como Espetáculos de Massa*, São Paulo, dissertação de Mestrado em História Social, FFLCH/USP, 1989 (mimeo).

NORTON, Howard Wayne. *Sermões Anti-judaicos Pregados nos Autos-de-Fé em Lisboa, de 1706-1705*. São Paulo, tese de Doutorado em História Social, FFLCH/USP, 1980 (mimeo).

PERUGINE, Erdna. *A Palavra Indústria na Revista O Auxiliador da Indústria Nacional (1833-1843)*. São Paulo, dissertação de Mestrado em História Social, FFLCH/USP, 1978 (mimeo).

SANTOS, Suzana Maria de Souza. *Além da Exclusão: Convivência entre Cristãos-novos e Cristãos-novos na Bahia Setecentista*. São Paulo, tese de Doutorado em Língua Hebraica, Literatura e Cultura Judaicas, FFLCH/USP, 2002 (mimeo).

Obras de Referência

Catálogo da Exposição de História do Brasil, II. Biblioteca Nacional do Rio de Janeiro.

CHALIAND, Gérard & RAGEAU, Jean-Pierre. *Atlas des Diasporas*, Paris, Édicions Odile Jacob, 1991.

DIAS, Carlos Malheiros (dir. e coord.). *História da Colonização Portuguesa no Brasil*. Porto, Litrografia Nacional, MCMXXIII.

FIGUEIREDO, J.A. *Synopsis Chronológica*, Lisboa, 1790.

HOONAERT, Enrique (coord.). *História da Igreja no Brasil*. Petrópolis, Vozes, 1977, Tomo I e II.

KAISERLING, Meyer. *Biblioteca Española-Portuguesa-Judaica. Diccionnaire Bibliographique des auteurs juifs, de leurs ouvrages espagnols et portugais et des peuvres sur et contee les juifs et le judaisme. Avec um aperçu sur la litterature des juifs espagnols et une collection des proverbes espagnols*. Niew Koop, B. de Graaf, MCMLXI.

MARTINS, Wilson. *História da Inteligência Brasileira.* São Paulo, Cultrix, 1977.

MORAES, Rubens Borba de. *Bibliografia Brasileira do Período Colonial,* São Paulo, IEB, 1969.

OLIVEIRA MARQUES, A.H. de. *Guia do Estudante de História Medieval Portuguesa,* Lisboa, Cosmos, 1964.

PAES, José P. & MOISÉS (orgs.). Massaud, *Pequeno Dicionário da Literatura Brasileira.* São Paulo, Editora Cultrix, s/d.

SERRÃO, Joel (dir.). *Dicionário de História de Portugal.* Porto, Livraria Figueirinhas, s/d.

VAIFAS, Ronaldo (dir.). *Dicionário do Brasil Colonial.* Rio de Janeiro, Objetiva, 2000.

VERÍSSIMO, José. *História da Literatura Brasileira.* Rio de janeiro, José Olympio, Coleção Documentos Brasileiros, n. 74, 1954.

Índice Analítico

A
Abade – 165, 230
Açores – 71, 78
administrador eclesiástico – 223 n
advogado – 214, 236
advogado do Santo Ofício – 226
agostinianos – 29, 215
agricultura – 29, 215
aguardenteiro – 214
Ajuntamento de Toledo – 36, 37
alcaide – 97, 139
Alcaraz (Confraria) – 102, 130
Alcona – 6n, 79
Alcorão – 153
aleijado – 104
alfaiates – 36, 39, 219, 236n
alfageme – 41
alferes de milícias – 236n
Algarves – 76, 154n
Alemanha – 30n, 79, 91, 261n
almocreves – 30
almotacéis – 63, 95, 97, 211
almoxarifado – 211
Alpes – 75
Amberes – 86
América – 13, 17, 22, 45, 71, 87, 213, 214, 226, 230

Espanhola – 87, 213, 230
Portuguesa – 87, 213, 230
Amsterdã – 20, 79, 81, 85, 86, 171, 213
Angola – 194
Angra (Bispado de) – 240
Antigo Regime – 140, 182, 190, 261
Antiguidade – 9
antissemita – 16, 35n, 43, 62, 164, 165, 192n, 270
antissemitismo – 3, 4, 10, 21, 43, 70, 206, 257n
apostasia – 87, 265
apóstata – 4, 8, 53, 129, 250, 264, 265, 269, 270, 272
Aragão – 32, 38, 104
Arcebispado da Bahia – 23, 159
arcebispos, arcebispados – 7, 16, 35n, 108, 133, 136, 191, 233
arianismo – 14
ariano – 15
arquidiácono – 154
arquivos genealógicos – 96. *Ver também* genealogia
Arquivo Histórico Português – 140n
Arquivo Real da Torre do Tombo (Lisboa) – 120n, 164, 189, 235
Arronches (Porto) – 41, 72

arte – 149, 150
artesão – 72
associação religiosa – 224, 225, 226
Ásia – 87
Atas da Câmara de São Paulo – 222, 224, 230n
Auditório Eclesiástico – 234n, 237, 247n, 252n, 255
autos-de-fé – 5, 65, 87, 134, 135, 144, 153, 157, 168, 171n, 172, 205, 218, 232, 260
Avinhão – 191

B
bacharel – 122
Badajós – 129
Bahia – 176, 205, 208, 214, 218, 219, 220, 223, 226n, 230, 231
bandeirantes – 214
banqueiro – 46, 229
bastardia – 131
Bayona – 174n, 177
Belém – 5, 7
beneditino – 226
benefícios – 105, 134, 135, 136, 191, 192, 255
Benguela – 221n
bens de raiz – 79, 125, 142
bígamo – 50n, 209
bispo, bispado – 136n, 154n, 164, 165, 191, 202, 230, 232, 244, 269
blasfemo, blasfemador – 50n, 209, 211, 222, 270
Bolonha – 77, 171n
Bordéus – 81, 85
boticário – 214
Braga – 136, 154, 164, 165
Bragança – 31, 41, 72
Brasil – 3, 4, 6, 7, 8n, 9, 17, 22, 24, 26, 27, 28, 29, 45n, 47, 57, 59, 64, 78, 79, 80, 84, 91, 118, 137, 159, 207, 208, 209, 210, 212, 213, 216, 218, 219, 222, 225, 226, 227, 228, 229, 230, 231, 233, 235, 236, 245, 255n, 256, 260n, 261, 268, 270, 279, 280, 281
Breve de Dispensação – 26, 109
Breve de Puritate – 193
Breve Papal – 76, 77, 87n, 105, 109, 130, 131, 132n, 134, 192, 193
bruxaria – 225

Bula – 39, 44n, 49, 61, 87n, 105, 130
burguesia – 20, 28, 38, 42, 47, 57, 61, 69, 105, 124, 126, 128, 143, 167, 180, 204, 280

C
Cabido de São Pedro – 239
Cabo Verde – 78
caboclo – 246
caçador – 35n
Cadeiras de Leis – 120
caixeiros – 214
Câmara do Bispado – 243
Câmara Episcopal – 250
Câmara Municipal – 222, 223, 224, 230
Câmara Real – 194, 195
cambiador – 104, 110, 116
canonicato – 135, 192
capelão – 129, 131, 211, 240
capelania – 105
capitão de ordenança – 214
capitão-mor – 214, 217
capitania (Brasil) – 210, 212, 219n
capitão – 217, 222, 223n
capuchinho – 226
cargos acadêmicos – 117, 118, 119, 120, 121, 122, 123, 124
cargos da República – 93, 97, 132, 221
cargos militares – 67, 114
cargos públicos – 6, 15, 32, 37, 46, 56, 58, 60n, 62, 63, 68, 69, 71, 89, 92, 93, 95, 98, 99, 101, 114, 136n, 143n, 145, 221, 279, 280
cargos religiosos – 58, 67, 127, 131, 133n, 134, 137, 145, 230, 279
carijó – 229
carmelita – 164, 226
Carmelitas Descalços de Santa Tereza – 227
carpinteiro – 36
cartógrafo – 42
casamento misto – 56n, 110, 111, 112, 113, 114, 280
Castela – 32, 69, 73, 103, 104, 216, 230
Castelo Rodrigo (Porto de) – 41, 72
Catalunha – 32, 71
catedral – 129, 133
catolicismo – 10, 36
Cavallaria e Ordem Militar de São Bento de Aviz – 62, 63n
cavalheiro – 106, 108, 122, 144

Cavalleiros da Ordem de Nosso Senhor Jesus Christo – 62, 216
celtas – 47
censura – 134, 140, 150, 195
Chancelaria – 182, 189n, 234
cigano – 5, 8, 14, 50n, 53, 67, 68, 127, 207, 272, 279
Cintra – 72n, 77
cirurgião – 35, 117
clérigo – 39, 214, 239, 246
Código Sebastiânico – 52
Coimbra – 83, 103, 145, 154-155n, 158, 171, 255
colegiadas – 192
colégio – 6, 38, 144
Colégio de Santo Antão – 174n
Colégio dos Jesuítas – 165
Colégio Real de São Paulo – 119
Colégio São Pedro – 119
comendador – 229
comenda – 109, 173, 181
comerciante – 71, 138, 173, 181, 204
comércio – 30, 122, 170, 172, 173, 181n, 215
Comissário do Santo Ofício – 139, 140, 208
Companhia de Comércio – 181n, 188
Companhia de Jesus – 118, 133, 134, 159, 183, 226n, 227, 240n
Compilação das Ordenações – 193
Compromisso da Confraria da Nobreza – 183
Compromisso – 137, 182, 184, 214, 215, 232. *Ver também* Regimentos
Compromissos das Irmandades – 209, 231
comunas – 32, 48n
Concílio de Latrão – 30n, 48n
Concílio de Trento – 131
Concílio Nacional (Junta de Tomar) – 64n
conde – 35n
cônego – 269
Conezia – 136
confisco de bens – 22, 39, 46, 59, 60n, 69, 70, 71, 75n, 78, 83, 87, 143, 208, 209, 218, 232
confraria – 18, 67, 100, 112, 128, 129, 130, 132, 137, 182, 184, 225, 226, 232, 233
Confraria da Nobreza – 112, 182, 184

Confraria do Corpo Santo – 222–223n
Confraria do Santíssimo Sacramento – 226
Confraria "Irmandade Cristã" – 129
Confraria Nossa Sra. do Rosário – 226
Confraria São Pedro de Toledo – 132
Confraria São Salvador de Alcaraz – 130
Congregação de São Bentito de Valladolid – 132
Congregação de São Bento – 230
conselheiro – 37, 240
Conselho de Estado – 81, 108, 182, 186, 190n, 205
Conselho Geral do Santo Ofício – 63, 82, 83, 138n, 139, 181, 193
Conselho Municipal – 119
Constituições Primeiras do Arcebispado da Bahia – 231, 246, 255
Convento de Santo Antônio (Rio de Janeiro) – 228n
convento – 230
conversão forçada – 90, 142
Córdova, cordovezes – 38, 129
coronel – 214
Corporações de Arte e Ofícios – 114, 226
Corporações estudantis – 144
corregedor – 78, 84, 119
corretor – 30n
costados – 135
costumagem, costumes – 30n, 193, 231
Cotia – 240n
Crime de Lesa-majestade Divina ou Humana – 116, 186, 193, 250, 258, 264, 271, 275
criptojudeu, criptojudaísmo – 26, 39, 45, 120, 121, 218, 225
cristão-novo – 39, 71, 84, 133n, 142n, 143n, 145n, 182n, 189n, 190n, 213, 214, 215, 216, 218, 220, 223, 232, 272
cristão-velho – 16, 36, 37, 38, 44, 47, 54, 56, 58, 60, 66, 75, 83, 86, 105, 110, 111, 113, 117, 118, 119, 122, 124, 126, 129, 132, 138, 139, 141, 142, 169, 170, 171, 172, 182, 183, 184, 188, 190, 192, 194, 195, 204, 205, 213, 214, 220, 222, 233, 229, 230, 233, 236, 240n, 245, 247, 250, 251, 263, 264, 265, 267, 270
cristianismo – 32, 44, 123, 154
cura d'alma – 135, 136, 192, 269

Cúria – 5, 6, 77, 136, 192, 233n, 257n
curtidor – 214

D
degredo – 78, 210
Deputado do Santo Ofício – 236
Desembargador do Paço – 95, 99n
Desembargador da Relação – 88n
Desembargo do Paço – 122, 193
diabo – 66, 114, 149, 150, 166
diácono – 121
dicionário – 8, 263, 267, 268
Dinamarca – 85
Direito – 20, 49, 75, 113, 141, 171, 189
Direito Canônico – 49, 120, 121, 234
Diretor de Colégio – 165
dispensa – 110, 244, 253
dízimo – 31n
dominicano – 226
donatário – 210, 212

E
eclesiástico – 124, 194
Edito de Fé – 218, 236
Editos – 46n, 74, 75
Elvas – 98
Engenho Velho (Paraíba) – 204
emigração – 32, 41, 44, 45, 68, 69, 70,
71, 72, 74, 75, 76, 77, 78, 79, 80, 81,
82n, 84, 85, 86, 87, 90, 91, 117, 118,
142, 143, 213, 219
Erário Régio – 25, 30, 58, 59, 71, 103,
109
escravidão – 13, 50n, 227
escravo – 32, 42, 51, 56n, 72, 127, 212,
214, 218, 229, 277
escrituras – 123, 130, 150
escrivães do Santo Ofício – 139
escrivão – 35n, 92, 102, 119, 137, 222n,
233, 234, 236, 250
escrivão da Alfândega – 219
escrivão da Câmara – 122, 134, 222-
223n, 234, 250, 252
escrivão de Juízo – 92, 119
escrivão de órfãos – 205, 222-223n
escudeiro – 106, 110, 115, 211
Espanha – 18, 19, 21, 30n, 32, 38, 39,
40, 41, 44, 46, 57, 68, 70, 71, 85,
102, 105, 125n, 127, 129, 131, 132,
133, 138, 213
Espírito Santo – 215, 222

Estado absolutista – 118, 124, 179,
181, 182
estatutos – 5, 11, 18, 19, 20, 22, 25, 28,
36, 38, 44, 58, 68, 100, 101, 102,
103, 105, 106, 107, 108, 117, 123,
126, 127, 128, 129, 130, 131, 132,
133, 142, 145, 159, 167, 168, 169,
170, 171, 172, 173, 174, 175, 176,
177, 192, 209, 225, 226, 228, 229,
233, 237, 240, 248, 249, 260, 281
estereótipo – 46, 53, 57, 61, 73, 99, 128,
138, 205, 209, 233, 281
estigma, estigmatizado – 15, 47, 48, 49,
50, 51, 52, 53, 54, 55, 84, 108, 129,
166, 279
estrangeirado – 171, 173, 174, 179, 180n
Europa – 87, 131, 170, 172, 175, 183,
185, 215, 227
evolucionismo – 257
Évora – 84, 91, 97, 145, 204
exército (cargos) – 96, 118n

F
familiar do Santo Ofício – 139-140n,
176, 177, 189
fascismo, fascista – 12, 18, 37
Fazenda Real – 60, 82, 122-123n, 192
fazendeiro – 229
feitiçaria – 225
feiticeiros – 209
feitor das madeiras – 62, 93
feitor de pederneiras – 96
Ferrara – 77
ferreiro – 36
fidalgo – 46, 47, 58, 93, 106, 112, 144,
183, 219
fidalguia – 108, 109, 112
filho legítimo – 110
filho espúrio – 246
filosofia – 123, 205n
filósofo – 150, 171
financista – 31, 48n
finta – 25, 26, 82, 91, 138, 216, 223,
224n, 240, 272
fintador – 224
fiscal – 31n, 48n
fisco – 32, 141, 194, 195, 215, 219
fisicatura-mor – 118n
físico-mor – 165, 191
Flandres – 72, 75
forais – 31, 48

foros – 187
França – 30n, 45, 70n, 81, 84, 104, 113, 170, 265
franciscano – 226
Freguesia – 232, 235
fretador – 99
funcionário público – 39, 229
funcionário real – 136n
Fundão – 205

G
genealogia – 27, 108, 140, 187, 216, 217
gentio – 115, 116, 232
Goa – 59n, 244
godo – 16, 57n
Goiás – 215
Governador-geral – 80n, 210, 211
Governo Geral (Brasil) – 210
Granada – 41
Grande Inquirição (Bahia) – 220
grão-senhor – 35n
grêmio – 38, 192
grupo de status – 46, 53, 67, 89n, 105, 111n, 125, 127, 128, 155, 180, 182, 233, 269, 281
guarda-mor – 189
Guerra e Negócios Estrangeiros (secretário de Estado de) – 180n
guetos – 173, 191
Guiné – 78

H
Haia – 85, 88n
Hamburgo – 79, 215
hebreu. *Ver* judeu
herege – 15, 66, 155, 170, 228, 269, 270, 272, 274
heresia – 75, 87, 125, 139, 155, 209, 210, 225, 236, 264, 274
Holanda – 88, 172
holandês – 91, 109, 170, 220, 223
Holocausto – 12, 14, 19
homem de negócios – 71, 176, 214, 219, 221
homem de ciências – 120
homem de letras – 124n
homiziados – 210
honra – 45, 54, 56, 61, 89, 102, 103, 108, 124, 128, 145, 183, 212, 216, 217, 224, 229, 254, 279
honra de status – 15, 51, 53. *Ver também*

grupo de status
Humanidade – 174n
humanismo – 180
humanista – 120

I
Iberos – 47
Idade Média – 117
Igreja Católica – 38, 58, 126, 179, 190, 218, 225, 240, 268, 269, 270, 279, 280
Igreja de Santa Efigênia (São Paulo) – 254n
Igreja Universal – 190, 192
Ilha de São Tomé – 42, 78, 221n
Ilhas Perdidas – 42
Ilhéus – 212
ilustração – 180
impedimentos – 110, 139, 177, 245
impuro. *Ver* infecto
Inconfidência Mineira – 245
Índias – 78, 85, 109, 144, 213
indígena (gentio) – 8, 16, 19, 50, 53, 67, 207, 227, 230, 232, 246, 255, 279
industrialização – 260n
infâmia, infamado – 108, 138, 166, 175n, 176, 193, 195, 216, 218, 244, 250, 263, 264, 267, 272, 274
infecto (raça, sangue infecto) – 10, 54, 63n, 67, 114, 124, 128, 129, 139, 186, 207, 250, 264, 265, 268, 275
infiel – 211, 270
Inglaterra – 30n, 85, 88, 91, 172, 183, 264n
inquiridor – 193, 214, 236
Inquisição – 13, 19, 22, 50, 59n, 60n, 75, 77, 83, 84, 87, 88, 114, 120, 121, 127, 138, 143, 144, 145, 155, 167, 169, 170, 171, 172, 173, 175, 176, 181, 182, 183n, 188n, 204, 211, 213, 214, 215, 216, 217, 218, 225, 232, 251, 255, 256, 272
Instituto do Açúcar e do Álcool – 76n
intelectuais – 39, 118, 120, 124n, 125n, 153, 166, 167
intendente – 164
invasão holandesa – 64, 86
inventário – 22, 217
Irmandade de Misericórdia de Santos – 226
Irmandade de Misericórdia do Rio de

Janeiro – 226
Irmandade de São Miguel das Almas – 214, 232
Irmandade do Santíssimo Sacramento de Santa Engrácia – 182
Irmandade – 38, 128, 182, 225, 226, 232, 233, 260
Itabera de Mato Dentro – 246n
Itália – 30n, 45, 70, 71, 72, 76, 171
itálico – 47
Itanhaém – 218n
Itu (Nossa Sra. de freguesia) – 250

J
Jaén – 129
jesuíta – 124, 159, 183, 184, 192, 226, 227
jesuitismo – 181
judaísmo – 63, 87, 92, 96, 112, 113, 141, 150, 153, 154, 155, 205, 208n, 212, 213, 250, 255n
judeia – 265
juderega, judenga – 30, 264, 275
judeu – 8, 10, 14, 18, 21, 27, 30, 31, 32, 35, 37, 43, 44, 45, 47, 48, 49, 61, 67, 68, 93, 100, 114, 117, 124, 126, 127, 128, 130n, 131, 134, 138, 139, 141, 142, 143, 150, 153, 155, 166, 167, 173, 176, 180, 184, 185, 190, 191, 194, 204, 207, 208, 210, 211, 216, 218, 219, 220, 222, 223, 224, 227, 228, 229, 245, 247, 255, 263, 267, 268, 270, 272, 275, 279, 280
judiaria, judarias – 32, 268
juiz das justificações de Genere – 233, 234n, 238, 246
juiz de Povo – 98
juízes – 37, 78, 92, 95, 114, 119, 211
juíz das Confiscações – 93, 95
juíz das Inquirições – 234
Junta da Nobreza – 64, 122
Junta do Estado Eclesiástico – 64, 122
jurisconsulto – 120
Jurisdição Eclesiástica – 186
jurista – 69, 120, 122, 123
Justiça secular – 121

L
labéu – 97
lavrador – 104, 214, 219, 236n
Legislação Sinodal – 231
legislação portuguesa – 241

Leiria – 83
lei mosaica – 37
leis antiemigratórias – 71, 74, 78, 79, 86, 88, 167
leis discriminatórias – 48, 143n, 144, 145n, 192n, 204
Leis extravagantes – 52n, 63n, 78n, 95n, 144n, 186, 187, 188, 190
lente. *Ver* professor
letrados – 30, 120, 122
letras de câmbio – 76
Levante – 70
liberalismo – 257
licenciado – 219
limpeza de sangue, limpo de sangue – 11, 15, 20, 22, 36, 46, 53, 54, 58, 63, 64, 93, 95, 100, 101, 102, 103, 106, 108, 110, 122, 124, 131, 137, 139, 140, 143n, 144, 145, 146, 147, 159, 167, 172, 175, 177, 182, 185, 188n, 190n, 196, 205, 208, 213, 216, 219, 221, 224, 226, 227, 229, 231, 234, 239, 240, 245, 246, 247, 250, 251, 255, 256, 261, 263, 267, 276, 280
Língua hebraica – 150, 177
linguística – 260
Lisboa – 6, 74, 81, 84, 121, 137, 140, 145, 161, 162, 163, 177, 191, 192, 195, 211, 213, 214, 215, 216, 217, 235, 242, 255
literato – 120
Livorno – 77, 85
livro antijudaico – 153n, 154, 155, 157, 158, 159, 166, 183
livro proibido – 153n, 183
lojista – 30
Londres – 85, 88n, 171
Lorena – 252
luta de classes – 38, 129

M
Macau – 57n, 215-216n, 221n
maculado. *Ver* infecto
Madeira (Ilha da) – 71, 78
Madrid – 177, 192, 230
Mariana – 226n, 229, 235, 242
Mariana (Arquidiocese de) – 246n
major – 236n
mameluco – 219
maometano – 264
Maranhão – 215n

marrano – 45, 56, 69, 74, 75, 142, 144, 145, 215

massacre – 32, 90, 74n, 142n, 191

matemático – 42, 120

Matoim (Engenho) – 245

Mayorazgos (Espanha) – 125n

mecânico – 104, 138

medicina – 117, 118, 119, 171, 195n

médico – 42, 122, 123, 166, 214

Mediterrâneo – 71

meirinho – 97, 139, 214, 236

Melgaço (Porto de) – 41, 72

mercador – 69, 104, 214, 231

Mesa da Consciência e Ordem – 105, 108, 109, 122, 193, 216, 229

Mesa do Desembargo do Paço – 186, 193

Messias – 37, 159, 166

mester – 98

mestiço – 227

mestre em Artes – 174n

militar – 38, 214

Mina – 78

Minas de Serro Frio – 204

Minas Gerais – 214

mineiro – 214

ministro – 97, 99, 140, 184

Ministros e Oficiais do Santo Ofício – 64n, 92-93, 95-97, 169

miscigenação – 13, 47, 138, 208

Misericórdia (Irmandades de) – 136, 137, 138, 139, 144, 215, 221, 226, 231, 280

Misericórdia de Coimbra – 137

Misericórdia de Lisboa – 137

mito adamita – 59n

mito gótico – 16, 18, 57

Moisés – 166, 265

monarquia – 132, 169, 183, 268

monge – 164

Montalvo – 169

mordomo – 35n, 138, 222–223n

morgado – 68, 125, 126

Mosteiro de São Bento – 230n

mourejar – 276

mourisco – 128, 229, 239, 250, 263, 270, 272, 276

mouro – 8, 29, 38, 47, 49, 53, 67, 68, 128, 130n, 132, 153, 176, 207, 211, 212, 227, 228, 255, 263, 264, 268, 270, 272, 276, 279

muçulmano – 35, 43, 72. *Ver também* mouros

mulato – 19, 207, 227, 228, 232, 246, 255, 263, 268, 270, 279

N

Nação (Gente da) – 63, 64, 240, 243, 244, 268, 270, 281, 289, 250

Nápoles – 77

Nazismo – 17, 261n

negociante (homens de negócios) – 46, 176, 214, 236n

negro, preto – 3, 8, 19, 53, 67, 207, 218, 227, 228, 232, 246n, 255, 263, 264, 268, 277, 279

neófito – 190

nobreza – 54, 61, 64, 95, 97, 112, 124n294, 155, 174, 175, 183, 184, 185, 221, 225, 260, 268, 279

notário – 37

Nuestra Señora de la Picina – 101–102

O

obreiro – 41

Oeiras (Conde de) – 180, 182, 183, 184, 187. *Ver* Pombal, Marquês de

Oficial de Mesa – 137

Oficial leigo do Santo Ofício – 93, 97, 139

Oficial mecânico – 104, 110

ofícios – 20, 92, 93, 98, 110, 144, 191

Ofícios da Câmara – 92, 93, 230

Ofícios da Fazenda – 93, 192, 210

Ofícios da Justiça – 93, 192, 210

Ofícios da República – 93, 113

Olinda – 218, 221, 226n, 227, 235

Oliveira (Porto) – 41

Olivença (Porto) – 72

Ordem de Aragão. *Ver* Ordem de Montesa

Ordem de Castela. *Ver* Ordem de Montesa

Ordem de Montesa – 104

Ordem de Portugal. *Ver* Ordem Militar de Nosso Sr. Jesus Christo

Ordem dos Templários – 104

Ordem Militar de Alcântara – 101

Ordem Militar de Cavalaria de Portugal – 103n

Ordem Militar de Nosso Sr. Jesus Christo – 17, 101, 103, 104, 106, 110, 115,

177, 216, 226
Ordem Militar de São Bento de Aviz –
103, 106, 109, 110, 115
Ordem Militar de São Jerônimo – 101,
130
Ordem Militar de São João de Jerusa-
lém – 102
Ordem Militar de São Tiago da Espada –
103 , 104, 106n, 107, 110, 116
Ordem Terceira da Penitência do Rio de
Janeiro – 226n
Ordem Terceira de Nossa Sra. do Monte
do Carmo – 229
Ordem Terceira da Penitência de N.
Seraphico Patriarcha São Francis-
co – 229
Ordem Terceira de São Francisco – 226,
229
Ordem Terceira do Carmo – 226
Ordenações Afonsinas – 49, 52, 57n
Ordenações Filipinas – 52, 144–145n
Ordenações Manuelinas – 49, 50, 52,
57, 60, 141n
Ordens Militares – 38, 59, 62, 67, 102,
103, 104, 105, 106, 107, 108, 109,
110, 115, 116, 121, 192, 193, 280
Ordens Sacras e Menores (Ordem re-
ligiosa) – 6, 46, 62, 129, 131, 209,
221, 225, 227, 231, 232, 233, 234,
235, 244, 245, 257
Ordens Terceiras – 225, 226, 229
Oriente – 72
Ostia – 103
ouro – 215
Ouro Preto – 229n
ouvidor – 221, 223
Odivelas – 113n, 125
Oviedo – 133

P
Palácio Episcopal – 244
Paranaguá – 7
Paris – 88n, 171, 174n
pedreiro – 36, 38
pena de morte – 43, 70, 87, 157, 172,
195, 279
pena corporal – 82
Península Ibérica – 4, 10, 23, 27, 29, 47,
85, 101, 128, 143, 207, 209, 213, 218
penitenciado – 171n
pensão – 103, 216

peão – 194
Perdão Geral – 25, 111, 173
Pernambuco – 109, 214, 215, 216, 218,
223, 235
Peru (Vice Reinado do) – 71
Pesaro – 77
poeta – 120
política antiemigratória. *Ver* leis antiemigratórias, emigração
política mercantilista – 181, 188
Pombal (Marquês de) – 50, 114, 173,
179, 180, 180–181n, 181n, 182, 183,
184, 185, 188, 189, 191, 193, 195,
204, 205, 229, 247, 281
Porto – 39, 69, 70, 88n, 145, 164, 165,
219, 227
Porto Seguro (Capitania de) – 211, 212
Portugal – 19, 20, 28, 29, 30n, 39, 56,
57, 71, 75, 77, 102, 103, 104, 138n,
171, 179, 192, 194, 195, 207, 208,
221, 222, 226, 227, 235, 247, 251,
255n, 268, 279, 280, 281
Positivismo – 257
povo – 15, 46, 47, 63, 64, 65, 74, 84,
98, 142, 143
Prata (Província do) – 219, 230
prática ilustrada pombalina – 181, 185,
188, 189, 281
prebendas – 135, 192
preconceito de sangue – 17, 58, 141,
142, 143, 144, 145, 179, 181, 182,
189, 204, 205, 228, 232, 267, 268
preconceito racial – 4, 16, 128, 150,
207, 208, 210, 218, 227, 229, 263,
268, 279
preconceito religioso – 19, 30, 207, 212
prelazia – 214, 245
presbítero – 131, 237n
priorado – 105
procurador – 75n, 92, 95, 97, 222-223n,
230n
profecias – 123
professor – 120, 121, 177, 236n
promotor nacional – 93, 99
propina – 98n
protestante – 208n
Protestantismo – 131
provedor – 119, 211n
Provimento de Saúde – 70
Província da Imaculada Conceição do
Brasil – 228

Província de Santo Antônio do Brasil – 227, 228, 229, 230n, 248, 249
provisor – 233, 234, 235, 244, 269, 271
pureza de sangue. *Ver* limpeza de sangue
puritano – 53, 112, 113, 182, 183, 184, 186, 187

Q

qualificador do Santo Ofício – 264n

R

Rabinato-mor – 30
rabino – 31n, 35, 48, 72, 117, 155, 157
raça infecta – 46, 139, 255, 256, 263, 265. *Ver também* sangue infecto
raças inábeis – 106
racionalismo – 180, 182
racismo – 3, 4, 5, 9, 10, 12, 13, 14, 17, 29, 46, 57, 126, 127, 128, 129, 194, 205, 232, 233, 260, 268, 270
Real Collegio das Artes da Cia. de Jesus – 264n
Recife – 86, 215, 218, 227, 228, 236, 248, 249
Reforma – 149
regedor da justiça – 92, 143n
Regimento da Inquisição – 44n, 96, 97, 128, 138n, 139, 153n, 182
Regimento das Recolhidas (Lisboa) – 231
Regimento do Governo Geral (Brasil) – 210, 211
Regimento Eclesiástico – 214, 234, 237
Registro Geral – 224
Reino de Leão – 103
Reis Católicos – 25, 38, 39, 43, 70, 72, 130
reitor – 93, 205n
reitoria – 105
Relação Eclesiástica – 184
Renascimento – 18
rendeiro – 104, 110
Requisitoria – 243
Restauração – 109
réu relapso – 96, 128
Reverenda – 229, 245
Revolução de 1820 – 138n
Ribeira Grande (Ilha de São Miguel) – 240
Rio de Janeiro – 86, 176, 177, 214, 222, 226, 229, 236, 262

roceiro – 214
Rol de Fintas – 189
Roma – 77n, 135, 140, 171n, 173, 191, 192
Roterdã – 85

S

sacerdote – 214, 229, 269, 271
Salamanca – 165, 171
Salvador (Bahia) – 218, 223, 226n
sangrias – 88
Santa Anna de Campina (Freguesia de) – 237
Santa Casa da Misericórdia da Bahia – 134n
Santa Casa de Misericórdia de São Paulo – 134n
Santa Real Província da Conceição dos Menores Observantes Reformados do Reino de Portugal – 264-265n
Santarém – 30, 121, 165
Santo André de Marrocos (Freguesia de) – 243n
Santo Ofício. *Ver* Inquisição
Santos – 7, 226
São Jerônimo (Ordem de) – 101
São Paulo – 6, 7, 214, 221, 222, 223, 226, 238, 239, 240, 253n, 254n
São Vicente – 221n, 222, 223n
sapateiro – 36, 39
sargento-mor – 222-223n
secretário – 99n, 133n, 180n
Secretário de Estado – 182, 187
sefarditas – 27, 216
segregação racial – 18, 28, 47, 61, 126, 279, 281
segregação social – 18, 28, 38, 99, 100, 279
seita dos puritanos – 183
seita maometana – 144
semita – 16
Senado da Câmara – 98, 215
senhores de engenho – 214, 221n, 231
"Sentencia Estatuto" – 36, 37
sequestro de bens. *Ver* confisco de bens
Sergipe – 214
sermão – 64, 134, 150, 157, 260
Setúbal – 75n
Sevilha – 32, 69, 129, 151
Sínodo Diocesano – 231n
sodomia, sodomitas – 209, 210

Sorocaba (vila de) – 243n, 244n
suborno – 59, 74, 81, 90, 134, 140, 145, 280
Suécia – 85
superstição – 225

T
tabelião – 211, 214
Talavera – 130n
Talmud – 150, 153, 155
Taubaté – 236n, 243n, 251, 252n, 253n
tença – 103
tendeiro – 30, 214
tenente – 212, 214
tenente de Milícias – 236n
teologia – 123, 153, 264n
teólogo – 69, 264n
terremoto (de Lisboa) – 75n, 137n
testamento – 7
tesoureiro do Conselho – 93, 98
tesoureiro do fisco – 60n
tesoureiro das Misericórdias – 137, 222-223n
tesoureiro-mor – 189, 191
título honorífico – 15, 128, 279
Toledo – 127, 129, 131, 132, 133
Torres Novas – 121
tortura – 46, 71, 87, 145, 167, 256
totalitarismo – 39n, 257n
Tratado de Westfália – 86
tratador de mercadorias – 99
tratante – 214

Tribunal – 71, 122
Tribunal Régio. *Ver* inquisição
tributo – 30
Tucumã – 230n
Turquia, turcos – 75, 76n, 212

U
Ubeda (Confraria de) – 102
Universidade – 6, 46, 117, 118, 122, 179, 279
Universidade de Coimbra – 93, 94, 119, 120, 121, 123n, 124, 174n, 192, 205, 214
Universidade de São Paulo (USP) – 22
usura, usurários – 30, 32, 104, 110, 142

V
Valência – 32, 133
vendeiro – 214
Veneza – 77
vereador – 92, 95, 211
Viana do Castelo – 211n
Viena – 30n, 88n
vigarias – 105, 192, 246n
Vila Real – 140n
Vila Rica – 218, 229
Viseu (Bispado de) – 77n, 90
Visigodo – 47
Visitações do Santo Ofício – 218, 219, 280
visitador – 208, 213, 218, 223, 230
Vitória – 220
Vulgata Latina – 131

Índice de Nomes

A

Aboab (Isaac) – 41, 72
Aborim (Mateus da Costa) – 231, 273
Abreu (Domingos de) – 240n
Abreu a Pina (Rodrigues) – 180n
Acenheiro (cronista) – 42n
Afonso (Manuel) – 245
Afonso Henrique – 103, 104
Afonso Henriques – 191
Afonso II – 31
Afonso III – 48n
Afonso IV – 68, 30, 32, 48n
Afonso V – 36, 117, 125, 184
Alaejandro II – 102
Albernaz (Domingos Gomes) – 245
Albuquerque (Brites de) – 216
Albuquerque (Maria de) – 216
Alemcastre (Veríssimo de) – 122
Alexandre VI – 130
Almeida (Antônio Teles de) – 3
Almeida (Cândido Mendes de) – 144n
Almeida (Fortunato de) – 135n, 297
Almeida (Gonçalo Homem de) – 245
Almeida (L. F.) – 88n, 172n, 304
Almeida (Lourenço de) – 222, 304
Almeida (Luís Castanho) – 245
Álvaro de Luna – 36

Alvito Marquês d' – 186n
Amador de los Rios – 38, 297
Amaral (Caetano do) – 49n, 52n
Amilcar Paulo – 190n, 204n, 297
Andrada (Antônio Carlos de) – 257
Andrada (José Bonifácio de) – 257
Andrada (Martim Francisco de) – 257
Andrade (Domingues de) – 219
Andrade (Francisco de) – 62, 96
Andrade e Silva (José Justiniano) –
    52n, 60n
Angeja (Marquês de) – 187n
Anjos (Serafim dos) – 236n, 250
Antunes (João) – 246n
Aragão (Ximenes de) – 154
Aranha (Francisco Xavier) – 235
Araújo (Antônio Félix Pereira de) – 229
Araújo Júnior (Adalberto G.) – 214, 232n
Arendt (Hannah) – 13n, 21, 39n, 257n, 297
Arras (Amador) – 164
Arruda (Francisco de) – 238, 239, 240n
Avelar (André de) – 120
Azeredo Coutinho – 180n
Azevedo (Fernando) – 211n, 225n
Azevedo (J. L. de) – 17, 98n, 99n, 111n,
    126, 140n, 166n, 168n, 181n, 187n,
    188n, 189n, 190n, 194-5n, 205n, 297

Azevedo (Manoel de) – 180n, 222
Azevedo (P.) – 210n, 211n, 212n
Azevedo (Pedro de) – 140, 304

B
Baer (Y.) – 37n
Baião (Antônio) – 44n, 120n, 153n, 297, 304
Barbosa (Agostinho) – 136
Baroja (J. C.) – 17, 20, 102n, 104n, 109n, 111-2n, 126n, 130n, 132, 133n, 134, 135n, 137n, 213, 230n, 297
Baron (S. W.) – 49n, 297
Barreto (Filipe Pais) – 216
Barros (Antônio Cardoso de) – 211n
Barros (Antônio Feliciano de) – 253n
Barros (João de Paredes) – 245
Barros (Jordão P.) – 253n
Bauer – 32,n 35n, 36n, 298
Baulssay (Henrique de) – 171
Belmonte – 224n, 298
Betim (Geraldo) – 245
Bicuda (Izabel) – 239
Bluteau (Raphael) – 175n, 180n, 264n, 265, 267n
Bonifácio IX – 191
Borba de Moraes (Rubem) – 174n, 177n
Borja (Francisco de) – 133
Boschi (Caio César) – 225n
Botelho (Diogo) – 222
Botelho (Fulgêncio) – 165
Bourdieu (Pierre) – 15n, 54, 60n, 89n, 110n, 145n, 149, 298, 304
Boxer (C. R.) – 8n, 17, 19, 42n, 50n, 51n, 56n, 59n, 113n, 137n, 181n, 190n, 204, 215n, 221, 227, 229n, 231n, 298
Brito (Antônio José de) – 235
Brito (Francisco Antônio de) – 235
Brito (Joseph Francisco de) – 235
Brito (Nuno Dias Mendes de) – 84n
Britto (Timotheo de) – 235

C
Calaça (Carlos Eduardo) – 215n
Calerio (Sebastião Peres) – 222
Camargo (José Teixeira) – 235
Camargo (Francisco de) – 239
Camargo (Joaquim) – 235
Camargo (Thomás Teixeira) – 239
Caminha (Antônio Lourenço) – 88n

Campos (Manoel Abreu de) – 204
Cantão (José Pereira) – 237n
Cardoso (M.) – 180n, 304
Carlos V – 76, 86, 129, 130n
Carmello (Braz) – 135
Carneiro (Maria Luiza Tucci) – 41n, 50n, 51n, 66n, 67n, 159n, 213n, 298
Carrillo (Alonso) – 130n
Cartagna (Afonso de) – 169
Carvalho (Antônio Lobo de) – 195n
Carvalho (Antônio Moreira de) – 235
Carvalho (Francisco Albuquerque Coelho de) – 140
Carvalho (José Manoel Rangel de) – 237n
Carvalho (Manuel Alves de) – 250
Carvalho (Simão José Pereira de) – 237n
Castello (José Aderaldo) – 168n
Castilho (Joseph de) – 239
Castilho (Miguel de) – 46, 47, 124n, 305
Castro (Antônio Pereira de) – 235
Castro (Francisco de) – 96n, 139n, 217
Catarina II – 171
Cavido (Alvaro) – 165
Cerveira (Visconde de Villa Nova da) – 205n
Chagas (Francisco de) – 251
Chamberlain – 9
Ciabra (Timóteo de) – 164
Cidade (Hernani) – 188n, 298
Clemente IV – 48n
Clemente VI – 130n
Clemente VII – 143, 176n
Clemente VIII – 81, 82, 134n, 135, 192, 245
Clemente X – 87n
Coelho (Duarte) – 218
Coelho (Francisco Vaz) – 224
Cohn (Norman) – 11n, 14n, 298
Collaço (Manuel) – 211n
Comarmond (P.) – 10n, 298
Comas (Juan) – 10n, 14n, 304
Conceição (Antônio Joaquim da) – 237n
Constâncio (Francisco S.) – 264n
Cordeiro (João Garcia) – 236n
Coronel (David Sênior) – 215
Coronel (Luiz Angel) – 109
Correa (Pedro Lobo) – 154n
Correia (Diogo Nunes) – 219
Costa (Alonso) – 36
Costa (J. A. de) – 157n

Costa (Jorge Lopes de) – 223n
Costa (Miguel Teles da) – 216, 217, 218
Coutinho (Ignácio Francisco) – 243n
Coutinho (Luís de Matos) – 220, 222
Coutinho (Luís Gonçalves da Câmara) – 222
Crescemtis (Cardeal) – 77n
Cromwell (Oliver) – 85
Cruz Costa – 255n, 257, 299
Cunha (Antônio da) – 108
Cunha (Luís da) – 88, 167, 171, 173, 174, 180n, 186n, 188, 194
Cunha (Luno da) – 139n, 140
Cutello (Mário) – 169

D

David (Hebreu) – 191
Denucé (Jean) – 111n
Dias (Branca) – 219
Dias (Catarina) – 245, 305
Dias (Francisco) – 120
Dias (Henrique) – 109
Dias (Nicolau) – 153, 164
Diniz (Bernardino Henrique) – 237n
Diniz (Custódia Dias) – 245
Dormundo (Johan Gonçallvez) – 212
Doro (Norma Marinovia) – 215n
Dourado (Antônio Ferreira) – 214
Duarte (Sérgio) – 134n
Dubois (Jean) – 260n, 263, 265, 299
Duchet (C.) – 10n
Duques da Casa de Este – 77n
Dutra (Francis A.) – 106n

E

Eça (M. A. R. da Silva). *Ver* Mathias Ayres
Edwards (S. F.) – 180n
Eliade (Mircea) – 55n, 299
Ellis (A.) – 299
Ennes (Ernesto) – 174n, 176n, 177, 299
Espírito Santo (Joaquim do) – 251
Este (João Baptista d') – 155n, 164
Esteves (Christóvão) – 58n
Évora (Lopo Rodrigues) – 109

F

Falcão (Jorge Neto) – 223-4
Falcon (F. J. C.) – 88n, 118n, 124n, 125n, 171n, 173, 179, 181, 186n, 188n, 189n, 190n, 194n, 195, 299

Faria (João) – 58n
Farnese (Cardeal) – 77n, 90
Felipe o Belo – 104
Felipe (Fernando) – 111n
Felipe II – 20, 26, 79, 95, 104, 105, 109, 111, 128n, 131, 133, 135
Felipe III – 59, 63, 81, 82, 83, 106, 109, 112, 119, 141, 144
Felipe IV – 84, 109-10, 213
Fernandes (Antônio) – 135
Fernandes (F.) – 51n
Fernandes (Rodrigues) – 224
Fernando I (de Aragão) – 32
Ferreira (José Pinto) – 215, 232
Ferreira (Luiz Delgado) – 236
Ferreira (Marcellino Nunes) – 246n
Ferrer – 169
Fidalgo (Rodrigo) – 219
Figueiredo (A. Cândido de) – 223n, 264n, 268
Figueiredo (J. A.) – 74n, 76n, 78n, 79n, 309
Figueiredo (Jorge) – 212
Finck (Jonas) – 208n
Fontes (Manuel de Azevedo) – 180n
Fontette (F. de) – 10n, 299
Foucault (Michel) – 53, 299
Francastel (Pierre) – 149, 299
Francisco Antônio – 235
Franco (Mateus Lopes) – 220n, 222n
Freire (Tomás) – 224
Freyre (Gilberto) – 8n, 299
Freyre-Maia (N.) – 56n, 299
Furtado (Antônio Ribeiro) – 204
Furtado (Francisco Xavier de Mendonça) – 186n
Furtado (Jerônimo de Mendonça) – 218

G

Galvan (Vela Diego) – 158
Galvão (Antônio P.) – 154n
Galvão (Brás) – 230n
Galvão (J.) – 154n
Geraldles (Francisco) – 80n
Giradet (Raoul) – 11n, 14n, 183, 299
Gobineau (A. J. de) – 9, 13
Godinho (V. M.) – 57n, 104n, 125n, 180n, 299
Goes (João Rodrigues de Castro) – 237n
Goffman (E.) – 49n, 53n, 60n, 83, 84, 299
Gomes (Antônio) – 83

Gomes (Gaspar) – 224
Gorenstein (Lina) – 50n, 66n, 67n, 86n, 159n, 213n, 215n, 299, 305, 308
Gouvea (Francisco Vaz de) – 120
Gramsci (A.) – 118n, 124n, 300
Gregório IX – 31, 48n
Gregório XIII – 104, 131
Gusmão (Alexandre de) – 88n, 180n

H
Habsburgos – 23, 59
Henrique (Cardeal D.) – 77, 79, 80, 139, 158, 164
Henrique (Diogo) – 219
Henrique (Pedro) – 129n
Henrique II – 81
Henriques (Francisco Xavier de Miranda) – 187n
Henriqueta Maria de França – 264n
Heredia (Tomás R. de) – 111n
Herrera (Diego de) – 129n
Herson (Bella) – 118n, 300
Hitler (Adolf) – 19, 26n
Hobsbawm (Eric) – 54n, 300
Hollanda (S. B. de) – 300
Homem (Antônio) – 120, 121, 155, 157
Hoonaert (E.) – 225n, 231n, 309
Horta (Catharina de) – 174n

I
Ianni (Octávio) – 300
Iehuda (Samuel Ben) – 264
Inocêncio XI – 87n
Isabel (filha dos Reis Católicos) – 43, 72
Isabel de Castela – 38, 41
Isabella (Imperatriz) – 130n
Isidoro de Sevilha (Arcebispo) – 16
Izabel (Anna) – 235

J
Jesus (Manuel de) – 246n
Jesus (Maria Magdalena de) – 243n
Jesus (Maria Ramos de) – 252
Jesus de Nazaré – 37
Jesus Maria (J. de) – 157n, 165
João I (Mestre de Aviz) – 48n, 49, 69, 117, 191
João II – 36, 38, 39, 41, 42, 69, 72, 104n, 117, 143n
João III – 44n, 61, 75, 76, 77, 79, 138n, 141, 143, 144, 170, 189n, 193, 218

João IV – 98, 109, 112n, 122n, 168, 169
João V – 88n, 99, 189n, 264n
Jones (J.) – 13n, 300
Jorge (Andressa) – 219
Jorge (Francisco) – 224
Jorge (Pedro) – 58n
José I – 44n, 88, 171, 173, 175, 180n, 181, 186, 189, 247
Judas (Tesoureiro-mor) – 191
Juliano (imperador romano) – 123
Justiano (Diogo da Annunciação) – 157, 164

K
Kayserling (M.) – 17, 35n, 39n, 41n, 42n, 43n ,44n, 48n, 49n, 69n, 70n, 72n, 74n, 75n ,76n, 77n, 78n, 79n, 81n, 84n, 86, 87n, 93, 95n, 115n, 117n, 120n, 121, 141n, 142n, 145n, 153n, 154n, 157n, 300
Keith (H. H.) – 180n
Kidder (Daniel) – 207
Klinemberg (O.) – 300
Kuperman (Diane) – 117n

L
Lafer (Celso) – 3n, 308
Lainez (Diego) – 133
Langermann (Ytzvi) – 117n
Lapouge (G. V. de) – 9
Leão (Simão de) – 220n
Leite (Antônio Pedroso) – 238
Leite (Dante Moreira) – 13n, 300
Leme (Lucrécia) – 219
Lemos (Maximiano de) – 195n
Leonor – 32
Leonzo (Maná) – 172n
Lévi-Strauss (C.) – 10, 300
Lião (Duarte Nunes) – 78n
Lima (Alceu Amoroso) – 57n, 176
Lima (João Roiz) – 239
Lipiner (Elias) – 25, 219n, 223n, 268n, 300
Little (K. L.) – 56n, 305
Lobo (Francisco) – 83
Lobo (Joaquim da Cunha) – 243
Lobo (Pedro de Aviz) – 230n
Lopes (Maria) – 245
Loureiro (Antônio José de Souza) – 237
Loureiro (Fernando de Goes) – 165
Loureiro (Paulo Rolim) – 253n
Lourenço (Diogo) – 219

Loyola – 133
Luis da Cunha – 167, 171, 173, 174
Lustosa (Fernanda Mayer) – 215n, 305
Lyder (João Gaspar) – 190n, 205

M

Maarsen – 79
Machado (Francisco Loureiro) – 158, 159, 166
Machado (Maria Lucia) – 11n, 183n
Madre de Deus (Gaspar da) – 219
Magalhaens (J– de) – 157n
Magalhães (Carlos Fernando Filgueiras) – 225n, 305
Magne (Pe. Augusto) – 168n
Maia (Antônio de Sá) – 216
Maino (Juan Baptista) – 220
Manuel I – 45n
Manuel y Vasconcelos – 42n
Marcondes (Anna Fausta) – 252n
Marcondes (Anna Justina) – 252n
Marcondes (Ignês) – 253n
Marcondes (João Damasceno) – 253n
Marcondes (José Marianno de Araujo) – 252n
Marcondes (José Pedro de Araujo) – 252n, 253
Maria (José de Jesus) – 157n
Maria I – 205
Mariana da Áustria – 190
Marlus (Cristóvão) – 219
Martins (Wilson) – 117n, 150n, 173n, 174, 180n, 208n, 309
Mascarenhas (Fernando de) – 154n
Mathias Ayres (Ramos da Silva Eça) – 167, 174, 175, 176, 177
Mattos (Severino de) – 237n
Mattos (Vicente da Costa) – 154n, 157n, 158
Mattoz (Ignácio Cardoso de) – 236
Mello (Evaldo Cabral de) – 216
Mello (Pascoal de) – 138n
Mello e Souza (Laura de) – 50n, 301, 305
Mendes (Duarte) – 230n
Mendes (Manuel) – 88n
Mendes dos Remédios – 17, 41n, 42n, 70n, 72n, 74n, 75n, 114n, 133n, 138n, 140n, 142n, 154n, 227n
Mendonça (Afonso Furtado de) – 222
Mendonça (Anna de) – 235

Mendonça Furtado (visitador) – 218
Merea (M. P.) – 57n, 210, 301, 305
Merino (Gregorio Lopes de Prega) – 175-176
Mertola (L. de) – 157
Mesgravis (Laima) – 134n, 301
Mestre Afonso – 245
Mestre Antônio (médico) – 117
Miguel de Castilho – 46, 47
Montaos (Antonio Sotelo Prego de) – 175
Monteiro (Yara Nogueira) – 71, 213, 306, 308
Monteiro-Mor (marquês de) – 187n
Morato (F. M. T. A.) – 181n, 190n
Moreira (Antônio) – 235
Moreira (Francisco Pinto) – 237n
Mott (Luiz Carlos) – 50n, 306
Moysés (físico-mor) – 191
Muhana (Adma) – 169n

N

Navarro (Moisés) – 35
Nazario (Luiz) – 66n, 306, 308
Nicolau IV – 104n
Nicolau V – 38
Nobre (Jorge Mendes) – 217
Nobrega (A. I.) – 157
Nogueira (Clara) – 243n
Nogueira (Thomas Francisco) – 243n
Noronha (Fernão de) – 210
Noronha (Pedro Antônio de) – 231
Norton (Howard) – 195n, 309
Novais (Fernando) – 51n, 181n, 188n, 301, 304
Novinsky (Anita) – 17n, 22, 23, 30n, 38, 41n, 42n, 45, 48n, 49n, 59n, 60n, 61, 64n, 98, 114, 117n, 120n, 123n, 134n, 141n, 157n, 168n, 204n, 205n, 208n, 209n, 214n, 215n, 218n, 220n, 221n, 222n, 257n, 301, 304, 306
Nunes Sanches (Manoel) – 171

O

Oliveira (Antônio Leite de) – 252n
Oliveira (Antônio Mendes de) – 222, 223n
Oliveira (Diogo Luis de) – 220n
Oliveira (Gaspar de) – 246n
Oliveira Torres – 257, 301
Omegna (Nelson) – 14, 25, 27, 149n, 208, 301

Orenes (Rodrigo de) – 130
Ortiz (Domingues) – 17, 18, 19n, 42, 48n, 101n, 102, 129n, 130n, 132n, 133n, 301, 307

P
Pais (Francisco de Lima) – 250
Paredes (Agostinho) – 214n
Paulo III – 44n, 61, 76, 130, 131, 138n, 144, 193
Paulo IV – 131, 134
Paulo V – 134n, 135, 192
Paz Lopes (J.) – 229n
Pedro (Príncipe Regente) – 87n, 113n, 125, 168
Pedro I – 32, 117
Pedro II – 87, 88n, 113n, 217
Pedrozo (Francisco) – 157, 164
Penha (Simão Álvares de la) – 219
Pereira (Luiz Alves) – 136
Pereira (N. M.) – 225n
Perugine (E.) – 260n, 309
Pessoa (Francisco Barros) – 235
Peyxoto (Antônio Luís) – 243
Phitopator – 171
Pinheiro (Rui de Carvalho) – 223n
Pinto (Diogo) – 224
Pio IV – 244n
Pio V – 104, 244n
Pita (Sebastião da Rocha) – 221, 222, 223, 231n
Polanco (Juan de) – 133n
Poliakov (Léon) – 11, 14, 15, 16n, 17, 18, 36n, 57n, 301

Q
Quadros (Bernardo de) – 239, 240
Quadros (Bertholomeu) – 239, 240n
Quadros (Joseph de) – 240n
Quadros (Maria de) – 238
Queirós (Luís Monteiro de) – 252

R
Rabello (Francisco) – 109
Rabelo da Silva – 109n, 302
Raminelli (Ronaldo) – 195n
Ramiro (D.) – 102
Ramos (Arthur) – 176
Rego (Raúl) – 49n, 138n, 170, 181n, 195n, 307

Revah (J. S.) – 19n, 302
Ribeiro (Baltazar) – 245
Ribeiro (Duarte Álvarez) – 221n
Ribeiro (João Pinto) – 164
Ribeiro Sanchez (A. N.) – 82n, 88n, 132, 167, 170, 171, 173, 174, 180n, 188, 190n, 194, 195
Robin (Regine) – 260, 261n, 263, 268n
Rodrigues (F.) – 224, 302
Rodrigues (Simão) – 134
Roiz (Belchior) – 219
Roiz (Garcia) – 245
Romero (Sílvio V. S. R.) – 302
Rondinelli (Piero) – 210
Rose (Arnold) – 10, 11n, 12n, 65n, 307
Roth (C.) – 17, 36n, 37, 43n, 46n, 72n, 74n, 75n, 76n, 77n, 79n, 81n, 85n, 86, 96, 111n, 112n, 121n, 128n, 150, 154n, 158n, 302, 307
Russell-Wood (A. J. R.) – 134n, 302
Ruy Fernandes de Saldanha – 83

S
Sá (Duarte de) – 216
Sá (Francisco de Arruda e) – 238, 239
Sá (Francisco de) – 239
Saloman (Herman) – 111, 307
Salúcio (Agustin) – 127, 128
Salvador (J. G.) – 25, 26, 100n, 101, 102n, 104n, 109n, 114n, 121n, 131n, 134n, 135n, 136n, 137n, 140n, 215n, 219n, 220n, 222n, 223n, 224n, 229n, 230, 240n, 244, 245, 302
Sampaio (Laura Fraga de Almeida) – 12n
Sancho II – 31
Sancho III – 103
Santa Maria (Frei Cristovão) – 158n
Santiquatro (Cardeal) – 77n, 90n
Santo Antônio (Francisco de) – 229
Santos (A. R. R.) – 99n
Santos (Suzana Maria de Souza) – 215n, 307, 309
Santos Filho (Licurgo) – 118n
São Thomás (Bento de) – 158
Saraiva (A. J.) – 17, 20, 47n, 60n, 61, 85n, 100, 101, 111n, 113n, 138n, 143n, 182n, 189n, 190n, 195, 302
Saraiva (Duarte). *Ver* David Sênior Coronel
Sarmento (Jacó de Castro) – 180n
Sarmiento (João Vieira) – 222
Sartre (J.-P.) – 16, 43, 62, 302

Sebastião (D.) – 78, 79, 119, 125, 133, 159, 170
Serafim Leite – 226n, 303
Serão (Joel) – 172n
Sicroff (Albert) – 303
Siliceo (J. M.) – 24, 131, 132, 133
Silva (Antônio de Moraes) – 237n
Silva (Antônio Delgado da) – 50n, 52n
Silva (Antônio José da) – 177
Silva (Fernão Dias da) – 136
Silva (Francisco da) – 137
Silva (J. Ramos da) – 174n, 176
Silva (José Gomes) – 250
Silva (Manoel Antônio da) – 157n
Silva (Manoel Teles de Conde de Villa Maior) – 187
Simões (Mariano Joaquim de Paula) – 251, 252n
Siqueira (Francisco S.)
Siqueira (S.A.) – 138n, 210n, 303, 307, 308
Sodré (N. W.) – 225n, 303
Solidonio Leite – 174n, 303
Solier (Pedro de) – 129
Sommerfelt (Alf) – 260, 261n
Sotto Sebastião – 109
Souza (Fernão) – 219
Souza (Ivaí de) – 240n
Souza (João de) – 239
Souza (Jorge de) – 219
Souza (Luís de) – 219
Souza (Nelson Norberto de) – 251n, 254n
Souza (Tomé) – 210, 211, 212
Souza a Silva (Manoel Antônio de) – 237n
Sylva Lopes – 42n

T
Talmage (Frank Ephraim) – 159n
Taques (Lourenço Castanho) – 239
Tavares (Prudêncio J. das Mercês) – 237n
Teixeira (B.) – 26, 27
Teixeira (Marcos) – 230
Teles (Diogo Muniz) – 220n
Thomas (B. de S.) – 158, 164
Tomás de Torquemada – 39
Toro (Gonçalo de) – 130
Torrejoncillo (Francisco de) – 154, 159, 166n

Tourinho (Pedro de Campos) – 211, 212
Trindade (R.) – 229n, 246n
Turberville (A.) – 20n, 29n, 32n, 303

U
Ulhoa (Diogo Lopes) – 220n, 223n

V
Vainfas (Ronaldo) – 159n, 303, 309
Valladolid (Juan de) – 165
Varnhagen (A.) – 215, 220n, 303
Vasconcellos (João de) – 165
Vaz (Francisco). ver Gouveia
Vaz (Tomé) – 120
Vecinho (Diogo Mendes) – 117
Veiga e Coimbra (A. da) – 308
Velho (Francisco) – 240n
Ventura (Isabel) – 214
Veríssimo (J.) – 309
Verney (Luís Antônio) – 180-1n
Vide (Sebastião Monteiro) – 159n, 231n
Vieira (Francisco) – 254n
Vieira (M. Evelyn) – 159n
Vieira (Malvina de Souza) – 254n
Vieira (Pe. Antônio) – 87n, 98, 112, 113, 114, 123, 125, 167, 168, 169, 170, 171, 173, 183, 188, 190, 194, 303
Vilela (Magno) – 168n
Villa Maior (Conde de) – 187
Viterbo (Francisco Joaquim de Santa Rosa) – 264n
Vycemte (Pero Anes) – 211n

W
Weber (Max) – 15, 51, 89n, 102n, 111n, 149, 308
Whendall (Kevin) – 65, 67n, 303
Willecke (V.) – 226n, 303
Wiznitzer (A.) – 17, 42n, 210n, 215n, 303

X
Xisto V – 109, 192, 193

Z
Zacuto (Diogo Rodrigues) – 117
Zenopoli (Bispo de) – 205n

HISTÓRIA NA COLEÇÃO ESTUDOS

Nordeste 1817
Carlos Guilherme Mota (E008)
Cristãos Novos na Bahia
Anita Novinsky (E009)
Vida e Valores do Povo Judeu
Unesco (E013)
História e Historiografia do Povo Judeu
Salo W. Baron (E023)
O Mito Ariano
Léon Poliakov (E034)
O Regionalismo Gaúcho
Joseph L. Love (E037)
Burocracia e Sociedade no Brasil Colonial
Stuart B. Schwartz (E050)
De Cristo aos Judeus da Corte
Léon Poliakov (E063)
De Maomé aos Marranos
Léon Poliakov (E064)
De Voltaire a Wagner
Léon Poliakov (E065)
A Europa Suicida
Léon Poliakov (E066)
Jesus e Israel
Jules Isaac (E087)
A Causalidade Diabólica I
Léon Poliakov (E124)
A Causalidade Diabólica II
Léon Poliakov (E125)
A República de Hemingway
Giselle Beiguelman (E137)
Sabatai Tzvi: O Messias Místico I, II, III
Gershom Scholem (E141)
Os Espirituais Franciscanos
Nachman Falbel (E146)
Mito e Tragédia na Grécia Antiga
Jean-Pierre Vernant e Pierre Vidal-Naquet (E163)

A Cultura Grega e a Origem do Pensamento Europeu
Bruno Snell (E168)
O Anti-Semitismo na Era Vargas
Maria Luiza Tucci Carneiro (E171)
Jesus
David Flussser (E176)
Em Guarda Contra o "Perigo Vermelho"
Rodrigo Sá Motta (E180)
O Preconceito Racial em Portugal e Brasil Colônia
Maria Luiza Tucci Carneiro (E197)
A Síntese Histórica e a Escola dos Anais
Aaron Guriêvitch (E201)
Nazi-tatuagens: Inscrições ou Injúrias no Corpo Humano?
Célia Maria Antonacci Ramos (E221)
1789-1799: A Revolução Francesa
Carlos Guilherme Mota (E244)
História e Literatura
Francisco Iglésias (E269)
A Descoberta da Europa pelo Islã
Bernard Lewis (E274)
Tempos de Casa-Grande
Silvia Cortez Silva (E276)
O Mosteiro de Shaolin
Meir Shahar (E284)
Notas Republicanas
Alberto Venancio Filho (E288)
A Orquestra do Reich
Misha Aster (E310)
Eros na Grécia Antiga
Claude Calame (E312)
A Revolução Holandesa: Origens e Projeção Oceânica
Roberto Chacon de Albuquerque (E324)
A Mais Alemã das Artes
Pamela Potter (E327)

Este livro foi impresso na cidade de Cotia,
nas oficinas da Meta Brasil, para a Editora Perspectiva.